中国法律史学文丛

中国现代法治及其历史根基

段秋关 著

商务印书馆
The Commercial Press

2019年·北京

图书在版编目(CIP)数据

中国现代法治及其历史根基 / 段秋关著. —北京：商务印书馆，2018(2019.1 重印)
(中国法律史学文丛)
ISBN 978-7-100-15793-3

Ⅰ.①中… Ⅱ.①段… Ⅲ.①法制史—研究—中国—现代 Ⅳ.①D929.7

中国版本图书馆 CIP 数据核字(2018)第 022048 号

权利保留，侵权必究。

中国法律史学文丛
中国现代法治及其历史根基
段秋关　著

商　务　印　书　馆　出　版
(北京王府井大街36号　邮政编码100710)
商　务　印　书　馆　发　行
北　京　冠　中　印　刷　厂　印　刷
ISBN 978-7-100-15793-3

| 2018年3月第1版 | 开本 880×1230 1/32 |
| 2019年1月北京第2次印刷 | 印张 17⅛ |

定价：68.00 元

总　　序

随着中国的崛起,中华民族的伟大复兴也正由梦想变为现实。然而,源远者流长,根深者叶茂。奠定和确立民族复兴的牢固学术根基,乃当代中国学人之责。中国法律史学,追根溯源于数千年华夏法制文明,凝聚百余年来中外学人的智慧结晶,寻觅法治中国固有之经验,发掘传统中华法系之精髓,以弘扬近代中国优秀的法治文化,亦是当代中国探寻政治文明的必由之路。中国法律史学的深入拓展可为国家长治久安提供镜鉴,并为部门法学研究在方法论上提供养料。

自改革开放以来,中国法律史学在老一辈法学家的引领下,在诸多中青年学者的不懈努力下,在这片荒芜的土地上拓荒、垦殖,已历30年,不论在学科建设还是在新史料的挖掘整理上,通史、专题史等诸多方面均取得了引人瞩目的成果。但是,目前中国法律史研究距社会转型大潮应承载的学术使命并不相契,甚至落后于政治社会实践的发展,有待法律界共同努力开创中国法律研究的新天地。

创立已逾百年的商务印书馆,以传承中西优秀文化为己任,其影响达致几代中国知识分子及普通百姓。社会虽几度变迁,物是人非,然而,百年磨砺、大浪淘沙,前辈擎立的商务旗帜,遵循独立的出版品格,不媚俗、不盲从,严谨于文化的传承与普及,保持与学界顶尖团队的真诚合作,始终是他们追求的目标。追思当年,清末民国有张元济(1867—1959)、王云五(1888—1979)等大师,他们周围云集一批仁人志士与知识分子,通过精诚合作,务实创新,把商务做成享誉世界的中国品牌。抗战烽烟使之几遭灭顶,商务人上下斡旋,辗转跋涉到渝、沪,艰难困苦中还不断推出各个学科的著述,中国近代出版的一面旗帜就此屹立不败。

近年来,商务印书馆在法律类图书的出版上,致力于《法学文库》丛书和法律文献史料的校勘整理。《法学文库》已纳入出版优秀原创著作十余部,涵盖法史、法理、民法、宪法等部门法学。2008年推出了十一卷本《新译日本法规大全》点校本,重现百年前近代中国在移植外国法方面的宏大气势与务实作为。2010年陆续推出《大清新法令》(1901—1911)点校本,全面梳理清末法律改革的立法成果,为当代中国法制发展断裂的学术脉络接续前弦,为现代中国的法制文明溯源探路,为21世纪中国法治国家理想呈献近代蓝本,并试图发扬光大。

现在呈现于读者面前的《中国法律史学文丛》,拟收入法律通史、各部门法专史、断代法史方面的精品图书,通过结集成套出版,推崇用历史、社会的方法研究中国法律,以期拓展法学规范研究的多元路径,提升中国法律学术的整体理论水准。在法学方法上致力于实证研究,避免宏大叙事与纯粹演绎的范式,以及简单拿来主义而不顾中国固有文化的作品,使中国法律学术回归本土法的精神。

何 勤 华

2010年6月22日于上海

目　　录

序一 ……………………………………………… 俞荣根　1
序二 ……………………………………………… 杨一凡　11
序三 ……………………………………………… 李贵连　16

上　卷

第一章　法治国家的关键词语 …………………………………… 3
　第一节　现代社会、民主国家、法与法治 …………………… 5
　　一、现代国家与社会 ……………………………………… 5
　　二、法治之法 ……………………………………………… 6
　　三、民主制度 ……………………………………………… 9
　　四、法治是现代国家的运行模式 ………………………… 12
　第二节　法治视角下的相关概念 …………………………… 14
　　一、政治：以政权为中心的活动 ………………………… 15
　　二、经济：以产品为中心的活动 ………………………… 17
　　三、道德：真善美的价值目标与准则 …………………… 19
　　四、革命与建设：党和政府的职能变化 ………………… 23
　　五、领导与执政：不同的能力与工作方式 ……………… 26

第二章　国家运行的基本模式 …………………………………… 30
　第一节　神治：神权与政权的结合 ………………………… 30
　　一、欧洲"中世纪"天主（基督）教神权国家 …………… 31

二、奥斯曼帝国伊斯兰教与政权的结合 …………………………… 32
　　三、中国夏、商、周以天命神权治国 …………………………… 34
第二节　自治：社会发展的理想模式 …………………………………… 37
　　一、中国的"无为而治" ………………………………………… 38
　　二、西方"自治"的源流 ………………………………………… 39
第三节　人治与法治的主要区别 ………………………………………… 42
　　一、国家体制由何决定 …………………………………………… 44
　　二、管理者的资格由何决定 ……………………………………… 45
　　三、怎样对待管理者 ……………………………………………… 47
　　四、怎样对待民众 ………………………………………………… 50

第三章　法治的理念 …………………………………………………… 54
第一节　法律至上 ………………………………………………………… 56
　　一、法律高于权力 ………………………………………………… 56
　　二、党依法执政与活动 …………………………………………… 59
　　三、稳定的法律与灵活的政策 …………………………………… 61
第二节　人权神圣 ………………………………………………………… 62
　　一、人权的分类 …………………………………………………… 63
　　二、神圣的权利 …………………………………………………… 65
　　三、人权的实现 …………………………………………………… 69
第三节　维护正义 ………………………………………………………… 71
　　一、法律正义 ……………………………………………………… 72
　　二、司法正义 ……………………………………………………… 75
第四节　控制权力 ………………………………………………………… 78
　　一、以法律控制权力 ……………………………………………… 78
　　二、以法控权的前提 ……………………………………………… 79
　　三、以法控权的必要性 …………………………………………… 81

第四章　法治意识与法治思维 …… 83
第一节　法治意识 …… 84
一、公民意识与公仆意识 …… 84
二、规则意识与制度意识 …… 89
三、审判(司法)独立意识 …… 93
第二节　法治思维 …… 98
一、运用科学思维 …… 99
二、运用逻辑思维 …… 108

第五章　现代法治之法:以权利控制权力 …… 115
第一节　行为规则与权利本位 …… 116
一、法是一种行为规则,具有行为性 …… 116
二、法以权利为本位,具有权利性 …… 118
第二节　国家制度与强制约束 …… 120
一、国家意志是法的形态和表达方式 …… 120
二、国家约束力与制裁力 …… 121
第三节　条文的规范化与法典化 …… 122
一、法是条文化的规则 …… 122
二、规范性文件与法典式汇编 …… 123
第四节　稳定统一与明示准确 …… 124
一、稳定少变、统一协调、普遍适用 …… 124
二、公开明示、具体确定、合乎逻辑 …… 125
三、独立领域、专门机构、特殊方式 …… 127

第六章　法治国家的现实支柱 …… 130
第一节　民主制度与分权政体 …… 131
一、主权在民 …… 132
二、权力分置 …… 134

三、选举票决 …………………………………………… 136
　　四、独立自主，言论自由与服从多数 ………………… 139
　　五、协商一致 …………………………………………… 143
　第二节　市场经济与民众共同富裕 ……………………… 145
　　一、发挥市场在资源配置中的决定作用 ……………… 146
　　二、消除两极分化，实现共同富裕 …………………… 149
　第三节　最高权威与主流信仰 …………………………… 154
　　一、法律具有最高权威 ………………………………… 154
　　二、法治是社会的主流信仰 …………………………… 159
　第四节　依法执政与依法行政 …………………………… 163
　　一、共产党依法执政 …………………………………… 163
　　二、政府与公务人员依法行政 ………………………… 167
　　三、依法勤政与廉政 …………………………………… 169
　第五节　社会公平与社会正义 …………………………… 175
　　一、面对现实，正视社会不公问题 …………………… 176
　　二、标本兼治，逐步实现公平正义 …………………… 178
　第六节　法律独立与自治运行 …………………………… 181
　　一、司法独立的再认识 ………………………………… 181
　　二、司法与审判体制改革 ……………………………… 182

第七章　法治国家的不同类型 ………………………………… 185
　第一节　英国：君主立宪与普通法传统 ………………… 186
　　一、形成途径 …………………………………………… 186
　　二、政体结构 …………………………………………… 189
　　　（一）君主立宪制 …………………………………… 189
　　　（二）联（合）邦制 ………………………………… 190
　　　（三）国家权力的分置与交叉 ……………………… 190

（四）责任内阁制 …………………………………… 191
三、执政方式 ………………………………………………… 191
　　（一）政党代理执政 ………………………………… 192
　　（二）两党轮流执政 ………………………………… 192
　　（三）选举竞争制度 ………………………………… 193
　　（四）议会党团制度 ………………………………… 194
四、法律渊源 ………………………………………………… 194
　　（一）普通法 ………………………………………… 195
　　（二）衡平法 ………………………………………… 195
　　（三）制定法 ………………………………………… 196
五、主要法律原则 …………………………………………… 196
　　（一）宪法至上 ……………………………………… 196
　　（二）普通法原则 …………………………………… 197
　　（三）衡平法原则 …………………………………… 197

第二节　美国：宪政制度与司法权威 ……………………… 198
一、形成途径 ………………………………………………… 199
二、政体结构 ………………………………………………… 201
　　（一）宪政联邦制度 ………………………………… 201
　　（二）分权制衡 ……………………………………… 202
　　（三）总统制 ………………………………………… 203
三、执政方式 ………………………………………………… 204
　　（一）两大党交替执政 ……………………………… 205
　　（二）总统、州长与两院议员 ……………………… 205
　　（三）组织选举是政党的主要活动 ………………… 206
四、法律渊源 ………………………………………………… 207
　　（一）判例法 ………………………………………… 207

（二）制定法 ……………………………………………… 208
　五、特殊的法律原则 …………………………………………… 209
　　（一）以"适合性"为原则继受普通法 …………………… 209
　　（二）联邦与州两大法律体系 …………………………… 210
　　（三）"违宪审查"与司法中心主义 ……………………… 211

第三节　法国：三权分立与行政法治 …………………………… 213
　一、形成途径 …………………………………………………… 214
　　（一）形成于"大革命"前期 ……………………………… 214
　　（二）第三共和国结束帝制，巩固法治 ………………… 215
　　（三）"二战"之后的进展 ………………………………… 216
　二、政体结构 …………………………………………………… 217
　　（一）"三权分立"的宪法体制 …………………………… 217
　　（二）中央集权与地方分权 ……………………………… 218
　三、执政方式 …………………………………………………… 220
　　（一）党派林立、类型繁杂 ……………………………… 220
　　（二）两大"政党联盟"轮流执政 ………………………… 221
　四、法律渊源 …………………………………………………… 222
　　（一）欧盟法优先适用 …………………………………… 223
　　（二）《法国民法典》……………………………………… 223
　　（三）行政法治 …………………………………………… 227
　五、司法体制 …………………………………………………… 229
　　（一）宪法委员会与违宪审查 …………………………… 229
　　（二）行政司法与司法法院的分离 ……………………… 230
　　（三）检察权的行政化 …………………………………… 232
　　（四）公众参与和便民诉讼 ……………………………… 233

下 卷

第八章 古代法律观的现代意义 …………………………… 239
  第一节 传统与现代、精华与糟粕 ………………………… 239
    一、传统法律观的形成与演变 …………………………… 239
      (一) 生于中华大地,成于特殊国情 ………………… 240
      (二) 传之未断,弥久愈新 …………………………… 246
    二、利用优秀资源,切忌全盘否定 ……………………… 249
      (一) 积极因素与法治基因 …………………………… 250
      (二) 扬弃消极因素,促进传统更新 ………………… 253
  第二节 中国古代对"法律"的理解 ……………………… 255
    一、"礼"中包含法律,不可等同于道德 ………………… 256
      (一) 礼制始于西周,包括家、国制度 ……………… 256
      (二) 儒家的"为国以礼" ……………………………… 258
      (三) 礼制为政事法和民事法 ………………………… 259
    二、"法"是法家对法律的概括,不等于全部古代法 …… 261
      (一) "刑"与礼对应,延伸为"法" …………………… 262
      (二) "法"是国家制度与吏民规则 …………………… 263
      (三) 法家之"法"与现代法律相合 …………………… 264
    三、"天"是法律的渊源,不同于西方"上帝" …………… 267
      (一) 天是法律的样板,不是创世的上帝 …………… 268
      (二) 礼法制度源于天,"天人合一"观 ……………… 269
      (三) "天命"观念与"天志"之法 ……………………… 270

第九章 "天法"信仰与平民情怀 ………………………… 274
  第一节 确立"天志"之法的信仰与权威 ………………… 274
    一、墨家论法的相关术语 ………………………………… 276

（一）"天"是人格神 ·· 277
　　（二）"鬼"是人魂之神 ·· 277
　　（三）"法"是广义的法律 ·· 278
　　（四）"义"以利益为核心，为民兴利除害 ························ 279
　　（五）"兼"要求平等互利，反对等级区别 ························ 280
　二、以"天志"为法 ··· 280
　　（一）离开法律，一事无成 ·· 280
　　（二）将"天志"作为人世法律 ···································· 281
　三、"天志"是市民的理想法 ······································· 282
　　（一）墨家设计的理想法律 ·· 283
　　（二）对宗法等级、刑政害民的批判 ······························ 284
　　（三）判断是非善恶的最高准则 ···································· 285
　四、墨家的"天志"法与西方的自然法 ···························· 286
　　（一）西方的自然法观念 ·· 286
　　（二）中国古代的"自然法"观念 ·································· 287
　　（三）神学自然法：墨子与西方的区别 ···························· 288
第二节 "天志"之法与市民诉求 ······································ 291
　一、以"爱民利民"为宗旨 ··· 292
　二、以"兴利除害"为目的 ··· 294
　三、以市民权益为依归 ·· 296
　　（一）生存权利 ··· 297
　　（二）财产权利 ··· 298
　　（三）参政权利 ··· 298
第三节 "天志"之法与国家运行 ······································ 300
　一、墨子的国家观与"大同世界" ·································· 300
　　（一）起源：统一思想与行为 ······································ 301

（二）目的作用：行善政、赏贤善与罚暴恶 ································· 302
　二、墨子的义利观与中央集权国家 ·· 306
　　（一）义利并重的"义利观" ·· 306
　　（二）"上同天子"与中央集权 ·· 309
　三、兼爱非攻与国际关系准则 ·· 311
　　（一）国际准则的历史溯源 ·· 311
　　（二）平等相待、和睦共处 ·· 312
　　（三）"兼爱""互利"，相互尊重 ·· 313
　　（四）联合抗霸抗暴，抵抗侵略 ·· 314

第十章　法家"法治"：中国古典法治的初级形态 ······························ 318
第一节　推行"变法改制"，构建"以法治国" ·································· 318
　一、春秋"改制" ·· 320
　　（一）管子"修齐国政" ·· 320
　　（二）子产推行新政 ·· 321
　　（三）邓析批"礼"重"法" ·· 323
　二、战国"变法" ·· 325
　　（一）李悝撰《法经》，主持魏国变法 ··································· 325
　　（二）烈士吴起与楚国"变法" ·· 327
　　（三）商鞅变法：秦由弱到强，大国崛起 ································ 329
　三、"以法治国"的设计者与推行者 ·· 331
　　（一）商鞅重"法"、慎到重"势"、申不害重"术" ·························· 333
　　（二）齐国法家构划古典法治框架 ······································ 335
　　（三）韩非对"法治"的理论总结 ·· 336

第二节　法家之"法"与形式法治 ·· 338
　一、从国家制定民众行为规则角度定义"法" ································ 339
　　（一）国家制定并公布的成文命令 ······································ 339

（二）控制、规范民众行为的规则 …………………… 340
　　（三）确定身份等级的国家制度 …………………… 341
　　（四）奖赏和刑罚的规定 …………………………… 342
二、"法"的重要性质 ……………………………………… 343
　　（一）强制性和制裁力 ……………………………… 343
　　（二）客观性和公正性 ……………………………… 344
　　（三）等级差别性 …………………………………… 346
　　（四）合情性和适时性 ……………………………… 347
三、"法"的主要作用 ……………………………………… 348
　　（一）"禁恶止乱"、"民治国安" …………………… 349
　　（二）"定分止争"、"定赏分财" …………………… 349
　　（三）以"法胜民"、"一民使下" …………………… 350
　　（四）君尊主重、"独制四海" ……………………… 351

第三节　"法治"学说：古典法治的理论形态 …………… 353
一、"法治"是国家强盛的有效途径 ……………………… 353
　　（一）否定宗法贵族制，确立君臣官僚制 ………… 354
　　（二）反对礼义教化，主张严刑峻法 ……………… 355
　　（三）反对尊贤任智，维护君权国法 ……………… 355
　　（四）君主集权与"唯法为治" ……………………… 357
　　（五）"明主治吏"与"以法为教"、"以吏为师" …… 359
二、"法治"学说的理论基础 ……………………………… 361
　　（一）"不法古、不循今"的进化论 ………………… 361
　　（二）"好利恶害"的人性论 ………………………… 362
　　（三）"人众财寡"的人口论 ………………………… 364
　　（四）"立禁"、"止争"的起源论 …………………… 365
　　（五）"立公弃私"、重"平"求"直"的价值论 ……… 367

第四节 实现"法治"的主要方法 … 369
　一、基本原则："法""势""术"三结合 … 369
　　(一) 以"法"为本 … 370
　　(二) 法令与权势的结合 … 370
　　(三) 法令与治术的结合 … 371
　二、立法的主要原则 … 372
　　(一) 循"天道" … 373
　　(二) 因"民情" … 373
　　(三) 随"时变" … 374
　　(四) 量"所能" … 374
　　(五) 务"明易" … 375
　　(六) 须"统一" … 375
　三、执法的基本要求 … 376
　　(一) 明法 … 376
　　(二) 任法 … 376
　　(三) 壹法 … 377
　　(四) 从法 … 379
　四、赏罚的主要原则 … 380
　　(一) 信赏必罚 … 380
　　(二) 厚赏重罚 … 381
　　(三) 赏功罚罪、赏勇罚怯与赏富罚贫 … 381
　　(四) 赏誉诛非 … 382
　　(五) 少赏多罚与轻罪重罚 … 382

第十一章 "礼法合治"：中国古典法治的常规形态 … 384
　第一节 奉"礼法合治"为正统思想 … 385
　　一、"礼治"的复归 … 385

二、"德治"的重光 ································· 386
（一）"德治"之本意，并非道德治国 ················ 387
（二）"德治"即为民执政，实行"仁政" ············· 388
（三）"德治"不同于"以德治国" ···················· 390

三、"礼法"的定型 ····································· 392
（一）立法中的"礼、律、典"结构 ··················· 392
（二）司法中的"天理、国法、人情" ·················· 394

四、"礼法合治"的成果：正统法律思想 ············· 395
（一）"礼法合治"的历程 ··························· 395
（二）正统法律思想 ································· 397
（三）丘濬总结与阐发了正统法律思想 ··············· 398

第二节 "礼法合治"的治国理论 ······················ 400

一、法律是"天理"的体现 ···························· 401

二、"明刑弼教"：对法律与道德关系的新概括 ······· 403
（一）道德教化与法律强制两手并用 ················ 403
（二）"纲常"是"礼法"的根本原则 ·················· 404
（三）从"德主刑辅"到"明刑弼教" ·················· 405

三、"养民""安民"，"为民兴利除害" ················· 407
（一）立法"为民"说 ································· 407
（二）刑罚"为民"论 ································· 408

四、恪守法制 ··· 409
（一）"奉君之法而不奉君之意" ···················· 410
（二）"国以民为本"，"民心刑赏" ··················· 410
（三）慎刑恤狱、"原情定罪"的司法原则 ············ 412

五、开放工商，不"与民争利" ························ 414
（一）君主"为民理财"，不得据为"私有" ············ 415

（二）土地法制，"便民""利民" ·················· 416
　　（三）"官不可与民争利" ························ 416
第十二章　"无为而治"、放权简政：中国古典法治的策略 ········ 418
　第一节　"无为而治"：治国理政之道 ···················· 419
　　一、"清静无为"："无为而治"的最初形态 ·············· 419
　　　（一）"道"以自然为本质，以"无为"为表现 ·········· 420
　　　（二）"反者道之动"，"无为"才能治国 ·············· 421
　　　（三）"唯道是从"，统治者应"为无为" ·············· 423
　　　（四）"返朴归真"，实为愚民 ······················ 424
　　　（五）"为无为，则无不治" ························ 425
　　二、"逍遥游"："无为"国度的思想自由 ················ 426
　　　（一）绝对"无为"：否定一切制度规则 ·············· 427
　　　（二）与"天地并生"，"万物为一"的平等观 ·········· 428
　　　（三）特立独行的精神自由 ························ 430
　　三、黄老学派对"无为而治"的理论建树 ················ 432
　　　（一）《黄帝帛书》与《吕氏春秋》 ·················· 433
　　　（二）《淮南子》对"无为而治"的总结 ················ 435
　　　（三）《贞观政要》与"无为而治"国策的实施 ········ 438
　第二节　古典法治的治国策略 ························· 440
　　一、"无为"新解："循道而治"，励精图治 ·············· 440
　　　（一）汉初"约法省禁"对"无为而治"的翻新 ········ 441
　　　（二）唐初放权简政对"无为而治"的发挥 ············ 442
　　二、礼法结合，德刑并举 ···························· 444
　　　（一）"以道统法"，礼法结合 ······················ 444
　　　（二）德礼为本，法刑为用 ························ 445
　　三、"安民立政"、以法为先 ·························· 447

四、立法利民、符合实际 …………………………………… 449

　　五、执法公正无私,司法"一断于律" ………………………… 451

　　　（一）以法"禁君","使无擅断" ……………………………… 451

　　　（二）赏罚公正,执法无私 …………………………………… 452

第十三章　民主法治的启蒙与引入 …………………………… 455

第一节　"天下之法"：中国的启蒙思想 ……………………… 456

　　一、反封建的志士,新思想的启蒙 ……………………………… 457

　　二、反对"一人"君主,主张"天下为主" ……………………… 459

　　　（一）"天下为主,君为客" …………………………………… 460

　　　（二）从反对暴君,到否定君主专制 ………………………… 461

　　三、反对"一家之法",主张"天下之法" ……………………… 463

　　　（一）立"天下之法",为民兴利除害 ………………………… 464

　　　（二）君主的"一家之法"属于"非法之法" ………………… 466

　　四、"议政"、"分权"与"分治" ………………………………… 467

　　　（一）"学校议政"：大儒名士参与大政决策 ………………… 467

　　　（二）由名儒任相,与君主"分权" …………………………… 468

　　　（三）地方自立,与中央"分治" ……………………………… 469

　　五、"治法"与"治人"相结合 …………………………………… 470

　　　（一）"治法"优于"治人" …………………………………… 471

　　　（二）将"任法"与"任人"结合起来 ………………………… 472

第二节　戊戌变法：西方法治的引入与实践 ………………… 474

　　一、西学输中、西法东渐 ………………………………………… 475

　　　（一）"师夷长技",解说西学 ………………………………… 475

　　　（二）放眼世界,西法中译 …………………………………… 478

　　二、厉行"变法",倡言"法治" ………………………………… 479

　　　（一）改良运动：市民与君主的联盟 ………………………… 480

（二）君主立宪，变法图强 …………………………………… 484
　　三、中西合璧的法治方式 ………………………………………… 489
　　　（一）治国靠法，行法靠人 …………………………………… 489
　　　（二）改制实践：参酌中西，修订法律 ………………………… 491

第十四章　民主法治的中西糅合 …………………………………… 496
第一节　推翻帝制建民国：走向法治的探索 ……………………… 497
　　一、孙中山对中西法学的糅合 …………………………………… 500
　　　（一）对西方思想的选择与撷取 ……………………………… 501
　　　（二）对中国传统思想的摈弃与继承 ………………………… 502
　　二、民治、法治与宪政 ……………………………………………… 504
　　　（一）彰民权，行民治 …………………………………………… 504
　　　（二）倡法治，行宪政 …………………………………………… 506
第二节　"五权宪法"学说 …………………………………………… 507
　　一、"权能分治"：人民掌权、精英行政、政党治国 ……………… 508
　　　（一）人民掌握"四权"，实行"直接民权" …………………… 509
　　　（二）行政有职有权，建立"万能政府" ……………………… 510
　　　（三）革命时期宜行"党治" …………………………………… 511
　　二、革命"三时期"与"五权分立"论 …………………………… 513
　　　（一）军政、训政、宪政"三时期" …………………………… 513
　　　（二）"五权分立"论 …………………………………………… 515

参考文献 ……………………………………………………………… 518
附录　思想家人名著述简表 ………………………………………… 524

序　　一

早在1980年代初,西北政法学院(现为西北政法大学)的学生曾经向我描绘他们校园内的一幅图景:夏日傍晚,华灯初上,月色朦胧,热浪渐退,师生们三五成群地拥向校园(现在的老校区)太过狭小的空地上,去迎候第一缕凉风。这时,总能看到一位"关西大汉",慈眉善目,体格健硕,边幅不修。上着一袭背心,下套宽大休闲短裤,手摇一把大蒲扇,谈笑风生,七分诙谐,三分严谨,声含磁性,语如流珠,亦智亦趣,说到兴头上,一只大手抓住听者,那就意味着讲者不由自主地进入到高潮阶段,接下来的场景往往精彩无比,笑料共故事齐飞,闲趣与哲理共生——这就是他们的段秋关老师。如今只有一点需要更正:他并非"关西大汉",而是洛阳才子。

一

20世纪七八十年代之交,法史学充当着法学繁荣的马前卒。北京大学法律系则是法史学的一大重镇,其中的中国法律思想史学科有号称"张、饶"二师,"张"即张国华教授,"饶"乃饶鑫贤教授。在我们这些京外后学心目中,那真是如雷贯耳的人物。就"文革"后高校复办法科的学科和课程体系建构而言,二位先生当之无愧,是中国法律思想史学科的主要创始人和领军者。知情人告诉我,"张、饶"身边还有"哼哈二将",也十分了得。果然,不久就在当时的一些高档学术刊物上读到了他们的大作。其署名,一位姓李名贵连,一位姓段名秋关。他们是我国恢复研究生招生后的第一届法科研究生,入学后不久即成为"张、饶"主编的《中国法律思想史纲》(上、下)的主要作者。这部书奠定了中国法律思想史的学科地位,成为各高校法科中这一课程的教材之教材。

不用说,与李、段相识那一刻,相互间都有相见恨晚的感叹。我们年龄相仿,经历相似,而今有缘成为学科同道,发誓一辈子拒绝"门派"、"山头"观念和"文人相轻"之风,学研自由,相互尊重,永远做好学友、好同道、好兄弟。回顾35年之交谊,我们做到了!

其后,贵连主攻近代,尤其是对沟通中西法学和法制的"冰人"沈家本的研究,称得上独步法史天下。秋关则以论明代思想家丘濬的法律思想一文轻取法学硕士学位。他致力于打通中华法律制度和法律思想的古今之变,先后有"试论秦汉之际法律思想的变化"、"中国古代法律及法律观略析"在《法学研究》、《中国社会科学》上发表,又有译著《中国刑法史研究》、独著《〈淮南子〉与刘安的法律思想》等书的出版。紧接着,襄助李光灿、张国华先生完成国家"六五"、"七五"哲学社会科学规划重大项目《中国法律思想通史》多卷本的编著。又与法律史学界中生代的另一位牛人、也是我们的好友——杨教授一凡共同担任其中明代卷的副主编,成为本丛书主编之一和本卷主编饶鑫贤先生的左臂右膀。圈内曾有"杨一凡的道路,段秋关的方法"之雅谚,适成当时学研中国法律史之青年学子的榜样。

秋关豁达大度,富有人缘,又精力过人,笔耕甚勤。他溯源穷流、探微知彰,上揭橥三代礼与刑之滥觞,中横扫春秋战国儒、墨、道、法、黄老新道家,以及汉魏之诸子,下论析近现代中西法律冲突与交融和中国法制转型之艰难与前景,于是又著《新编中国法律思想史纲》而总其成。此书2008年出版后,不仅简体字版一而再三,又有繁体的台北版上市,足见其受学林青睐之程度。

二

我以为自己是很懂本书作者的。当年,我每向西北公干,无论顺道不顺道,都会在西安歇一脚,与秋关小酌一下。他南下主持汕头大学法学院院政后的第三年,即偕家人专程绕道重庆,踏进我在歌乐山下的那间陋室。我亦曾应约与老伴去汕头与他们贤伉俪相聚,欣赏这所有港资背景特色的新型高等学府。法学院在他打理下所取得的骄人成绩,我也领略到特区改革开放的一窗南风。他尽管小我三岁,却也同属40后,都已跨入"古稀"之年。退休赋闲,自应享受生活,静静地欣赏人生的晚霞。诚然,我们自信既非脑满肠肥、无所事事之徒,亦非满腹牢骚、自命不凡之辈。因为读了几年书,懂得些社会责任和担当的道理,只要脑未呆,眼不盲,手脚能动,总想做点与学问有关的事,也不会停滞思考。但说实在的,还是得服老,无论如何,铺新摊子,开新课题,得慎重。反正我是力不从心了。

但打开秋关大作《中国现代法治及其历史根基》文稿一看,我真傻眼了。有两点没想到:一是他70开零的年龄,还真敢写这么一部规模宏大的新著!二是他竟不捡自己熟门熟路的法律思想史这出拿手好戏来唱,而是从直面法治和法治中国这个现实关节入手,将法理思考与法史研究结合起来,遍论欧美主要国家的法治思想与制度,再反思中国现代法治之根基与路径选择,来了个中外法治的大历史、大视野比较研究。我不得不承认,自己对这位学术同道的了解太不够了。

从1970年代末到本书杀青之时,秋关用了整整35年的学术生命里程,实现了自己学术上的三个发展阶段:第一阶段,用中国的方式阐释中国传统法律文化;第二个阶段,以西方的方式分析中国古代法律与法律观;第三阶段,用现代法学的视野与比较法学的方法发掘、解读中国法治的历史根基。这第三个阶段的学术跨越,是他退休之后完成的。秋关说,这是他近十年来关于中国古今法治思想与实践、探索与总结、经验与教训的学术思考。可见,这部新著正是他第三阶段的学术结晶。秋关学兼中西、与时俱进,我对他的认知却没有与时更新。

仔细体察这部新著的整体构思,确有一番独具之匠心。作者念兹在兹者,是揭示中国现代法治建设可资开发选用的本土资源和历史根基。走向法治,无疑是人类政治文明的必然趋势。而其历史根基不同,法治之实现路径和模式或许有所差异。也就是说,法治文明也是多元的。作者开章明义,指出现代法治是什么,为什么建设"法治中国"是历史大趋势和必然选择,应当怎样设定它的目标和方向,才符合历史的逻辑与现实的合理诉求,又怎样来保障它的实现。这一系列立论的重要依据之一,需到历史根基中去寻找。我在此斗胆任性一句:《中国现代法治及其历史根基》就是一部认识与建设法治中国的寻根之作。

在上卷的最后,作者笔锋一转,明确指出,当代世界是个多元化的共同体,实行不实行法治,取决于各国自己的选择;而实行法治的国家,又因各自的历史传统、现实国情、政权性质与文化基础的不同而采取不同的表现形式。接着逐一剖析英国法治、美国法治、法国法治。这三个堪称西方世界老牌的成熟的具有典型意义的法治国家,它们的法治思想、法律体系,以及立法、执法、司法、守法制度,都有值得我们观察、认识与借鉴之处。由于三国各自的历史根基不同,呈现出不尽相同的法治样式。既有法治国家的共同要求,又独具各自的传统与现实特征。当然,也暴露出法治模式的不足或缺陷,说明法律并不万能。在中国建设法治国家,必须从国情与实际出发,形成自己的特色。我想,作者的用意大概正在这一点上。

三

说到中国现代法治的历史根基,窃以为,至今仍然是一个见仁见智的学术问题。倘若一说到中国历史上也有过什么所谓的"法治",并把秦始皇打扮成这种"法治"的祖师爷,总让人感到有些寒颤与别扭。凭我自己浅薄的经历,一旦颂秦"法治"之歌响彻起来之日,便是百姓受虐、社会知识精英遭凌辱、民众基本权利被剥夺之时。作者在新著中,完全排除这种唯秦"法治"是颂的嘈杂声,而是把自秦孝公、商鞅时期开始的秦国政治法制改革,直到秦王嬴政翦灭六国、一统天下,至二世而亡,作全面的历史考察,给以冷静而理性的评述。严复在其译著《法意》中作"案语"曰:"然则秦固有法,而自今观之,若为专制之尤者。"秋关发明其意,指出:法家"以法治国"的主体是君主,"法治"学说成为中央集权、君主专制的理论依据;秦帝国奖励耕战乃农业社会,秦法虽多却并未体现公民权利。因此,所谓秦代"法治"的实质仍属人治范畴,准确一点可称为"君主法制"。

作者给自己的新著定有一个基调。他说过:在当代世界的大国之中,中国是唯一的,保持着五千年延续未断历史的大国。这样一个历史悠久、传统深厚的大国要进行转型,绝不能割断历史,也无法抛弃传统。包括法律文化在内的中国传统文化,是我国现行各种制度的思想基础,又是构建"中国特色"的决定因素。

作者纵观古今中外的国家运行模式,归结为神治、人治、法治、自治四种,并给以这样的解读:"神治奥秘玄妙,人治直接有效,法治稳定可靠,自治乃理想模式,现在尚达不到。按其效能来说,神治适合于牧业社会,人治适合于农业社会,法治适合于工业社会,自治适合于更高级的社会。"同时指出,一个国家采取何种方式运行,取决于两个方面:一是该国所处的自然社会环境与生产生活方式,一是该国人民或民族的意愿与选择,二者缺一不可。在当今世界,人类已结成命运共同体,法治社会成为各国人民的共同向往,而中国人民选择了实现现代国家的法治之路。以民主制度为政治基础,以市场模式发展经济,体现公民权利的法律具有最高权威,国家机关及其公务人员严格依法行为与活动,保障社会公平与正义的实现,法律独立自治运行,是法治国家的基本要求和有力支柱,是我们奋力建设的现实目标。一句话,当下的中国只适合法治！必须走向法治！！只能走向法治！！！

四

作者认为,无论中国古代还是西方古代,都不存在符合他在本书开篇中所揭示的法治范畴。古代中国的"法治"或"礼治"不能直接用来作为现代法治建设的思想基础。中国古代的"礼治"、"德治"或"法治"、"礼法合治"皆属于人治范畴。

说到"德治",不免借这个话头啰嗦两句。中国古代词语中并无"德治"一词。它是近代学人为回应西方法治文化的冲击,而将孔子关于"为政以德"的思想简缩而来。始创之人,便是大名鼎鼎的梁启超先生。他细嚼《论语》"为政以德"之旨,在告诫时君世主及各级官僚应当以民为本、体恤百姓,实行德教、施以德政仁政。本书作者把这样的"德治"划入人治范畴,实乃的当之论。

所以,媒体上流行的"以德治国"与古贤所谓"为政以德"不尽是一码子事。古贤所谓"为政以德"者,必先以德修身、以礼克己,有以身作则、言传身教才有德教,有仁心才有仁政,有君子之德方有德政。用时下的话说,"为政以德"之说,确是抓住了"为政者",即有权力者这个"关键少数"。正人必先正己。为上不正,焉能正人！若如此来理解"德治"

二字,此"治"乃"治身"、"修身"之意。在汉语中,"治"本为多义字。"治国"之"治",乃统治、管理之义。"治医"之"治",乃治病救人之义。"治学"之"治",乃读书做学问之义。统治、管理之"治",即"依法治国"是也。"以德治国",绝不是用道德来统治、管理国家。道德只能治身、治己、律己,不可能也不应当去治人、律他。还有一点,以为法治就是只讲法不讲德,所以要拿德去充填、去补救、去纠偏。这种认识出于先秦法家对儒家德、礼的否定,而造成今人对现代法治的一种误解。法治必须建立在良好的政治道德、社会公德之上,为政者要有从政道德,各行各业应恪守职业道德,老百姓具有公民素质,讲公民道德。本书上卷中强调,法治肯定道德品质的重要,并将公认的道德信条作为基本的法律原则,同时提倡执政者严格自律,带头执法。其所论及的英、美、法之法治,均是如此。世上本不存在抛开道德的法治学说,也不存在不讲道德的法治实体。道德建设乃法治固有内涵之义,而非外在之方。

五

在中国古代,用来表示法律的术语不仅仅是法、律、刑等几个词语。对此,深通中西法学之异同的思想家、翻译学鼻祖严复早有卓见:"西文'法'字,于中文有理、礼、法、制四者之异译,学者审之。"记得作者早年就在自己论著中称引过此语。本书中,他进一步发挥道:中国古代具有法律含义的词语除礼、法、刑、律,以及天罚、天命、天志之外,还有令(行政性命令)、格(行政性规定)、式(行政规程)、典(政事法汇编)、例(刑事、政事、民事等执法、司法规定);有时还将宪(永久性的规定)、制(禁止性的规定)、禁(临时性禁令)等术语与法字搭配使用。如宪令、法制、律例、法禁等。同时,具有法律效力的规定并不限于制定法,在圣旨、榜示、礼教、乡规、族规、民约及民俗中亦有很多规矩准则,在现实中起着民事、政事,乃至刑事法规的作用。实际上,对于法律现象进行阐发的除了法家之外,还有儒、道、墨、黄老、阴阳等诸子百家;对于法律制度或立法、执法、司法进行研究的除了刑名学、律学之外,还有儒学、玄学、黄老学、道学、理学等等。

这里涉及中国法律史的研究对象问题。长期以来,法史学界似多认同以"律令体制"界定中华法系的说法。"律令体制"说源自日本学者。其影响所及,市面上的中国法制史教材几乎只是律令的立法史、司法史。就连为数不多的几部中国古代民法史,也是将历代正律中有关户婚田宅之类的条款作去刑化阐释后,当作其主线建构起来的。中国法律思想史的教材亦多囿于析论历代思想家、政治人物关于礼与律/礼与刑关系、以刑和罚为骨干的法制改革及其立法、执法、司法之学说与观点为内容。流行已久的中华法系"以刑为主"特点说,便是"律令体制"说的一种变体。我曾在中国法律史学会一次年会上呼吁:以"律令体制"说去讲中国古代法和中华法系,只讲了它们的一半,甚至连一半都不到。中华法系是礼法体制而非律令体制,律令是礼法中的律令。说到这里,又忍不住要搬出严复《法意》中的"案语":"西人所谓法者,实兼中国之礼典。"中国古代之法至少有三个面相:一为礼典,《大唐开元礼》是其典范;二为律典,《唐律疏议》堪称大成之作;三是以礼俗为主干而开枝散叶的乡约、族规、寨规、少数民族习惯法等。它们都是礼法的组成部分。

本人学浅而不敏,这些千虑而一得的孔见,实来自包括秋关在内的学术同道之启迪。1989年,作者在其《中国古代法律及法律观略析》一文中论道:在中国古代,虽然立法、司法向以刑律为重,不像古罗马那样明确地区分万民法与市民法、私法与公法;但是历朝历代都有大量关于朝仪、职制、荐举、考试、兵役等政事方面,土地、货财、婚姻、家族家庭等民事方面,以及有关市贸、税赋、钱币、盐铁茶、工役等其他方面的制度和规定。它们没有以"法"或"律"为名称,又独立于"律"之外,但无疑都属于今天"法律"的范围,也不能将其仅归为刑法。可见,差不多在30年前,作者已突破"律令体制"说、"刑民不分"说的窠臼。这样的认知,在当时的法律史学界,实属先声夺人。在本书的下卷第八章中,设有"中国古代对'法律'的理解"一节,其中专论"'礼'中含有法律,不能等同于道德",明确地将古代"礼"中成文化、规则化的《礼典》,以及民间礼俗规约等等,纳入了古代法的范畴。

总之,作者的这部新著中关于现代中国法治建设之历史根基的阐释,可圈可点之处甚多,读者自可翻检赏析,我再列举下去,恐会招来饶舌调唇之讥了。

作者曾有一段关于"从纵向脉络角度看中国法治的历史根基"的总归纳,颇有诗意。抄录于下,与读者分享:

墨家"天法"信仰是最先的思想启迪;

法家"法治"理论及其实践植入了最初根系;

汉初"无为而治"与大唐盛世是古典法治的突出表现;

正统的"礼法合治"使古典法治中庸稳定;

明清之际"天下之法"理论为现代法治的最早启蒙;

清末修律和"五权宪法"表现了中国与西方、古典与现代法治的融合。

秋关说,他走笔至此,感慨万千,不禁性至情趋,掩卷自问。曾赋诗一首:

"银杏常绿,胡杨枯存;

中华传统,何以浮沉?"

吾读其书至此,不可辜负其志,遂应之曰:

礼法之治,中华法统;
实现法治,人心所同。

俞 荣 根

2017 年 3 月 5 日　丁酉惊蛰

于海南盈滨双栖居

序 二

此值秋关大作《中国现代法治及其历史根基》出版之际,我欣喜之余,仅以四点琐言,表达恭贺之意。

其一,作为从事法律史学研究的一位学者,我深感这部新作对于推动法史学科的建设有着不寻常的意义。

一部中华法律文明发展史,是法律思想与法律制度交融一体,向前推进的历史。法律思想是法文化的灵魂。任何具体法律制度和重要法律的制定,都有其社会背景和主权者的明确立法意图。忽视法律思想研究,就难以揭示法律制度形成和演变的规律。要科学地阐述中国法律史,必须坚持法律制度与法律思想研究并重。20 世纪 80 年代,是我国学界法律思想研究的鼎盛时期,诸多的研究成果,为法学研究、法学教学注入新的活力和智慧,有力地推进了改革开放新历史条件下的民主法治建设。然而,近 20 年来,随着高等院校法律院系法律思想史课程列为选修或者取消,法律思想史专业被边缘化,研究者寥寥寂寂,学术成果区区可数。法律思想史有其他学科不可替代的独立存在价值。期待这部著作的问世,能够提升人们对法律思想在法治建设中先导作用与理论基础的认识,唤起学界对法律思想研究的关注。

其二,作为秋关的学友,我为他老有所为点赞。他的这种潜心学术、勇于探索、不断进取的精神,很值得我们效法。

记得在 1981 年至 1986 年期间,我和他出任李光灿、张国华主编的国家社科重点项目《中国法律思想通史》明代卷副主编(该卷主编是饶鑫贤教授），两人时常切磋学问，亲密无间。秋关刚直大度、博学、幽默、思维敏捷，他不仅高水准地完成了所承担的课题写作，还先后有《中国法律思想史简明教程》、《〈淮南子〉与刘安的法律思想》等著作和多篇论文发表；其硕士论文《丘濬法律思想述评》，因有重要学术突破获学界好评；其参加撰写的《中国法律思想史纲》（张国华、饶鑫贤主编）是新中国法律思想史研究的奠基之作；他还为促进中日法文化交流，翻译了多篇日本学者的法史论文。那时，我和不少同仁都认为，秋关才华横溢，坚持下去，必成大家。

在此后20多年中，因工作需要，他先后任汕头大学法学院院长、西北大学法学院院长，以主要精力从事学院建设和培养法律人才。同时，又受聘担任省、市政府的法律顾问、法院与检察院的咨询专家，以及律师、仲裁员、独立董事等，做讲座、忙培训、参与重大决策或疑难案件的处理，身体力行地推动法治建设。每每从媒体上看到这些报道，我都忍不住要竖指夸赞。在此期间，他又发表了不少有关法律思想、法律文化、中国共产党廉政法制研究、毒品犯罪研究、台湾现行法律方面的论著。

我们深知，人的精力终究有限，身兼繁重的科研组织与社会工作，就很难静心钻研学术。他轻易不动笔，出手则不凡。出乎意料的是，2006年退休不久，中国政法大学出版社出版了他近40万字的《新编中国法律思想史纲》，一改时下流行的以朝代与人头为篇目的体例，按照思想演进发展阶段并与制度实践相结合，进行法律思想范畴史研究。在本论中阐述了中国古代的六类法律观念、十大法律学说；在余论中对传统法律观与现代法理念的冲突、衔接和转化、更新做了深入的论证。更没想到的是，现在又撰就了这部既为法治中国绘制建设蓝图、又努力发掘其历史根基的新著，更加令人欢欣鼓舞。秋关年已七旬，仍能像年轻人那样以炽热的心，潜心研究，勤奋笔耕，其精神可嘉可励可志。祝愿他在保重健康的前提下,再谱新章。

其三,就该书的学术价值和现实意义而论,我认为,对于这部纵论古今法治思想演进、传播现代法治理念的著作,应给予高度评价。

该书由上、下两卷构成。上卷就现代国家的运行模式、现代法的本质特征、法治国家的现实支柱及不同形式、法治理念等作了系统的阐发,向读者描绘了法治中国建设的现实目标。下卷就中国历史上"法治"观念、思想、学说,及其演进、古今"法治"理念的区分与联系等,作了深入论述。向读者揭示了中国古典法治的原典状况,即从"天志"之法信仰的启迪,到法家"法治"构筑的初型与汉唐"礼法合治"的常态,再经"无为而治"、放权简政与约法省刑策略补充,明末清初中国式民主法治思想的启蒙,直到清末"变法"修律与民国"五权宪法"的创设与实践,发掘并构划出中国法治的历史根基。作者坚持论从史出的原则,力图用现代法学的视野与比较法学的方法,阐发、解读中国传统法文化,并对中外法治思想进行了系统而清晰的梳理,论证深刻而不牵强附会,结论明确而又令人信服。

其四,"研究历史,不仅为增加知识,更为认识过去,把握现在,走向未来。"该书正是遵循这一写作宗旨,为人们正确认识历史上的"法治"而写,更为传扬现代法治理念而作。

建设具有中国特色的社会主义法治国家,是我国既定的治国方略和现代化建设的重要目标。然而,在中国这样有几千年人治传统的国度里,从人治走向法治,任重而道远。体制改革和实施法律中遇到的种种阻力,已披露的形形色色的贪腐案件、侵犯公民权利的事件,表明相当多的群众特别是一些领导干部,尚缺乏基本的民主、法治、人权意识,还需要下气力进行法治的启蒙与系统教育,学会并提升以法治视角看待问题、以法治思维分析问题、以法治方式解决问题的能力。

树立和普及法治理念,是营造公开、公平、公正、可预期的法治环境,建设法治社会的前提。法律只有被人们信仰,"内化于心,外践于行",建设法治国家的理想才能变成现实。因此,正如作者所强调的,应当在全体公民中持续不断地进行法治思想教育,各级领导干部要努力提高自己的法治意识,尤其是要牢固树立以下法治理念:

其一,"依法治国"理念。依法治国,是人类文明发展的必然趋势,也是社会主义市场经济和民主政治的基本要求。国家的长治久安和兴旺发达,主要应当依靠法治。中国的现代化,只能走法治道路,舍此别无他途。其二,"宪法至上"的理念。宪法是国家的根本大法,依法治国首先是依宪治国,依法执政首先是依宪执政。法的权威和生命力在于实施,只有不断完善宪法实施和监督制度,才能使它真正拥有至上的地位。其三,"权利本位"理念。法治社会以"权利本位"为原则,公民法定权利能否得到充分保障,是"现代法治"与"古典法治"的本质区别。依宪治国就是要限制政府的公权力,保障公民的私权利。各级领导干部必须彻底清除以"管控人民"为执法出发点的"工具主义"的法律观,切实使法律成为保障公民权利的利器。其四,"以法控权"理念。法大于权,还是法律屈从于权力,这是"法治"国家与"人治"国家的根本区别。依法行政,就是要把政治权力关在法治的笼子里,让公务活动切实服务于实现公民的实质权利;在法律与政治权力相遇时,永远保持法律对于政治权力的绝对优先权。最终遏制权力的法外滥用与任性,确保公民的权利和自由不受无端干犯。其五,"司法公正"理念。公正是法治的生命线。司法公正对社会公正具有重要的引领作用。司法公正原则就是司法机关和司法人员在司法活动过程中,应坚持和体现公平和正义。法治强调程序正义,并通过公正的程序最大限度的保障实质公正。其六,"良法善治"理念。法治建设是法治国家、法治政府、法治社会的一体化建设,要求法律应成为一个符合社会正义观的内部有序、自治的体系,意味着应该通过"良法"来实现"善治"。这就要求立法必须切合国情实际,既要吸收和借鉴发达国家的成功经验,也要重视吸收中国传统法文化中的积极成分,努力提高立法质量。以往立法中存在着"重西方,轻本土资源"的偏颇,应当予以纠正。

总之,在《中国现代法治及其历史根基》一书中,作者认真总结了中外历史上法治建设的经验,对上述观点都有深刻的阐发。因此,这是一部既有学术价值,又有现实法治教育功能的好书。

杨 一 凡

2017年2月于北京

序　三

2016年的四五月之交,我和秋关会于山城重庆,一同参加杨景凡先生的追思会。会后,他向我展示本书的写作大纲,并嘱为作序。

一

我和秋关同岁(虽然我的出生月份稍早),现在都是年逾70的老翁了。39年前,刚刚恢复大学研究生招生之时,大约是1978年7月上旬的某一天,已过而立之年的我们,带着笔试优秀还应面试的通知书,怀着忐忑与期待的心情,各自从遥远的黄河或长江中、上游,同时来到北京大学未名湖畔。第二天,我们又同往四院(法律系所在楼院),接受张国华、饶鑫贤两位先生的面试。等待结果期间,我们同逛燕园,信步"一塔湖图",秋关用他的黑白照相机,为我留影。彼此相约:不管录取不录取,也不管谁被录取谁没有被录取,我们都是终生的朋友。我们珍重道别。但有幸又很快重会。当年十月开学,我们又同一天来到北大,同时住进了灰涂涂的29楼225室。从此开始了那难以忘怀的宿舍—课堂—图书馆—饭堂,无钱买书、有力抄录,清晨长跑、夜晚伏桌,敲饭盆排队,撕字典背单词,以及五四操场看露天电影,用方凳占位看电视、为男排赢了日本队而扔酒瓶欢呼的单调无趣的学子生涯。

当时的北京大学,南大门内大道两边的16至27号筒子楼是教职员宿舍。从28楼起一直到大概44楼是为学生区(才开始恢复招生考试,有好几栋仍住教职工)。大小饭厅、16、17、28楼,外加商店、书店所在的一组平房,构成现在已被拆除、但在北大历史上永远都无法抹掉的三角地。29楼在学生区的北面,和燕南园、28楼都是一路之隔,位于三角地的边陲。这栋已经拆掉的旧楼,南北向,一共五层,只开南面一个门,中间是楼道,两边是房间,有多少房间已无记忆,只记得每间房只有10平方米,住四个人。

好一栋破楼!1978年10月到1981年10月,文化大革命结束后北京大学招收的全校男性研究生,都住在这里。二楼是中文(古代与现代)、经济(理论、应用与经济史)、哲学(马哲与中、西哲学史)、法学(各学科)等系所住。所以是不分文科、理科,我们都从这栋破楼起步,迈向自己人生新的征途与目标。

这是一个成分复杂的群体。既有受过完整大学训练的1950年代大学生,也有文化大革命前的1960年代大学生,还有嘴上无毛的文革精英工农兵学员,以及在各专业领域已初露头角而又仅有中学毕业文凭的"中学生"。主体则是我们这些1960年代入学的"老五届"大学生。对早已过了住校读书年龄的,有家有口、拖儿带女,又重返校园的我们,实际上应称之为"研究爹"或"研究娘"才是。这其中有1976年的天安门英雄,也有从监狱出来的囚徒。有官二代(如总设计师的儿子),没有富二代(当时似乎没有什么富人)。39年后,有的成为享誉学界的学者,有的是重权在握的高官,有的成了家财亿万富翁,有的则告别人世化为灰烬,有的却仍流亡海外不得归。反正是五花八门,让人眼花缭乱。有人将1978年恢复高考入学的本科生(1977级本科生1978年才入学)和研究生,称为黄埔几期,我则认为,这些群体,确实像21世纪网络所称的"屌丝"。这样说,那些已经发达的贵人、富人、名人,肯定不屑。满眼江湖,我则不贵、不富、不名,实实在在,屌丝一个。

本师张国华教授早年毕业于西南联大,是国内公认的研究先秦政法思想的专家。在四院教研室,他为我和秋关专门讲授先秦各家学说,由此开启了我们对传统法治的认识和探索。授课之余,他又指导我们参与当时的法治人治大讨论。如果我的记忆不错的话,我俩曾合作写过一篇有关法的继承性文章。该论文就是按张师的指示,由秋关执笔完成的,并得到法理学家沈宗灵先生的肯定。我俩都为本科生上课,并参编《中国法律思想史纲》与撰稿。我想,秋关的这部新著,应该就是从这个时期就已开始酝酿的力作。

后来,我留校任教,他执意返回故乡。由于他还兼任北大法学院教授与博导,所以我们几乎年年相逢相会相谈相酣,无话不说,情同手足。他致力于历史变动时期的法史研究,对丘濬及明代法律思想的发掘,对传统法律观形成、沿革、演变的线索与特征的论述与归纳,成绩斐然。尤其退休之后出版的《新编中国法律思想史纲》,极为厚重,打破了按朝代顺序和人头排列的惯例,把法制史与思想史结合起来,突出学术范畴,将中国传统法律思想分为六大法律观念、十大法律学说进行阐述,使人耳目一新。

秋关视野开阔,中国与外国,历史与现代,理论与实践,只要涉及法律,他均有建树。仅看一下他合著出版的书名,就能领略一二,如《法理学研究》、《毒品犯罪的趋势与防治》、《中国共产党廉政制度史研究》、《依法行政的理论与实践》等,都是国家级或省部级项目成果。我只知道他关注现实,却未料到年届古稀,竟然又推出《中国现代法治及其历史根基》的新作,其中对事关中国法治建设的主要范畴,如法治的概念、性质、特色,尤其是法治理念与思维,法治国家的基本要求与不同形式,建设途径与方式等进行专论,令人钦佩。他对法治中国历史根基的发掘,有史有据,推陈出新,更令人叹服。因为这是个一般学者不屑问津、难以涉足,而功底不厚者不敢轻易涉猎的领域。

二

民主,科学,或者说"德先生""赛先生",是国人乐为称道的百年前(只差两年,为简便,姑以百年论之)的"五四"精神。一个世纪了,对这个"民主""科学",不说一般的国民,即使是自命不凡的精英们,他们中到底有多少人真正理解它的内涵呢?本人不知道,也不敢妄加议论。但我赞同已故王元化先生对这个问题的思考:"长期以来,人们用德、赛二先生来概括五四文化思潮。我认为真正可以作为五四文化思潮主流的,是不是民主与科学还值得探讨。当时这两个概念是提出来了,并得到了相当普遍的认可。但对它并没有较深入的认识,在理解上是十分肤浅的,仅仅停留在口号上(以至至今还需补课)。"[①]"五四"不提法治,赵家楼的大火便是一个实证。倡民主而不提法治,"五四"精英们对民主的认识有多深,可说是一目了然。

"窃维法治主义为立宪各国之所同,编纂法典实预备立宪之要著。"这是晚清法律改革期间,新法起草者为清朝廷预备立宪制定新法时对法治的认识。"为立宪各国之所同"的"法治",到底是什么样的法治呢?他们的首领沈家本这样地回答:"今者法治之说,洋溢乎四表,方兴未艾。……或者议曰:以法治者,其流弊必入于申、韩,学者不可不慎。抑知申、韩之学,以刻核为宗旨,恃威相劫,实专制之尤。泰西之学,以保护治安为宗旨,人人有自由之便利,仍人人不得稍越法律之范围。"[②]摒弃"专制之尤"的先秦申、韩法治之学,改用"保护治安",使"人人有自由之便利,仍人人不得稍越法律之范围"的泰西法治之学,这就是晚清法

---

① 《中国文化书院九秩导师文集王元化卷》,第328页。
② 沈家本:《历代刑法考・附寄簃文存・卷六》,《法学名著序》。

律改革者也就是当时法界的追求。高调立宪的清王朝，不待正式行宪就已寿终正寝，本人无法得知他们会如何对待改革者的法治诉求。今人喜用清室不亡，将会如何如何的论断。我对这种算命式立论不感兴趣，只看到这个事实：清室尚未倾覆，改革的主持人就已撤换。

新成立的民国接收了清廷的法律改革遗产。但是，中华民国在南京刚刚宣布成立，改革者的法治诉求就遭到阻击。具体表现就是上海的姚荣泽案和宋汉章案。接替孙中山做中华民国临时大总统的袁世凯，在做袁大军机和袁总理时，窃以为还是支持改革者的诉求的。推荐沈家本、伍廷芳主持法律改革，请沈家本担任他的内阁司法大臣，可以为证。但是英雄和枭雄并无截然界线。尽管就任临时大总统前后他还一再邀请沈家本出山当总长，1913年还为沈家本的墓地题写"法学匡时为国重"的碑石。但是，随之而来的毁弃南京约法，解散国会，登极做皇帝，则彻底粉碎了沈家本们的法治梦想。他谢绝再度出山，老病是原因，理想破灭也很难说不是原因。"可怜破碎旧山河，对此茫茫百感多。漫说沐猴为项羽，竟夸功狗是肖何。相如白璧能完否？范蠡黄金铸几何？处仲壮心还未已，铁如意击唾壶歌。"沈家本死前的这首《梦中作》，很难说不是抱负受挫，将胸中块垒尽吐为快的悲歌。

孙中山先生是中华民国的国父。在推翻清朝专制统治的过程中，他的治国理想也是与立宪各国所同的法治，19世纪90年代英伦蒙难时的言论可证。但是，在推倒袁皇帝以及和北洋武人的争斗中，他虽以护法号召国人，却逐步舍弃法治而走向党治。他的继承者蒋中正、胡汉民、汪精卫诸人，内斗斗得你死我活，党治则是高度一致。他们不但将党治理论化系统化。通过北伐，他们还把中华民国变成国民党一党专政的党国。帝制时代，帝就是国，国就是帝，帝国合称。而在中华民国，党就是国，国就是党，党国一体。法治在党治的压力之下销声匿迹。

日本的全面入侵，逼使全民族奋起抵抗。全民族的抗战，引发全国人民对一党专制与党治的批判。结束训政,实行宪政,连毛主席也在延安的宪政促成会上发表演说。消寂多年的、与宪政连结在一起的法治,因民族危亡而被重提。

本人性惰,读书无多。在有限的阅读中,感觉清末以来将法治说得最好最透彻的就是1940年代蔡枢衡、李浩培、韩德培诸位先生的著述。他们对与英文"rule of law"对应的"法治"有过详细讨论。很可惜,1979年、1980年讨论法治人治时,他们虽然还健在,却都没有发声。以至"rule of law"这个讨论法治时无法不说的英文词,仅有两位先生提及,且语焉不详。

关于人治法治大讨论,冲破了1950年代以来的"法治"讨论雷区,这是中国法学的重大突破。但是,这次讨论并未解决法治的涵义与实质,中国法治的内容与形式等根本性问题。社会上、领导层,乃至法学界中,有不少人仍坚持"法治就是法制"的观点。直至1990年代中期,其根源即在于此。一个世纪后的今天,"法治"已成为现代化建设近期要实现目标,并作为社会主义价值观的一个重要内容。因此,法治是什么?中国需要什么样的法治?法治中国有没有、有哪些本土资源与历史根基等,便成了法学界不能回避、必须回答的问题。

三

从本书大纲详目可以看出,秋关在其中所要阐明、论述的,正是这些根本性的问题。在本书的上卷,他不仅将法治定义为现代(工业化)国家的运行模式,指出法治的本质是体现、维护公民权利和以国家权力为控制对象;而且把中外古代出现过的贵族"法治"、君主"法治"如"罗马法治"、"法家法治"等定性为古典法治,以与现代法治相区分。他很擅长运用准确的概念进行实证研究、逻辑推理与比较分析,注意政治、经济、道德、宗教、纪律等与法律之间的联系、影响,尤其是区别。强调法治之法不再是统治阶级意志的体现,不再是专政的工具,不能仅作为武器看待与使用;强调"德治"的要义是获得民心民力,实施仁政,现今只能以德育人律己,无法用道德来治国理政。归纳出自古及今国家运行的基本模式,即神治、人治、法治与自治。指出在我国这样一个有着近五千年未曾中断历史的大国,长期处于人治社会,必须认清法治与人治的区别,实行民主政治,市场经济,确立法律权威,严格依法执政行政,维护公平正义,保证司法公正独立,加快建设社会主义法治国家。针对法治建设的现实,他又突出法律意识、理念、思维、能力等重点范畴,使人清晰地感知到以法治视角看待问题,以法治思维分析问题和以法治方式解决问题的思想魅力。法治国家是现代文明的体现,各个国家的历史传统和现实国情决定着法治国家的不同表现形式。通过对英国君主立宪与内阁主政,美国分权分治与司法权威,法国三权分立与行政法治等的考察,使人深知法治不能复制,法律绝非万能,法治中国必然具备自己的鲜明特色。

作者在下卷明确指出,中国法治具有自己的本土资源与历史根基,只是隐藏在古代文献之中不易觉察,或者被视而不见,难获重视。因此需要认真发掘、梳理与更新。他提醒读者关注古代法律观的现代意义,切勿望文生义、以今推古或者以洋批中。作者反复阐明,古文的"法"不等于全部法律,不可将"礼"、"德"等同于道德,将"上天"与西方的"上帝"划等号。同时按照历史顺序勾勒出古典法治的基本内容,即先秦的墨家立"天志"为理想法,表达了平民工匠对平等、博爱的信仰,是古典法治的最早的思想启迪。法家以其"变法"实践与理论学说,构建了中国古典法治的初级形态。汉代之后的"礼法"是古代法的代名词,"礼法合治"是中国古典法治的常态。汉初与唐初将老子"无为而治"的治国之道发挥成约法省禁,放权简政,要求减少干涉,励精图治,成为治国理政的基本策略和修正君主专制的一剂良药,使中国的古典法治更为充实并为之添光溢彩,造就了"文景之治"、"贞观之治"等盛世。明清之际黄宗羲等的"天下为主"、"天下之法"是中国最先提出的民主法治的启蒙思想,但由于遭到禁锢直到清末时才发挥效能。近代的"开眼看世界"的改革派、洋务派、维新派、革命派的志士们,都为走向现代与法治做出可贵的努力与探索。"戊戌变法"与清末修律开启了现代法治之门枢,孙中山的"五权宪法"理论与实践为我们今天的法治建设提供了宝贵经验与深刻教训。

总之,1978年北大法律学系招收的18名研究生,秋关是我最为钦服、最有才华者,我相信本书对上述问题的回答与论说一定十分精彩。我期盼该书的出版。

李 贵 连

2017年2月于北京

上 卷

法治是人类文明的重要成果之一,法治的精髓和要旨对于各国国家治理和社会治理具有普遍意义,我们要学习借鉴世界上优秀的法治文明成果。

　　要总结和运用党领导人民实行法治的成功经验,围绕社会主义法治建设重大理论和实践问题,不断丰富和发展符合中国实际、具有中国特色、体现社会发展规律的社会主义法治理论,为依法治国提供理论指导和学理支撑。[①]

[①] 习近平:"加快建设社会主义法治国家",《求是》,2015年第1期。

第一章 法治国家的关键词语

按照中华民族伟大复兴"两个一百年"和"三步走"的设计,2020年应全面建成小康社会,2050年基本实现现代化。现代国家是法治国家,法治中国是历史趋势与选择,未来方向与保障,又是我们现实需求与目标。目标具体明确,建设才能向着正确的方向进行;目标笼统含糊,建设就会盲目迷路或陷入误区。而目标的内容是由一系列的词语概念所构成的,对这些词语概念的理解与运用,就成了认清目标的关键。

譬如"共产主义"与"小康社会"均为目标型的概念,不同的理解会导致不同的结果。在20世纪50年代,我们以为"楼上楼下,电灯电话","工厂烟囱冒烟,农村机器耕田"就是共产主义,于是举国炼钢种粮,超英赶美,实行"大跃进","跑步进入共产主义"。虽然精神可嘉,但是教训惨重。改革开放以来,我们借用古语"小康社会",将其作为近期奋斗目标。"小康"相对于"大同"(古人的理想社会状态)而言,本指不愁温饱、民富国强的社会状况,含义笼统,而一旦将其具体化为以人均GDP趋3000美元等10大指标之后,即成为一个有确定性内容的目标。全党全国人民同心协力,排除干扰,努力建设;21世纪初,我国的国民生产总值保持两位数的增长率,2009年人均GDP已达3600美元,可谓达到了"小康"的经济指标。十八届五中全会又将之明确为到2020年国内生产总值和城乡居民人均收入将在2010年的基础上翻一番等新的目标要求,确保在2020年全面建成小康社会。

由此可见,"方向决定道路,道路决定命运"[①],而目标又决定着方向。目标正确具体,方可免走弯路,达标无章可循,必然得不偿失。孔子说,"名不正则言不顺,言不顺则事不行"。法治国家也有其基本的要求和标准,用以表述的概念必须严谨明确而不能模棱两可,用语应当具体充实而不宜抽象空洞。

对法治的考察与研究,涉及诸如现代、法、法治、人治、法制、民主、执政等许多关键词语。而这些术语、概念,或者是一词含有多种意义,其含义还常随着语境变化而变化;或者是从古到今一直使用,其文字用语相同而内容含义有别;或者是中文与外文通用的相关概念,其意思相同却表达相异,这些都需要在使用中认真辨析。

例如,虽然"法治"一词早在我国战国时期已广泛运用,古罗马"法治"是西方现代法治的历史根基,但我们今天要实现的法治目标绝非秦代的君主"法治"或罗马的奴隶主"法治"!同样,虽然在对民主形成的历史考察中,可以有奴隶制"民主"、封建制"民主"、资本主义"民主"与社会主义"民主"等区分;但民主本身却有质的规定性,首先必须把握民主制度的内在要求与核心内容,然后才能论及这些前置词所表现的性质与形式上的区别。

读者可能已经看出,虽然明知出力不一定能获得好感,但笔者仍力图对上述学界歧义的关键词语进行界定。对于凡属应予诠释、辨析或重新界定的概念,在文中都加上引号进行标示,提醒读者不宜与未加引号时等同起来或混淆使用。依笔者之见,作为现代国家的建设目标,古代"法治"不是法治,不加引号的法治是现代法治的专用术语;奴隶制"民主"不是民主,不加引号使用时仅指现代民主;古代汉语的"法"或

---

① 习近平语。见"在庆祝中国共产党成立九十五周年大会上的讲话"。本书以下引习近平讲话,均转引自《人民日报》及《新华网》。

"律"不等于今日之法律,也不能将古代的"礼"与今日之道德画上等号。

因此,在本书的开篇,有对这些术语确切定义的必要。严格定义用语概念,不仅是正确理解与努力建设法治中国的要求,也是避免误解误判和无聊争辩的必要前提。

第一节 现代社会、民主国家、法与法治

实现现代化,是"中华民族伟大复兴的中国梦",现代国家是民主制的法治国家。把握与其密切相关的概念的实质含义和确切内容,有利于正本清源,付诸实践。

一、现代国家与社会

众所熟知,在历史分期中,与古代、近代相延续的现代属于时间概念,指人们当前所处的时代。中国有近五千年连续未断的悠久历史,为研究方便,以1840年鸦片战争为界,将此前称为古代,此后则称近代;我国的现代史,是从1949年新中国建立起计的。同时,我们又知道,至今(2017年)我国尚未实现现代化。显然,仍旧将现代化之"现代"理解为时间概念,既不合逻辑,又违背事实。也就是说,与国家、社会、经济、政治这些专用术语联系在一起,作为定语使用的"现代",如现代社会、现代国家、现代化、现代法等,已成了一个社会生产方式和发展水平的概念,专指实现了工业化的国家或社会。

社会科学从生活资料的生产方式角度,将迄今为止的人类社会演进,依次划分为以渔猎为主的牧业社会,以耕植和手工业为主的农业社会,以大规模机器生产为主的工业社会。工业生产方式要求民主政治、市场经济、法治模式,以及精神文明与之适应,从而形成工业化。工业化又称之为现代化,实现了工业化的社会与国家即现代社会,现代

国家。

按照现代国家的共识,工业化也有其发展的阶段,即:一为机械化,以蒸汽机为标志,用蒸汽动力驱动机器进行规模化生产;二为电气化,以电力的广泛应用为标志,实现零部件与产品装配,以及产业、行业的分工,进行标准化的大规模生产;三为自动化,以计算机和芯片等控制器的应用为标志,机器取代了大部分体力或一部分脑力劳动,生产力极大提升,出现了产能过剩;四为信息化或数据化,将数据技术与产品制造、物流消费结合起来,使产品从原料、生产、交易、流通到消费实现一条龙式的无缝对接,即智能化的生产方式。依照这种区分,德国近年来将第四阶段作为目标,推出《工业4.0》计划,而美国将信息化称为工业互联网。

中国正值农业社会与工业社会的交接时期,按照执政党的设计和规划,坚持以经济建设为中心和科学地持续发展,我国在2020年全面建成"小康社会",即进入现代社会,要到2050年左右才能初步实现现代化,建成现代法治国家。

二、法治之法

有人类即成社会,有社会必有法律[①]。古往今来,人们从各个角度认识、理解或表述"法"或"法律"这种社会现象,形成了对法的基本概念,主要表现为:

词语中的"法"。汉语为"法"或"法律"。法字古文写作"灋",据东汉《说文解字》的解释,具有刑罚制裁、公平如水和判断是非的含义。在现代汉语中,法有时专指某种条文化规则,如"刑法"、"物权法",有时还泛指一切制度和国家政策,如"变法"、"法治";而法律有时在广义上使

---

① 马克思认为,法是人类进入阶级社会以后产生的,到共产主义社会消亡而不复存在。

用,如"法律平等";有时(狭义)仅指某种规范性文件,如只将国务院制定颁布的法律称为"行政法律"。因此,一定要在使用中予以注意①,加以区别。

英语中用 law 表示法,具有规律、正义等含义。law 在使用中既可表示广义法,如 the law;又可作狭义解,如 a law,亦应注意识别。欧洲各国语言中,广义之法和狭义法律在习惯上也用两种方式表达,如法语的 droit 与 loi,德语的 recht 与 gesetz,俄语的 npabo 与 zakoh 等,由于统属拉丁语系,故均保留了拉丁语 jus 和 lex 的含义,即指权利、规律、正义等。语言文字是思想观念的表现,当人们作为一种专门的术语或概念使用"法"或"法律"的时候,便会自觉或不自觉地联想到权利、强制,以及公平正义等。

观念中的"法"。法是对于各种具体的法律规定、法律行为、法律现象进行的抽象和概括,它包括具体的法律又区别于具体的法律,具有一般的、普遍的性质,又是一种观念的表达。

马克思主义认为,法是掌握国家政权的人们或阶级的共同意志的体现,其内容是由该社会的物质生活条件决定的。而英国的奥斯丁说,法是主权者的命令。法国的卢梭、孟德斯鸠指出,法是民众的共同利益或"公意"的记录。这是从法的内容和本质的角度定义法。古罗马西塞罗提出,法是最高的理性,由自然而产生,指引应为而禁止不应为。中国战国时韩非认为,"法者,编著之图籍,设之于官府而布之于百姓者也"②。这是从法的形成角度定义法。孔、孟儒家认为,礼乐政刑等均为治国之工具;墨家将"天志"视为最高的"法度";商鞅强调"法者,国之权衡",能够"一民使下"、"定分止争"、"禁奸止邪"。这是从法的形式、

---

① "法"字一般还有方式、手段、技巧之意,如方法、佛法、魔法等。
② 《韩非子·难三》。

作用角度定义法。美国的凯尔森认为,法只是立法机构或法官制定的法律规范的总和;而庞德指出,法是社会秩序的有效控制方式;富勒说,法是使人们的行为服从规则治理的事业。这是从法的构成与性质角度定义法。

现实中的"法"。法在现实中总是以条文规定、协议契约、行为活动、社会效果等方式表现出来,这一社会现象不但包括书面上的法,而且包括实际中的法。书面上的法又称静态的法,通常由法律概念、法律规则和法律原则所构成。法律概念具有法定性、专业性和确定的,不能随意曲解或任性使用;法律规则由行为模式(可以这样行为、应当这样行为、禁止这样行为)和法律后果(肯定性后果、否定性后果)组成;法律原则是制定、执行、适用和遵守法律的准则,是法律规则的灵魂,更具有抽象性、概括性和综合性。

实际中的法又称动态的法,包括国家制定法、判例法、乡规民约及习惯法,国际公约及协议,各类法律行为及法律活动,法律关系及责任,各种法律后果及社会效果等;还涉及法律与政治、经济、道德、宗教、思想文化,以及人性、心理、行为等各种人文社会现象之间的联系。法作为人们现实社会活动的行为准则,在这个意义上,可以说法是社会经验的积累而不仅仅是纸面的规定。

法学中的"法"。法学是研究法律及其规律的社会科学。按照研究方法或研究者立场的不同而区分为不同的流派,对法有不同的论述和区分。如自然法学派的"自然法"与"实在法",实证分析法学派的"制定法"与"民间法",社会法学派的"国家法"与"民族法",马克思主义法学的"资本主义法"与"社会主义法"等。在法学研究中,一般又将法分为国内法和国际法、成文法和习惯法、实体法和程序法、根本法和普通法、一般法和特别法等类型;同时对于法的本质、构成、功能作用、渊源体系、法律关系等主要范畴;法的制定、执行、适用、监督和遵守等实现过程;法的形成、演变、发展阶段,以及人治、法治等国家运行模式,进行专门的研究。

总之,法或法律形成于观念,存在于现实,立足于法学,表现于词语中,是一种因人而异的,随着时代变化的,内容与形式多样的,独立而特殊的社会现象。要给它下一个统一的、普遍接受的、准确的定义是不可能,也做不到的。但从上述亦可看出,无论表述各异、立场相对,或者差别多远、分歧多大,古今中外对法的认识也有重合、共同、一致之处,即在规则、权利(或权力)、强制效力这三个方面取得了共识。从价值角度,人类对这种社会行为规范的需求是用以确定各类主体的资格与能力,即权利;同时以制度的方式和国家强制力调整权利与公共支配力量即权力之间的关系。若用定义式的文字表达,可以说:"法是具有国家强制力的,以权利和义务为内容的社会行为规范"。还须强调的是,虽然当代各种法学流派从各自角度理解法,但多数国家及法律学者对于现代法的界定也形成了共识,即:现代法是指具有公共强制效力的,以公民的权利为主要内容的社会行为规则。本书对法治中国的论述,便是基于这一概念开展的。

三、民主制度

现代汉语的"民主"(Democracy)是近代从国外传入的舶来语,"五四"运动后因其音译而被称为"德先生",与另一舶来词"科学"即"赛先生"成为新文化的标志。它起源于希腊文,由"demo"和"cracy"两个词合成。前词指"人民"或"地区",后词含"权力"或"统治"之义;二者结合构成"民主",意即"民权",或者是"人民的统治"。

百年以来,人们从思想理念、制度原则、工作方法、表现形式等各个方面诠释民主,其观点不胜枚举,而论著汗牛充栋。本节主要从其与法治国家相联系的角度,以政治制度为视角进行概念界定。

民主所要回答的是国家属于何者所有,国家机构怎样构成与产生,政府权力的来源及其行使,军队的性质及其任务等政治问题,因此是一个事关国家体制(国体)、政权结构(政体)的政治概念。而现代民主的建立与实现又以体现与维护公民权利的法律为基础,并采取法律(宪政)制度的形式,因此其内容又与人权、法和法治等概念相交叉。

作为国家制度,民主是指国家最高权力归人民所有的政治方式,从而区别于君主制度。常常简称为主权在民,即人民是国家的主人;而美国总统林肯将民主概括为"民治、民有、民享",亦为人们所熟知。由于我国历史传统中没有实行过民主政治制度,而人民民主专政的概念以及民主集中制的方法又深入人心,耳熟能详,所以很有必要诠释其本质与特征,对何谓民主之"民"(主体)? 怎样作"主"(内容特征)等问题进行简要地解答。

先说民主之民。法治国家以民主政治为基础,法治之法是公民意志的体现,所以民主系指公民当家作主。而我们习惯地将人民与民主直接连用,形成了"人民民主"的固定词组。如果将人民作为公民个体的集合用语,或者说人民就是民主国家中的公民,则符合民主的要义;然而,人民民主是人民与民主两个名词的组合,并没有强调主权在公民,因此必须区分人民与公民在概念与内涵上的不同。二者的主要区别表现在:其一,人民属于政治概念,指与敌人相对应的群体;公民是个法律概念,指具有该国国籍的个人。其二,依照毛泽东的明确划分,人民包括工人阶级、农民阶级、城市小资产阶级和民族资产阶级;敌人是地主阶级和官僚资产阶级以及代表这些阶级的国民党反动派及敌对势力。在现阶段,人民系指全体社会主义劳动者、拥护社会主义的爱国者和拥护祖国统一的爱国者。而公民是组成国家的基本成员,不但没有阶级的区分,还包括了前述敌人范围的全部个人在内。其三,人民是个抽象的、笼统的概念,人民与敌人的划分没有确定的标准与程序,完全由主政者或当权者认定;而公民仅以国籍确定身份,法律又对其权利义务做出详细规定,概念明确,内容具体。其四,毛泽东认为,人民内部实行广泛的民主,采用民主的即说服的方法,而对敌人实行专政,即暴力镇压、强制的方法,二者的结合即人民民主专政①。而公民是国家的主人,具有神圣不可剥夺、不可侵犯的、人人平等权利,公民用不着也无法对自己专政,因此专政制度不适合公民社会和民主国家。

再看公民怎样作主。现代国家是公民国家,公民是国家的主人。主人者,既是国家最高管辖权与财产的所有者,又是国家事务的决策者与管理者。公民的这种主人地位,是法律确认的,尤其是通过宪法、宪政实现的。宪法明确规定了公民自由、平等、财产等"与生俱来"的基本权利,经宪政的各种具体制度得以落实。也就是说,公民之间是平等的,每个公民具有思想、信仰、言论、结社的自由,通过合法途径直接或间接地管理国家,这样才是名副其实的主人。试问:古今中外,有一直听命或者服从仆人管制的主人吗?又有哪一个主人不能自由地思想、说话、著文或生活,反要失去尊严地求得下属的批准呢?!所以,自由权、平等权和财产所有权,是公民成为国家主人的支柱与标志,也是民主制度的起点、重点和终点。

公民当家作主的基本方式有三:一是经定期选举进入国家机关,制定体现自己意志的法律,按照少数服从多数的原则进行决策,管理和处置国家事务。小国寡民适合自己管理,称为直接民主;大国众民适合代议制或代表制,即间接民主。二是采取法治模式,将国家权力分散设置,以制度进行限制与控制,加强监督,防止其(政权、政府)扩张与滥用。三是掌握军事力量与国家暴力的所有权和指挥权,具体事务由专门的政府机构负责执行。民主国家的军队不属于任何组织或个人,不

---

① 见《关于正确处理两类不同性质的矛盾问题》。

得自立独行即"枪指挥枪",不参与、不干涉一般的政治、经济与社会事务。军队是国家的军事力量,以维护公民的利益和国家安全为使命与职责。

可见,民主政治制度不等于"人民创造"思想或"民主主义"理论,不同于人民民主专政的政体,也有别于先民主后集中的工作方法。民主政治的本质在于上述的基本要素与根本原则,而其表现形式则因国而异,呈现出多样性。民主政治的关键是坚持公民主权和对政府权力控制,其实施的保证是法治与公民的力量。民主政治并非完美无缺的制度,民主社会并非理想的社会,民主原则亦非真理;如公民之间的利益冲突会导致久拖不决,分权制衡易出现推诿扯皮,而少数服从多数可能产生多数人暴政等。但瑕不掩瑜,此类缺陷并不影响这一制度成为现代国家的政治体制。

四、法治是现代国家的运行模式

虽然和法一样,法治也是一个古今沿袭却含义有别、中外通用却理解不一、容易引起重大误解的概念,但出于建设法治国家的需要,学界还是企图得出一个基本的认识。略加搜索便能看到,仅以"法治是什么"为题的文章已达数百篇之众,且多是从历史考察或形成演进的角度进行论述的。其中具有代表性的论述,前为夏勇的论文[①],以西方国家为据,重点说明法治的渊源、规诫与价值,提示中国法治建设应注意与西方在语境、进程方面的差异。后为李贵连的同名专著[②],着眼于中国历史,从形态和性质上将法治区分为贵族法治、君主法治、专制法治、民主法治等类型进行论证;既肯定"法治"早已为古人所论所用,又将民主

---

① "法治是什么",《中国社会科学》1999 年 4 期。
② 李贵连:《法治是什么》,广西师范大学出版社 2013 年版。

法治确立为实现目标。

　　二位学者均认为不分东方西方,法治具有普遍适用价值,民主法治是现代国家的共同选择,笔者也深以为然。但由此却引发出两个疑问:一者,若仅以西方法治思想与制度为规诫或途径,那么在我们这个不具备西方法治资源的历史大国建设法治国家,难道只有学习、模仿、照搬这一条路可走,能够走得通吗?二者,若君主制度也是法治,专制专政也属法治,那么法治国家岂非成了一个什么都能往里装的大口袋?或者该目标是否早已实现,还需我们今天全面建设吗?因此,笔者认为,作为学术研究,为了考察法治国家的渊源流变与历史阶段,用古希腊、古罗马,以及贵族、君主等作为前置词是十分必要、无可非议的。但若将法治国家作为现阶段的建设目标,则不宜古今同语(字同义不同),必须对法治的概念进行简明、准确、具体的界定。

　　按统一的提法,我们的建设目标是"中国特色的社会主义的法治国家"。从语法上看,"中国特色"与"社会主义"为定语,其含义容后再论;"法治国家"乃主语,即最终标的。"法治国家"又与"人治国家"、"专制国家"相对应,因此我们所要界定的就是"法治"的概念与"国家"的性质。美国学者福山(Francis Fukuyama)认为,国家、法治、民主是构成现代政治秩序的三大要素,强大而有能力的政府(国家)为公民提供安全、稳定、有序的社会环境,而法治与民主制度可以维护公民的主人地位,防止国家权力的侵害[①]。可见,作为一种社会政治组织,国家可以与民主、法治结合,也可与之分离;民主与法治密切联系,但毕竟是两个概念,具有不同的内涵,应分别定义。

　　前述已明,我们是以现代,即工业化为前提确定具体目标的,与法

---

　　① 见[美]弗朗西斯·福山:《政治秩序的起源》,毛俊杰译,广西师范大学出版社 2012 年版。

治相组合的只能是现代国家而非其他。现代国家均为民主制度,民主要解决的是公民如何进入国家机构掌握政权的问题,而法治的价值在于如何保障公民权利的实现,限制、控制国家权力的行使。这样,笔者不再从词语字义或语境、文化的比较出发,析"法"论"治"及其二者的组合"法治",而是力图从国家体制和运行模式角度,揭示法治的本质特征,概括出一个不易造成误解的、准确严格的定义。具体地说,自古及今,人类国家与社会运行的基本模式有四,即神治、人治、法治、自治。依其特征来看,神治奥秘玄妙,人治直接有效,法治稳定可靠,自治乃理想模式,现在尚达不到。按其效能来说,神治适合于牧业社会,人治适合于农业社会,法治适合于工业社会即现代社会,自治适合于更高级的社会。

因此,法治是现代社会的运行方式或国家体制,指现代国家依照体现公民权利的法律运行。我们要建设的法治中国,正是符合这一严格定义的法治国家。这一目标的实现,需要各方面同时进行的全面建设,既不是靠模仿罗马"法治"或德国"法治"便能见效,也不是仅将君主制或专政制转变为民主制即可成功。鉴于历史上的确有"罗马法治",而"法治"一词确实古已有之,对此既不能视而不见,又不宜混同使用。为了叙述方便,用语准确,本书将法治定义为现代法治,而对其他类型的"法治"都加上了引号,不加引号时则称其为古典法治,以便与法治国家相区分。

第二节 法治视角下的相关概念

观察问题时,不同的视角会有不同的感受与理解。如"人民"概念,从政治看是阶级的联合而与敌人相对立,从法律上看是公民而非阶级的组合,从道德上说是一个正面的褒义的概念,在经济上除用作货币名称(人民币)外并非市场主体。建设法治中国,提倡以法治的视角看待问题,以法治的思维分析问题,因此有对相关概念界定诠释的必要。

一、政治:以政权为中心的活动

物以类聚,人以群分。人类以社会群居的方式生存延续,而国家是一种重要的社会组织形式,国家以政权为核心,政治[①]即指以政权为中心的活动[②]。政治涉及政权的建立与维持、性质与体制,方式与过程、主体与结构等问题,因此政治学以国家政权、人民群众、政党领袖、革命改良、阶级与阶级斗争、战争和平等为主要内容。

几十年来,我们经历过数次政治运动,尤其以"文化大革命"为甚,导致一提政治,首先出现在脑海中的是突出政治、政治挂帅、政治第一,或者讲政治等惯性思维。然而,当我们面对政治(国家)与法治(国家)、专政(制度)与宪政(制度)、权(力)大党(执政党)大还是法(法律)大等现实问题时,又觉察到不宜用政治取代或统帅其他。因此,以法治视角看政治概念,应明确以下几点:

政治、法律、经济、道德、宗教等均是人类在生存与发展中所形成的社会现象,既相互联系又各自独立。按照马克思主义的观点,社会的生产方式(属于经济范畴)为社会大厦的根基,喻称经济基础,而其他现象则共同组成社会的上层建筑。在上层建筑之中,诸社会现象并非共处一室,一致行动,而是分居各层,在各自的领域内独立活动,其内容与形式都是不同的。例如政治制度所规范的是一个国家有关政权的性质、形式及其组成、结构,以及成员的政治权利等,从而与经济制度、法律制

---

① 西语"政治"一词,如法语 politique、德语 politik、英语 politics,来自希腊《荷马史诗》之 πολι,即城堡。中文将"政"与"治"连用,最早为《尚书·毕命》"道洽政治,泽润生民";《周礼·地官·遂人》亦有"掌其政治禁令"。

② 列宁:"政治中最本质的东西即国家政权",见《列宁全集》第23卷,第249页。

度、宗教与文化制度在概念上相区分,在内容上独立,在功能作用上相对应,不能笼而统之或混为一谈。

从核心内容看,政治围绕着国家政权的建立与维护,而法律是权利义务的体现,道德是对善良美好与真实的追求。国家由国土、人民、阶级、政府、政党、军队等构成,其本质是公共权力及其表现。传统的政治观念将法律、法庭也作为国家的一部分看待,如认为法律是阶级意志的表现,是构成国家机器的部件,因此将法律包括在政治之内;而现代法学认为法律独立于政治之外,是国家运行的规则(并非"国家机器的一部分"),公民以法律的形式将自己管理国家的权力即司法权、行政权与立法权等授予国家机关去行使。法治之法体现的是公民意志而非国家意志,公民只是借助于国家使自己的意志具有最高的强制约束力。

政治以政权为中心,政权体制决定着政治的类型。古往今来,按照政权主体的不同,有贵族制、君主制、民主制之别;按照政权结构的区别,分为集权制、分权制,以及共和制、联邦制、联盟制、单一制等;按照意识形态或政权性质,又可分为封建主义、资本主义、社会主义的政权。现代国家实行以公民为主体的民主与分权的政治制度,其表现方式又依随各国政治性质或国情的不同而显示出各自的特色。因此,从法治角度看,中国特色的社会主义法治国家,是符合中国国情的,中国共产党领导的,以民主政治制度为基础的法治国家。

按照传统理解,经济集中表现为政治,经济关系是政治的决定因素即本质。经济关系表现为阶级关系。自私有制形成之后,人类便进入了阶级社会。国家、政治是阶级社会的产物,作为阶级社会的上层建筑,集中体现了阶级之间的权力斗争、统治阶级内部的权力分配和使用等。从而,政治的本质被具体化为各阶级之间的斗争,国家成了阶级统治的工具。那么,进入现代社会,应该怎样重新认识政治的本质?现代社会是公民社会,主权在民并人人平等,虽然亲戚相惜、血浓于水却无亲疏差别、血缘等级,虽有职务高低、分工不同却无身份歧视、贵贱等级,虽出身不一、收入有别却不再划分阶级、区别对待。这样一来,政治的本质未变,亦然集中体现经济关系(即市场经济)的要求,而政治制度已不再具有阶级性,社会中已不再区分统治阶级与被统治阶级,国家不再是阶级统治和压迫的工具。法律不再单纯作为惩罚手段使用,已成为包括政权、政府在内的所有成员与组织必须遵循的行为规则。

政治是经济的集中表现,军事与战争是政治的典型表现。政权的更替与国家的建立主要通过两种方式,一是和平式组合(和平过渡),一是武装斗争(暴力革命或战争);现代社会提倡政治的和平方式,反对侵略战争。政权的巩固与国家的发展亦有两大途径,一是专制或专政,一是民主与法治;武装力量在维护国家安全和社会和平方面负有重要的使命。专政国家的军队要镇压阶级敌人,在民主国家里则主要是维护国家安全与和平。现代国家无论民主共和制还是君主立宪制,都将武装力量即军队牢牢掌握在自己手中,并且由文官机构指挥;既不让军队独立,又不允许任何组织或个人拥有军事力量,以防控武力滥用。这种对政治暴力的防控,体现在宪法与宪政之中,是法治的应有之义。

二、经济:以产品为中心的活动

与民主、哲学等相似,现代汉语的"经济"也是一个舶来语,虽然古有"经世济民"之说,但讲的是"治国平天下"的方法,并无生产制造之含义。随着经济学的兴起与发展,无论其书面定义多么混乱,五花八门,人们还是在基本含义上取得共识,即:作为与政治、法律等社会现象相对应的概念,经济是调配资源,以产品的生产、流通、交易、分配为中心的活动。经济学以商品价值、需求供给、成本利润、市场交易、利益博弈、企业经营等作为主要的研究对象。以法治为视角,需要强调以下几点:

经济的核心内容是产品的生产与流通,生产的目的是满足人们的社会生活需求。正是在这个意义上,马克思将由生产力和生产关系构成的生产方式,作为社会的决定性因素看待,认为政治、法律、道德、意识形态受制于生产关系,经济是这些上层建筑的社会基础。其他经济学派不同意生产关系与经济基础之说,强调生产要素,商品价值、财富分配、资本流通,以及经济活动的微观与宏观分析,构成了经济的主要内容。无论持何立场,都应明确:经济是一种具有独特内容的、专门领域内的专门行为与活动,从而在概念上与其他社会现象相区分。

经济的实质是利益的追求与获得。一方面,生产与消费是人类生活的需要,产品在流通和分配中转化为利益与财产,如何得到利益、增加财产成为经济活动的重心,对此进行专门研究的即为经济学。另一方面,相对于人的欲望来说,社会中包括生活资料、财产在内的各种资源总是稀缺的,人们出于"趋利避害"的本能,必须有选择地获取,经济学便为之提供理论和方法。因此,稀缺的资源与"趋利避害"的人性,既成为经济学理论建构的基础,又是现代社会科学研究的前提。在商品生产、市场交易与财富分配中,人们总是希望以少取多,以低成本获得高收益,以有限投入获得无限回报,于是,经济学的"边际成本"和"边际收益"便成为权衡利害得失的有效工具。法律的实质为权利,政治的实质为权力,而经济的实质为利益;三者依据主体的不同,又可区分为阶级、人民或公民权利,中央、地方或上下级权力,国家、集体或个人利益等。在君主制或专政制国家里,君主与统治者权力最大,国家利益最高;而法治国家公民的权利最高,其中除人身、人格权益外,还包括了财产与财产权等经济利益。

经济活动有其规律性,具体表现为经济原理、经济规则、经济制度与经济体制(亦称经济模式)。如农牧业社会的自然经济、公有制为主社会(以原苏联的社会主义为典型)的产品计划经济、工业化社会的商品市场经济等,既体现了共同的经济原理,又显示出各自的特征。自然经济注重自给自足,只有简单的商品生产与交换;计划经济强调自上而下地贯彻调配产品和资源的指令性计划,其实质为行政经济。市场经济要求自主经营、平等交易、自由竞争、公平分配,市场是调配资源的主要方式;而市场突破了行政区域,甚至国家的限制,只服从统一的保障平等、自由与公正的规则,因此,市场经济的实质是法治经济。从这个意义上说,市场经济呼唤着法治国家的实现,而法治国家必须以市场体制作为自己的经济模式。

三、道德:真善美的价值目标与准则

道德也是一个古已有之、今仍沿用、一词多义、内容相殊的概念[①]。在中国古代,道多作哲学术语使用,指根本规律或真理,如老庄之道,孔孟之道,"大道之行也,天下为公"。德则作为政治术语,如"以德配天"(《尚书》)、"导之以德"(孔子语)、"以德服人"(孟子语)等,指良好的,能够获得民心民力的治国理政方法,可称其为德政。"为政以德"之德,不仅要求执政者具备优秀品质,还必须实行惠民政策和落实仁政措施。在汉代之前,道与德一般是分开或独立使用的,如《老子》书分为"道"与"德"上、下两篇。两字连用,如"道德之威"[②]、"治以道德为上"[③]的"道德",系"导之以德"的缩语或略语,意即用德政来引导、率领民众;和现今与政治、法律相对应并列的道德是同字而不同义,真正的"不可同日而语"!

说到这里,笔者还要再次提醒读者注意:在内容上,先秦时期的"道

[①] 据所见的资料,中文的"道德"一词始于荀子《劝学》:"故学至乎礼而止矣,夫是之谓道德之极",其意为实施德政。英文"Morality"源于拉丁语"Mores",意为风俗和习惯。

[②] 《荀子·强国》。

[③] 陆贾:《新语·本行》。

德"不同于今语的道德,千万不要在二者之间划等号。在使用中,古人用"德"表示执政的方式与效果,而今人道德之德仅指思想品质;正如"仁"属现今的思想道德用语,而"仁政"是一种施政方式。在字义上,虽然古语之"德"与仁、义、忠、恕等品质相联系,但并未因此而变成今语之"品德"。在组词上,古人多是将"德"字单独使用,其义为德政而非德操;德政、德治乃现代汉语,是今人用以表示治国方式的词汇。时至当今,论者可以主张德治即"道德治国"与"以德治国",但不宜将此见解强加于古人。汉字沿用几千年,字同而义不同者众多,切记不可望文生义或张冠李戴。"德"不等于道德,"礼"也不等于道德,"法"不等于法律,"法治"也不等于法治,皆由于此。

现代汉语的道德是指以善恶为基准的,通过舆论、信念和习惯评价行为的、规范人际关系的价值准则与行为目标。作为一种社会现象,在性质上,它既属意识形态,表现为一定的思想、品质、观念与理论;又是行为要求,表现为善行恶行、真实虚假、廉洁贪浊、宽仁暴虐等。在功能上,它既是价值追求与判断的原则,如善意良心、求真务实、大公无私、勤劳勇敢等;又能用以评价人们行为的优劣或善恶,如"勿以恶小而为之,勿以善小而不为","穷则独善其身,富则达济天下"。在内容上,它由社会存在而决定,依照人们不同的政治地位、经济状况、思想观念、历史文化而相区别或互有不同,如仅"爱"字,便有仁爱、兼爱、爱民如子、爱党、爱国等不同的要求。同时,出于人类一致的价值追求,又有善良、美好、尊老、平等、和睦等普适性内容。从法治角度审视道德准则与规范,应强调以下几点:

首先,道德观念及其判断的主体是个人,只有个人才能进行价值选择与信仰教化;群众或者人民替代不了公民的个人意识,组织或团体更谈不上内心信念,根本不具备思维能力。所以在这一概念的使用中,应注意范围的有限和内容的严谨,不能无限扩展其范围或任意转换其主体。也就是说,道德不涉及、不包括诸如政权的建立与维持、国家的权力及行使、市场的调配与运转等政治、法律、经济领域的具体问题。道德的客体是人际关系,表现在社会各方面,如家庭、家族、行业、层级、等级、阶级,以及社区、地区、国家、国际社会等领域,是处理个人与个人关系的准则。人际关系又称伦理,处理和规范人际关系的道德与伦理所规范的亦只限于个人行为,如"父慈子孝,兄友弟恭"(孔子语),"君臣有义,朋友有信"(孟子语)。它不涉及,也做不到管控组织机构、社会团体或国家的活动,不宜将其作用任意扩大。那种希望用道德伦理来调整、规范国家体制或社会运行模式的观点,从形式上看是将"鸭头"当成"丫头",可谓概念混淆;从实质上说如同缘木求鱼,或为无的放矢,属于方法错误,根本达不到目的。

道德规范表现为原则性的要求,如尊师爱生,全心全意为人民,见义勇为,其中的尊、爱、心、意、义,均为抽象而不具体、笼统而不确定、形态多样而不统一的词语。它又表现为应达到的目标,如"一身正气、两袖清风",大公无私、实事求是等。"正气"与"清风"是比喻式的判断,很难用证据证实;"大公"与"求是"只是褒扬性的要求,未涉及过程效率,因此很难成为具体的规定。何况,不同时代,不同国家,甚至同一国家的同一时期都会有不同的道德要求,如我国当今多数人信奉男女平等,婚姻自由,但仍有不少人讲究"父母之命,媒妁之言",并不以买卖婚姻为耻。可见,道德规范的原则性和抽象性,不确定性和标准多样性,决定了它无法采取明确、具体、成文、统一的规则的方式,无法形成制度,也没有任何机构能够统一各种道德规范及其价值判断力。因此,道德准则与道德规范都不是法律意义上的规则,道德不能作为表达国家制度、国家体制或治国方略的术语概念。

其次,德治,或以德治国,是我国人人耳熟能详的词语,有必要从概念角度加以剖析。按照主流观点的理解,德治之德即思想道德,治即国家治理。之所以提出此概念,是基于法治,或依法治国被确定为治国的基本方略和建设目标,法律并不万能,道德可与之并行互补,所以德治便应运而出,也将德治国家与法治国家相并列作为建设目标。在历史上,中国古代确有"法治""德治"的治国主张存在,孰是孰非,容后再论。然而有两点是必须明辩的:其一,古人所论之治国,其实质是治人,即黎民百姓,统治者是君主,被统治者是民众。非但治"国","齐家","平天下"之家与天下亦是如此,均指人、民或臣、吏。而现今的依法治国,指向非常明确,是公民(人民)依照体现自己意志的法律治理国家权力,公民是治理者,绝不能当成治理对象。其二,上文已明,"德治"之"德"并非今语的道德。古人称《老子》书为"道德经",绝不能译为"关于思想品德的经典"! 现代汉语的思想,在古文中多用"心""思"等来表示,如"心之官则思"(孟子语)。对于现代社会来说,思想、道德无疑很重要,不可忽视,但如何把规范个人的道德思想置入国家体制之中,或者用来规范国家与社会的运行,则是须认真研究、谨慎对待的。

再次,以法治思维分析,笔者认为,正确的思想和良好的道德是公民以及公务人员应该具备的品质,尤其诚实信用、廉洁奉公、尊老爱幼、公平正义等价值原则应该入法,即以法律规定与法律制度的形式予以体现。道德也是对现行的法律、政治、经济制度进行评价的一种准则。然而,对于国家治理和国家体制来说,德治即道德治国是一个伪命题。上文已述,信仰与道德本身都不是表达国家制度的概念,它只调整个人的思想信念,控制不了国家与组织;道德规范的性质与多样化决定了它无法形成有强制力的国家制度,以为"通过榜样示范、道德礼仪、教化活动、制定乡规民约和宗族家法、舆论褒贬等形式"就能够使"道德控制国家和社会",从而得出"法治与德治是两种治理国家和调整社会关系的方式"之结论[①],只能说是一种善良的、不切实际的愿望,是对道德概念

---

① 见《党的建设辞典》,中共中央党校出版社2009年版。

的误读误用。换句话说,国家根本无法按照道德品质与思想觉悟去运行! 实际上,古今中外的所有国家,没有一个是思想国家或道德国家,有的只是君主国家或民主国家,人治国家或法治国家。如果非要在治国方略上强调或突出道德的重要性,非要将道德与法律并列齐肩,那么可以这样表述:依法治国与以德育人相结合。

四、革命与建设:党和政府的职能变化

本来,革命是个政治术语,建设是人们建立、设置或创造的活动,二者概念明确①,没有特别关注的必要。但是我国的法治建设,是在结束"文化大革命",实行改革开放之后启动的,经历了从"以阶级斗争为中心"的革命时期到"以经济建设为中心"的建设时期的转变,现在处于"全面建设"时期。中心任务的变化,必然导致国家制度、体制的根本性转变。30多年来经济的高速发展,国家的富强和社会的进步,以及"新常态"的形成,都对执政党和政府的职能、体制和工作方式等提出了新的要求。因此,应该以法治为视角,注重社会主义革命与建设时期党和政府的角色转换。

目标不同:作为社会科学术语,"革命"往往在两个涵义上使用:一是指革新,即生产方式上的重大变革,如工业革命、科技革命,是哲学意义上的革命。二是指推翻政权的武装斗争,如市民革命、法国大革命、无产阶级革命等,属于政治意义上的革命。我们熟悉的是后者即政治革命,如"革命是暴动,是一个阶级推翻另一个阶级的暴烈的行动"(毛泽东语),"一切革命的根本问题是国家政权问题"(列宁语),其目的是夺取政权和巩固政权。改革开放以来,经济建设的目标是小康社会,全

---

① 汉语中的"革命",最早见于《尚书》的"革殷受命",二字连用,始于《易传·革卦》:"天地革而四时成。汤、武革命,顺乎天而应乎人。革之时大矣哉"! 中文的"革命"与英文的 Reform 或 Revolution 仅指变革、革新不同。

面建设的目标是实现现代化,建成具有中国特色的社会主义的民主、富强、文明、和谐的现代法治国家。革命目标要求巩固无产阶级专政,进行阶级斗争,镇压阶级敌人的反抗,对"资产阶级和一切反动派"实行专政。建设目标则要求全党全国、全体人民与所有建设者团结奋斗,共同努力,"一心一意搞建设,奔小康"。

体制有别:革命时期,党处于国家的最高领导地位,其职权范围包括政府甚至大于政府,"工农兵学商政党这七个方面,党是领导一切的"(毛泽东语),即孙中山所称的党治。党不仅决定政府的构成,而且从事政府的管理,可以与政权在体制上合二而一。表现为每个国家机关内均设党委或党组,其职能与该机构的职能相同,一般将这种方式称之为"党政不分"或"以党代政"。而在建设时期,党仍保持领导地位,党的领导权、执政权与政府的职权通过法律的规定而相互区分,各有其内容与方式。党只能在宪法和法律的范围内执政、领导与活动。执政不等于行政或司法,党务不同于政务,党、政在职能上必须分开,也不再允许以党代政,国家机关不再是党的所属机构。党只管党,不再从事国家管理的具体事务。

职责有变:党仍然是工人阶级的先锋队,但不再单纯以"工农联盟为基础",也不仅仅为无产阶级服务,它代表着中国广大人民的根本利益,为全国人民服务;党由原先的领导革命运动、巩固无产阶级专政转变为领导人民进行经济、民主、法治建设,保持政权的稳定和社会的持续发展,提高人民的生活水平;党由过去的"领导一切"、对政府、军队和群众的统一组织管理,转变为实行政治领导,即主要通过思想、路线、政策进行指导和引导,通过对党员的组织管理和先锋模范作用的发挥,带动和影响群众从事建设事业。在革命战争时期,面临着强大的反动势力和严酷的法律制度,党的活动不仅不受当时法律的束缚,而且还必须彻底摧毁旧法统;而建设时期,党要领导人民制定法律,同时必须,并只能在宪法和法律的范围内活动,依法执政。

区别对待:为完成革命任务,党需要"严格的集中制和铁的纪律"(列宁语),最高首长具有最终的决定权和指挥权,实行军事化管理与行政命令式的、党政军企不分的、高度集中的体制,主要靠行政手段贯彻经济计划。建设时期实行市场经济模式,其主体是公民、法人、其他社会组织和国家,这些平等主体各自独立经营,依法进行商品的生产、交换、流通、分配活动,开展平等交易和自由竞争。具有执政权的党不再也不能对经济活动进行直接管理和经营,政府虽有监管权,却不允许利用国家权力从事经营谋利活动。同时,必须根据各自的性质,明确区分党、政、军、企等的法定资格、职能与责任。

从严治党,控腐行廉:在革命的过程中,人们对于物质享受和生活待遇的要求不高,较少出现以权谋私的现象;在供给制条件下,各级职务的待遇基本一致,行贿受贿尚不普遍。而在建设的过程中,尤其是从计划体制到市场体制的转型时期,权力的集中,利益的反差,私欲的膨胀,特别是集权体制内的"寻租"与监督机制的缺陷,使执政党党员尤其领导干部中出现了日益严重的腐败现象。从而要求党必须从领导体制和防范惩戒制度方面加大力度,从严治党。例如在革命阶段尤其建国初期,党员人数不多,优秀人才更少,党政职务采取自上而下的直接委派或任命制,党管干部表现为负责人直接培养、选拔及配置安排各种政府职务,党与政府的管理亦采取行政命令的方式。而在建设时期,党政相分,职能和干部配备各有制度。党内民主制度由选举、考核、评议、罢免等组成,还要接受党内外的监督。政府的负责人及公务人员则实行选举制、委任制、考试制、责任追究制,接受来自权力机关、司法机关、政党、舆论及公众等多方面的监督。

五、领导与执政：不同的能力与工作方式

新中国成立之后，共产党一直居于社会的领导地位，同时又有国家的执政权。然而，长期以来，我们强调并熟悉的是"领导我们事业的核心力量是中国共产党"，重视并不断加强领导权及其行使，忽视甚至无视执政权的存在与行使。直到2004年十六届四中全会，才正式提出加强党的执政能力建设问题[①]。引发了对于执政、执政党和执政能力的关注、思考与研究。以法治为视角，应强调以下几点：

第一，政治与法律地位的变化。执掌公共权力，是所有政党的基本目标。但是，如何取得政权，通过何种途径取得，却存在着不同的情况。西方发达国家的执政党，多数是先有政权，后有执政，即通过合法竞选的方式取得执政资格，然后主持立法与决策，组阁政府，进行执政。一些民族独立国家，如印度、埃及、印度尼西亚等国，建国与执政基本同步，即通过建立民族独立政权，取得自己的执政地位。而我国以及原苏联、东欧等社会主义国家，是先有共产党，通过武装革命推翻旧政权，然后建立新国家，组成新政府。

在这种情况下，党的领导经历了两大阶段，即夺取政权阶段和执掌政权阶段。虽然党在这两个阶段中都处于领导的地位，但前者为领导革命，领导夺权；而后者是领导建设，进行执政。党在社会中的地位、权力与政权的直接关系等都较夺权时期发生了根本的变化。夺权时期的共产党在社会上、法律上不仅没有合法的地位，而且还受到当权者的取缔和镇压。这种情况决定了党领导人民进行推翻旧政权的正义性、革

---

① 《中共中央关于加强党的执政能力建设的决定》指出，"党的执政能力，就是党提出和运用正确的理论、路线、方针、政策和策略，领导制定和实施宪法和法律，采取科学的领导制度和领导方式，动员和组织人民依法管理国家和社会事务、经济和文化事业，有效治党治国治军，建设社会主义现代化国家的本领"。

命性,决定了党直接组织、掌握武装力量即革命军队进行夺权斗争的必然性。由此,党直接组织、领导和管理政府,具有支配权力和指挥地位。在执政时期,如前所述,党的职责有变,不仅要求提高领导能力,而且急需重视和加强执政能力的建设。在领导方式上,既不能像过去那样"为民作主",包办代替,也不宜沿用过去的"打土豪、分田地",即恩赐配送或者杀富济贫的办法为人民服务;而是通过路线、方针、政策的指引,带领人民群众建设现代国家。

第二,领导属于政治概念,而执政是个法律概念。在全面建设小康社会的新时期,党具有双重身份;既保持着国家的政治领导权,又承担着管理国家的执政权。"执政",是对国家权力的控制和行使;"党的执政",专指政党对国家权力机构的控制和进入国家机构的党员的政务活动。两相比较,一是性质不同,领导权是政治权威的体现,执政权是法律授予的权能;二为方式不同,领导靠路线、纲领、方针、政策去实现,而执政依靠法律、法规、国家机关去进行。我们不但要注意政治领导方式与执掌国家政权方式的区别,而且必须努力完成治国方式上从主要依靠政策向主要依靠法律的转变。二者形成途径不同,领导权来自于人民群众的信任和拥戴,而执政权来自于公民的合法选举。党的领导与执政地位不靠自封,不靠武力压服,不靠法律强制,更不靠欺哄蒙蔽!领导权是党全心全意为人民利益而奋斗的结果,由党和人民的血肉联系和至诚感情所铸造,为党的政治纲领、远大理想、正确路线、方针所促成;而执政权除了有自己成员支持之外,还必须获得公民的信任与选举,关键是具备很强的执政能力。也就是说,法治国家政党的执政权只有一个来源,即依照宪法、各级组织法、选举法的规定,公民行使法定的选举权利,通过严格的法律程序,进行投票选举,来确定国家机关的人员组成。政党通过这一途径获得国家机关的多数席位,才能取得执政权。

第三,领导权不等于执政权。党的领导是通过对党员、群众的引导、宣传、教育、组织,从而实现党的宗旨和人民的愿望;它体现了党和人民群众的法律平等关系,其本质在于思想的权威性,不具有行为的强制性,属于政治权威的范畴。而执政却是具有法律效力的政治活动,包括政党的执政权和政府的行政权。党的执政所体现的是党与政府之间的关系,必须得到法律的认可,必须具备法律的强制性。作为执政党,只能通过合法的途径在国家立法机关中占据主导地位,只能通过法律的形式将自己的纲领和所代表的人民的意愿贯彻于政府的各种政务活动中。因此,党的领导与党的执政之间本来并不存在直接的关联,也就是说,领导党并不必然是执政党,执政党也不能利用执政地位或依据执政权力去领导其他政党、其他党员或群众。领导权可以通过但不是全部通过或者必然通过政权实现,执政与否不是领导权存在或发挥作用的唯一形式。那种将执政等同于领导,或者以领导代替执政的观点是对党的领导权和执政权的误解。

第四,主体不同,范围有别。领导权是党的各级组织的活动,而执政权依靠党员去实现。党的领导主要是政治思想的指引和带领,通过党的有组织的活动进行,如领导人民制定法律与对"一府二院"的监督等。党的执政却是由党员作为人民的代表直接执掌国家各种权力,只有进入"一府二院"的党员们才具有执政资格,能够从事执政活动。执政行为必须严格依法进行,即在法定职权的范围内,严格履行法定职责;执政的范围也仅限于国家公务,要比领导权的范围小得多。同时,党通过自己的党员进行的执政活动,自始至终受到法律、党组织和全国人民的监督,执政党是监督的对象,而领导党是监督的主体。因此,任何一个政党,包括执政的党,都无法将自己的组织机构作为国家机构,政党的组织没有资格更没有能力行使执政权,也无法将自己的所有党员派到国家机构。在法治国家,非经合法选举不能进入政权机构掌握国家权力,政党的领导人是没有资格去处理国家政务的。我们党既有领导权,又有执政权,更要注意二者的区分,更要注意二者行使和实现的方式、范围不同。既不能为加强领导,体现"领导一切",用党组织取代"一府二院",也不能将"执政为民"抽象化、扩大化,全体党员都去处理政务。那种将"执政党"等同于"领导党",将"党的执政"解释为党行使国家权力的观念,正是造成党政不分、以党代政的思想渊薮。

第二章 国家运行的基本模式

前述已明,法治是现代社会的运行模式或国家体制,除法治而外,国家与社会运行的基本模式还有神治、人治、自治。这是通过对古今中外国家体制进行综合的、实际的比较分析而做出的类型区分[①]。按照它们在人类社会形成的先后,可依次排列为神治,人治,法治,自治;在当代世界上,这四种模式又共存并行于各个国家。

第一节 神治:神权与政权的结合

神是人类的想象或信仰,是宗教的中心与主旨。作为一种社会现象,宗教[②]认为在物质世界之上,还存在着高居于主宰地位的、创造出天地万物的、具有人格意志的神祇,人应该绝对地服从。宗教信仰属于意识形态,宗教团体属于社会组织,宗教活动及其要求属于行为规则与制度,本节从规则制度的角度来说明宗教神权与国家政权的关系。

神权政治或神权统治简称为神治,是宗教与政治、教权与政权、教会与国家、教主与君主、教义与国策、教律与法律相结合的产物。神治

[①] 一些学者认为,中国历史上不存在人治,或人治与法治的对立,有的只是礼治、德治、刑治的争辩,可存而不论。本书运用此类概念并非古史考证,而是学术研究,如原始、奴隶、封建、资本主义与共产主义社会的区分,也是经比较分析之后抽象概括出的专用术语。

[②] 汉语的宗教始为佛教用语,唐代《华严经》有"分教开宗"之说,教为教义教派,宗为宗师传承。明代西学东输,将英文含有神人结合或庄重仪礼之意的 religion 译为中文宗教。

国家的主权由教会控制,宗教领袖位同君主,属于君主制国家;在这个意义上,可以说神治是人治的特殊表现。在政体即国家权力结构上,实行政(权)教(权)合一体制,将其信奉的宗教设为国教,赋神权以治权。在意识形态上,神学处于主导地位,甚至"哲学、政治学、法学成为神学的分支科目"(恩格斯语)[①]。神学源于记载该宗教创始者的言论事迹的经典之中,该经典之教义成为信奉者思想行为,乃至国家运行的圭臬。宗教戒律虽然以习惯、习俗的方式存在,但却具有法律效力,甚至直接采取高于世俗法律的"神法"形式。这种国家运行的神治模式,形成于人类早期的游牧社会,盛行于马克思主义所说的奴隶制和封建制社会,其中以欧洲的"中世纪"和16世纪的奥斯曼帝国最为典型。时至如今,神治模式依然延续继存,不仅有着广泛的影响,而且为不少国家所遵循,甚至还出现了以恢复神权政治为目的的"原教旨复兴"运动。

一、欧洲"中世纪"天主(基督)教神权国家

"中世纪"系指从公元476年西罗马灭亡到1453年东罗马灭亡这一基督教神权统治时期,人文主义视其为"黑暗时期"(与古希腊、古罗马相区分),马克思主义称其为封建社会。在教会神权与世俗王权争夺国家政权的过程中,以罗马梵蒂冈为中心的天主教会在8世纪后期已形成了政教合一的政体,11世纪之后,罗马教廷逐步壮大,不仅成为神权统治的国际中心,而且是全欧最大的封建领主[②]。教宗的地位高于各国国王,各国的重大事务都应该得到教宗的同意。在罗马教会及其控制的国家,设立了一整套与世俗政权并列的国家机构,还有军队(骑

[①] 参见《马克思恩格斯选集》第4卷,人民出版社1974年版,第231页。
[②] 恩格斯指出,罗马天主教会"是封建制度巨大的国际中心","它自己还是最有势力的封建领主,拥有天主教世界地产的整整三分之一"。《马克思恩格斯选集》第3卷,人民出版社1972年版,第3页。

士团)和司法机关(宗教裁判所)。同时,依照等级与职位将神职人员划分为教宗、红衣主教、大主教、主教、神父等主持各级事务,以实施神权统治。1096年至1291年,罗马教廷以维护基督教为名,进行了八次宗教战争(又称"十字军东征")。16世纪以后,各国相继发生了宗教改革运动,结束了长达一千年的欧洲神治。

神治的理论基础是神学,基督教神学奉《圣经》为经典,主张(圣父、圣子、圣灵)三位一体的上帝、上帝创世、人类原罪、耶稣救世与因果报应等。按照集中世纪基督教神学思想之大成的托马斯·阿奎那(1225—1274)的论述,人是政治动物,国家是政治权力,而上帝是人和国家的创造者、主宰者。他将神治国家的法律分为永恒法与自然法、人法与神法,永恒法是上帝理性的体现,规范世界万物,是所有法律的渊源;自然法体现了上帝所赋予的人的理性,平等地适用于全人类;人法是世俗国家依照自然法制定的法律,包括万民法和市民法,它区别于道德,是以公共福利为目的的,有国家强制力的行为规则;神法是上帝通过其使者为人类制定的法律,以处理人法解决不了的问题,它不但能规范人的外部行为还能调整人的内在心理。永恒法与自然法居于上位即指导地位,是理性的体现,人法与神法属制定法,处于下位,应服从理性法的指导与评判。可见,虽然在基督教神权统治之下,原先独立的法学沦落为神学的婢女,但是通过阿奎那的总结,披着神学外衣的古希腊的自然法观念与罗马法的原理原则仍被延续下来,为后世的复兴提供了思想资源。

二、奥斯曼帝国伊斯兰教与政权的结合

将伊斯兰教奉为国教的阿拉伯帝国与奥斯曼帝国是神治的又一典型表现。伊斯兰(al-Islam)系阿拉伯语音译,意为"顺从"、"和平"。公元7世纪初,麦加人穆罕默德(570—632)在阿拉伯半岛上创立了这一

旨在顺从安拉(真主)、崇尚和平、祈求安宁的宗教。信奉伊斯兰教的人统称为"穆斯林"(Muslim),即顺从者。伴随着阿拉伯国家的强大与对外扩张,8世纪以来,其信徒已遍及亚、欧、非三大洲,成为世界性的宗教。伊斯兰教将穆罕默德以安拉的"启示"为名义颁布的《古兰经》和记载其言行的《圣训》奉为经典,强调真主的独一与全知全能,坚持一神论。要求穆斯林确立六大信仰:信安拉、信天使、信使者、信经典、信后世、信前定;履行五项功课:念清真言、礼拜祈祷、坚持斋戒、完纳天课、朝觐圣地;还要求多行善举、为真主征战等。

穆罕默德逝世后,历经"四大哈里发(国王)"主政的阿拉伯帝国[①]均以伊斯兰教为国教,经济和文化得到繁荣和发展,史称"伊斯兰教鼎盛时期"。13世纪中期,蒙古铁骑横踏欧亚大地,成吉思汗之孙旭烈兀率军攻克了波斯、小亚细亚、美索不达米亚和叙利亚,并于1258年摧毁帝国首都巴格达,阿拉伯帝国灭亡。中世纪晚期,以地中海为中心的欧、亚、非三大洲并存着奥斯曼、萨法维、莫卧儿三大帝国;其中以奥斯曼帝国的版域最大,武力最强,影响最剧,史称"伊斯兰教第三次伟大复兴"。18世纪中叶以后,许多伊斯兰国家沦为殖民地和半殖民地。二次大战结束以来,各伊斯兰国家相继独立,大致形成了当今伊斯兰世界与阿拉伯国家的格局。

13世纪末,土耳其部落首领奥斯曼称苏丹(国王),正式建立奥斯曼国家。他以神即"真主"的名义,率领各地的穆斯林及其他反基督教民众,发展经济,发动"圣战",使奥斯曼从偏于一隅的草原小国迅速崛起,成为雄霸一方的帝国。史学界一般将1299年至1922年作为奥斯曼帝国时期,其中16世纪苏莱曼大帝(1520—1566)当政是最为强盛的

---

① 我国自唐代起称其为大食国,并且依其国旗和服饰颜色,还有白衣大食、绿衣大食、黑衣大食之别。

时期。当时帝国的疆域已包括了以前的拜占庭帝国和阿拉伯帝国的大部分领土,成为横跨亚、非、欧三大洲的伊斯兰教国家,圣地麦加、麦地那和耶路撒冷均在其控制之中。历经二百多年的洗礼,奥斯曼帝国已成为一个以伊斯兰教为国教的、强大的、中央集权的封建专制国家。神意,即《古兰经》所体现的真主安拉的旨意是国家运行的基本原则,从中可以探知与基督教神治不同的另一类型的神治国家模式。

帝国的元首称苏丹,也可由哈里发(宗教领袖)担任。实行政教合一的政体结构、采邑制的经济模式和按照宗教信仰划分居住社区的制度。以安拉颁布的伊斯兰"教法"(又称律法)为指导原则,制定包括限制王权的行政、刑事、民商事等世俗法规(后世以《奥斯曼帝国法规》为名),"教法"高于制定法,具有普遍适用性。设各级"伊斯兰(导师)委员会",作为治国的智囊机构和管理宗教机构;要求中央集权,统一军事,地方自治,尊重学者,平等待民,公正执法,赏罚分明,允许不同宗教与信仰,但分区居住纳税有别。司法方面设有穆斯林法院、非穆斯林法院和贸易法院三个系统,穆斯林法院是主要的审判机构。这种治理模式至今仍存有很大的影响。

三、中国夏、商、周以天命神权治国

从字形结构上看,汉字之"天"是"大"(人体伸张的形状)上加"一"(永恒、至上),说明与西方古代存在着人生与天国、世俗与宗教、理性与神学、君主与教皇等形式上对立的"二元论"不同,中国古代则持"天人合一"的一元观点,乐于将社会与自然、人类与鬼神、政权与神权、君命与天命视为有机的统一。"天"本来是众神的家园,后来自己也成了神,即天神[①]。

---

① 《周礼·春官·大司乐》:"以祀天神"。《礼记·礼运》:"敬于鬼神"。

"命"本指生命(包括肉体和灵魂)①,还有不可违抗之意;与天相连则构成"天命",旨在强调包括生命在内的、人世的一切都是天的安排,是天神"命令"的结果。

"神"是用来表示至高无上、既永恒强大又玄妙莫测的一个概念。它的载体可以是形体,如玉皇大帝、八仙、山神;也可以是意识,如鬼神、神明、上帝。对神的崇拜在西方国家形成了宗教,如上述基督教的上帝是万能的"造物主",是至上的人格神。而中国古代由于漫长的氏族社会,尤其成熟的父系家长制的影响,宗族家庭是社会的基本单位,始终未能形成像西方那样的宗教或教会。"天神"在汉代虽被抬为"百神之主"(董仲舒语),但始终没有被"人格"化,不具有"耶稣基督"或"真主安拉"那样的尊崇地位与对人的终极关怀。实际上,古代中国人所敬奉的天神与人鬼,只是自己的祖先或思想崇拜的偶像,都是以"人"为本的。

天命神权是远古氏族社会的祖先崇拜、神灵崇拜和自然崇拜的反映,到夏、商、周时期发展为成熟的、具有宗教色彩的神权思想体系。夏代和商代的天命神权具有早期宗教的明显特征:一是将"天"说成是本族的祖先神,自己独得"天命"②;二是"天"是一个有意志、有性格的人格神,其性格主要是严厉③而不仁慈;三是严厉的"天命"表现为"天罚",即"天讨有罪",由君王代"天"行罚④。

"天命"观念在西周发生了重要的改变:一为"皇天无亲",天不再是一个氏族的祖先神,而为各族所共有;上天并不特别地关注、亲近或眷

---

① 《礼记·祭法》:"大凡生于天地之间者皆曰命,其万物死皆曰折,人死曰鬼"。
② 《诗经·商颂·玄鸟》:"天命玄鸟,降而生商"。
③ 《尚书·召诰》:"有扈氏威侮五行,怠弃三正,天用剿绝其命。今予惟恭行天之罚。……用命,赏于祖;弗用命,戮于社;予则孥戮汝"。
④ 《尚书·汤誓》:"有夏多罪,天命殛之。……尔尚辅予一人,致天之罚,予其大赉汝。尔无不信,予不食言。尔不从誓言,予则孥戮汝,罔有攸赦"。

属某一宗族。"天命靡常"①,天命不为一族所私有,是会改变的。二是"天命"只会降临给有"德"(能够得到民心民力即民众拥戴)的人,并对于无德、缺德和违德者予以"天罚"。所谓:"惟德是辅","以德配天"②。三者"天命"与民心相连通,即通过民众的利益和要求表现出来。所谓:"天视自我民视,天听自我民听";"天矜于民,民之所欲,天必从之"③。显然,"天命靡常"说明了天命神权的动摇,"惟德是辅"说明了天已改变了过去的严厉、凶残的形象与性格,而"天从民欲"观念正是民本思想的源泉,具有重要的意义。

战国时期墨家"尊天事神",力图创立与西方相似的中国式宗教,但终因失势而未果。阴阳家将天文地理视为"天意"的表现,预示着人生和社会的吉凶,后来发展为谶纬神学,成为后世天命神权思想的主要载体。天命神权的复兴是从汉武帝主政直到东汉章帝白虎观会议,历时200余年,其主要特点有四:一是试图将"天"发展成至高无上的主宰者和人格神,但未能成功;二是杂糅了天命、天志、阴阳、五行等各家思想,简单比附、思维粗糙而缺乏系统思辨;三者其目的在于论证"君权神授"和"纲常神圣",并非真正确立"天"或"上帝"的终极权威;四者天命神权仅是正统思想或儒家经学的论证方式,其本身不具有独立的价值与形态。传统思想一直坚持"人本",不崇"神本";中国没有也不可能产生像欧洲那样高于君王的教宗和阿拉伯的伊斯兰教。魏晋以后直至近代,天命神权思想分别表现在正统儒学、道教,以及自外传入的佛教、天主教(基督教)、伊斯兰教等的经典和教规之中。因此,中国没有形成"以神为本"的一神论,却存在以"天"为中心的泛神论;国家运行一直采取人治模式未出现政教合一的神治,却有盛行一时的神权法思想和君权

---

① 见《诗经·大雅·文王》。
② 见《左传·僖公五年》。
③ 见《尚书·汤誓》。

神授学说。

纵观人类社会,虽然近代以来神权统治日益衰落,逐渐为人治或法治所取代,但它仍然具有强大的传统力量与深远的影响,并在当代社会顽固地抬头或显现。例如,现今的基督、伊斯兰与佛教三大宗教中,信仰或认可基督教的人数最多,约达21亿之众,占世界人口的30%左右,基本在欧美与澳洲。伊斯兰教穆斯林约有16亿,占世界人口的23%左右,分布最广,除阿拉伯国家外,还有欧、非、亚的其他国家与地区。佛教徒(僧侣)相对少一些,但兼而信之或拜佛者数不胜数。因此,神权、神治与神学仍然是不可忽视的,尤其近年来伊斯兰原教旨主义者借助神意和"教法",与国际恐怖主义结合,"伊斯兰国"的建立及其恐怖暴行,向全人类敲响了如何对待宗教冲突、国家裂变与区域独立的警钟。

第二节 自治:社会发展的理想模式

作为国家制度的自治,主要涉及民众、团体或社会(社群)与国家(政府)之间的关系,核心问题在于公共事务是自主管理还是由政府管理。因此,自治并非消灭管理机构,也不是废除一切制度规则。从本质上看,人是社会的动物,需要国家这种组织机构维护人们的安全与利益,处理公共事务。国家权力来自于公民的授权,其权力的范围与内容由公民决定。也就是说,公民可以选择将哪些权力授予国家行使,哪些权力仍保留在自己手中,后者即公民对公共事务的管理权,亦即法律意义的自治权。然而现实之中,自国家形成之后,它便不断地扩充已有的权力并且为自己谋利,国家权力远远大于个人并对公民造成侵害;于是如何体现或保证自治权的实现,便成为国家运行和治理中一大问题。将自治作为一种国家运行模式或治国方略进行论述、探索与实践,在古今中外均有表现。

一、中国的"无为而治"

从现今能够收集到的文献资料看,首倡民众自治的是中国春秋战国时期的老子道家。针对当时的儒家"德礼治国"、法家"以法治国",墨家"天志"治国等主张,老子提出治国应"唯道是从"[①]。古文中的道本义是路、途径,引申为道理、规律。老子崇尚"自然",即不加任何人为的,规律自身的表现,意如现代汉语的自然而然。道是自然的表现,自然是道的本质,故称自然之道。"道常无为",自然之道的外在表现是"无为",无为就是顺应自然,既不大有作为,又不胡作妄为。将自然无为用于国家治理,老子提出了"为无为",努力做到"清静无为",不强制干涉民众,让社会自然发展,以达到"无不治"的目的。所谓"爱民治国,能无为乎";"道常无为而无不为,侯王若能守之,万物将自化";"无为而无不治",这一方略,被后人归纳成"无为而治"。

"无为而治"的理论依据是"道",现实目的是变"乱"为"治"。"为无为"是天道无为和人道有为的结合,实际上并非是毫无作为,而是有所不为。道家将这种政治哲学称为"君人南面之术",即治国方策,包括三个方面:一是对统治者,老子认为应该做到减少干涉,绝不妄为,提出"去甚,去奢,去泰"的总原则。"甚"指极端,"奢"指奢侈,"泰"指过分。"三去"即要求统治者们不走极端,不求奢望,不要好大喜功。二是对民众,老子主张利民政治和愚民策略,所谓"天之道,利而不害","以百姓之心为心";"古之善为道者,非以明民,将以愚之"。主要在于使其"无智无欲",消除对于物质与精神的追求,从而失去"有为"的社会条件。三是对国家制度,老子强调不能依靠礼义法令这些人为的制度设施。

[①] 《老子》。以下引文凡未注明出处者,均见《老子》一书。

所谓"处无为之事,行不言之教",尤其政令法刑这类"天下神器,不可为也,不可执也""民多利器,国家滋昏"。让民众不受权力的胁迫,自然地生活:"民莫之令,而自均焉"。

"无为而治"虽为老子提出,却并未被当时及后世的统治集团采纳,所以秦代以降的君主集权制度属人治国家而非自治社会。值得重视的是,作为一种治国策略,"无为而治"在实践中曾经大放异彩而引人注目。其观点与主张,先是由秦时吕不韦的《吕氏春秋》所保存,经汉初黄老的陆贾、贾谊补充论证,尤其文帝刘恒、景帝刘启,以及曹参、陈平等的发挥和推行,成为西汉前期近70年的指导思想,经济繁荣,国力增强,民众富裕,取得了明显的社会效果。淮南王刘安所编著的《淮南子》一书,不仅将老子的"为无为"提升为"减少干涉"、"与民休息"的国策,而且是"文景之治"的理论性总结。因此,"无为而治"的治国方略,往往成了修正君主专制人治模式的一剂良药,其"法修自然,己所无予","以法正己禁君"等主张使中国的古典法治更为充实并为之添光溢彩。此后,在中国历史上,大凡关心民生的开明君主,均推行以减少干涉、轻徭薄赋和执法宽平为特征的"无为而治"、简政放权国策,为民众松绑解套,恢复发展经济,稳定社会秩序。大唐帝国建立之初,李世民便认定老子就是春秋时期的李耳其人,奉老子为宗祖,设道教为国教,坚持推行"无为而治",成就了贞观之治、开元之治等盛世,其思想言行记载于《贞观政要》之中。

二、西方"自治"的源流

西方的自治表现为两个方面,一是思想理论,二是地方自治体制。与中国的"无为而治"国策相似,自治在西方国家也没能成为独立的运行模式,而是以方略、指导思想等方式发挥作用,只是在地方自治方面更为成熟。因地方自治制度以统一的国家制度作为前提,属于法治国家政体的内部结构,故本节仅对表现为从乌托邦到空想社会主义、无政府主义,再到共产主义的自治思想进行简要考察。

英文乌托邦(Utopia)源自希腊语"ou"即"没有"或"不存在","topos"指"地方"或"国家",组合在一起即是"乌有之地"或"乌有之乡"。引申为理想国度,美好境界[①]。1516年,英国学者托马斯·莫尔(St. Thomas More,1478—1535)在其著作《乌托邦》一书中[②],从国家体制的角度,描述了一个消灭了私有制度的、财产公有、人民平等、集体劳动、统一服装、共同就餐、选举官员、按需分配的乌托邦新岛。认为柏拉图的《理想国》就是对乌托邦的最早设计。针对欧洲资本主义国家的逐渐壮大,以国家与民众关系为导向的乌托邦主义沿着两个方向发展,一为空想社会主义,一为无政府主义,因此托马斯·莫尔既被后世视为空想社会主义的创始人,又为无政府主义者们所尊崇。

社会主义一词,为空想社会主义的代表人物、英国的欧文最先使用。空想社会主义历经三个阶段:即以莫尔、闵采尔为代表的16至17世纪早期,以摩莱里、马布利为代表的18世纪中期,以圣西门、傅立叶、欧文为代表的19世纪后期阶段。19世纪初,社会主义(它本身就带有浓重的乌托邦色彩)思潮在欧洲兴起,先前的乌托邦成了社会主义有无实现可能的重要辩题。贝拉密的《现代乌托邦》从正面为理想化的社会主义辩护。欧文、傅立叶、圣西门等空想社会主义者提出,在以理性和正义基础上建立起来的社会主义社会里,公有制代替了私有制,消灭了剥削与压迫,不存在三大差别,人人平等没有阶级差别,享有充分的自由,生产实行计划管理,教育得到普及,妇女与男子同权,共同富裕等,在此基础上,进而过渡到高级阶段,即没有国家、政府、法律的共产主义

[①] 中文翻译也可以理解为"乌"是没有,"托"是寄托,"邦"是国家,"乌托邦"即"空想的国家"。

[②] 全名是《关于最完全的国家制度和乌托邦新岛的既有益又有趣的金书》。

社会。他们激烈批判资本主义制度及其国家,认为这是对人类本性的违背,是对劳动大众与无产阶级实行剥削压迫的罪恶工具。他们主张在天才人物的带领下,通过"发展实业"(圣西门)、"和谐制度"(傅立叶)或"劳动公社"(欧文)等途径提升民众的思想觉悟,发展经济,先建成社会主义社区作为样板,然后吸引其他人们效仿,用和平与非暴力方式逐步推广,从而在全社会实现社会主义。

无政府主义沿着乌托邦的指向,反对政府及一切统治和权威,提倡个体的自由和平等,以及集体协作的力量,建立一种没有国家机构或政府管治的、民众互助自治的、反独裁专制的和谐社会。其本质是民众自治,其锋芒针对的是资产阶级国家政权及其行为活动。不宜将"无政府"读解为取消任何组织机构与秩序规则、任由个人行为泛滥的混乱、无序、或道德沦丧的状态。一般认为,1793年英国作家威廉·戈德温的《政治正义论》是无政府主义的开山之作,德国学者麦克斯·施蒂纳虽自称利己主义者,因其对当时资产阶级国家、政府和法律的否定,也被后学们视为鼻祖。首个自称为无政府主义者的是法国著名经济学家约瑟夫·普鲁东(1809—1865),在批判国家、宗教、资本及其罪恶的同时,提出自发性的"互助模式"的社会主义理论,在当时有很大的影响。将《共产党宣言》译成俄文出版的俄国革命家巴枯宁(1814—1876),发展了普鲁东的思想,宣称自己是"任何政权的敌人",认为国家是万恶之源,是对自由、平等的束缚和侵犯,是私有制、剥削和暴力统治的前提,主张无产阶级"在革命成功后,立即消灭国家"。俄国革命家克鲁泡特金(1842—1921)被誉为无政府主义的精神领袖和理论家,他的《互助论》等著述将普鲁东的"无政府社会主义"发展为"无政府共产主义"。认为互助是人类的本能,是社会赖以存在和发展的动力;在未来的共产主义社会里,没有政府,没有国家,也没有任何人支配人的权力;社会是各自由公社的联合,公社成员们完全平等,相互帮助,采取集体方式决定一切事务。克鲁泡特金这一理论,是西方自治思想的典型表现之一。

对自治模式进行最全面的分析论证,或者说自治社会最典型的理论形态,应属马克思的共产主义学说。众所周知,马克思、恩格斯在批判无政府主义、继承与发展空想社会主义的基础上,通过唯物史观和剩余价值学说的创立和论证,使社会主义从空想变成科学。他们将人类社会从历史发展角度区分为原始、奴隶制、封建制、资本主义与共产主义五大阶段;社会主义是资本主义走向共产主义的过渡时期,亦称共产主义的前期阶段。共产主义社会是自由人的联合体,消灭了私有制和阶级差别,国家与法律消亡,社会分工消失,劳动成为人生的第一需要,产品与生活资料极大丰富,实行"各尽所能,按需分配"原则,形成"人人为我,我为人人"的自治社会理想状态。

第三节 人治与法治的主要区别

法治的概念一如前述。人治是与法治相对应的国家体制或运行模式,指依靠统治者个人的品质、智慧、能力与权威来管理国家与社会,亦可简称为精英治国。西方最早的人治主张是古希腊柏拉图关于"哲人"治国的论述,表现为君主政体、寡头政体或僭主政体[①]。欧洲中世纪的政教合一国家虽实行神治,在政体上仍未脱离人治,可视为人治的一种特殊表现。而其他的封建君主制国家则是纯粹的人治。近代以来的各类专制独裁国家,尤其德、意、日、西班牙等实行法西斯独裁统治,元首的意志替代了法律,对广大人民进行专政,在政治实践中将人治模式推向了疯狂的巅峰!中国古代人治论的源头远可追溯到"三代圣帝"即尧、舜、禹,继而是周公(姬旦)所设计的"以德配天"的天子。春秋战国

---

① 僭主政体又称"暴君政治",指以非法手段取得政权者(僭主)建立的独裁统治。

时期儒家孔子的"为政在人"、孟子的"贤者在位"标志着人治论的确立，而荀子"有治人无治法"的论证使之理论化为人治学说。法家虽主张"以法治国"，却将"法、律、令、刑"等作为君主治国的工具使用，未脱离人治的范畴。如果说西方法西斯专政是人治国家的反面典型的话，那么中国自秦汉以来一直延续的中央集权的君主官僚制度，可视为人治体制的正面典型。

对于国家运行来说，起决定作用的是统治者个人还是法律规则？管理者的资格由何决定？对于执政或在上位者来说，主要依靠自觉自律还是赏罚鞭策？对待普通民众，着重于教育感化还是约束制裁？这是古今中外关于统治方法的争议焦点，也是"精英治国"论与"以法治国"论之间分歧的主要内容。今人将其简称为人治与法治之争。然而，近年来学界时有"不存在人治与法治对立"的观点提出[1]，影响甚众。本书在国家运行模式中仍然以人治与法治的主要区别为标题，并非笔者的杜撰或重蹈误区，而是基于两方面考虑：一方面古今中外大凡论及法治者，都以人治作为对应词或参照物，从古希腊的柏拉图、亚里士多德，中国古代的荀况、韩非，到近现代的马克斯·韦伯、约瑟夫·拉兹，以及孙中山、毛泽东，莫不如此。另一方面，出于"法治和人治问题是人类政治文明史上的一个基本问题，也是各国在实现现代化过程中必须面对和解决的一个重大问题。综观世界近现代史，凡是顺利实现现代化的国家，没有一个不是较好解决了法治和人治问题的"。[2] 所以对我们今天的法治中国建设而言，很有必要把握这两种运行模式的各自特征。依笔者之见，对于上述四个问题的不同回答，体现了二者的主要区别。因后文还将展开论述法治的要求与内容，故本节着重引述人治论

---

[1] 只要在网上检索一下，诸如人治还是法治是个伪命题，或者秦汉以后的中华帝国不是人治等观点比比皆是，恕不再注明。

[2] 习近平："十八届四中全会第二次全体会议讲话"。

的主张。

一、国家体制由何决定

人治论者不否认法律规范与制度的作用,但强调管理者个人尤其最高领导人起着关键性的、决定性的作用。柏拉图将国家体制分为"一人之治"的君主制与僭主制,"少数人之治"的贵族制与寡头制,"多数人之治"的民主制与暴民制;认为其中最好的是"哲学王"担任国王的君主制,其次是君主制与民主制相结合的君主立宪制,而最坏的是篡权毁政的僭主制度[1]。公元5世纪盖拉西教宗提出"双剑论",认为上帝将"教权之剑"授予教宗,"政权之剑"授予君主,让教宗与君主共同管理国家[2]。阿奎那则主张君主集权,认为"由一个国王执掌政权的政体是最好的政体","有道的政权最好由一人来掌握,因而也就是由强者来掌握"[3]。后世的国王或君主均宣称"朕即国家",甚至只承认"国王的命令"为法律。虽然他们所持的理论依据不同,但都将集大权于一身的君主视为国家的决定性力量。

中华民族更为重视和强调天子、君主、皇帝、领袖的决定性作用。中国广阔而相对封闭的地域,在父系家长制基础上形成的血缘宗族关系,分散的小农经济和独立的家庭,以及北方游牧民族的频繁南侵等,是君主集权和专制政体产生的社会基础;以家族家长为中心的宗法等级制度,对于天神和祖先的祭祀权的垄断,以及青铜冶炼技术、汉字的发明与应用等,是君主集权和专制形成的必要条件。自夏朝开始,古代中国便形成"天下一统"的国家制度和"封邦建国"的中央—地域政体。

---

[1] 见柏拉图:《政治家》,原江译,云南人民出版社2004年版,第102—105页。
[2] 见徐大同主编:《西方政治思想史》第2卷,天津人民出版社2006年版,第70—72页。
[3] 《阿奎那政治著作选》,马清槐译,商务印书馆1963年版,第50页。

秦汉以后,"大一统"的中央集权的君主专制一直是历代政治制度的主要形式。儒家的"溥天之下莫非王土,率土之宾莫非王臣"与"君为臣纲",墨家的"上同乎天子"与"上之所是,必皆是之,上之所非,必皆非之",法家的君主"秉权而立,垂法而治",秦始皇"天下事无大小,皆决于上",直到洪秀全宣称自己是奉"皇上帝"之令的"真命天子","一人垂拱于上,万民咸归于下"[①]等典型论断,表现了传统中国对国家治理主体的认识。

法治论者却与之不同。他们并不忽视管理者与领导人的重要性,但认为决定国家性质、体制与运行的是法律规则而非任何个人、组织或阶级。古典法治强调良好的法律决定着国家的治理,是较君主专制更优越的国家体制;现代法治认为只有确立体现公民权利的法律的权威地位,以法规范与控制政权的行使与国家的运行,才能适应与符合现代化社会的要求。

二、管理者的资格由何决定

这也是马克斯·韦伯(1864—1920)所提出的统治方式的合法性问题,即哪一类人成为国家管理者才能为民众接受与拥戴。韦伯将其分为魅力型统治、传统型统治、法律型统治三类方式,魅力型依靠具有超凡的智慧与品质的领导人个人魅力取得统治权,即人治;传统型依赖血缘承续或传统方式,指君位继承制与神治;法律型统治由依法选举产生,即法治。要求君主或领袖必须由哲人、智者、圣贤、君子、先知先觉者、精英或英明、伟大的人物担任,是人治的标志。柏拉图认为上帝赋予人的灵魂时分别加入了黄金、白银与铜铁,所以人们的秉性、理性、智慧、能力等各不相同;具有金魂的是哲人,银魂为军人,铜铁魂为工人农

---

① 洪秀全《建天京于金陵论》。

人,国王应由哲人担任,谓之"哲学王"[1]。阿奎那强调政权应由聪明正直的人执掌,所谓"如果一个人比其他的人聪明和正直,那就不应当不让这种天赋为其余的人发挥作用"[2]。

孔孟儒家视君主的品行是国家治乱、法令立废的决定因素,因此希望君主都能仿效或成为尧、舜、禹、汤、文、武、周公那样的圣君贤臣。如鲁哀公"问政"时,孔子很明确地回答,"为政在人",即周文王、武王的执政方略,记载于典章之中,只要圣君贤臣存在,他们的政治就能实现,没有圣君贤臣就不会有好的政治[3]。孟子进一步论证,圣人是最高尚的人,当君主能治理好国家,做臣僚能克尽职守,就像古代的尧当皇帝、舜作大臣一样[4]。荀子更直截了当:主张以"礼义"为标准来选拔任用贤能:"虽王公士大夫之子孙也,不能属于礼义,则归之庶人。虽庶人之子孙也,积文学,正身行,能属于礼义,则归之卿相士大夫"[5]。强调实至名归,职能相称,即"论德而定次,量能而授官";坚决反对"(君)德不称位,(臣)能不称官,赏不当功,罚不当罪"[6]。

孙中山以"天赋的聪明才力"为据,将人区分为先知先觉、后知后觉、不知不觉三种,认为"中国人民是不知不觉的多"。先知先觉者"绝顶的聪明","是世界上的创造者,是人类中的发明家",所以人民应该"把国家的大事,托付给有本领的人,……去管理政府"[7]。毛泽东指出,"政治路线确定之后,干部就是决定的因素",而选拔干部的标准是

---

[1] 柏拉图:《理想国》,郭斌、张竹明译,商务印书馆1986年版,第58—59页。
[2] 《阿奎那政治著作选》,马清槐译,商务印书馆1963年版,第102页。
[3] 《礼记·中庸》:"文武之政,布在方策。其人存则其政举,其人亡则其政息。……故为政在人"。
[4] 《孟子·离娄上》:"规矩,方圆之至也;圣人,人伦之至也。欲为君,尽君道;欲为臣,尽臣道。二者皆法尧、舜而已矣"。
[5] 《荀子·王制》。
[6] 《荀子·正论》。
[7] 见《孙中山全集·民权主义·第五讲》。

"任人唯贤"、"德才兼备"①。只有无产阶级政治家才能成为革命领袖，要求"这些干部和领袖懂得马克思列宁主义，有政治远见，有工作能力，敢于牺牲精神，能独立解决问题，在困难中不动摇，忠心耿耿地为民族、为阶级、为党而工作"等②。都将具备优秀品质、过人智慧、卓越才能、名声威望的精英作为国家管理者的最佳人选。

法治论者们承认：人有善恶、聪愚、优劣、强弱等差别，也希望国家各级管理者由精英担任。他们反对精英仅以个人的才能智慧治国，主张国家依照集众人之意志的法律运行。反对以"选贤任能"、"任人唯贤"或培养加指定"政治家"为领袖的选拔任命方式，主张通过合法选举，进入国家机构履行执政与管理职责。他们认为，圣贤虽好，但现实社会中很少，根本满足不了治国的需要，依法治国可使管理者扬长避短，充分发挥其才能。国家事务繁复，"一人之治"的圣贤也会力不从心，顾此失彼，而法律制度能够规范、制约所有人的行为。基于人性的自为（韩非"人皆狭自为之心"），精英居于高位，即使圣人也不免将个人的利益置于首位或把自己的意志强加给别人，而体现众人意志的法律能保障全体成员的利益等。

三、怎样对待管理者

国家治理的关键是正确处理执政者、管理者与民众的关系，处理得好"水能载舟"，否则"亦能覆舟"。人治论从发挥道德功能和作用的角度，要求在上位者必须严以律己，以身作则。一方面，加强道德自律和品行修养，成为高尚的人，才具有管理者的资格。西方从苏格拉底、奥古斯丁、阿奎那，甚至近世古典自然法学派的霍布斯、普芬道夫、康德，

---

① 见《毛泽东选集》第2卷，第526页。
② 见《毛泽东选集》第1卷，第267—268页。

均强调道德自律的重要。苏格拉底(前469—前399)认为,管理者不应是只知道握有权柄、以势欺人的人,也不应是仅通过民众选举、身居要职的人,而应该是自行努力、具有管理知识与能力的人。如驾船者应有航海经验,纺羊毛应由妇女管理男子,一个优秀的政治家应精通政治①。阿奎那将人类美德分为智力型与道德型两种,前者是先天的,上帝赋予的,后者为后天造就,统治者应该努力使自己具有公正、审慎、刚强、廉洁等道德美德②。霍布斯(1588—1679)将"自然法"诠释为道德哲学,指出在严格意义上,自然法并非法律,而只是道德律。普芬道夫(1632—1694)进而强调这种道德律的自律性,即需要执政者有意识地培养与遵行③。康德(1724—1804)则强调,道德律的遵守全靠人们的自觉与自律。中国儒家主张"为政在人",其"人",一为先天的圣人君子,二为后天的贤能。为政应该从"修身"开始,先能"齐家",继能"治国",方可"平天下"。孔子说"政者,正也",意即政治、执政就是端正品行,先端正自己才能端正他人。荀子讲的更直白,国家之"治生乎君子,乱生乎小人";只有那些能以"礼义"规范自己,以"法类"审理案情,具有"明察、应变"能力的,方可称为"王者之人"④。

另一方面,道德的功能和作用的发挥,必须通过教育感化;而教化的主要方法,是树立榜样,学习典型。他们认为政治表现为一种上行下效的活动,榜样的力量往往起着决定性的作用。例如,即使面临"恶法暴政",为了率先"守法",苏格拉底宁愿将牢底坐穿,也不肯趁机逃亡,最后被毒死狱中。《圣经》的教牧书信中保罗要求提摩太成为信徒们的

---

① 见柏拉图:《理想国》。
② 见《西方伦理学名著选辑》,商务印书馆1987年版,第375页。
③ 普芬道夫:"最基本的自然法是,每一个人都应尽其所能地培养和保有这种社会性"。《人和公民的自然法义务》,鞠成伟译,商务印书馆2009年版,第61页。
④ 见《荀子·王制》。

榜样:"你们该效法我,像我效法基督一样";"弟兄们,你们要一同效法我,也当留意看那些按照我们榜样行事的人"。最有趣的是意大利的马基雅维里(1469—1527),他认为君主"最坚固的堡垒建筑在人民的爱戴上",要得到人民的拥戴,首先"应该努力在行动中表现伟大、勇敢、英明、严肃庄重、坚韧不拔";其次是多施恩惠,少加伤害,施恩亲自动手,伤害由别人去做①。而英国谚语"优良的示范是最好的说服",中国古语"见贤思齐",现语"榜样的力量是无穷的"都成为治国治民的至理名言。孔子主张"其身正,不令而行。其身不正,令而不行",关键在于执政者是否以身作则。孟子将其具体化为"君仁莫不仁,君义莫不义,君正莫不正,一君正而国定矣",君"身正而天下归之"②。为推行"孝道",古人塑造出"二十四孝"的典型人物;为彰显"忠君爱国",文天祥的"人生自古谁无死,留取丹心照汗青"成为千古名言。毛泽东指出,"典型本身就是一种政治力量",不但带头将毛岸英送往朝鲜战场,并亲自动手树立榜样和典型。诸如工业学大庆,农业学大寨,全国学解放军,干部学焦裕禄,战士学欧阳海,儿童学刘文学,全民学雷锋,等等,在现实中起到了显著的示范、引导和激励作用。

  法治肯定道德品质的重要,并将公认的道德信条作为基本的法律原则,同时提倡执政者严格要求自己,带头执法。法治也不否认英雄、模范、榜样、典型与先进的巨大影响力,但认为这种"个人指引"的效果远远不如"规则指引"效果大;榜样的力量只能在某个组织内部发挥有限的作用,对于国家运行来说是鞭长莫及、无能为力的。相反,鉴于"法之不行,自上犯之"③的历史教训,个人越是聪慧,能力越是强大,执政与管理的权力在其手中越容易被扩张或滥用。如果这种现象再经由榜

---

① 马基雅维里:《君主论》,潘汉典译,商务印书馆1985年版,第87页。
② 见《孟子·离娄上》。
③ 《史记·商君列传》。

样、典型的推广而上行下效,普及扩大,将会导致人人争名夺利和全面的腐败。法治并不要求执政者与管理者成为英雄、模范或先进分子,只规定他们严格依照法律行为和活动,有功者奖,有过者纠,有罪者罚。对品德优秀成为榜样或楷模者只宜在思想道德领域中进行相应的褒扬,却不能因此让其身居要职,或者有过不纠,有罪减免。在法律地位上,将他们与公民平等对待,并不因为其道德品质、宗教信仰、阶级出身、政治立场,尤其是否榜样、典型而有所区别。

四、怎样对待民众

民众依地域的联合组成国家,当国家主权即最高管辖权为少数人掌握时,民众便成了治理的对象。人治论非常重视民众的力量,思想上"以人为本",政治上"以民为本",道德上合乎"民心",经济上力求"民富",司法上附合"民意""民情"。他们从"性善"论出发,力主"致良知",认为道德、思想、品质等精神因素决定着人们的行为与活动,因此强调道德教化、思想先行和精神修养。主张对民众应采取思想教育、行为感化的方法,启迪其善性的发扬,抑制其恶欲的泛滥,使人人都成为良民或君子,共同惩凶止暴,以达国泰民安。

苏格拉底认为"美德就是知识",没有教育,知识无从获得,因此"美德由教育而来"。为了培养"最优良、最有用的人",本着"与其自己去治人,不如训练能够治人的人更为有用"的信条,他毕生从事教育,从不懊悔[①]。柏拉图高度评价"教育力"的作用,认为它是改造人性、陶冶德性、实现理想国的唯一手段。他指出"哲人"只有通过教育才能培养出来,而法律只会使人成为谨慎规矩的常人,并在其理想国中设计了具体

---

① 见《西方哲学原著选读》上卷,北京大学哲学系外国哲学史教研室编译,商务印书馆1982年版,第69—70页。

的教育制度与方式。尼采认为教育不仅是传授知识,更重要的是教人智慧。康德从道德律理论出发,指出个人应以道德自律,而"道德共同体"国家的实现仅靠个人努力是不够的,它需要通过教育扩大范围,将自觉行善的人结合起来,即"道德上的最高的善,仅通过单个的个人为达到他自己的道德完善而进行的努力,是不可能实现的。而是要求把这样的人结合为朝着共同目标的一个整体","只有通过这样的结合,道德上最高的善才能来临"[①]。

中国儒家强调教化,教,指的是向人们灌输仁义观念和礼制基本原则,即礼教;化,说的是真正从内心接受并体现在行为的各个方面,形成惯式。所谓"以教导民","以教化民"。它既表现为言,又表现为行;既包括教,又包括学。孔子认为,教化是使人向善成仁、防止恶行犯罪的最佳方式,并期望通过德教,"胜残去杀",达到"无讼"的境界。孟子从民本角度强调教化的功能大于刑政:"善政不如善教之得民也。善政民畏之,善教民爱之;善政得民财,善教得民心"[②]。荀子与孔、孟一样,既是思想大家,又是教育大师,他更强调后天的学习和学以致用。指出"终日而思"不如"须臾之学",通过教与学,才能提高品质,具备"德操",所谓,"权利不能倾也,群众不能移也,天下不能荡也。生乎由是,死乎由是,夫是之谓德操"[③]。后来发展为宋明理学的"知行合一"论,要求行"圣人之教":"为天地立心,为生民立命,为往圣继绝学,为万世开太平"[④]。近代为了救亡图存,还出现过"教育救国"论。孙中山基于"英雄史观",认为对既成为主人又属"不知不觉"或"后知后觉"的人民大

---

① 见李梅:《权利与正义:康德政治哲学研究》,社会科学文献出版社 2000 年版,第 312 页。
② 《孟子·尽心上》。
③ 见《荀子·劝学》。
④ 《张载集》,章锡琛点校,中华书局 1978 年版,第 320 页。

众,只有采取教育培训的方法,使之具备治国能力。因此,他视"教育为立国的要素",主张实行"训政",即教导、培养、训练人民当家作主。并要求"民国的人民,人人都是主人翁,人人都要替国家做事的,所以建设一个新地方,首先在办教育"①。毛泽东亲自制定了"教育为无产阶级政治服务,教育与生产劳动相结合"的新中国的教育方针,之后又发现没落到实处,从而发出"教育要革命"的最高指示,拉开了"无产阶级文化大革命"的序幕。

  法治不采取"性善论"立场,而将人的本性归纳为"趋利避害"。利,在政治上指权力利益,经济上指财产利益,道德上指与正义相对应的功利或益处,法律上体现为权利。这样,适应"趋利"的要求,便以法律形式体现和保障每个人的基本权利;适应"避害"的要求,又必须履行法定义务,禁止对合法权益的侵害。这种权利义务的规定,具有国家强制力,是对人们违法犯罪行为的防范、制止、惩罚与制裁。换句话说,法律是以强制(约束与制裁)为主要手段发挥其规范作用和社会作用。因此,法治论只要求公民将自己的意志入法,做到知法、守法即可,并不强迫其成为圣人、贤者或具有高尚的情操。同时,法治论强调法律只规范人的行为与活动,不控制人们的道德或思想;教育感化只具有提高个人思想觉悟、道德水平的作用,决定不了权利的行使和义务的履行。作为国家运行模式的法治,很明确地将教育感化排除到自己的体系之外,不承认它是治理国家权力、控制政府行为的有效方法。

  综上所述,从价值判断看,人治并不坏,只是不适合现代社会而已。作为现代国家运行模式的法治,本身亦非万能,存在着相互推诿、程序繁琐、效率不高、多数人失误等不足。从性质类型上看,中国古代的"礼

---

  ① 见《孙中山全集·在桂林学界欢迎会的演说》。鉴于《孙中山全集》的版本太多,很难确定引文页码,故本书采用标明篇名的方法,不再注明版次、卷次与具体页码。以下凡引孙中山论述皆同。

治"、"德治"或"法治"、"礼法合治"都属于人治范畴。当代世界已实现了法治的只有 20 多个现代国家,我们正在向法治国家的目标迈进。

*　　　　*　　　　*

以上是对四种国家运行基本模式的简要论述。这四种模式因各具特色而彼此区别,又以历史与现实状况而相互联系。如神治国家有很多人治的具体制度,人治国家不但保留了神治成分,而且推行了自治国策;法治国家,有的仍是君主立宪政体,还建立了卓有成效的地方自治体系等,不一而足。在人类社会的历史长河中,国家采取何种方式运行,取决于两个方面,一是该国所处的自然社会环境与生产生活方式,一是该国人民或民族的意愿与选择,二者缺一不可。从实践角度考察,古代以渔猎为主的社会,今日非洲等地区的游牧部落,尤其富有政教合一传统的阿拉伯国家,多选择神治模式。以耕织与手工业为主的农业社会,尤其今日多数的发展中国家与不发达国家,依然坚持人治模式。实施法治模式的为数不多,仅限于工业化的现代国家。自治表现在其他模式之中,还未形成独立的国家体制。

应该看到,当今世界是多元社会,国家有大有小,民族有强有弱,文化传统各放异彩,国家体制互不相同。不宜用非好即坏的简单粗暴的方式对四种模式进行价值评判;而应相互尊重,和平共处。同时更应注意,法治国家是近期就要实现的目标,而我国有两千多年的"人治"传统,缺乏民主政治和市场经济的体验;后来又按苏联模式,实行无产阶段专政、计划经济和集中管理,未能改变人治模式,因此应充分估计困难与阻力,坚定建设的信念。

第三章　法治的理念

论者多从思想意识与规则制度两方面解说法治,文件中亦常见法治精神与法治实践的对应提法,有的学者还从理想法治与现实法治区分的角度进行研究[1],都是为了强调法治理念、信仰、意识、精神的重要,它们既是建设法治国家的目标要求和指导原则,又是评价与审查建设成果的基本依据。习近平指出,"法治精神是法治的灵魂,人们没有法治精神,社会没有法治风尚,法治只能是无本之木、无根之花、无源之水"。在中国这样一个具有几千年人治传统与丰富革命专政经验的大国建设法治国家,树立现代法治理念与信仰,运用法治思维和法律逻辑思维,更显得十分必要。

法治理念。理念之理,指理性,人类对真理的探寻与认知,即正确的、理想性的认识,区别于感性;念即思想的表现,当与"理"相联系时,引申为信念。二字合为一词,理念指正确的,应予信仰的思想观念[2],也可解释为理想信念的缩语。因此,在使用理念这一概念的时候,应把握四点:一属思想观念,不是现实事物;二具正确性,是理性的表现;三含理想的成分,是一种信仰,需努力争取才能达到;四应坚信不疑,是一

---

[1]　见陈金钊:《法治与法律方法》,山东人民出版社 2003 年版,第 20 页。
[2]　理念的英文为 idea,源于希腊文 eidos。中文又译为观念。实际上,理念与观念是两个不同的概念,理念指正确的观念。

种信念[1]。

多年前,我们曾经提出了"社会主义法治理念"的范畴,主要包括五个方面:依法治国为核心内容,执法为民是本质要求,公平正义为价值目标,服务大局是重要使命,党的领导乃根本保证。从理念角度审视,"大局"乃口头用语,概念笼统;"领导"是一种行为活动,二者都不属于信仰或观念的范围。以法治视角观察,不应将法律或法治视作"大局"的服务工具与手段。当时的"大局"指稳定,"稳定是压倒一切的大局"。只能说法治社会是文明和谐、稳定有序的社会,怎么能将法治国家视为"维稳"的工具呢?维持稳定是一个政策,法治是一种信仰,让法治信仰去为一时的政策服务,既倒置了本末,又违背了逻辑。党对全面建设工作的领导是十分重要的,但政党是一种政治组织,不能成为理念。领导活动也不能作为信仰的目标,共产主义才是信仰。在中国建设社会主义,实现共产主义离不开党的领导,但将领导当成信仰则是错误的。党是领导我们(社会主义与共产主义)事业的核心力量,中国社会主义的本质特征是共产党的领导[2],它决定着中国法治的政治性质,不应该,也无必要将党的领导放入法治理念之中。

前述已明,法治是现代国家的运行模式,法治理念应该是法律与国家关系的正确认知及其表达,涉及法律在国家中的地位,法律的本质、价值、控制对象等方面。表现为法律至上,人权神圣,维护正义,制约权力等。

---

[1] 习近平指出:"坚定理想信念,坚守共产党人精神追求,始终是共产党人安身立命的根本。对马克思主义的信仰,对社会主义和共产主义的信念,是共产党人的政治灵魂,是共产党人经受住考验的精神支柱";"理想信念就是共产党人精神上的'钙',没有理想信念,理想信念不坚定,精神上就会'缺钙',就会得'软骨病'"。见2012年11月17日,"在十八届中共中央政治局第一次集体学习时的讲话"。

[2] "党的领导是中国特色社会主义最本质的特征"。见习近平:"关于《中共中央关于全面推进依法治国若干重大问题的决定》的说明"。

第一节　法律至上

社会是人类生存与生活的共同体,国家是一种特殊的社会组织,即人们依据地域的联合,其实质是管理社会事务的权力。那么,在一个国家或社会里,何者的地位最高,由谁来掌握最高、最大的权力? 这就是何者至上的问题。将神(上帝、真主、上天)的意志置于最高地位,即神治国家与社会;将思想品质道德觉悟置于最高地位,即所谓的"德治"社会;将领导者、管理者的智慧能力、品行作风置于最高地位,即人治国家与社会。法治国家将法律置于最高的权威地位,即"法律至上"理念。

一、法律高于权力

法与权的地位关系,是我国改革开放以来不断被提起、一直被关注的一个问题。无论党的文件或学者论著怎样阐明,它在社会现实中仍然成为议论的一个焦点,并且常常被发问者再加上"究竟"、"到底"等前置词,成了一个不易破解的难题。何以会如此呢? 有人是这样解释的,对于这个问题,不但要看过程,更重要的是还要看结果,因为法律总是后发制人。当权力发飙时,往往看似权力比法大;但当法律发威时,最后还是法律比权大[1]。观点成立,但不能服人。应当看到,在现实当中,权力往往还高居于法律之上,以权压法、以权代法、徇私枉法、违法犯罪的乱象还在阻挠着法治中国的建设步伐。周永康、薄熙来等系列腐败案件的宣判,一方面大快人心,显示了法治的力量,另方面又因其权高位重,导致对法律至上与法律权威的怀疑。人们在思考,如果不是

---

[1] 见《学习时报》,2012年4月16日。

中央的决心与果断出手,仅以法律的力量,能够做到"刑上大夫",将这些败类"绳之以法"吗?某些党政领导干部及权力机构自身,本应该带头维护法律尊严,而现在却成了法治理念的破坏者。可见,法律至上理念的确立,不仅需要思想观念的提高,更要求实际行为、过程、效果的证实。

权大于法,尤其国家权力即政权、政府权力大于法律,并非空穴来风或者无稽之论。它既是一种源远流长的政治理念,又经历了长期的社会实践,在我国传统文化中曾居于主导地位。在对国家、政权形成的认识上,我国古代的思想家均主张天子、君主代表着上天,是人世间的最高统治者。"朕即国家",表明了把持着国家权力的神权、皇权与王权的至高无上。恩格斯明确指出:"国家是社会在一定发展阶段上的产物","从社会中产生但又居于社会之上并且日益同社会脱离的力量,就是国家";它具有"凌驾于社会之上的力量"[①]。凌驾于社会之上,可见其地位之高,权力之大。在历史和现实之中,古今中外的神治国家,实行人治的集权、专制与专政国家,无不将国家权力,尤其政权置于最高和中心的地位。列宁强调指出,一切革命的根本问题是政权问题。资产阶级革命是这样,无产阶级革命亦如此。毛泽东认为,新中国的成立,标志着夺取政权阶段的结束,"这只是万里长征的第一步",还有维护、巩固政权的革命任务。"反右"斗争,"四清"与"社教"运动,以及史无前例的"文化大革命",都是共产党与国民党"夺权"斗争的继续。直到今天,我们仍然将以国家政权为中心内容的政治视为一切工作的"生命线",要求"讲政治",将"政治建设放在首位",将反腐斗争视为关系"亡党亡国"的大事。可见权力最高、政治至上观念的由来已久与深入人心。

[①] 见《马克思恩格斯选集》,第158—160页。

法高于权。这是法治的理念与要求,是法治国家的实质与标志。法与权的关系密切,从状态上看,法律与(国家)权力连为一体,是同生(马克思主义认为,国家与法是同时产生形成的)、共存(法以国家权力为载体而具有强制效力,国家权力机构依据法律规定组成并运行)的关系。从性质职能上说,二者又相互区分(国家为政治组织,权力乃支配力量;而法律是体现主权者意志的规则制度),各自独立(国家权力只在政治领域内活动,法律不是国家机器的组成部件,却是政治、经济、文化、社会活动的行为规范)。在法治国家里,国家权力来自于公民的授予,政权依照法律建立,国家机构依照法律组成,公务人员依照法律行使权力。因此,法律至上理念肯定权力的特殊功能与重要作用,并不否定权力本身,所否定的只是权力至上与掌权者、执政者的个人权威。至于为什么应该以法律控制权力,在后面"控制权力"理念里具体说明。

"纵观人类政治文明史,权力是一把双刃剑,在法治轨道上行驶可以造福人民,在法律之外行驶则必然祸害国家和人民"[1]。对公民来讲,权力具有两重性:一方面是适应了保障安全、维持秩序和管理公共事务的需要,另方面又因其自发地扩张与滥用,会给自己造成伤害。对待国家权力的正确方法,就是将体现公民权利与意志的法律置于最高地位,赋予最大的权威,而使权力屈居其下。这样一来,法律以制度的方式实施,权力依法设立或减除,依法运行与担责,即法高于权。同时,针对权力运行的弊端,法律至上还表现在将权力分割配置,使其互相制约;以程序规则权力,使其依规公开运行;加强民主监督,防控其扩张滥用等。

---

[1] 2015年2月,习近平:"在省部级主要领导干部学习贯彻党的十八届四中全会精神全面推进依法治国专题研讨班上的讲话"。

二、党依法执政与活动

法与党的地位关系,是当代中国特有的,理论上不能成立而现实中经常出现的一个问题。这里的"党"专指居于执政地位和领导核心的中国共产党,而非"政党"或其他民主党派。人们还常把"党大"中的"党"置换为党的领导人、党组织或党的领导(权),这样该问题又以"领袖大"还是"法大"、"党组织大"还是"法大"、"党的领导大"还是"法大"等形式显现出来。

由于我国悠久的人治传统,英雄史观,以及后来个人迷信、领袖崇拜的深刻影响,尤其"文化大革命"的砸烂公检法,群众专政,"和尚打伞,无发(法)无天"等观念的推波助澜,法律始终处于次要的地位,法律虚无主义有其社会基础。同时,党在中国革命和建设中受到广大人民的拥戴和赞扬,在现实中又掌握最高政治领导权和执政权。人民群众已熟知,"领导我们事业的核心力量是中国共产党,指导我们思想的理论基础是马克思列宁主义",与伟大、光荣、正确的党相比,与伟大领袖相比,法律自然不在话下。

从法治的角度来看,此问题的实质在于如何认识与处理党与法律的关系。首先,前述已明,法治系指现代国家的体制与运行模式,法律是权力运行的具体规则与制度;以整体而论,党属于政治范畴,是依法依(党)章设立与活动的政治组织,二者不在一个领域,分处不同层次,无从比较大小,高低。而且,党只能在法律和宪法的范围内活动,已经从正面肯定了法律至上的地位。因此,从这个意义上说,"党大还是法大"不能够作为一个问题提出,或者说是个"伪命题"①,如果换一种提

---

① 习近平:"党大还是法大是一个政治陷阱,是一个伪命题"。"我们说不存在'党大还是法大'的问题,是把党作为一个执政整体而言的,是指党的执政地位和领导地位而言的"。见习近平:"在省部级全面推进依法治国专题研讨班上的讲话"。

法,非要问党领导的政权,或者掌握执政权的某个党组织、领导干部与法律谁大谁小,那么,可以明确地回答:在人治国家里政权大于法律,领导人的权力大于法律,即上述"权大于法"。相反,在法治国家里"法大于权"。

其次,处理好党的领导与依法治国的关系。依法治国是法治的主要表现,治国的主体是全体公民,具体指合法进入国家机关的公民代表。法律体现的是公民的权利与意志。党既领导人民(多数公民)制定法律,又领导进入国家机关的党员依法执政。党的领导的方式是路线、政策、方针的指引与思想教育,党的领导与执政行为、活动,只能在法律和宪法的范围内进行。因此,党的领导与依法治国在实质上应该是同行不悖、有机统一的。如果死咬硬嗑,非要在党的领导、人民主权、依法治国之间分个高低上下,那么可以说,由于党和人民的意志已经体现在法律之中,所以依法治国之法律自然处于权威地位,即法律至上。

再次,对于我们今天的法治建设来说,党和法治的关系是不容忽视、无法回避的重要问题。要义有三:其一,党的领导决定着法治中国的政治性质,是中国特色社会主义最本质的特征所在。离开了党的领导这一有效保障,中国的法治建设很难顺利进行。其二,应坚持并坚信法律在国家和社会中的最高地位与最高权威,即至上性。无须担心讲了法律至上会降低或影响党的威望,以至于在不得不承认法律至上的时候,还要加上党、党的事业也要至上!其三,不能轻视将党、党组织、领导人或党员干部置于法治之上,或者将个人作为党的化身,肆意践踏法律等的现实存在与深刻影响。应该强调,"每个党政组织、每个领导干部必须服从和遵守宪法法律,不能把党的领导作为个人以言代法、以权压法、徇私枉法的挡箭牌"①。

---

① 习近平:"在省部级全面推进依法治国专题研讨班上的讲话"。

三、稳定的法律与灵活的政策

法与政策孰者为大问题。这里"政策"指党的政策,"法律"指我国现行法律。可见,何者为大?显然是上面"党大还是法大"所派生出来的一个问题。三年前,面向中小学的"作业帮"网站,以"党的政策和社会主义法的关系,应该是"为题设问,答案有三个选项:A.政策指导法,法制约政策,两者相辅相成,B.政策高于并大于法,法必须服从政策,C.法高于大于政策,政策必须服从法。其提供的标准答案是:A,即认为两者都是全国人民共同意志的体现,共同服务于社会主义经济基础,都是社会主义上层建筑的重要组成部分,法需要政策来指导,政策需要法来实现[①]。此答案代表了一般群众和社会舆论的看法。这一认识与传统的"政策和策略是党的生命","党的任何行动都是实行政策"(毛泽东语)[②],以及"有政策依政策,无政策依法律"等观点相对比,已有了明显的改变。即不再强调政策地位高于法律,效力大于法律,甚至可以取代法律,但仍然视法律与政策为平行并列的关系,对于孰大孰小不予表态。

从法治角度观察,政策是政治的表现方式,其特点是发收快捷,适时、灵活,有目标无程序,有要求无标准,全靠执行者体会理解,结合实际发挥。党的政策,在党领导科学立法、保证严格执法和公正司法、带领全民守法护法的过程中有着重要的作用。共产党员忠实执行党的方针政策,视政策如生命是天经地义,应予肯定的。但我们不应因此而将

---

① 见 2014 年 11 月 16 日"作业帮"。
② "政策是革命政党一切实际行动的出发点,并表现于行动的过程及归宿。一个革命政党的任何行动都是实行政策,不是实行正确的政策,就是实行错误的政策,不是自觉地,就是盲目地实行某种政策"。《一九四八年以来政策汇编》,中共中央华北局 1949 年印,第 153—155 页。

政策置于法律之上。国家政策,法律政策对于法律的制定、执行、适用与监督、遵守等有指导作用,其本身是法治的一个表现方式。

总之,确立法律至上理念,并非否定政权、政治、政党、政策以及道德、思想的重要作用,亦非主张法律万能或取代其他社会规范,它只是要求人们应自觉遵行体现自己权益的法律,信仰法律,"法律必须被信仰,否则它形同虚设"①。

第二节　人权神圣

人的权利。人权之人指所有的人,即人类,包括个人与群体,但不作阶级、阶层与其他身份的区分。作为一个独立的概念,它与人民(除敌人和敌对势力之外的大多数人)不同,人民抽象笼统,不易界定;而包括个人或妇女、教师等群体在内的"人"则指向明确,内容具体。它的范围大于公民(具有该国国籍的人),还包括他国公民、难民、无国籍的人。人权之权,即权利,包括法定权利、道德权利与其他权利。简而言之,人权指人人应当享受的基本权利。

权利是人权的核心内容。亚里士多德多次使用权利一词,罗马法将物权与债权独立成篇,区分公法与私法,私法即个人权利的规定。作为一个法律概念,权利在西方源远流长。在中国,古人虽有"权利不能倾也"②,"宗族宾客为权利"③之语,"权"指威势,"利"指货财,与今语大相异趣。现代汉语的"权利"一词,首见于清代同治三年(1864年)刊行的《万国公法》一书。该书为美国惠顿所著,由美籍传教士丁韪良译成中文,将英文的 right 用"权利"表达,成为一个专用的法律术语(那种

---

① [美]伯尔曼:《法律与宗教》,梁治平译,三联书店1991年版,第14页。
② 《荀子·劝学》。
③ 《史记·灌夫传》。

认为"权利"是从日本传入的,是一个误解。相反,现代日语的"权利"一词,是直接使用的中文)。自此,中国人接受并形成了一个新观念:这种人生而具有的生命、自由、平等、参政等资格与能力叫作权利,又称作民权。"权"字在前,表明与君权、王权、国权、族权等权力既对应又不同,暗含权威之义,地位高于权力。"利"字在后,强调利益的重要,否则形同虚设。个人弱于国家,君长强于黎民,权利只有通过高于国家的法律才能享有和实现。由此,刊载于1903年《直说》的"权利篇"一文直接宣告:"法律学者,权利学也!"[①]

综上所述,从概念形成与使用角度考察,权利与公民权早在古希腊时期已经使用形成,而人权是近代17世纪由启蒙思想家最先提出,18世纪先后在英、法、美等国形成宪法制度,20世纪为国际社会普遍认可与崇尚,成为评判一个国家民主法治的重要标准。

一、人权的分类

一般情况下,人权、基本权利、公民权利是作为同义词混同使用的。如美国1776年的《独立宣言》向全世界宣告:"我们持有如下可以自我证明的真理:人人皆生而平等,具有天赋的不可剥夺的权利,包括生命权、自由权和追求幸福的权利";其中的天赋的权利等同于后面列举的权利。第二次大战之后,伴随着对于人与公民的具体区分,形成了"人权"和"公民权利"两种表述。公民权利与国家权力相伴而生,指宪法上规定的权利;而人权却不受国家权力的制约,指先于或超出国家范围的权利,并要求任何国家都应承认并加以维护。学者从主体范围与保障实现的角度,将人权分为应有权利(又称基本权利)、法定权利(又称宪法权利)与实有权利(已实现了的权利),个人权利与集体权利,基本权

[①] 详见李贵连:"话说权利",载《北大法律评论》1998年第1卷。

利与派生权利等。在实际使用与研究中,也将基本权利、应有权利和个人权利中的主要权利简称为人权①,与宪法权利、法定权利、派生权利相区别。

在属性上,人权是个政治概念,要求国家符合人道,政权为人权服务。权利乃法律概念,将公民权利以根本大法宪法的形式展现出来,赋予最高的地位与效力。联合国的《世界人权宣言》(1948年12月10日)、《经济、社会、文化权利国际公约》和《公民权利和政治权利国际公约》(1966年12月16日),将人权从内容性质上分为公民权利及政治权利,经济、社会及文化权利两大类。公民权利包括生命权、人格尊严权、自由权、平等权、参政权、结社权、游行权等;经济、社会及文化权利包括生存权、财产权、工作权、社会保障权、自决权、和平权、发展权、受教育权等。公民权利属个人权利,社会权利为集体权利,二者不可分割。虽然这两类人权以国际公约的形式规定,但乃属法定权利或宪法权利性质。宣言及两个公约,被称为"国际人权大宪章",标志着国际人权事业与国际法治社会的结合与统一。

人权思想与制度形成于西方,近代随西学东渐传入中国。力主"变法维新"的思想家严复(1854—1921),将赫胥黎(1825—1895)的《天演论》(即《进化论》)、斯宾塞(1829—1903)的《群学肄言》(即《社会学研究》)、孟德斯鸠(1689—1755)的《法意》(即《法的精神》)、穆勒(1806—1873)的《群己权界论》(即《论自由》)等启蒙著作介绍到中国,开启了"天赋人权"的思想之光。经"戊戌变法"前后的薪火传布,迅速照亮中华大地。孙中山的"三民主义"与民国时期的宪政实践,共产党抗战时

---

① "随着洛克个人主义学说的兴起,基本权利问题日益突出,引人关注。此后,基本权利被称为天赋人权,因而又常被称为人权",见《布莱克维尔政治学百科全书》,中国政法大学出版社1992年版,第283页。

期在陕甘宁边区对保障人权的探索与推进①,都表现了人权事业在我国前行的轨迹。

上世纪50年代中期之后,受以"阶级斗争为纲"的影响,"人权"成了"无产阶级专政"的对象,被贴上资产阶级的标签并打入冷宫。改革开放以来,我们痛定思痛,更深刻地体会到"人的价值、基本人权、人格尊严对社会发展进步的重大意义"②。自1991年开始,国务院连续发表《中国的人权状况》白皮书,总结介绍我国维护与完善人权的状况,并用白皮书的方式评介各国的人权现状。2004年将"尊重和保障人权"正式纳入宪法,并写进党章和经济社会发展规划之中。截至2015年底,我国共加入了20多个联合国有关人权的主要公约,继续探索适合中国国情的人权发展道路。如今,人权已经成为世界各国普遍承认的价值体系,作为衡量人类社会发展水平的重要参数,成为人类进步和文明的标志。

二、神圣的权利

权利不仅仅是一个专用的法律术语,侵害公民权利不仅仅是一般的行为过错,宪法中的"国家尊重和保障人权"不仅仅是一项新增加的条文,它体现了人的本质与价值,关系到生命健康与人格尊严,是现代社会、现代国家、现代法治的建立基础和价值理念,是从内容上区分政治、经济、道德、纪律与法律的重要标准,也是法治与法制的主要区别。权利,尤其基本人权的神圣性,表现在生命安全、自由平等、财产所有等

---

① 《陕甘宁边区保障人权财权条例》。详见杨永华主编:《中国共产党廉政法制史研究》第五章第一节,人民出版社2005年12月版。

② 习近平:"中国人民历经苦难,深知人的价值、基本人权、人格尊严对社会发展进步的重大意义,倍加珍惜来之不易的和平发展环境,将坚定不移走和平发展道路、坚定不移推进中国人权事业和世界人权事业。"见习近平:"致2015年北京人权论坛的贺信"。

方面。

体现人的价值。价值是一种关系,指客体对主体需求的满足。人的价值表现为人与人、人与自然、社会之间的关系。人是自然的一部分,社会是人组成的,所以人兼有主客体两方面,既是物质价值、社会价值和精神价值的需求者,又是它们的创造者,其本身就是世界上最高的和绝对的价值。"世间一切事物中,人是第一个可宝贵的"(毛泽东语)[1]。作为价值关系的主体,人要求生命的安全与持续,要求自由地、平等地、有尊严地生活,要求保有一定的生活生产资料。对这种价值需求的社会、政治、法律满足的最佳方式就是人权。即以生命权、健康权等人身权利保障人生,以自由权、平等权、受尊重(尊严)权等人格权利保障思想、行为、活动符合自己的意愿,以物权、债权、知识产权等财产权利保障人生存与发展的物质条件。作为价值关系的客体,"人是社会关系的总合"(马克思语)[2],应通过自己的实践活动满足自然、社会、国家存续和发展的需求。表现为生存权、自主自决权、劳动工作权、发展权、和平权等经济、文化、社会方面的集体人权。

因此,"在现代民主法治社会里,人们的各种需求与利益,包括物质的、精神的、人身人格的,以及思想与行为自由等,都可以概括为人权二字"[3]。人权集中体现了人的价值,其本质特征是自由和平等,其主要内容是生存和发展。将公民权利作为法的主要内容,保障人的基本权利即人权,成为法治国家的旗帜与标志。

自由权和平等权。自由与平等是人权最本质的特征,马克思指出:"每个人的自由发展是一切人自由发展的条件",将"每个人的自由发展"列为共产主义的崇高目标。一百多年来,裴多菲的诗句"生命诚可

---

[1] 《毛泽东选集·唯心历史观的破产》。
[2] 《马克思恩格斯选集》第1卷,第56页。
[3] 李步云、张秋航:"保障人权的重大意义",《法学杂志》2013年第3期,第19页。

贵,爱情价更高,若为自由故,两者皆可抛"之所以在全世界传诵不衰,便在于它道出了自由在人们心灵中的崇高地位。平等,是自由实现的前提条件。在统治、压迫、剥削、专制或专政的社会与国度里,自由只能是一纸空谈。权利的平等是人格、身份、地位的平等[①],是机会、起点、规则、程序的平等,现实表现为法律面前的人人平等。只有自由而无平等,整个社会将混乱而失序;只突出平等而忽视自由,社会便没有生机与活力,如一潭死水。应该强调的是,人权中的自由并非随心所欲地自我放任,它也反对自由主义,主要指思想、信仰、言论的自由表达和依照法律行为而不受其他方面的干涉与限制,同时要求主体的自律、自制和自觉。平等也不是杀富济贫或人人均分的平均主义,而是尊严与权利(资格与能力)的同等对待,同时关注对弱者的倾斜与少数人利益的保护。自由权与平等权属于法律中的人格权,是人格尊严的基石,它将人从神的统治下解放出来,抹去神性的色彩,焕发人性的光辉。

财产权与生活保障权。人的生存与持续依赖于物质和精神两个方面,要求物质利益和精神利益。权利之利,既包括体现精神利益的人格权,也包括体现物质利益的财产权与最低生活保障权。虽然国家、政府、集体(团体或组织)、个人(自然人或公民)都可以成为财产权的主体,但人权中的财产权主要指个人财产权,法律上称之为私权。相对于"公权"即国家权力和国家利益来说,现代国家将私权置于首位,"私权神圣"成为一个重要的法治理念。

最重视财产权利的是英国启蒙思想家约翰·洛克(1632—1704),他认为财产是劳动的成果,"无劳动则无所有",财产权是将劳动得来的

[①] 马克思:"从人的这种共同特性中,从人就他们是人而言的这种平等中,引申出这样的要求:一切人,或至少是一个国家的一切公民,或一个社会的一切成员,都应当有平等的政治地位和社会地位。"见《马克思恩格斯选集》第3卷,第142—143页。

财物归个人所有的权利。"管理人民和保护他们的财产"是国家的主要任务①。在生而具有的四种"自然权利"即寓于生存权、自由权、平等权与财产权之中,财产权是"自然权利"的核心,是其它权利的基础。生存权所保障的主要是作为生存条件的财产,自由权实际是指按个人意愿处置自己的财产,平等权表明任何人都没有侵害私有财产的特权。因此,洛克提出了"私有财产神圣不可侵犯"的论断,即使是"最高权力,未经本人同意,不能索取任何人的财产的任何部分"②!

我国有句古语:"仓廪实而知礼节,衣食足而知荣辱,"③说的是财物富足与道德品行的关系,经济状况决定着意识形态。英国有个谚语,"风能进,雨能进,国王不能进"④,说的是即使国王未经许可也无权进入百姓的小屋,体现了限制公权与保护私权的法律原则⑤。当代著名法学家江平借此说明私权高于公权,指出马克思常将政治国家和市民社会加以区分,政治国家涉及公共管理,为公权;市民社会是私权社会,调整的是私人间的关系。"风能进,雨能进,国王不能进,连国王都不能侵犯私人的房屋,怎么能说公权力很强大?私权当然很神圣,当然不可侵犯,没有私权神圣,如何谈自由民主?这是基本的道理。"强调"依法治国的重要前提就是扭转公法太重、私法太轻的局面,如果我们不扭转以公法为核心的观念,不树立私权神圣的观点,等于是和依法治国的宗旨背道而驰"。基于对我国法治建设现状的深入思考,提醒我们注意,"十八届三中全会提到以市场为核心,其实就是以私权为核心。可是有

---

① 国家"权力之所以授予某些人是为了管理人民和保护他们的财产"。约翰·洛克:《政府论》下篇,叶启芳、翟菊农译,商务印书馆1983年版,第123页。
② 同上书,第86页。
③ 《管子·牧民》。
④ 18世纪后期英国首相威廉·皮特的名言。
⑤ 美国《人权法案》第三修正案:"军队在和平时期未经房主许可不能占驻平民房屋;即使在战争期间,军队亦须得到国会立法,才可进驻民房"。

多少人能真正从中体会到私权的神圣"? 从而发出"没有私权神圣,难言依法治国"的震耳呼声[①]!

三、人权的实现

人权既是一种价值目标,具有普遍性;又是一种现实权利,具有特殊性。普遍性表现在两个方面,其一,主体范围的普遍。今日之世界,各国各族的人们均属一个命运共同体,有着与生俱来的尊严和价值,有着共同的利益和共同的目标,因此,基本人权体现了人的共同性,是每个人维持生命与正常生活应当具备的基本条件。正如《世界人权宣言》所庄严宣告的:"人人有资格享受本宣言所载的一切权利和自由,不分种族、肤色、性别、语言、宗教、政治或其他见解、国籍或社会出身、财产、出生或其他身份等任何区别"。其二,由于"权利永远不能超出社会的经济结构以及由经济结构所制约的社会的文化的发展"[②],(马克思语)所以能够得到普遍认同的人权必定是最低限度的人权。也就是说,人权的主体是无限制,指所有的人,而人权的内容是有限度的,专指基本人权。基本人权是人权的不可逾越的底线,也只有最基本的权利才能得到各个国家的普遍认同与接受。因此,每个人都毫无例外地享有生命健康权、人身安全自由权、思想信仰自由权、人格平等尊严权、财产与最低生活保障权等基本权利,这是人权普遍性的突出表现。人权的特殊性表现为法定权利与实有权利,即在尊重与维护人权共同标准的前提下,不同的国家往往从自己的国情、历史文化与现实条件出发,对于人权的选择、认定与保障采取不同的制度与做法。如西方国家偏重个人的自由权与平等权,认为人权高于国家主权,私有财产神圣不可侵

---

① 见 2015 年 12 月 1 日《人民论坛》网站,人民智库页。
② 见马克思:《哥达纲领批判》。

犯;而中国与发展中国家强调集体的生存与发展权,认为主权高于个人权利,国家财产神圣不可侵犯,依法保护个人财产。

人权的基础是经济,即社会的生产方式与物质生活条件;前提是民主国家,不成为国家主体则无资格享有权利;内容表现为法律,宪法与法律赋予其最高地位和效力;实现和保障人权的是法治。法治要求国家依照体现人权的法律运行,规范并控制国家权力为实现人权服务,以宪法的形式宣示人权的主要内容,并依法追究侵犯人权的相关责任,通过法治实践促进人权价值目标的实现。

在我国,宪法作为"人权的保障书",已确立了"国家尊重和保障人权"的原则,并将"切实尊重和保障人权"列入全面建设小康社会的指标之内[①]。依据马克思的天才设计,"我们的目的是建立社会主义制度。这种制度将给所有的人提供健康而有益的工作,给所有的人提供充裕的生活和闲暇的时间,给所有的人提供真正的充分的自由"[②]。习近平郑重宣告:"我们的人民热爱生活,期盼有更好的教育、更稳定的工作、更满意的收入、更可靠的社会保障、更高水平的医疗卫生服务、更舒适的居住条件、更优美的环境,期盼着孩子们能成长得更好、工作得更好、生活得更好。人民对美好生活的向往,就是我们的奋斗目标。"[③]均是人权神圣理念的现实表现。

---

① 习近平指出:"我们要依法保障全体公民享有广泛的权利,保障公民的人身权、财产权、基本政治权利等各项权利不受侵犯,保证公民的经济、文化、社会等各方面权利得到落实,努力维护最广大人民根本利益,保障人民群众对美好生活的向往和追求"。见"在首都各界纪念现行宪法公布施行30周年大会上的讲话"。

② 《马克思恩格斯全集》第21卷,人民出版社2003年版,第570页。

③ 见2012年11月15日新华网。

第三节　维护正义

正义,即体现了绝大多数人意愿与利益的,公平正当的准则、理念或价值目标。从词语概念上看,英文为 justice,源于拉丁文 justitia,有公正、公平、正当、法、权利等多种含义。汉语正义一词,最早见于《荀子》:"正利而为谓之事,正义而为谓之行";"苟非正义,则谓之奸邪"[①]。指适当、正当的行为,有价值准则之意,但仅是针对个人行为而言,没有涉及社会与国家制度。可是,如果将正义拆开来看,则中文的正与义,在内容指向上是能够是与西语的正义相互照应的。如孔子的"名正言顺"、"身正令行"[②],以及现代汉语的"正人君子"之正,意即正直、正当、正确。而墨子直接将"义"与正划上等号,指出:"义者,正也"[③],孟子也说,"义,人之正路也。"[④]。显然,古汉语的"义"与现代汉语的"正义"是相通相连的,只不过少了个"正"字。当然,若与英文的 justice 详细对比,还是有很大的不同,借"中国正义论纲要"一文作者的话来说,二者是既可以对应,又不能等同的概念[⑤]。

从实际使用上说,与法治概念相似,正义也是一个道德法律为一体,古今中外皆使用,字词相同义有别的词汇;与法治一词相比,正义的

---

①　《荀子·正名》。
②　《论语·子路》:"名不正则言不顺,言不顺则事不成,事不成则礼乐不兴";"其身正,不令而行;其身不正,令而不行"。
③　《墨子·天志下》。
④　《孟子·离娄上》。
⑤　黄玉顺在"中国正义论纲要"中指出:"不同民族语言系统的语义之间,既存在着非等同性,也存在着可对应性","其一,两者的外延之间存在着交叠部分,但并不是完全重合的,例如汉语"义"中的一个重要语义"时宜"就是西语"justice"所不具有的;其二,就其交叠部分来看,上表所列各个义项之间也并不是一一对等的,这也是不同民族国家之间的正义观念之差异的体现"。见《四川大学学报》2009 年第 5 期。

概念更为抽象、含义更加笼统,内容更难确定[①]。究其原因,在于"西学东渐"之时,将英文的"justice"译成了汉语的"正义"。这一翻译并没有错,因为它们在含义上确有相似之处,最爱讲大"义"、"义"气的中国人,是很崇尚包含有正直、公正、正气等意思在内的"正义"的。然而一旦将其作为一个专业术语或学术名词使用,便会面临从古到今对其内容含义演变的考辨,与中外不同语境、或同一语境不同立场的解读,令人眼花缭乱,莫衷一是。笔者仅从正义与法律关系的角度,来阐述这一重要的法治理念。

一、法律正义

正义是人类社会始终向往和追求的价值目标,法律是人类社会主要的特殊的行为规范。虽然正义一词的内容抽象概括,性质五花八门,但它与法律却像一对孪生兄弟,同生共长密不可离。进一步可以说,无论正义的含义怎样包罗万象,形态怎样千变万化,只要与法律结合在一起,其含义立即确定下来:法律正义即公平、公正。

如西方视正义为法律的灵魂,法律是正义的化身。论者多从个人与社会两个方面说明正义,法律正义属于后者,即社会正义与制度正义;由于个人权利义务是法律的主要内容,所以法律正义又必然体现个人正义。个人正义的实质是自由平等的生活,法律应公正地保障每个人的权利,从而公平便成为法律正义的核心内容;社会正义的实质是公

[①] "就古往今来的贤哲们的讨论过的正义以及人们在日常生活中所使用的正义词汇而言,正义有着千变万化的形态和含义:(1)就不同的客体而言,有行为的正义、个人的正义、规则的正义或制度的正义、社会的正义;(2)就不同的领域而言,有政治的正义、经济的正义、伦理的正义、法律的正义;(3)就不同的性质而言,有实体的正义、形式的正义或程序的正义;(4)就不同的方式而言,有分配的正义、交换的正义、惩罚的正义;(5)就不同的状态而言,有绝对的正义、相对的正义,等等。总之,正义的五花八门的性质和状态,使得人们难以对其作简单的定义。"见张恒山:"论正义和法律正义",载《法制与社会发展》2002年第1期。

共权益或多数人的利益,法律既要实现个人权利又要求不能侵害他人的权利,其核心依然是公平。正是在这个意义上,美国当代的哲学家罗尔斯(1921—2002)在其《正义论》中,着重研究社会制度的正义,专门以"作为公平的正义",来定义民主法治社会的正义。这种以公平为核心的正义,表现为两个方面:第一是平等的自由,要求每个人都能公平地享有政治、言论、思想、人身、财产等基本自由权利。第二是机会平等和区别对待,在涉及权利特别是利益的规定和分配中,在保证机会的平等的同时,还应注意差别的存在,优先照顾处于不利地位的人,即弱势方,才算真正的公平。学界称此为"正义二原则"[1]。因此,法律正义表现为公平正义,法律成为保障社会正义的最重要的,也是最后的一道防线。在西方国家经常看到的法律女神像,生动地表达了这一理念:她左手持天平,公平地对待所有的人;右手执公正之剑,保障正义的实现。

中国除墨家将体现公正与利益的"义"作为法律追求目标,要求"一同天下之义"外,与西方相似的主张与论证方式并不多见。但是从古至今,关于礼义、仁义、法义、道义的论说连篇累牍,数不胜数。古代的礼、法、道均含今日法律的内容,因此应该肯定中国也有与法律相联系的正义论。它是人们正义感的法律观念表达,主要表现为贯通古今的"义利之辩",即将"利"区分为个人的私利、私欲,而义指公利,包括家庭家族、整体集体、国家天下(人类)的利益。要求"见利思义"[2]、"秉利度义"[3],"公正无私"[4]"见义勇为",甚至"舍生取义","杀身成仁(义)",以及"大

---

[1] "1.每一个人对于一种平等的基本自由之完全适当体制都有相同的不可剥夺的权利,而这种体制与适于所有人的同样自由体制是相容的。2.社会和经济的不平等应该满足两个条件:第一,他们所从属的公职和职位应该在公平的机会,平等条件下对所有人开放;第二,它们应该有利于社会之最不利成员的最大利益"。见罗尔斯:《作为公平的正义——正义新论》,姚大志译,上海三联书店2002年版,第70页。

[2] 《论语·宪问》。

[3] 《国语·吴语》。

[4] 《荀子·赋篇》。

义灭亲"等。荀子更将公平作为礼制与法度的根本原则,强调"公平者,职之衡也;中和者,听之绳也"①。"天下莫不平均,莫不治辨,是百王之所同也,而礼法之大分也"②。可见公平、公正是人类共同的文明追求,也是中国人固有的价值理念。

更重要的是,如果我们变换一下视角,无须费力地去寻找"正义"一词,而是从古今各种治国理政思想中疏理法与公正、公平的论述,那就能明显地发现,中国人自古以来便将法律视为公平正义的标志。诸如,古法字为"灋",《说文》释为:"平之如水,从水。廌,所以触不直者,去之,从廌从去"。法律如水面那样平等无斜,像神兽一般不偏不倚。将公平作为法律的起点与基本功能。先秦法家经常给"法"下这样的定义:"尺寸也,绳墨也,规矩也,衡石也,斗斛也,角量也,谓之法"③。认为法律如同这些日用器物一样,是客观的、公正的标准,不会因使用者或被衡量者的主观意志而改变。而慎到直接将法称作"至公"即最公正、公平的制度④,是公义、公正、公信和"立公弃私"的体现⑤。

马克思主义虽然没有从正面讲体现社会正义的法律实质是公正,但是从对资产阶级民主与法权等的批判来看,揭示其民主是虚伪的,自由是有限的,平等是不存在的。正如列宁所说,"法律压迫穷人,富人管理法律";"对于穷人是这一条法律,对于富人是另一条法律"⑥。恩格斯指出,"平等是正义的表现,是完善的政治制度或社会制度的原则"⑦。"真正的自由和真正的平等只有在共产主义下才有可能出现,

---

① 《荀子·王制》。
② 《荀子·王霸》。
③ 《管子·七法》。
④ 《慎子·佚文》:"法者,所以齐天下之动,至公大定之制也"。
⑤ 《慎子·威德》:"权衡所以立公正也,书契所以立公信也,度量所以立公审也。法制礼籍,所以立公义也,凡立公所以弃私也"。
⑥ 《列宁全集》第 2 卷,人民出版社 1984 年版,第 80 页。
⑦ 《马克思恩格斯全集》第 20 卷,人民出版社 1956 年版,第 668 页。

而这样的制度是正义所要求的"[①]。

为加强对法治建设的思想指导,我们目前亦将公平正义列为"社会主义法治理念"的五大理念之一,在现阶段是指,使社会各方面的利益关系得到妥善协调,人民内部矛盾和其他社会矛盾得到正确处理,社会公平和正义得到切实维护和实现。论者认为,平等对待为其内涵,合法合理是其品质,程序公正是其载体,及时高效是其表现,维护社会正义是其目的[②]。当时树立"社会主义法治理念",主要是针对"政法战线","政法干警"提出的,旨在加强与改善执法与司法工作,所以这些原则属于司法正义的具体要求。

二、司法正义

中文"司"字出现很早,意为主持、主管、职掌。西周时已设司马、司徒与司寇等专门职务,司寇掌管纠纷处理、刑狱和纠察等事。在古代中国,体制上是行政司法合一,司法官吏只起辅助的幕僚的作用。英语的"司法"即 justice 与正义(justice)为同一个词汇,西方习惯地将正义与规律、法律、权利,尤其司法联系在一起。在内容范围上,西方国家的司法权专指审判权或裁判权,由法院与法官行使。我国司法权包括对违法、犯罪行为的侦察、起诉与审理、制裁,司法机关为检察院与法院,公安机关有部分司法职能。

法律正义表现在制定法律即立法,执行法律即执法,适用法律即司法等方面,人们常说社会正义一道最重要、最后的防线,就是指司法而言的。因此,如果说公平正义是法治国家的终极目标与生命线的话,那么司法的公平与公正就如同人体的心脏一样,时刻在为法治生命提供

[①] 《马克思恩格斯全集》第1卷,人民出版社1956年版,第582页。
[②] 见《社会主义法治理念教育读本》,长安出版社2006年版。

动力。改革开放以来,我们对于司法目标的认识清楚地明了这一点。原先以公正作为司法目标,2003年加上高效,即公正和高效两大目标;后因司法处于弱势,权威面临挑战,党的十六大提出了建立公正、高效、权威的社会主义司法体制,增加了权威作为目标。十八大《决定》恢复到原来的提法,即"保证公正司法","公正是法治的生命线。司法公正对社会公正具有重要引领作用,司法不公对社会公正具有致命破坏作用"。尽管由于社会情势不同,目标的提法有别也不同,但是万变不离其宗:公正一直是司法的最高追求。高效也好,权威也罢,最后还是要回归到公正上来。《决定》正面用"生命线"比喻,反面以"致命"提醒,足见对司法公本正义价值的肯定和重视。

虽然与立法正义相比,司法正义属于事后的补偿或救济,是"迟到的正义"或"矫正性正义",但公正的司法是通过一个个具体案件进行的,是人们都能感受到的、实现了的正义[1]。同时,司法公正又是通过对各种执法不公、践踏平等、滥用职权、贪污腐败等违法犯罪行为的制裁来呈现的,表现出社会正义的力量和法律的权威。正如习近平所说,"司法是维护社会公平正义的最一道防线","如果司法这道防线缺乏公信力,社会公正就会受到普遍质疑,社会和谐稳定就难以保障。因此,全会决定指出,公正是法治的生命线;司法公正对社会公正具有重要引领作用,司法不公对社会公正具有致命破坏作用"[2]。

公平对待,公正执法,公开程序,严格依据法律规定处理社会纠纷,纠正违法,惩罚犯罪,伸张正义,维护合法权益是司法公正的基本要求。

---

[1] 江必新认为,司法正义有11个特征,即矫正正义、法律正义、制度正义、底线正义、受法律规范和秩序约束的正义、以应答作为基本方式的正义、通过事实恢复和法律论证而实现的正义、通过三方以上主体参与一定程序或仪式而实现的正义、综合正义、终局性的正义、有限的正义和不完善的正义。见2014年8月27日《法制日报》。

[2] 见习近平:"关于《中共中央关于全面推进依法治国若干重大问题的决定》的说明"。

慎到提出"唯法所在",即只有法律才是衡量与判断的唯一标准,对不符合法律的言行均不听、不说、不做①。商鞅主张"壹刑",在法律尤其刑罚的适用上一律平等对待,无论身份多贵,职务多高,权力多大,只要触犯了刑律,都必须依法论处,甚至从重处罚②。韩非强调"信赏必罚"与"法不阿贵",即必须按照法令的规定,该赏的一定赏,该罚的一定罚,这样才能取信于民。法律的执行应一视同仁,绝不能偏向包庇富贵之人。所谓,"刑过不避大臣,赏善不遗匹夫",以及"诚有功,则虽疏、贱必赏;诚有过,则虽近、亲必诛"③。

西方的论述亦古今不绝,英国哲学家弗兰西斯·培根(1561—1626)在其"论正义"中指出:"一次不公正的审判,其恶果甚至超过十次犯罪。因为犯罪虽是无视法律——好比污染了水流,而不公正的审判则毁坏法律——好比污染了水源。"意大利法学家贝卡利亚(1783—1794)认为,"如果刑罚超过了保护既存的公共利益这一需要,它本质上就是不公正的。刑罚越公正,君主为臣民所保留的安全就越神圣不可侵犯,留给臣民的自由就越多"④。英国当代法学家,著名法官阿尔弗雷德·汤普森·丹宁勋爵(1899—1999)强调,"所谓公正,就是不让天平歪向任何一边";"成文法和其他法律文件的语言永远不可能是绝对明确的,因此解释它们的时候就有两条可供选择的道路,我总是倾向于实现公正的解释,……他们认为最重要的是实现法律,而我认为是实现公正。"以及:"必须牢牢记住在公平审讯和公平解决问题的过程

---

① 《慎子·君臣》:"据法倚数,以观得失。无法之言,不听于耳;无法之劳,不图于功;无劳之亲,不任于官;官不私亲,法不遗爱,上下无事,唯法所在"。
② 《商君书·壹刑》:"所谓壹刑者,刑无等级,自卿相将军以至大夫庶人,有不从王令、犯国禁、乱上制者,罪死不赦。有功于前,有败于后,不为损刑。有善于前,有过于后,不为亏法。忠臣孝子有过,必以其数断。守法守职之吏有不行王法者,罪死不赦,刑及三族"。
③ 见《韩非子·有度》。
④ [意]贝卡利亚:《论犯罪与刑罚》,黄风译,中国大百科出版社,1993年版,第9页。

中,除了当事人的利益之外,还有另一种利益需要考虑,这就是有关国家大事的公共利益。"[①]美国哲学家罗尔斯则认为,实质正义即法律正义是一种目标与理想,实现有一难度;而形式正义与程序正义即公平地执行、适用法律,以及严格依照公正的程序是法治的外在表现,是必须做到的。

第四节　控制权力

治国理政即治理权力。治国是指治理国家,理政指管理政府。不同于古代君主视治国为统治黎民百姓,管控人的思想与行为,将理政看作管理一切事务,所谓"天下事,无大小,皆决于上"。国家的本质是权力,表现为政治权力(政权)和各种(经济、文化、社会等)管理权力,而这些权力都要通过国家机关去行使。因此,法治视角下的治国就是治理国家权力,而理政就是控制权力的行使。

法治国家是依照体现公民权利的法律运行的现代国家。法律的本质是公民权利,在实质上,法治所涉及的是权利与权力的关系问题,即以公民的权利规范、控制、约束国家权力的设置与行使。法律至上理念说的是法权高于国权,人权神圣理念强调公民权利不容权力侵犯,公平正义理念是权力运行的目标与原则,而控制权力理念则触及二者关系的实质:以权利控制权力。因此,如果说权利是法治灵魂之所在的话,那么,控权就是法治之精髓。

一、以法律控制权力

公民享有自由,权力应当控制,这是法治论者的共识。我们熟悉

---

① ［英］丹宁:《法律的正当程序》,李克强等译,法律出版社 2011 年版,第 13 页。

"以法限权"的提法,即以法律限制权力。认为即使在神治或人治国家,掌握最高权力的教宗或君主也不能恣意横行,要受神意、天理、民心及神法、律法、礼法的限制。并习惯地将"以法限权"比喻为"把权力关进笼子里",明确清晰又形象生动地表达了对权力滥用的态度。

笔者认为,准确地把握词义、使用词汇是非常重要的。如"文革"中提出"破旧立新",认为凡旧必坏,应当破除;于是大量珍贵的文物古籍被毁于一旦,不可再生! 假若将"破旧"换成"破坏",提倡"破坏立优"的话,试想又将是何种结果?! 当然,历史不能假设,阶级斗争也不是词语之争。以法限权也是这样,如换一个字,用"控制"取代"限制",则能更准确地体现法治的理念[①]。

汉语中限制一词仅指范围、期间等数量方面的限定、规定,不允许超过。将国家权力限制在一个固定的范围之内,不让其自由活动,确实能起到限制、约束的作用,但也因此而限制了它管理公共事务和保障公民权利等积极作用的发挥。控制一词不同于限制,以法控权不同于以法限权。控制具有驾驭、支配、掌握、节制之义,它包括了范围的限定,重点是要求国家应当依照体现公民权利的法律运行,权力的配置与行使必须严格按照法律制度进行。也就是说,只有实行依法治国,以法控权的才是法治国家,只有职权法定、程序法定、责任法定的国家权力才不至于膨胀与滥用。

二、以法控权的前提

为什么法律能够控制权力? 这是以法控权的前提问题,表现在两个方面。首先,应明确法治国家与政治国家的区别。在性质上,国家及

[①] 孙笑侠在"控权的涵义及其必要性"中作了较详细的论述。见《法律对行政的控制》,山东人民出版社 1999 年版。

其权力属于政治权力①，即政权。政权的建立有和平过渡与暴力革命两种方式，政权的运行有神治、人治、法治、自治等基本模式，政权的维持有多种方法，最重要的是武装力量。正是在这个意义上，列宁指出："军队、警察、法庭等项国家机器，是阶级压迫的工具"②。必须强调的是，马克思主义将国家视为"暴力机器"与"压迫工具"，是指阶级社会和作为阶级斗争工具的权力。而从法治视角看国家及其权力，则有不同的认识。在法治国家里，虽然仍有阶级的存在与冲突，但不再区分统治阶级与被统治阶级，无论哪个阶级的公民，在法律面前一律平等。一方面，国家权力依然具有政治性与武力性，表现为对公共事务的管理，对公民权利的肯定与保障，对公民、国家、社会安全和不受侵犯的维护。另一方面，它又是公民依法治理和控制的主要对象，体现公民权利的法律居于最高的地位，包括国家权力在内的各种职权均来于法律的授予，所以权力必须服从法律。

其次，法律与权力，谁能控制谁？还涉及二者所处的地位问题。虽然上述法律至上理念要求确立法律（实质是公民权利）高于或大于权力（尤其国家权力）的立场，但不容忽视的是，现实中权大于法的状况处处可见，人们习惯地将法大于权视为一种理想。尤其是对于像我国这样通过武装革命砸烂旧法律制度，"枪杆子里面出政权"的社会主义国家来说，政权是革命的果实，革命本身体现了国家的合法性，既未经法律授权，也没有"公民让渡"。因此，新中国成立之后，人们看到的是国家权力的不断强化③，经历的是法律法制的不断弱化，甚至被践踏。因

---

① 马克思指出："在我们面前有两种权力，一种是财产权力，也就是所有者的权力。另一种是政治权力，即国家的权力。"见《马克思恩格斯选集》第2卷，第170页。

② 《列宁选集》第3卷，第190页。

③ 毛泽东指出："人民共和国的国家政权，在人民民主革命胜利之后，不是可以削弱，而是必须强化"。见《毛泽东选集》合订本，第1323页。

此，在建设现代化和法治国家的进程中，应重塑法律至上的理念，树立法律的权威，坚定法律高于权力的立场。

三、以法控权的必要性

为什么必须控制权力？这是以法控权的核心问题，答案在于权力本身。其必要性表现在三个方面。其一，国家权力是一种有组织的力量，又具有强大的军队与武力。这种强大并强制的力量又具人格化的意志性，因任何组织都由人组成，任何权力都由人行使，所以掌权者随时可以利用权力来强迫、压制、镇压其他组织或任何人的不服与反抗。而公民是个人，力单势薄，在需要国家来保障自己的同时，又极易受到国家权力的欺侮与侵害。因此，在公民成为国家的主体，即政权的所有者之后，必须找到一种地位高于权力，效力大于权力，能切实有效地反映自己的意志又能驾驭、控制国家及其权力运行的方式，这就是体现公民权利的法律。而且只有在法治国家里，才能形成这样的法治之法，才能掌控住权力这匹烈马在法律的驾驭下奔行[1]。

其二，权力有其运行的规律，或者本质的特征。在人类社会中，权力是一种带有强制性的支配力量，亦称支配能力。它的内在（或者本能）要求为单向性和主动性。单向性表现为纵向的支配→服从关系，它总是要求支配者对被支配者的支配，管理者对被管理者的管理，上级对下级的指挥，却从不允许反向的（下对上）或双向（相互）的支配。主动性是指权力要求主动地、积极地、直接地表现自己和支配、管理、指挥

---

[1] 习近平指出："每个党政组织、每个领导干部必须服从和遵守宪法法律，不能把党的领导作为个人以言代法、以权压法、徇私枉法的挡箭牌。权力是一把双刃剑，在法治轨道上行使可以造福人民，在法律之外行使则必然祸害国家和人民。把权力关进制度的笼子里，就是要依法设定权力、规范权力、制约权力、监督权力"。2015 年 2 月 2 日，"在省部级主要领导研讨班开班式上的讲话"。

相对方;而相对方只是被动地、无奈地,甚至被强迫的服从与接受。这种单向与主动的支配力的外在状态或运行,表现为扩张与滥用。权力扩张是内在主动表现的必然结果,而单向的支配力必然导致权力滥用。因此,权力,尤其是最为典型的国家权力,其扩张与滥用是权力运行规律性的表现。正如孟德斯鸠的名言,自由平等的权利只有在"国家权力不被滥用的时候才存在。但是一切有权的人都容易滥用权力,这是万古不易的一条经验。有权力的人们使用权力一直到遇有界限的地方才休止"①。国家权力本来就比公民个人强势,再加上它扩张与滥用的本能,对公民更具危险性和威胁性。因此必须用法律对其治理,加以控制。

其三,上述已明,对于公民来说,权力具有二重性:一方面需要通过国家权力将自己的意志注入法律,并经由国家机关的活动使之兑现,在遇到侵害时乃需其提供保障并得到补偿与救济。离开了国家,法律如同纪律或章程,不能成为国家制度;不依靠权力,权利只是纸面上的宣言,不具备国家的强制力。另一方面,国家利益会影响、冲击、侵害以至取代公民利益;国家权力在运行中,尤其在扩张滥用的状态下,会严重地侵犯乃至否定、践踏公民权利。放任对其的掌控制约,权力必然恣意横行,法治国家亦荡然无存。因此,以权利控制权力,法治是最佳的选择,是最优的方式。表现在:既通过立法将权力分置,要求其履行职责,防止其集中膨胀;又将其行使置于规范化、公开化的制度之中,发挥其积极性、主动性和管理、服务功能,加强法律监督防止其出格与滥用;以司法审查处理制止、排除对其执法的干扰与阻碍,同时对其非法、违法、犯罪的行为与活动予以惩罚与制裁,从而实现公民之法对国家权力的控制。

---

① [法]孟德斯鸠:《论法的精神》,张雁琛译,商务印书馆1961年版,第156页。

第四章 法治意识与法治思维

意识与思维。人是思想的动物,思想表现为认识、观念、观点等,系统的观点为理论,成体系的理论为学说。思维是思想的方式,不同的思维方式会导致不同的观念与理论。意识是思想和思维的基础,一般也可理解为意念与认识的结合。将意识作动词(意识到……)使用时与思维可混用,如"创新意识"与"创新思维"的差别不大。但作为名词或概念术语使用时,一定要注意二者的区分,如说"群众意识"则可,称"群众思维"则不宜。思维本身只是表现为观念、推理、分析、论证、判断、总结等认识的过程。而意识却是认识(即思维)的成果,还具有发现、觉察、关注、重视、落实等涵义。尤其与思维不同的是,意识突出了主体的自觉、自为与自我,即主观能动性,有自我鞭策之义。例如,讲到政治思维,是指运用政治学的理论和方法认知、分析、解决实际问题。在现阶段表现为有政治定力(为民执政的立场与信念),讲政治规矩(党章党纪党规),坚持政治原则(四项基本原则),贯彻政治路线(以经济建设为中心,全面改革开放),实现政治目标(小康社会与现代国家)等。而说起政治意识,则旨在强调政治思想、政治理念、政治组织的重要性,尤其对各种政治现象的认识与评价。在现阶段表现为"把以经济建设为中心作为兴国之要、把四项基本原则作为立国之本、把改革开放作为强国之路,不能有丝毫动摇"[①]。即:道路自信(中国特色社会主义道路),理论

---

① 习近平:"2016 年七一讲话"。

自信(中国特色社会主义理论体系),制度自信(中国特色社会主义制度),文化自信(中华优秀传统文化,革命文化和社会主义先进文化)。因此,虽然二者内容上存在重合之处,但它们的倾向与要求有着明显的不同。

第一节　法治意识

　　法律意识旨在强调法律规定、法律制度、法律实施、法律理念的重要性。法律是一种客观的存在,而意识是人的思想活动与精神状态,所以,法律意识通俗地讲,就是人们心中的法律。思想指导着行为,在这个意义上,心中的法律比现实的法律更为重要。正如卢梭(1772—1778)所说,"这种法律既不是铭刻在大理石上,也不是铭刻在铜表上,而是铭刻在公民们的内心里,形成了国家的真正宪法"[①]。只要心中有法律,即使现实有缺憾,也能鼓舞奋斗的信心,这就是意识和理念的力量。亦如司马迁所言:"高山仰止,景行行止,虽不能至,然心向往之"[②]!

　　法治理念也是人们心中的法律,如果不考虑上节所述的法律至上、人权神圣、维护正义、控制权力四大理念中的理想与信念因素,那么尊法意识、权利意识、公正意识、控权意识均是法律意识的主要表现,为避免重复,本节着重阐述公民意识、公仆意识、规则制度意识和司法独立意识。

一、公民意识与公仆意识

　　公民。在对"民主"的诠释中已经表明,公民是个法律概念,即具有

[①] [法]卢梭:《社会契约论》,何兆武译.商务印书馆1963年版,第3页。
[②] 见《史记·孔子世家》。

该国国籍的人。西方在古希腊时已使用了公民这一概念,我国古代虽有"公民"之语,却无现代公民之义。如战国时韩非曾说,"是以公民少而私人众矣"①,系指为公之民,他以现实社会中为私之民众多、为公之民太少而发出感慨。有趣的是,如果将韩非此话当作现代汉语理解,那么该话就成了胡言乱语,因为在现代,公民就是私人,可见韩非没有,也不可能有公民意识。现代汉语的公民,是伴随"西法东渐",由外国传入的舶来语。

个人一旦成为公民,其身份、资格、地位等便不同于民众之民、人民之民、臣民与黎民之民,或者某个百姓,也不同于农民、市民、居民、贱民,以及负责人、家长、知识分子、勤务员等个人。一方面,公民是民主之民,即国家主权的所有者,处于主人的地位,其权利被纳入具有最高效力的宪法之中,受到国家的保障和全社会的尊重。另一方面,公民之间人人平等,为了行使权利还必须履行义务,不能侵犯别人的权益,叫作"己所不欲,勿施于人"。

公民意识。公民是现代的法律概念,公民意识是一种现代的法律意识。它既显示了对民主即"主权在民","以法控权"即分配、控制国家权力运行等方面的心理认同;又表现出维护自己和他人的自由、平等与财产权利,保证人格尊严与价值的理性自觉;还包含着作为一个国家成员对于国家和社会应有的责任感。一般认为,构成公民意识的具体意识有五:一为主体意识。大凡作为主体,必须具备自主和独立两个要件。不能自主,一切依赖别人,表面上是主人,其实是别人作主。不能独立,受制于人,充其量是个弱主。主体意识即公民对自己是国家的主体和主人身份的真正认同和感知,这是其建设与保卫国家的使命感和责任感的理性基础。作为国家主权所有者的是全体公民而非个人,集

---

① 见《韩非子·五蠹》。

合概念的公民,其含义相似于政治概念的人民(如国际公约中将公民等同于"所有人民");但在法治理念中,很少用人民取代公民。二为权利意识。这是公民意识的核心内容。主要表现为争取、维护自由、平等与财产等基本权利的执着要求,以及对国家、社会、集体和其他公民的合法权利的尊重与维护。三为参与意识。这是公民主人翁的使命感和责任感在政治上的表现。公民不但通过合法的竞选与选举进入国家机关管理公共事务,依法行使职权,而且作为社会组织成员或者以公民的身份进行政治、经济、文化与社会活动,参与社会治理。四为责任意识。义务是法律规定的公民应当履行的责任。公民既是权利主体,也是义务主体。公民在享有权利的同时必须履行法定的义务,否则便应承担相应的法律责任。责任意识是一种思想自律和担当精神,即责任感。它要求公民了解自己对他人、国家和社会的责任,明确自己的行为应以不影响、不危及他人和社会的利益为前提。五为监督意识。这是公民的自主与独立认知与责任感,在与国家权力关系上的表现。凡权力都要扩张或滥用,都会产生以权谋私与腐败,公民监督国家权力的行使及其效果,是主人翁的职责。加强公民自己,或利用社会组织,媒体和舆论实施监督的认识与自觉性,是建立有效制衡和监督公共权力机制的思想基础。

  公仆。公仆与公民(集合的公民又称人民)是一对紧密联系的概念,都是近代从外国传入的现代汉语。中国古代虽无其词但有其义,如唐代柳宗元提出官吏应该成为"民之役",役即仆役,民役即民众的仆人,含义同于公仆。[①] 明末清初的黄宗羲提出"天下为主,君为客",主即主人,天下即所有的人可理解为民众或人民;君指君主、皇帝,客在此处非指宾客,应作奴仆,家奴理解;所以"君为客"也具有公仆之意义。

---

① 柳宗元:《送薛存义序》:"凡吏于土者,若知其职乎? 盖民之役,非以役民而已也"。

严复将英文 public servant 译成汉语公仆,在"戊戌变法"后广为传播[①]。孙中山也以古语喻今人,将"行政首长,百官",说成"四万万人之臣仆";同时又告诫大家,"共和国家,人民是国家的主人,官吏是人民的公仆"[②]。我们今天常说的"为人民服务",虽然缺少一个主语,但其指向正是公仆的实质内容。

在西方,意大利著名诗人与思想家但丁(1265—1321)是明确提出"人民公仆"概念的第一人,他认为:"虽然从施政方面而言,人民的代表和国王都是人民的统治者,但是从最终目的方面来说,他们却是人民公仆"[③]。首先将公仆付诸实施,自称为"人民公仆"的是美国独立后一任总统华盛顿(1732—1799),法国革命家罗伯斯庇尔(1758—1794)。英国空想社会主义者罗伯特·欧文(1771—1858)用自己的一生实践"社会公仆"的信念。马克思和恩格斯进而在总结巴黎公社的贡献时,明确指出,公社所开创的民主选举与限制特权两个办法,是对"防止社会公仆变为社会主人"的卓越贡献[④]。

公仆是人民的勤务员。对公仆意识的理解,中外各有侧重。西方从法律角度审视,强调两个方面,一是体现公民权利的法律高于包括国家权力在内的一切权力,由于法律至上,所以掌权之人均为"法律的仆人"。二是职责要求,公仆与公务员本为同义词,均是 public servant,相对于公民而言。公民之公与公仆之公是同一个意思,实质在于个人与社会、国家的关系,个人的联合组成国家,具有该国国籍的人才是公民。个人事务自己处理,国家事务即公务,由公务人员负责。公民是国

[①] 见严复:《宪法大义》:"立宪之君者,知其身为天下之公仆,眼光心计,动及千年,不计一姓一人之私"。
[②] 见《孙中山全集》,第522页。
[③] 但丁:《论世界帝国》,朱虹译,商务印书馆1985年版。
[④] 《马克思恩格斯选集》第2卷,第376页。

家的主人,公务员执掌国家权力必须为主人效劳,所以是公仆。公仆理念迅速为中国人民所接受,但限于革命(民主革命与社会主义革命)的环境与汉语语境,我们习惯于使用政治意义的"人民"概念,对"公民"较为陌生,所以很自然地将"公仆"理解为"人民公仆"。其实,如果将人民理解为公民的集合体的话,人民公仆指的就是公民公仆。这样一来,怎样处理领导或掌权者与人民的关系,便成为公仆观念、公仆意识的中心和重点。换句话说,与西方的法律视角有别,中国人多是以政治为视角,从人民当家作主出发看待公仆的。考察一下西方"公仆"观念的演变史,很多思想家也很喜欢"人民公仆"这个概念;马克思的"社会公仆"在内容上亦与"人民公仆"相通,因此,在当前的转型时期,人民公仆更容易为大众所理解,讲的再通俗一点,公仆就是人民的勤务员或服务员[①]。

现阶段,公仆意识的要点有四:一是作社会公仆,全心全意为民服务。这主要是针对执政党成员与公务人员,尤其领导干部而言的。由于我国有悠久的"官本位"与"为民作主"的观念,而现实中当官确实可享受到普通民众所没有的,包括物质与精神在内的各种特权,所以每个公务人员都面临着是作公仆即勤务员,还是当官作老爷的选择。二是依法行使职权,为民用权,秉公执法,不谋私利。这是公仆之"公"的要求。公权力只能用于实现与维护公共利益方面,任何人都不准以权谋私,这是法治的精髓所在[②]。但人摆脱不了私利的诱惑,而权力本身具有扩张性和滥用性,两者结合,必然产生腐败。人民最憎恨、厌恶腐败

[①] 毛泽东指出:"不论职位高低,都是人民的勤务员,我们所做的一切,都是为人民服务";习近平说:"是人民当家作主,我们是人民的勤务员,帮你们跑事的。"

[②] 习近平指出:"我们的权力是党和人民赋予的,是为党和人民做事用的,只能用来为党分忧、为国干事、为民谋利。要正确行使权力,依法用权、秉公用权、廉洁用权,做到心有所畏、言有所戒、行有所止,处理好公和私、情和法、利和法的关系"。2015年1月12日,"在中央党校县委书记研修班的讲话"。

干部,将之称为贪官、污吏与蛀虫,要求"苍蝇、老虎一起打"!说明以权谋私是对公仆意识的最大损害。三是勤勉尽责,真诚有效。勤务员必须是办事勤勤恳恳,吃苦耐劳,"情为民所系,利为民所谋",有功不显摆,无事不扰主。否则,只知指挥人,光动嘴不动腿,吃喝在前,有钱独吞,或者大事做不了,小事又不做,"占着职位而不做事,占着茅坑不拉屎"的官员,只能称之为尸位素餐者[①],哪里配得上公仆之名!四是廉洁奉公,自律自正。这是公仆意识的思想指向。公务人员尤其领导干部,行使国家权力,制定执行政策,集决策、教育、引导、组织、执行等于一身。这一特定地位决定了其职业的特点与责任的特殊,意味着必须接受更严格、更高标准的制约。因此应当有强烈的公仆意识,即虽然职务高,权力大,但这来自于人民的授予,是为民服务的资格与方式,自己仍然是与民众一样的普通人,当了官仍然应认认真真办事,清清白白做人。公仆意识要求干部应严以律己,自省、自重、自律,信念坚定、为民服务、勤政务实、敢于担当、清正廉洁。

二、规则意识与制度意识

规则与制度。法律表现为规则与制度,法治在形式上可称为规则之治或制度之治。规则的本质是要求遵守和按其执行。规则与制度的性质随其内容而变,有政治的、思想道德的、行政或经济管理的,立法、执法或司法的规则与制度等之分,不同的规则制度有着不同的效力与效果。与规则相类似的词语有规范、规定、规矩等,有时可通用,但应明确其区别。规范的范围大于规则,不但包括规则,还有样式、范式、形式之意。规矩是人们对规则、规定的理解与阐释,有成文的规矩,也有不成文但十分重要的规矩,而规则必须成文。规则包含某些规定,规则或

[①] 见《汉书·朱云传》:"今朝廷大臣,上不能匡主,下亡以益民,皆尸位素餐。"

成为规则的规定既有目标要求,又有程序方式,还有结论后果;一般的规定只是要求与目的。如政府采购必须按招标投标的规则进行,规定很具体;而中央改进作风的《八项规定》,或者《三大纪律八项注意》只规定了明确的要求,不再详细列出步骤方式。

同类规则的集合,即规则化或规范化便形成制度。如诉讼法关于"陪审"及其人员的各个规定统称为陪审制度,某一重要的规则也可称为制度,如合同法关于"格式条款"的规定亦称格式条款制度。制度与规则、规定的主要区别在于有其专门的机构和实施方式,能够落实与操作。与制度相似的还有机制,机制以制度为核心,需要各个规则或制度之间的协调与配合,不仅有实行方式,还包括效果与救济。法律思维是准确思维,具体思维,所以应准确地理解和运用上述概念。

法律规则意识。与思想规则、道德规则或宗教规则不同,法律规则的特征有五:一具成文性,是文字化的行为模式,排除了口头形式;二有客观性,确定而不变,一视同仁而不因人而异;三有操作性,按部就班,循序渐进,不同于思想要求或宗教戒规;四表达明确具体,杜绝模棱两可与含糊其辞;五有强制性,以国家强制力为后盾,违犯规则必须承担相应责任。这种规则是法的载体,是人们看得见,能身体力行的法律。正因为如此,人们才视法治为规则之治,认为法律"是使人类行为服从规则治理的事业"[①](富勒语),将其运用到治国理政之中。

法规意识强调两点,一是实施与履行,这是法规生命之所在。将其束之高阁不予实施,规则如同废纸,或者像个失去知觉的植物人;只高谈规则重要而不落实在行为之中,或视规则如猛兽,遇规则绕着走,当官乱为或当官不为等,恰如叶公好龙或秀才谈兵,是缺乏规则意识的典型表现。二是公开、公平、公正。规则必须公开,实施应当透明,处理坚

---

① 见富勒:《法律的道德性》,郑戈译,商务印书馆2005年版。

持公正。这是法律取信于民,保持权威的关键。法规公开,人人皆知,便于执行与监督。有规则却深藏不露,暗地操作,这叫潜规则。潜规则的存在与盛行,是当前不容忽视的现象,它严重地损害了党与国家的形象,为贪污腐败与不正之风提供了可乘之机。"法之不行,自上犯之"(商鞅语),能够做到在法律面前人人平等,在上位者即领导干部与公务人员不折不扣地依法依规办事,不仅要求民众而且约束自己遵行规则,是规则意识的重点所在。法律规则是所有组织和每一个人的行为准绳,任何组织和个人,不论其地位多高,职权多大,实力多强,都没有法律之上的特权,其行为及其后果都要接受法律的监督与评判,并服从法律的决定。这就是规则的公正与不偏不倚,只讲规则,没有"例外"。

法律制度意识。法律制度是一个国家各类现行法律制度的总和,简称为法制。与政治制度、经济制度、宗教制度等相比较,法制有三大特征:其一,法制以法律为主要内容,法律以权利与义务为主要内容,法制的主要功能是体现和维护主权者的利益,从而与维护政权的政治制度、调配资源与产品的经济制度、组织管理宗教活动的宗教制度等区别开来。然而,权利义务所指向的利益,涉及政治、经济、宗教等各个方面,从而又将它们联系起来。其二,法制由各种严格、明确、具体的法律规则构成,具有上述规则之治的特性。尤其它强调执法的公开、公平和公正,强调对当权者、执政者或主政者的规诫与制约,能够防范与阻止居高位者个人的恣意横行。正如邓小平所说"必须加强法制。必须使民主制度化、法律化,使这种制度和法律不因领导人的改变而改变,不因领导人的看法和注意力的改变而改变。""制度好,可以使坏人无法任意横行,制度不好可以使好人无法充分做好事,甚至会走向反面"[1]。其三,法制具有国家制度的形式与国家强制力量,又具备自己的立法、

---

[1] 《邓小平文选》第 2 卷,人民出版社 1993 年版,第 164、333 页。

执法、司法机构与人员；其地位高于其他制度，其效力大于其他规则，其表现更能获得尊崇与信任。因此，在整个社会中，任何组织或个人都没有法律之上、之外的特权，都必须依照法律去行为与活动。这是法制意识的核心内容。

法治与法制的区别。需要提醒的是，不能将法制等同于法治，法制意识也不等于法治意识。如上所述，法制系一个国家现行法律制度的简称，而法治是现代的治国方略，指现代国家依照体现公民权利的法律运行。二者的主要区别在于，一方面，法制突出"制"，即制约、强制，而法治强调"法"，即公民权利之法。法制之法可以是君主之法或专制之法，也可以是人民之法或公民之法；可以是资产阶级法或资本主义法，也可以是无产阶级法或社会主义法。法治之法只能是公民之法。另一方面，国家的性质与类型不同。任何国家都有其法律制度，差别只在于法律所处的地位或者健全与完善的程度。如政教合一国家法制维护神权，君主专制国家主张人治忽视法治，阶级专政国家强调阶级统治甚至实行法律虚无主义等。实行法治的只是实现了工业化的现代国家，只有民主法治国家才推崇法律至上、人权神圣。

法治意识。反思和审视一下新中国成立之后法律观念与意识的变化，是饶有旨趣的。从建国到"文革"期间，党政、党法不分，"党是领导一切的"（毛泽东语）。1954年《宪法》的制定与颁布，拉开了法制建设的大幕，但之后的建设未能够跟上。"三面红旗"（总路线、大跃进、人民公社）成了全国人民的行为指南，在接踵而来的政治运动中，政策和策略成为党政干部的"生命"，对于（内部与敌我）两类矛盾采取两种不同的方法处理。如果用我们熟悉的十六字四句式来概括这种状态，可谓"党领导法，制宪立法，政策代法，两类办法"。"文化大革命"期间，"公、检、法"机关被"砸烂"即解散，国家主席、人大委员长被揪斗致死，实行"群众专政"与造反、"夺权"斗争，广大干部和人民的权利被践踏，人身遭受攻击与伤害,全国处于"和尚打伞,无法(发)无天"的状态。亦可称为:"践踏人权,无法无天,专政斗争,造反夺权"。改革开放,春风回暖,法制逐渐复苏健全。这一阶段的法制意识与理念,集中体现为至今人们耳熟能详的十六个字,即党的十一届三中全会提出的:有法可依,有法必依,执法必严,违法必究。可称为中国式的法制原则,或者称其为具有中国特色的社会主义的法制意识。突出了对法制的重视和履行的决心,而其"法"并未摆脱"统治阶级意志"的窠臼,在当时指的是无产阶级专政之法。当然,今天完全可以对其"法"进行重新解释。

党的十八大提出的"科学立法、严格执法、公正司法、全民守法",被人们称为新的"法治十六字方针"。"科学立法"强调法律的制定符合社会规律,内容体现广大人民的利益;"严格执法"针对的是政府及其公务人员的行为与活动;"公正司法"突出了司法的价值目标;"全民守法"体现了法律的普遍性和平等原则,其"民"除公民外,还包括法人、非法人组织与国家机关等法律拟制人。这是对我国法律基本原则或总方针的新概括。如果从法治的角度思考,法治的主体是全体公民,锋芒所指是公权力及其行使,这应是法治意识的必有之义。言简必有疏,话多必有失。用十六个字很难全面表达。笔者勉为其难,基于我国法治建设的现状,回应存在的问题,突出建设的重点,试将我国全面建设时期法治意识的要点概括为:公民权利,控制权力,严格执法,司法独立。

三、审判(司法)独立意识

司法是适用法律,处理社会争议或纠纷的专门活动。尽管人们对司法的内涵与范围有各种不同的理解,但毫无例外地都承认法院及其审判权是司法的主要内容。应该指出的是,在民国时期,由"五院"之一的司法院行使司法权;而新中国成立后,司法及司法权只是法学著述沿用的术语,在社会上广泛使用,而宪法中并没有使用这一概念。现行宪法设专节规定了"人民法院和人民检察院"的职权与性质，所以将法院和检察院称为司法机关是没有疑义的。本节旨在阐明司法意识，故不再对其概念进论证。这里的司法独立，是指承担司法职能的机关独立行使职权时，只服从法律，不受其他任何机关、组织和个人的干涉。

司法独立是法治国家的基本制度和重要标志，是法律实现自己的重要途径，是公民实现权利的重要方式和最后屏障，是制约与监督其他权力、尤其行政管理权的扩张与个人专权专制的关键环节。其主要表现有三，一是组织机构独立。作为司法机关的法院、检察院与立法机关（西方的议会，我国的人大与有立法权的政府部门），行政机关相互独立存在，即分立、分设、分别依法行使其职权职能。正如1985年联合国《关于司法机关独立的基本原则》第一条规定的："各国应保证司法机关的独立，并将此项原则正式载入其本国的宪法或法律之中。尊重并遵守司法机关的独立，是各国政府机构及其他机构的职责。"独立的基础是自主，听命或受制于他人是无从独立的。司法机关人事独立，财务经费独立，即负责各自的人员构成与内部管理，不受其他机关、组织或个人的非法干涉。当然，做到这些是很不容易的，尤其在现行体制中，司法机关由立法机关产生并对其负责，各级司法机构面对强势的各级行政权力，显得软弱无力。这种行政化和地方化是司法机关独立的现实阻力。但正因为如此，强调这一点，对于我国这样具有久远而成熟的行政与司法合一传统的历史大国来说，尤其显得重要。

二是审判权、检察权独立。法院独立行使国家审判权力，进行案件审理判决活动，保障司法公正；检察院独立行使国家检察权力，对违法犯罪与贪污腐败行为进行追究，促进司法正义，是宪法赋予的职能。要做到独立公正，必须保持中立，依法居中办案，不偏不倚，一视同仁。我国有人情大于法律，官官相卫，党政插手司法的历史传统，前些年又提倡政府部门或团体企业"合作共建"法院、检察院，使司法的天平失去平衡的基础。有鉴于此,党的十八大《决定》强调指出:"任何党政机关和领导干部都不得让司法机关做违反法定职责、有碍司法公正的事情,任何司法机关都不得执行党政机关和领导干部违法干预司法活动的要求"。并强调"完善确保依法独立公正行使审判权和检察权的制度,建立领导干部干预司法活动、插手具体案件处理的记录、通报和责任追究制度,建立健全司法人员履行法定职责保护机制"。从而保障审判权、检察权的独立行使。如果说自主是独立的基础的话,那么,独立的形式或姿态是中立。因此,树立法律公正理念,加强司法独立与中立意识是非常必要的。正如联合国特别报告人辛格维(Singhvi)所说:"法院中立和独立的原则在任何国家都是对司法职能的基本理论和正当性进行检验的标准";"法院的独立和中立与其说是法院出于它本身的考虑所享有的特权,不如说是法律消费者的一项人权"[①]。

三是独立办案。我国宪法中尚无法官、检察官独立办案的规定,是目前与其他国家司法独立内容上的差异。同时,因担心误入禁区或分歧过大,又成为司法独立研究中的一个竭力回避的问题。实际上,虽然在现实中法官或检察官来源不一,能力与素质参差不齐,但法官、检察官独立办案不但是司法独立的应有之义,而且是司法独立的主要标志。马克思早就说过:"法官除了法律,就没有别的上司"[②]。习近平多次指出,十八大《决定》再次强调,"努力让人民群众在每一个司法案件中感受到公平正义"。每个具体案件都是由司法官员承办的,个案的公正处理有赖于法官或检察官的素质与能力,也取决于是否能依法独立地行使审判权和检察权。对此,《联合国司法独立世界宣言》中强调:"在作出判决的过程中,法官应与其司法界的同事和上级保持独立。司法机

[①] 北京大学法学院人权研究中心:《司法公正与人权保障》,中国法制出版社2001年版,第146页。
[②] 《马克思恩格斯选集》第1卷,418页。

关的任何级别和组织、官职上的任何差别,都绝不能影响法官自由地宣布其判决的权利。就法官方面来说,他们应当以对其司法体系中的法规完全负责的态度单个地或集体地履行他们的职责"。美国律师协会的《司法行为守则》亦有明确规定:"对司法裁判的遵从或对法院的服从有赖于公众对法官的操守和独立的信心。法官的操守和独立性最终依赖于他们无所畏惧或不偏不倚的行为。尽管法官是独立的,但他们必须遵守法律,包括遵守本守则"[1]。从这个意义上说,司法官员的独立是司法独立的关键所在。

虽然我国现行法律规定的司法独立的主体为司法机关,有待落实到法官与检察官,但作为司法独立中的一项主要原则,尤其从法律意识的角度,是应该予以充分重视的。司法官员独立的实质是依法办案,不受任何非法干预。具体表现在三个方面,其一,职权独立。在承办的案件中行使审判权与检察权,是宪法授予法官与检察官的权力。它独立于行政管理权,却具有审理、判断政府行为与活动是否依法,应承担何种责任的权力。它也独立于政权或立法机关和政党组织,虽然司法官员的资格需经权力机关认定,其思想与工作作风应与执政党保持一致,但在办理案件时,只能依据宪法和法律。我国《法官法》和《检察官法》中均有依法履行职权"不受行政机关、社会团体和个人的干涉"的规定。

其二,职务独立。指在司法机关内部和办案过程中,独立地行使各自的职权,不受其他司法官员,甚至上级领导的非法干预。法律(如宪法、诉讼法、法官法、检察官法等)明确规定了司法官员的具体职务与权限,在审判与检察实务中,各级各类司法官员各自负责不同的业务。如审判长、审判员、书记员、庭长,审委会委员、院长及检察长、审委会委员检委会专职委员、主任,或独任检察官等。上级或者同事,与司法官员

---

[1] 转引自王利明:《司法改革研究》,法律出版社 2000 年版,第 534 页。

是指导与监督的关系,不能插手或指挥案件的办理。西蒙·斯特里特认为:现代意义上的司法独立概念不仅仅局限于法官的个体独立,即法官的身份独立和实质独立,它还应包括在司法机关内部的独立。也就是说,司法独立不仅仅旨在确保法官免受行政机关的压力,或立法机关的干涉,也应包括法院的内部独立,即法官独立于其同事或上级①。

其三,身份独立。主要指法律对司法官员履行职权必要条件的基本保障,旨在体现独立办案与司法公正。主要表现在三个方面:一是职务固定。在忠于职守的前提下,非因法定事由不得剥夺、罢免、停职或任意调动,以维持司法的稳定性、权威性、专业性与职业性。如多数国家实行的司法官员任命或选举制、职位保障制、任职终身制等,对于法官弹劾的原因和程序做出了明确的规定。二是保障薪金待遇。在履行职责的基础上,在职期间获高薪,退休之后有保障。《联合国司法独立世界宣言》指出:"法官的薪金和退休金应当得到充分的保障,以与他的地位、尊严和职务责任相适应,同时还应当随物价的增长而加以适当的调整"②。三是司法豁免权,又称司法免责制。在落实司法责任制度的同时,司法官员享有对自己在行使职权过程中的言论与行为不受法律追究的权利。龚祥瑞指出:"司法独立至少有两层意思,司法机关在审理活动中独立于行政机关(即政府),在美国并且独立于立法机关(即国会);司法机关在审理活动中所发表的言论、所做的一切不被追究法律责任"③。

---

① 高其才等:《司法公正观念源流》,人民法院出版社2003年版,第328页。
② 美国宪法起草者汉密尔顿深刻指出,"最有助于维护法官独立者,除使法官职务固定外,莫过于使薪金固定";因为"就人类天性之一般情况而言,对某人的生活有控制权,等于对其意志有控制权。在任何置司法人员的财源于司法机关的不时施舍之下的制度中,司法权与立法的分立将永远无从实现"。见[美]汉密尔顿等:《联邦党人文集》,关在汉等译,商务印书馆1980年版,第396页。
③ 龚祥瑞:《西方国家司法制度》,北京大学出版社1993年版,第95页。

需要强调的是,鉴于我们将"实行办案质量终身负责制和错案责任倒查问责制"[①]。所以,一定要分清司法责任制与司法免责制的区别与适用。前者是指司法官员有无违反禁止性规定,即违章(职业操守)、违法或犯罪的行为;而后者仅限于司法的过程与结果,如判决、裁决、裁定、立案撤案、批捕公诉等判断与决定。凡是违反责任制的行为,即使没有出现冤假错案,也必须追究问责;而属于合法依规的办案言行,即使"质量不高",甚至事后证明是"错案",也应当免责。决不能让司法官员出于职业、职务或者履行职责的原因而"终身"提心吊胆地过日子!实际上,出现冤、假、错案的原因是多方面的,应该进行具体分析,不宜一股脑儿地怪罪办案人员。何况,发现有冤假错案,应当及时启动法律救济程序,予以纠正,而不是去寻找"质量终身责任"人。古今中外,任何优秀的司法官员,即使狄仁杰、包公、海瑞重生在世,也不能保证没有"错案"发生。如果依此搞"终身问责",那么还有哪个法官敢于坚持"站稳脚跟,挺直脊梁,只服从事实,只服从法律,铁面无私,秉公执法"[②]?!司法豁免本来是为了保证独立办案,消除司法官员履行职责的后顾之忧,实现司法公正而设,如果以笼统的、难以界定的"错案"去问责追究,免责制必然名存实亡,而司法独立亦成梦想。

第二节 法治思维

迄今为止,法治是人类所能认识到的最佳的,最为有效的,即适应现代社会需要的一种治国理政方式。法治思维是依据法治的要求和法治的理念来认识问题、分析问题、解决问题的思想方式。它属于法学思

---

① 十八大《决定》要求:"明确各类司法人员工作职责,工作流程,工作标实行办案质量终身负责制和错案责任倒查问责制,确保案件处理经得起法律和历史检验"。

② 习近平:2014年1月,"在中央政法工作会议上的讲话"。

维,在内容上有别于政治思维、行政思维、经济思维与管理思维,在目标与依据上不同于基于人治立场的王法思维或国法思维,基于阶级分析的革命法制思维与专政法制思维,不同的思维方式会导致不同的观念与理论。前面几节对相关概念的诠释,对法治理念与法治意识主要内容的阐发,如现代国家、民主政治、市场经济、道德伦理、领导与执政的内涵,法治与人治的区别,法律至上、人权神圣、维护正义、控制权力的理念,以及公民、公仆、规则、制度、法律与司法独立等意识,均是法治思维的要点与依据。现仅从思想方法、思维方式角度阐述法治思维的要求与特征。

思维是思想的起点,思维方式是思想方法的基础。虽然人们从各种角度,用各种思想方法认识和研究法律现象,形成了不同的法律思想与法学流派;但是都以法律作为思维的对象、起点与归宿,以理性的分析、推理与判断为过程,以求得出具有科学性与逻辑性的正确认识。尤其法治思维,其内容与旨趣更明确,指以公民权利之法为分析依据,以治国理政为实际目标,以公平正义为判断准则的,科学的、逻辑的分析推理方式。法学属于社会科学,法治是适应现代社会需求的国家运行模式,体现了社会发展规律的要求,即具有科学性。法治的实质在于公民权利与国家权力的关系,表现为公民以法授权、以法控权、以法监督与以法追究,国家机关及其公务人员依法执政、依法行政等各方面和立法、执法、司法、守法的全过程。有因有果,有先有后,联系密切,环环相扣,又具有逻辑性。因此,从思想方法的角度,科学思维和逻辑思维是法律和法治思维的基本特征。

一、运用科学思维

科学是近代随着"西学东输"而引入的概念,英文为 science,"五四运动"时称其为"赛先生",为人们所信仰。作为现代概念,科学既是一种被称为"真理"知识体系,即人类对客观规律的认识与表达;又指人们发现、揭示"真理"的活动与过程。达尔文将之定义为:"科学就是整理事实,从中发现规律,做出结论"。事实与结论属于知识,而整理与发现属于方法,说明科学既能作名词又能作动词使用。同时,又突出了科学的两大要素,一是立足事实,以实为据,排除虚假,即"真";二是认识规律,准确表达,以理服人,排除人为偏好,即"理";二者结合,经过证实的认知,即"真理"。准确地概括出科学的内涵。

怎样看待科学,是科学思维的前提。自我们将"科学发展观"作为指导思想之后,"科学"又一次成媒体"热词",而社会上又涌现出大量与科学争宠的非科学、赝科学、伪科学,甚至反科学现象。这就要求我们具有清醒的科学意识,把握科学的真谛。一般认为,构成科学的要素有四:

其一,科学是对真理的认识与表达,人们认识真理的能力是有限的,因此科学结论只是相对真理。对于同一事物,各类专门科学会得出不同的认识(但不对立),各学科之间也会产生矛盾(但不冲突)。科学不承认所谓"放之四海而皆准"的理论,或"包治百病"的良药,也从不宣称自己是什么"绝对正确"、"颠扑不破"的真理。这是科学与迷信的本质区别。

其二,凡属科学的认识或结论,都经过了严格的验证与论证,有事实证据与论证依据;更重要的,还具有重复性,即在同样的条件或前提下,可以反复证实而得出同一结果。这是科学与伪科学、赝科学的根本不同。

其三,科学具有严密的逻辑性,重视区分本质与现象、成因与结果、普遍与特殊、作用与反作用等。不但能够证实、证真,而且能够证伪、证误,即自我纠错。就像民主以听取反对意见、认可反对权利以与专制相区别一样,提倡对认识或结论的质疑与怀疑,反映出科学与非科学的最大不同。

其四,科学的本质是使人的主观认识符合客观实际,即发现与揭示真理。人类面临的客观世界有自然与社会两大类型,科学也随之分为以自然现象为对象的自然科学和以社会现象为对象的社会科学[①]。自然科学采取实验的方式,运用数学与量化的方法进行研究;社会科学一般采用哲学分析与归纳的方法。需要强调的是,科学认识是对真理的表述,可简称为原理,而技术系指原理的运用。鉴于我们已习惯了将二词连用起来的"科学技术"的说法,甚至干脆简化为一个词"科技",所以一定要注意二者的区别。

总之,科学及其运用是人类认识与改造世界的重要方法,是推动社会发展的"最高意义上的革命力量"[②]。同时,亦应明确,科学并不万能,也不等于正确。科学无国界,也没有阶级性。它只能解决通过实验与论证的客观实际问题,无法在观念、信仰、阶级感情、价值判断、社会取向所属的人文、道德、宗教、文学、艺术等领域发挥作用。科学技术全在于人们如何使用,正确的使用可以为人类造福,否则会带来灾难。克隆技术造成的伦理问题,将会击碎几千年文明的基础,而网络技术又为暴力、色情、恐怖活动、文化侵略等提供了泛滥的条件,高科技犯罪与计算机犯罪更成为全世界必须共同防治的棘手问题,都显示了科学的重要性与特殊性。

科学思维。作为一种思维方式,科学思维强调客观现实,持之有据,从个别到一般,从现象看本质,分析推理,归纳综合,去伪存真,全面系统。在当前全面建设法治国家的过程中,将科学思维运用到法治领域,首先应该澄清对于法治之法的本质与作用的基本认识。

(一) 法治之法不再是统治阶级意志的表现

本质决定着事物的内容与性质,而现象是本质的表现形式。在对

[①] 钱学森认为,人的行为介乎自然与社会之间,故可以单列出来,作为与二者并列的独立学科,称行为科学。

[②] 恩格斯指出:"科学是一种在历史上起推动作用的、革命的力量","是最高意义上的革命力量"。《马克思恩格斯全集》第19卷,第372页。

"法的本质"的认识上,我国通行的、经典的表述是:"马克思主义认为,法的本质是统治阶级意志的表现"。尽管张宗厚、李步云、郑成良等学者提出质疑,但时至今日,不仅多数的《法理学》、尤其自名《马克思主义法理学》的教科书仍坚持这样的观点,而且著名的、受人尊敬的法理学家孙国华先生一再重申,这一论断"具有世界观、方法论性质和普遍的指导意义",仍然适用于我国现阶段,即改革开放时期[①]。对此,笔者一直关注并结合研究生教学进行考辨,最终的结论是:马克思或恩格斯没有这样的论断,这一影响深远的经典概括是对马克思主义法的本质观念的误读与曲解。为了"追本溯源,把握马克思主义基本原理"[②],以下从三方面简要说明。

先看马克斯、恩格斯的论述。与其他法学流派相比较,马克思主义"法的本质"论具有概括性、批判性和根本性的特点。其一,马克思和恩格斯是伟大的思想家、哲学家、经济学家,他们的理论建树主要表现在哲学、政治经济学与科学社会主义领域。虽然马克思大学时攻读法律,后来还获得法学博士学位,但始终未将法学作为主要研究方向。正因为如此,恩格斯将发现"人类历史的发展规律"和"现代资本主义的运动规律"作为马克思一生的主要理论贡献[③]。他们对法的论述是在这"两大规律"视野内进行的,从而形成了独成一家、影响深远的法律思想和法律观。也就是说,他们未把法律当作单独的对象深入考察,而是作为社会上层建筑的一部分进行整体研究的,此其概括性。

[①] 详见孙国华:《马克思主义法理学——关于法的概念和本质的原理》,群众出版社1996年版,以及对于该论断是否仍然适用于我国现阶段的公开文字答复。

[②] 习近平 2012 年 6 月 19 日在中国人民大学调研时指出,"精读马克思主义经典的代表性著作,追本溯源,把握马克思主义基本原理"。

[③] 见恩格斯在马克思墓前演说,"正像达尔文发现有机界的发展规律一样,马克思发现了人类历史的发展规律","马克思还发现了现代资本主义生产方式和它所产生的资产阶级社会的特殊的运动规律"。《马克思恩格斯选集》第 3 卷,第 1002 页。

其二，马克思主义的战斗力表现在对资本主义制度的批判，对资产阶级法律本质的揭露与鞭笞，在批判中揭示法的本质。如针对当时的书报检查制，马克思在痛斥其本质上属于"恐怖主义的法律"的同时，明确指出："凡是不以行为本身而以当事人的思想方式作为主要标准的法律，无非是对非法行为的公开认可"①。被论者广为引用，并作为"法的本质是统治阶级意志的表现"主要依据的《共产党宣言》中的："你们的观念本身是资产阶级的生产关系和资产阶级所有制关系的产物，正像你们的法不过是奉为法律的你们阶级的意志，而这个意志的内容是由你们这个阶级的物质生活条件来决定的"。显然也是站在批判的立场上发论的，此其批判性。

其三，根本性即本质论是马克思主义方法论的集中表现，即从现象看本质。两位导师坚持存在决定意识、经济基础决定上层建筑的唯物论与辩证法。他们从原始、奴隶、封建社会的法律，尤其资本主义法的现象入手探讨法律本质的同时，始终注意将"法的现象"与"法的本质"区别开来。他们通过对现象的批判来揭示本质，而没有、也绝不可能将批判对象当作本质！上述《共产党宣言》的论断，前两段"你们的……"是指现象，后面一句才是本质，即决定法律的是"物质生活条件"。这种观点贯串于马、恩的思想始终，如"我得出结论如下：法的关系正象国家的形式一样，既不能从他们本身来理解，也不能从所谓人类精神的一般发展规律来理解。相反，它们根源于物质生活关系。"②又如，"法律应该是共同的，由一定物质生产方式所产生的利益和需要的表现，而不是单个的个人恣意横行。"③"君主们在任何时候都不得不服从经济条件，并且从来不能向经济条件发号施令。无论政治的立法或市民的立法，

---

① 《马克思恩格斯全集》第 1 卷，第 16、17 页。
② 《马克思恩格斯选集》第 2 卷，第 82 页。
③ 《马克思恩格斯全集》第 6 卷，第 292 页。

都只是表明和记载经济关系的要求而已。"①等等。总之,通读《马克思恩格斯全集》,找不出"法的本质是统治阶级意志的表现"的论断或表述。学习马、恩著作,应尊重导师的原意,不宜将该观点强加于他们,导致以讹传讹。

次看当前的现实。实事求是是马克思主义的灵魂,求真务实是科学思维的标志。一切应从客观实际出发,不能以主观意识或想象成说代替社会现实。若坚持"法的本质是统治阶级意志的表现"仍然适用于现阶段,就必须明确回答,在我国,谁是统治阶级? 谁是被统治阶级? 坚持论者们也都承认我国不存在被统治阶级,虽然有人说还有"敌对势力"的威胁,但"势力"显然不是"阶级","敌对"也不能与"被统治"划等号。论者认为,由于现行宪法规定了"中华人民共和国是工人阶级领导的、以工农联盟为基础的人民民主专政的社会主义国家",所以"在我国现阶段,工人阶级领导的、以工农联盟为基础的广大人民,就是统治阶级"。同时很严正地指出:"如果在今天不承认这一点,那就有意无意地否定了坚持人民民主专政的必要性"②。且不论我们早已纠正了"以阶级斗争为纲",划分阶级与以出身定成分等错误作法,现在根本不存在仍将全国人民划分成统治阶级与被统治阶级的客观事实,仅以科学思维方式衡量,这种观点也是不能服人的。一是概念混淆:"人民"不是"阶级",再"广大"也不是"统治阶级"。二为逻辑不通:没有被统治阶级,何来统治阶级? 既然承认有工人阶级、农民阶级之分,为什么又不说工人就是统治阶级、农民是被统治阶级? 三者联系不当:不认可现阶段"法的本质是统治阶级意志的表现",与"坚持人民民主专政"没有关联,甩出"否定……必要性"的大帽子,有"上纲上线"之嫌。

---

① 《马克思恩格斯全集》第 4 卷,第 121、122 页。
② 详见豆丁网,孙国华、杨思斌"马克思主义关于'法的本质是统治阶级意志的表现'的论断,在我国现阶段还适用吗?"的解答。

再说此论的出处。应该感谢孙国华先生,通过对前苏联法学界的考察,找到了上述"本质"论的出处,即:1938 年 7 月,召开了全苏第一次法律科学工作者会议,时任苏联科学院法律研究所所长、苏联检察长的 А.Я.维辛斯基,在所作的《苏维埃社会主义法律科学的任务》报告中,对法下了一个明确的定义,"法是以立法形式规定的表现统治阶级意志的行为规则和为国家政权所认可的风俗习惯和公共生活规则的总和",这就是著名的"维辛斯基定义"[①]。虽然"维氏定义"在苏共二十大以后被否定,但却在中国开花结果,奉为正统。新中国成立初期,百废待举,法学师资极需补充,中国人民大学开办"进修班"(又称"研究生进修班"),由苏联专家授课,中国助教翻译,教材为维辛斯基主编的《国家与法的理论》,后又以《国家与法的理论问题》之名正式出版[②]。由于维辛斯基被视为马列主义法学权威,而我国当时意识形态以苏联为上,所以从 20 世纪 50 年代后期起,在中国学者所编写的讲义或教材中,运用了"维氏定义"却不提维辛斯基,形成了至今耳熟能详的经典式表述:"马克思主义认为,法的本质是统治阶级意志的表现"。随着后来阶级分析的盛行与"阶级斗争"的需要,这一论断似乎成了谁也不能有丝毫怀疑的金科玉律,虽然发现不合实际,但仍然深信坚守并为之辩解释疑。笔者不主张因人废事,只反对张冠李戴。维辛斯基的认识未必错误,马克思的观点亦不绝对正确,但无论出于何种需求,总不能不分青红皂白地将"维氏定义"说成马、恩的论断[③]!这种做法,委屈了维辛斯基,冤枉了马、恩两位导师。

(二) 法律不是暴力机器与武器

我们习惯地视法律为武器,将法律的主要功能与作用理解为制裁、

[①] 见孙国华、曾斌:"评维辛斯基关于法的定义",载《法学家》,1996 年第 1 期。
[②] 维辛斯基:《国家与法的理论问题》,法律出版社 1955 年版。
[③] 列宁曾有此观点,见下文。但不宜当成马、恩的论述。

惩罚或镇压。如街头经常见到的"拿起法律武器,维护合法权利"的标语或横幅;又如"一手抓经济,一手抓法制",实际强调的仍是法律对经济建设的保驾护航作用。指导思想与政策导向更是如此,新中国成立前夕,《中共中央关于废除国民党六法全书与确定解区的司法原则的指示》明确肯定:"法律和国家一样,只是保护一定统治阶级利益的工具";"国民党的全部法律只能是保护地主与买办官僚资产阶级反动统治的工具,是镇压与束缚广大人民群众的武器"。改革开放初期,彭真再次重申:"公、检、法机关是无产阶级专政的武器,是党和人民的刀把子,根本任务是打击敌人,保护人民"[1]。1990年《中共中央关于维护社会稳定加强政法工作的通知》指出:"军队是党和人民手中的枪杆子,政法部门是党和人民手中的刀把子"[2]。"刀把子"的比喻,生动而形象地表达了我们对法的认识。

追本溯源,这种观念来自于三个方面:一是中国传统的法律观念。《汉书·刑法志》开宗明义:"法者,治之具也"。具为工具、手段或方法,法律是君主治国、治吏、治民的重要工具。《说文》解释道:"法者,刑也",刑为刑罚,兵为武器,兵、刑一体,刑在最初是指用刀、枪、斧、钺等兵器以割裂肢体的"肉刑"(墨、劓、刖、宫、辟)。这样一来,法律就成了武器。二为列宁与前苏联领导人的相关论述。列宁认为,依据马克思主义学说,国家与法是阶级矛盾与阶级斗争的产物,是统治阶级压迫被统治阶级的工具。资产阶级是这样,无产阶级也应该是这样。因此,"法律就是取得胜利,掌握国家政权的阶级的意志的表现"[3]。简言之,

---

[1] 见人民日报1979年10月13日,彭真《实现四化一定要有一个生动活泼、安定团结的政治局面》。

[2] 在我国,一般将人民法院、人民检察院和行政机关中的司法部门、公安部门以及国家安全部门,武警部队称为政法部门。执政党内设政法委员会对其进行思想与组织工作的领导,又统称为政法系统。

[3] 《列宁全集》第13卷,第304页。

国家是阶级统治的机器,法律是国家机器的一部分①。上述维辛斯基对法的定义,其全文是:"法是以立法形式规定的表现统治阶级意志的行为规则和为国家政权所认可的风俗习惯和公共生活规则的总和,国家为了保护、巩固和发展对于统治阶级有利的和惬意的社会关系和秩序,以强制力量保证它的施行"②。特别突出了国家强制力量这一暴力性质。三是以毛泽东为代表的中国共产党人的革命法制观念。毛泽东是彻底的革命家,认为"革命的根本问题是国家政权问题",在建国前是夺取政权,建国后是巩固政权,并且写了两篇专文即"新民主主义的宪政"和"论人民民主专政"系统地论述,其结论为:"宪政的具体内容,就是几个革命阶级联合起来对于汉奸反动派的专政"③,而人民民主专政就是"对人民实行民主,对敌人实行专政"。刘少奇发挥道,"为了巩固我们的人民民主专政,为了保卫社会主义建设的秩序和保障人民的民主权利,为了惩治反革命分子和其他犯罪分子。我们目前的国家工作中的迫切任务之一,是着手系统地制定比较完备的法律,健全我们国家的法制"④。董必武解释说,"法制这个东西,是人制定的,不是天生的。你们看,宪法不是我们制定的吗?国家是统治阶级的工具,法是统治阶级的意志。现在中国是人民占统治地位,对帝国主义分子、封建地主、官僚资本家实行专政"⑤。法律是专政的工具或刀把子之说,由此而顺

---

① 列宁指出:"当专门从事管理并因此而需要一个强迫他人意志服从暴力的特殊强制机构(监狱、特殊队伍即军队、等等)的特殊集团出现时,国家也就出现了";"武装队伍、法庭、监狱及其他强迫他人意志服从暴力的手段,即构成国家实质的东西";以及"都被认为在法律面前一律平等了。法律对大家都同样保护,对任何人所拥有的财产都加以保护,使其不受那些没有财产的、除了双手以外一无所有的、日益贫穷破产而变成无产者的群众的侵犯。资本主义社会的情形就是这样"。详见《列宁全集》第37卷,"论国家"。
② 维辛斯基:《国家与法的理论问题》,法律出版社1955年版,第100页。
③ 《毛泽东选集》第2卷,第691页。
④ 《刘少奇选集》下卷,人民出版社1985年版,第253页。
⑤ 《董必武选集》,人民出版社1985年版,第451页。

理成章①。

然而,如果我们将社会主义法制放在法治的视野之内,用科学思维去衡量,就会发现武器与"刀把子"之论,并不是法的主要作用②。首先,从内容本质来看,法是由社会物质生活条件决定的,在现代社会是公民权利的集中体现,无论"生活条件"还是"公民权利"都不能称为"刀把子"。其次,从表现形式看,法是社会行为规则,包括国家机关、执政党、领导干部与公务人员在内的所有组织与个人都应依法行为与活动。"行为规则"又怎么会变成武器或"刀把子"呢?再次,法是具有国家强制力的行为规则,法的制定、执行、适用、遵守实施等都要通过国家机关进行。法律具有体现与保障合法权益的功能,也有对于非法、违法、犯罪行为的惩罚与制裁作用,但这种功能与作用是依靠国家实现的。国家倒可以比喻为一架大型机器,其中包括武器即武装力量与惩治力量,而法律是这架机器运行的操作方法。如果将国家比作"刀把子",那么法就相当于"刀把子"的使用规则,既要制服对手,又避免伤害自己。可见法治思维对于纠正误解、确立科学认识的重要意义。

二、运用逻辑思维

逻辑为英文 Logic 的音译,严复将英国学者穆勒所著的《逻辑学(System of Logic)》翻译为《名学》,把逻辑学引入中国,采取意译。古文之"名",是个抽象笼统的概念,既指名称,又含身份,如名正言顺、实至名归等。若去掉其具体内容,便相当于现代汉语"名词概念",很符合

---

① 细心的读者可能已经看出,上述"刀把子"是指政法机关,而不是说法律。确实如此,笔者完全赞成以科学的、准确的、严谨的思维对待这一问题。但我们习惯于将政法机关当成法律,从而形成上述误解。笔者曾经以"法律是无产阶级专政的刀把子吗"向多届研究生或学员提问,同意者往往在 60% 以上,足见这种误判的影响之深。

② 本节只说明科学思维的运用,暂不具体论述法的功能与作用。

逻辑的原意,显示出严复的翻译水平之高。

爱因斯坦指出:"西方科学的发展以两个伟大的成就为基础,那就是:希腊哲学家发明形式逻辑体系(在欧几里得几何学中),以及(在文艺复兴时期)发现通过系统的实验可能找出因果关系"[①]。严复也认为,西方富强的根本原因就在于逻辑思维。汉语大师王力进而肯定:"逻辑是关于思维的形式和规律的科学[②]。可见,逻辑是思维的规则,逻辑学是关于思维规则的学科,而逻辑思维是二者的本质与表现。在学术研究中,这三个概念经常通用。逻辑思维又分形式逻辑与辩证逻辑思维,分别有不同的侧重点。

逻辑思维。与诗人凭借灵感与想象的感性思维,文学文艺家依据生活原形重新虚构与塑造的形象思维,中国传统的"耳听是虚,眼见为实"的直观思维不同,逻辑思维建立在已有的知识和经验之上,将感性认识抽象成为一系列概念,运用概念进行分析、判断与推理,从而获取新知,得出结论。逻辑思维的特点有三:

其一,规范性。它摆脱了对感性认识的依赖,从明确的概念出发,以事实与实际为依据,着眼于内在联系进行分析推理,注重结论的科学性。例如麦苗与荒草,农民在耕作时有着明确的概念区分,为了收获粮食,必须留麦除草,这是规范性逻辑思维的正确结论。但"文革"中居然出现了"宁要社会主义的草,不要资本主义的苗"的可笑口号,它道出了对社会主义的热爱与对资本主义的憎恶,却犯了偷换概念、以偏概全的大忌。社会主义再好,也无法使荒草变成麦苗,而资本主义再坏,麦苗的果实仍为粮食!这种以政治观念判定自然现象的荒谬结论,违背了逻辑思维的基本常识。

---

① 《爱因斯坦文集·1953 年给 J.E.斯威策的信》,许良英等译,商务印书馆 2009 年版。
② 王力:《龙虫并雕斋文集·逻辑和语言》,中华书局 2015 年版。

其二,确定性。逻辑思维是一种确定的、具体的、有根据的思维方式。要求以确定不变的概念为前提,进行单向的、具体的分析与比较,得出确定的结论。既不能模棱两可,更不能自相矛盾。也就是说,前提是因,过程为据,结论是果;有其因才有其果,他因不能得此果,此因不能有他果。掌握了这一点,就不会犯在大会开始颂扬"东方红,太阳升,他(毛泽东)是人民大救星",而会议结束时依然高唱"从来就没有什么救世主,也不靠神仙皇帝"的逻辑错误。

其三,系统性。逻辑思维既注重抽象(从现象认识本质,在相互联系的事物中抽取出共同的本质性的特征)与概括(从个别到一般,将具体的部分、侧面、属性按照内在联系统一为整体),又关注分析(把某一事物分解为各个部分,分别加以研究)与演绎(从一般到个别,依据普遍性规则运用到具体事项的研究之中)。它还要求过程的严密性与连贯性,即运用科学的概念、原理、定律、公式等进行判断和推理,每个步骤都应该精当可靠、准确无误并保持一致。如对"凡是敌人反对的,我们就要拥护,凡是敌人拥护的,我们就反对"这句名言,批评者众,赞同者稀。若将此语当作从现象到本质归纳出的普遍真理或科学命题,肯定会招惹众怒,因为它以偏概全、教条机械、简单武断,违背了逻辑定律。但若查阅一下此语的出处[1],联系前言后语进行分析,便可发现,毛泽东此语有严格的范围和具体的针对性,敌人单指以汪精卫为首的汪伪政权,该语是对汪的"反蒋、反共、亲日"与我党的"拥蒋、联共、抗日"口

---

[1] 毛泽东说:"汪精卫有三个口号:反蒋、反共、亲日。汪精卫是国共两党和全国人民的共同敌人。共产党却不是国民党的敌人,国民党也不是共产党的敌人,不应该互相反对,互相'限制',而应该互相团结,互相协助。我们的口号一定要和汪精卫的口号有区别,一定要和汪精卫的口号对立起来,而决不能和他相混同。他要反蒋,我们就要拥蒋;他要反共,我们就要联共;他要亲日,我们就要抗日。凡是敌人反对的,我们就要拥护;凡是敌人拥护的,我们就要反对。"《毛泽东选集》第2卷,第580页。

号的解释。断章取义地否定此语,也不符合逻辑。不注意论断的严谨性、有限性和准确性,真理也会变成谬误。毛泽东此语之所以被人误解误用误批,主要是因为《毛主席语录》将它断章取义地摘录出来,又吹捧为"一句顶一万句""句句是真理"(林彪语),而受到不懂逻辑思维、头脑发热的信众的盲目崇拜所造成的。

法治国家与专政政体。不注意逻辑思维,往往会造成重大失误。在中共十八届四中全会召开前夕,一篇题为"坚持人民民主专政,并不输理"的文章引起人们的关注[①]。不输理即合理、有理、在理。观点是否合理,一看内容是否正确无误,二看论证是否符合逻辑,因为逻辑就是公认的理。首先得声明一下,作为一种政治观点,此论无可厚非,可以提出,可以坚持,也可以讨论。尤其现行宪法规定,我国是人民民主专政国家,谁又能反对呢?笔者很尊重作者,以及文中对马、恩、列关于无产阶级专政理论的阐述。但仔细阅读该文,却发现了诸多不合逻辑之处,本节为法治思维中的逻辑思维,恰好可以作为运用逻辑思维分析现实问题的例证。

首先,国家与专政的关系。逻辑思维要求概念、推理与判断的连贯性和一致性,不能脱节或者矛盾。该文认为,专政、民主与国家相伴始终,只要有国家就同时会有专政,"民主与专政实质上只不过是构成国家本质属性的两个方面",并将此说成"马克思主义国家学说的本来面貌"。它采取了三段论式:第一,国家随阶级的产生而产生,"是阶级统治的机关"与"压迫统治的工具"。第二,国家随着阶级的消失而消亡。第三,同"资产阶级的斗争必然导致无产阶级专政","无产阶级专政是新型的国家","担负着最终消灭阶级与国家的历史使命"。最后的结论

[①] 2014年9月23日,《求是》杂志社的《红旗文稿》第18期。

是："在从资本主义过渡到共产主义的整个历史时期，必须坚持无产阶级专政"。看出来了吧，多么明显的推理脱节与判断错误！其命题是凡国家都有专政，但第一、第二层论述均未提到专政，到第三层没有了马、恩的论述，只说对列宁观点的理解（没有引原文），便做了判断。这种"前言不搭后语"式的结论，又怎么能"恢复马克思主义国家学说的本来面貌"，而令人信服呢？！其实，马克思主义强调国家是私有制出现之后阶级矛盾不可调和的产物，并没有说国家开始便采取了专政政体；只认为必须以无产阶级专政取代资产阶级专政，并没有说社会主义国家只有专政一种方式。

  其次，坚持人民民主专政的必要性。逻辑思维讲究概念准确，以实为据，因果相联，结论确定，不能调换前提，指鹿为马。该文认为直到"共产主义"之前，都应始终不渝地"坚持人民民主专政"。它是这样论证的：第一，人民民主专政是无产阶级专政国家的一种形式，第二，以工人阶级领导的、以工农联盟为基础的人民民主专政，是中国特色的无产阶级专政，第三，人民民主专政是对国外反动势力和国内敌对力量的专政。作者似乎没有逻辑常识，公然地张冠李戴，混淆不同的概念，又违反前后一致的原则！它先是混淆了人民、阶级这两个概念，无视二者在内容上的区别，将人民与无产阶级划等号。我们知道，按照马克思主义的阶级理论，人民的内部包括了各种不同阶级，有统治阶级也有被统治阶级；统治阶级可以对被统治阶级实行专政，人民却不能专政自己！继而，混淆了民主与专政的内容，工人阶级领导和工农联盟基础属于民主的范畴，与无产阶级专政无关。该文错将民主说成专政，却漏掉了自己的推论前提：专政是对立阶级之间而非联盟之间的暴力与镇压。接着，它又将"外部敌人"与"内部分子"说成阶级而主张专政，无视我国现阶段不存在统治阶级与被统治阶级的事实。其实，国家本身就具有对外维护主权及其安全，对内维持社会秩序的职责与能力。不采取专政的形式,照样可以对付内外的敌对势力。该文这种先将作为专政对象的被统治阶级置换成敌对分子,然后"理直气壮"地声称把这一失去对象的专政坚持到共产主义的前夜的论述方法,完全违背了逻辑性。

再次,专政政体不适用于法治国家。马克思在总结巴黎公社起义失败的教训中,针对资产阶级专政对无产阶级的无情镇压,提出建立无产阶级专政的必要,列宁将其付诸实践。毛泽东结合中国革命的实际,进一步丰富与发展,又形成了"无产阶级专政下继续革命的理论"。限于当时的社会条件和革命需求,革命导师们没有、也不可能对法治社会的国家形式进行具体论证。该文作者清楚这一点,所以在文中只字不提"法治",仅在文章结尾笼统地说"社会主义法制是人民民主专政的国家所制定的各种法律、法令等法的规范",其"实质是工人阶级及其领导的广大人民当家作主,管理国家,进行社会主义建设的共同意志的集中体现"。奇怪的是,作者不是要论证"坚持人民民主专政,并不输理"吗?按照逻辑,总要论及在全面建设现代法治国家期间与建成之后,为什么还应该与怎样具体"坚持人民民主专政"的问题,但该文恰恰是在长篇大论地引述马、恩、列,尤其毛泽东《论人民民主专政》之后,戛然而止,绝口不提。如此重要的观点,却用了这种虎头蛇尾,甚有头无尾、顾前不顾后的思维定势,又怎能"不输理"呢?!

其实,正如以上所述,我国现阶段已不存在统治阶级与被统治阶级,法治国家的主体是公民,也不再有阶级的划分。失去了阶级与阶级斗争这个社会基础,专政自然没有存在的必要。因此,虽然我们过去实行过无产阶级专政,现在还沿用人民民主专政的形式,这只是历史遗留的现象,会随着全面改革开放而逐步改变。如今,在全面建设的关键时刻,明确专政已不适应法治社会的要求,法治国家不再采用专政的形式,才是真正应该坚持的"正理"!该文出台一个月之后的十八届四中全会《决定》,在第一部分"坚持走中国特色社会主义法治道路,建设中国特色社会主义法治体系"中,提出了五项"必须坚持"的原则,根本没有该文所主张的"坚持人民民主专政"①。

---

① 这五项原则是:坚持中国共产党的领导,坚持人民主体地位,坚持法律面前人人平等,坚持依法治国和以德治国相结合,坚持从中国实际出发。

第五章　现代法治之法：
　　　　以权利控制权力

　　如前所述,现代社会、现代化、现代国家所谓的"现代",并不单纯是个时间概念,而是一个社会生产方式和发展水平的概念,系指实现了工业化的国家或社会。按照执政党的设计和规划,坚持以经济建设为中心和科学地持续发展,我国要到2050年左右才能初步实现现代化。法,则是一个古老而常新的社会范畴。虽然各种法学流派均从各自的角度去理解和定义法,甚至可以说有多少民族、人群便会出现多少关于法的不同概括;但亦应看到,当代多数国家及法律学者对于现代法,尤其是法治社会之法的定义也达成了共识。即:法是指具有国家或公共强制效力的,以权利和义务为内容的社会行为规则。

　　现代法是现代国家的法律。现代国家是民主法治国家,因此现代法是该国公民利益和意志的体现;现代国家实行市场经济的模式,以市场的平等、自由交易与竞争作为配置资源的主要方式,因此现代法以反映市场主体的权利要求为主要内容;现代国家依据体现公民权利的法律运行,因此法律具有最高的权威,也是国际法治社会的基本规则;现代国家的机构和公务人员具有立法、司法、行政、监督等权力和职能,因此法律以政府行政为主要的控制对象,要求其严格依法执政与行政;现代国家以保障人权、实现平等自由、公平正义为目标,因此法律以平等公正为基本的原则;现代国家通过法律途径运用行政、经济、政策等手段管理政治、经济、军事、文化、社会各项事务,因此现代法具有独立的地位,专业的机构、人员和独特的运行方式。

可见,现代法是公民之法,民主之法,法治之法,市场经济之法,控制权力之法,平等之法,独立运行和自治之法。前面几节对于相关概念的诠释,法治理念与法治思维的论述,都是基于法治之法而进行的。那么,与政治、经济、道德、宗教、纪律等社会领域和意识形态相比较,与我国革命时期的法律,以及转型时期的法律规定相对照,与我国传统的、惯常的法律观念相比对,现代法治之法的特征主要表现在以下四节八个方面。

第一节　行为规则与权利本位

现代法的主要功能是规范人们现实的社会行为,表现为行为规则,并且以公民的权利为主要内容。

一、法是一种行为规则,具有行为性

这是法律在性质、调整范围、尤其功能与作用上与经济、道德、宗教信仰的主要区别。首先,法只规范人们的行为,马克思曾说,法律的对象只有行为而无其他[1]。它不规范、不钳制人们的思想信仰。相反,现代的法治之法保障公民的思想、信仰与言论自由,绝不能用法律惩罚或制裁"思想犯罪"!众所周知,我国古代向以严刑峻法,甚至武装暴力(大刑用甲兵)维护纲常礼教,西汉时期便设有"腹诽"重罪,惩罚不同的观点主张。明清大兴"文字狱",即以文章、言论罗织入罪,动辄株连数

---

[1] "对于法律来说,除了我的行为以外,我是根本不存在的,我根本不是法律的对象。我的行为就是我同法律打交道的唯一领域,因为行为就是我为之要求生存权利,要求现实权利的唯一东西,而且因此我才受到现行法的支配。"见《马克思恩格斯全集》第1卷,第16—17页。

十、数百人众。新中国成立后的第一大案即胡风反革命集团,完全以文章、著述、发言,甚至信件、茶余饭后的闲谈作为定罪的依据。习仲勋便是因小说《刘志丹》而被扣上"利用小说反党,这是一大发明"的帽子,先是降职,后陷囹圄的。"文化大革命"则更为突出,念错了最高指示(毛泽东的语录或批示)的某个字,或者说者本意很好,听者故意曲解、无限上纲的口语,如做毛主席的好教师(此语为紧接着做毛主席的好工人,好学生之后而说)也被打成现行反革命。此类沉痛的教训再也不能持续与重演了!思想和信仰方面的问题只能用道德、说服教育等方式去处理。

其次,法所规范的是人的社会行为,不干涉、不控制单纯的个人行为;相反,现代的法治之法实行"依照法律去行为便为自由"的原则,保护个人隐私,更不允许惩罚或制裁没有法律关系或社会后果的个人行为。例如,自杀虽然不宜宣扬或提倡,却并没有危害社会利益,属于个人行为。可是,"文革"中当老舍先生因无法忍受迫害和屈辱,跳湖自尽后,大字报铺天盖地而来,指责先生自绝于世,属背叛了党和人民,死有余辜,即犯了不可饶恕的大罪!又如,夫妻二人在自己的家中观看淫秽录像,经邻人举报,派出所以涉嫌流氓犯罪将其关进看守所;经核查,该夫妻没有向他人宣示,亦未邀其他人同看。按照现代刑法、刑事诉讼法与行政法的规定,此行为根本不违法,更谈不上犯罪。如果依法审视,其邻人倒是侵犯了他人隐私,而警察的行为属于滥用职权。

再次,法所规范和调整的是人们现实的社会行为,不追究过去的也不制裁尚未发生的行为。例如古代提倡"忠君孝亲",有"杀父之仇,不共戴天"的传统,无论时隔多久,见到杀害父母的人必须立即复仇,不能与仇人同时活在一处蓝天之下!按现代法的规定,个人复仇为非法行为,若超出了法定的追究期限便不再承担相应的法律责任。也就是说,现代的法治之法通过时效、溯及力、期间等程序性规定,以及权力、权利范围和限制性的实体规定,确保公民行使权利,禁止侵权行为。

如关于公民民事权利能力与各种行为能力的规定,法律只有从实施之日起才产生效力,合同成立并不等于合同生效。以及法不溯及既往原则,法律溯及的最长期限一般是20年,对超过20年的违法犯罪行为依法不予追究。新法优于旧法原则,如果对同一行为有实施日期不同的两个以上的法律予以规范,那么优先适用新公布实施的法律规定。还有刑法上的从旧兼从轻原则等。按现行诉讼法的规定,胜诉权时效民事纠纷为二年,合同撤销权时效为一年,行政纠纷为一年,都体现了法律行为的现实性。目的是降低法律成本,提高司法效率,维护公平正义。

二、法以权利为本位,具有权利性

这是法律在内容上与经济、政治、道德的主要区别。首先,如前所述,权利系指法律规定的行为主体自己这样行为或要求他人这样行为的资格与能力。现代的法治之法中的权利分为两大部分:一是法律必须体现的权利,即公民的生命权、健康权、自由权、平等权与财产权等基本权利,即人权。不体现与保障基本人权的法律不是法治之法。二是为实现基本权利而设置的具体权利,如知情权、陈述权、隐私权、各种诉讼权,以及知识产权、合同权利等。法律体现和设置的权利的关键在于落实,即通过实施取得相应的社会效果。

应予强调的是,我们习惯于直观思维,容易将"权利"与实际的利益划等号,其实权利只是法定的资格和能力,并非已经实现了的利益或结果。例如有"财产权"不一定有很多财产,有"被选举权"也不等于必然当选。同时,也不宜简单地将"权利"简单地等同于"权力",因为按照现代法原理,公民的基本权利是生而具有的,法律只不过予以肯定,而权力却是法律为保障权利的实现而设定的。

其次,为了权利的实现,法律还规定了义务。义务系指法律对行为主体的约束和限制,表现为要求行为主体应当做出或不应当做出一定的行为。例如,为了维护生命及其财产安全,所有的公民都有依法服兵役,履行保卫国家与社会安全的义务;合同的当事人,只有履行了合同约定的义务才能实现合同权利,达到合同的目的。同时,对于行为主体而言,权利不具强制性,即权利可以行使也可以放弃。如你具有申请诉讼权和胜诉权,但发生纠纷后却可以放弃诉讼权利而选择其他方式,如协商、斡旋、调解或仲裁解决争议。而义务却具有强制约束力,不履行法定义务就应当承担相应的法律责任。例如工商行政机构应当对符合法定条件的企业进行登记,在规定的工作期间内颁发营业执照,否则就应承担行政不作为的法律责任。又如一切国家公务人员或者执政党的成员,不论资格深浅、职务高低,遵法守纪、廉洁从政是法定的义务。若贪污受贿、以权谋私,必遭法律严惩。

再次,法以权利和义务为内容,二者如同硬币的两面,是相辅相成、不可分离的;也就是说,无权利则无义务,无义务亦谈不上权利的实现。每个公民均有健康权,就必须履行保持生态环境、公共卫生与社会秩序的义务,否则应根据行为情节与危害后果承担相应责任,这样才能制止或减少侵权损害,保障健康权利。需要强调的是,现代的法治之法以权利为本位,即将公民权利作为主要内容和主导方面。这是民主、法治之法与专制、专政之法的主要区别。20世纪90年代初,我国法学界曾有法律本位的大讨论,最终却以法以"权利义务为本位"的折中结论收尾。现应明确,作为法治之法,既不是"义务本位",也不是"权利义务本位",而是"权利本位"。公民权利始终处于主导地位,义务为了权利的行使和实现;二者之间的主从关系不宜混淆,更不能颠倒。

第二节　国家制度与强制约束

法律规则以国家制度的形式存在,并且具有国家的强制与约束效力。

一、国家意志是法的形态和表达方式

这是法律在产生与运行方式上与道德、宗教、纪律的区别。首先,虽然论者在法与国家的起源与形成历史方面存有不同的见解,如马克思主义认为二者是阶级出现之后同时形成的,而其他学派则认为法律与人类社会始终伴随;但都承认国家形成之后便与法律结合在一起。在阶级社会里,法律往往是统治阶级维持自己政权的有力工具;在现代社会,法律是国家运行和权力行使的主要规则。古往今来,法律的制定、执行、适用和监督都要通过专门的国家机关去进行,从而使法律与国家政权紧切联系而具有政治性;甚至执政党的主要职责便是通过在国家机关中的党员领导立法、带头执法、保障司法独立和监督有效。国家属于政治领域,通过国家、法律与政治紧密结合起来。

其次,应该明确两点:第一,所谓国家意志只是法治之法的表现形式与途径,法的内容却是公民的利益和要求。公民通过专门的国家机关将自己的意志表现出来,法律实质上是"公民意志"或"公共意志"。内容决定形式,因此,决不能继续将法律视为国家机器的组成部分,也不能再将法律当成统治民众或者阶级斗争的工具,更不能作为刀把子使用。第二,现代的法治之法反对将国家利益或国家政权置于公民之上,也不同意国家只维护其中统治阶级,或者某一个阶级或者部分人民的利益。相反,法律将国家机关及其工作人员视为权力的实施者,一方面要求它(他)们为公众服务,保障公民权利的实现;另一方面又将其视

为控制的主要对象，使权力依法运行，防止其扩张、滥用与侵害公民。

再次，法与国家（政权）的关系决定了法与政治的关系：二者相互联系，离开政治，法律无从形成，离开法律，政治无法运行。在法治国家里，二者结合的最佳形式即是宪政，以集中体现公民权利与义务的宪法配置各种国家权力，执政党依法执政，政府依法行政，各类组织机构依法办事。二者又相互独立，既不相互包括亦不相互替代，各自具有不同的功能和作用。例如，在国家与社会事务中，政治决定着国家的国体与政体，维护国家安全与社会秩序，管理公共事务并提供社会服务；法律则具体规定政治、经济、文化及各种社会活动的规则与制度，表现为法定的权利、义务、行为方式和程序。在国际关系中，国家是法律主体，而法律是国际活动的准则；在市场关系中，国家机关与公民、法人是平等的民事主体，遵循同样的法律规定。同时，现代的法治之法体现着公民的意志，不再具有阶级性，当然也不可能具有党性。

二、国家约束力与制裁力

法的实现以国家强制力作为保障或后盾，即具有强制性。首先，与道德、宗教规则和社会组织、政党纪律等相比较，法的强制性具有两大特征：一是范围最大，道德规范的约束力只限于一定的阶层或群体，政党的制度与纪律只要求该党的成员遵行，宗教戒律只对其信徒信众有效，而法律在整个国家所管辖的范围内发生效力。二是效力最高，即具有国家的强制力。国家是人们依照地域而联合组成的特殊政治组织，具有强大的武装力量即军队，任何个人或其他组织无力与之抗衡。法律的强制性便来自于这种有组织的政治力量，即以国家强制力为后盾，其效力在所有的规则、规章和纪律之上。

其次，法律的强制力以两种方式表现出来：一是约束力，即各种各类行为主体应当依照法律规定的内容和程序行为与活动，这种约束往往以行为主体的自觉服从与遵循来体现。二是制裁力，即违法或犯罪行为会因法律追究而受到制裁与惩罚。我们习惯于重视后一方面，强调法律的功能是为经济建设"保驾护航"，甚至将制裁与惩罚视为法律的唯一作用，而现代的法治之法更强调法律约束力。对于我们这样一个具有悠久的视法律为武器、为打击犯罪工具的传统的国度来说，这一点显得特别重要。在西方有基督教传统的国家，因将法律视为上帝的理性而具有崇高的权威，所以较容易自觉地信守法律；而我国自古以来习惯于因恐惧受罚而守法，法家的重刑理论便建立在这一观念之上，所谓"重轻罪，轻者不至，重者不来，此谓以刑止刑。"

因此，约束力是法律强制性的主要的、正面的、积极的、普遍的表现，我们应当培养自觉遵守法治之法的意识和习惯。制裁力是法律强制性次要的、负面的、消极的、特殊的表现，只有违法与犯罪的行为才会受到法律的惩罚与制裁。只强调后一方面不仅喧宾夺主，而且是缺乏法治意识的表现。

第三节 条文的规范化与法典化

一、法是条文化的规则

法是成文的行为规范，这种规范以条文式、法典（判例）化的专门形式表现出来。这是法律在形式上与思想原则、道德或宗教规则的区别。

法律规范为人们的行为与活动提供了一种文字形式的模式、标准、界限或方向。如现行合同法第 73 条：因债务人怠于行使其到期债权，给债权人造成损害的，债权人可以向人民法院请求以自己的名义代位行使债务人的债权，但该债权专属于债务人自身的除外。这是关于旨在解决"三角债"即连环债务问题的专门规定，又称"代位权"制度。该法条区区60余字,涉及两个债权债务关系,法律赋予了第一顺序的债权人直接向第二顺序的债务人行使代位追偿权利及其必须具备的法定条件,形成一个有先有后、有限制有后果的行为模式。虽然不成文的习惯经立法机关确认后也有法律效力,但现代法律必须以文字形式表达出来。

我国成文法的历史很早(春秋时期),也有不成文的传统。在古代的人治体制中,"生法者,君也",皇帝的批示指示不仅专称为圣旨,而且具有法律效力;甚至连其口头指示往往也成了效力最高的法律,所谓"口悬天宪"即是。明代将太祖朱元璋的文批、命令、训示、论说等汇编为《大诰》,其效力与地位高于大明礼、律、例、典等法律。无独有偶,在文化大革命中,毛泽东的语录,曾被奉为"最高指示",不仅取代了法律,而且被吹捧到"句句是真理"、"一句顶一万句"的地步,连毛主席自己都感到荒唐。现代的法治之法不承认口头命令或指示为法律,坚决反对"朕言即法"或"以言代法";同时以这种明确的、可操作的规范把个人行为与社会行为区别开来,保障个人的自由与平等。

二、规范性文件与法典式汇编

法律均以条文式、规范性文件的形式存在。如《物权法》与《最高人民法院关于审理建筑物区分所有权纠纷案件具体应用法律若干问题的解释》,以及《著作权法》与《最高人民法院关于审理著作权民事纠纷案件适用法律若干问题的规定》。同时应注意,即便是有立法权的国家机关,如人大常委会或国务院的指示、通知、意见、纲要等文件均没有法律效力,例如2010年前后国务院出台、各地政府颁布的"遏制城市房价过快上涨的通知","以通知"为题可见不属于法律规定,是政策性文件,只具有行政效力。法院的判决、检察院的逮捕证或起诉书、仲裁庭的裁决等,也不是法律,而是具有法律效力的法律文书。

在形式上，现代国家的法律均采取法典化或判例法汇编的方式，以便有效地适用与实现。大陆法系国家多采取法典的形式，主要有规范平等主体之间人身、财产关系的民法典与商法典，规范政府机关与公务人员的行政法典，规范国家安全社会秩序与人身财产安全的刑法典，规范各种纠纷的侦查起诉审理等程序的诉讼法典等。英美法系国家多采取判例法汇编的方式，如英国的普通法例与衡平法例汇编，美国的联邦法例与各州法例汇编；有的依年代，有的按类型汇集。英美法系国家也有制定法的汇编，大陆法系的一些国家也有判例法汇编，各依自己的历史传统与现实国情而定。我国社会主义法律体系与大陆法系相似，拟采用法典化形式，但条件尚不成熟，现为部门法体系。

第四节　稳定统一与明示准确

一、稳定少变、统一协调、普遍适用

法的实现和运行以稳定、统一为特征，这是政策、纪律或道德准则所不具备的。首先，法的稳定性来自于体现了公民的意志和社会公共需求。最基本的法律是连续的，在其生效的期间内一直适用；同时又是长期不变的，一般称之为"法统"。如英国数百年前的判例法至今依然适用，美国开国时的《人权宣言》只补充有关条款，很少全面改动。我国自古以来便坚持"法莫如一而固"，即统一和稳定的原则，旨在保障统一大国的连续性与合法性。现代法治国家的法律绝不能朝令夕改，出尔反尔，也不允许依照政策的改变而改变，或者跟随领导人的变化而变化。正因为如此，法律的议案、讨论、通过、颁布，以及修改、废止等均有严格明确的权限和程序规定，没有立法权的其他国家机关，以及政党只能制定政策而无权制定法律。

其次,法治之法的内部应该是一个结构合理、协调一致、相互衔接的有机体系,即具有统一性。如法律、行政法规、地方法规与民族自治法规等不能与宪法相抵触,人民代表大会及其常委会、国务院及其部委、有立法权的人民政府,以及最高人民法院和最高人民检察院等的立法或司法解释,必须保持内容的一致性和渐进性、具体性。现代的法治之法要求各种法律法规解释之间,前后不抵触,相互无冲突,彼此不矛盾。例如《物权法》第 5 条明确规定:"物权的种类和内容,由法律规定",法律系指全国人民代表大会及其常委会制定或颁布的规范性法律文件。第 149 条规定:"住宅建设用地使用权期间届满的,自动续期",其中并无续期时是否交纳、如何续交土地使用费的规定。然而,2016 年年初,温州市发布通知,要求使用权届满时续交 1/3 购房价的建设用地使用费,这一政策显然违犯了《物权法》的上述明确规定,是非法无效的。法的统一还要求立法、执法、司法、法律监督等各种活动保持连贯、协调和配合;要求以严格、明确的程序规范和保障法律运行的统一。

再次,法律的稳定统一又表现在它是普遍适用的,即在国家主权的全部范围内,包括领土、领海、领空,对所有的人或事,以及无论身处何地的本国公民普遍有效,全体社会成员与行为主体均应信守遵行。人人守法,普遍适用,是法律平等和公平正义的标志,做不到法律的普遍适用,便谈不上法治的公平正义。而正是上述的公民权利性、国家强制性、适用的普遍性、稳定性和统一性等,将法律与灵活而笼统的政策规定,分层次较原则的道德信条,既言传又身教,同时又因人而异的宗教戒律等区别开来,并且决定了现代法治之法的权威性、可靠性、可信性与预测性。

二、公开明示、具体确定、合乎逻辑

法必须公开明示,其规范是确定的、严密的、具体的,这是法律与宗教戒律,或内部纪律的主要区别。

首先,法的内容,以及制定、执行、适用和监督的过程与结果,均向全社会公开,保持透明。未依照法定程序公开的规则,不具有法律效力。例如,在1966年"文化大革命"之前,我国已经将刑法草案、民法草案、刑事诉讼法与民事诉讼法草案起草完毕,但尚未公布,因此只能让法院、检察院办理案件时"参照"执行;在大学教学中将其称为"刑事政策"与"民事政策",不能称为法律。因此,可以说现代法治国家有《保密法》,却不存在什么"秘密法"!"法不可知,则威不可测"是人治社会与专制国家的做法。在法治国家里,公开法律,明示行为,不仅是了解和遵守法律的前提,而且成为评价、判断法律效力和行为合法与否的标准,是公民参与国家管理的必要条件。

其次,法律具有明确性,即表达法律的文字、术语都必须做到明白、具体、准确、可操作,避免抽象、笼统、模糊。马克思说:"法律是肯定的、明确的、普遍的规范"[①]。我国《立法法》第6条要求"法律规范应当明确、具体,具有针对性和可执行性"。要求使用法言法语,符合法律逻辑。因为法律规范不是宣言书,更不是学术论文或文学作品,不宜分析论证,无须比喻形容;那种字义笼统、意思冲突、一词多义或模糊不清的名词概念,为现代国家的法律所不取。例如,现行《物权法》中关于所有权、用益物权、担保物权,以及农村土地承包权、建筑物区分所有权的规定,使用的均是专门的法律术语,虽然一时难解难懂难记,但是在按原意理解之后,便非常准确明晰。相反,现行宪法包括了论述性的"序言",客观上易导致对其法律效力的不同理解,造成适用中的不同后果。更为典型的是,现行《水法》,名称竟然只有一个"水"字,虽然简洁无比,但使人陷入混沌,不知所指是水资源保护还是利用?是指的河水、海水

---

① 《马克思恩格斯全集》,人民出版社2005年版,第71页。

或者雨水、地下水？等等，莫衷一是。《教师法》、《律师法》，以及法官法、检察官法等也有笼统概括、不明其义之瑕。

再次，现代国家的法律按照调整对象或适用方式的不同而分为实体法（规定具体的权利与义务）、程序法（规定刑事、民事、行政、海事、仲裁等诉讼与审理程序）、公法（规范公共权力及其行使的法律法规）体系、私法（规范平等主体之间的各种关系）体系等。各类法律规范及其程序规定都要求以具有确定性、专业性、逻辑性、操作性、可诉性的，具体并界限分明的法律概念和法律范畴来表达，从而才能有效运行。例如，就行为的性质来说，有合法（符合法律的规定）、非法（未依照法律的具体规定）、违法（违反法律规定或有法律效力的约定）、犯罪（违犯了刑事法律的规定）等明确区分，并应承担相应的后果。法律概念或术语是专业性的专门称谓，不同于社会用语或俗语热词。如"自然人"系指本国公民、外国公民和没有国籍的人，并非什么"植物人"（大学一年级学生的课堂回答）。而"宅男"、"超女"、"粉丝"、"大 V"，以及"丝绸之路"等，均不能作为法律概念使用。因此，具备一定的法律知识，懂得法言法语，既是学习法律的前提条件，更为执法、司法所必须。

三、独立领域、专门机构、特殊方式

法本身形成了一个自治的体系，能够自行运转。这是法律的存在和运行方面与其他社会现象的区别。

首先，法治之法是一个独立的行为规则体系，即在内容、性质、调整对象、实现方式、社会效果诸方面均与经济、政治、道德、宗教，以及政策、纪律有别。重政治、讲政治是革命时期的要求，我们长期提倡政治挂帅，为无产阶级政治服务；同时习惯地视法律为国家机器的一部分，将法律作为政治的内容看待。但是，如前所述，法治国家不同于政治国家。在现代国家中，法律与政治分属于不同领域，二者是既不相统辖又

不相兼容的。也就是说,现代法治之法强调,不能用法律取代政治,更不宜用政治取代法律;二者虽然有密切联系,但实际上并不存在元帅与将士之分,也谈不上谁为谁服务的问题。

其次,法律自治表现在两个方面:一是对外以制度的形式,强调规范化、程序化。这是法治与人治在实现方式上的根本不同。人治不重视行为过程而强调实际后果,恰似"出水才看两腿泥",只看有无泥而不论怎样出入水中,也不管是什么样的腿与怎么样的泥!法治却制定出各种具体的标准和检测方法,如立法制度、政党制度、行政法规,以及检察、审判、仲裁制度等,分别由不同的机构或人员依照规定进行实施、评判与监督,从而得出结论。同时,法律自治还要求专门的机构行使专门的职能,承担专门的责任,并重视实际的法律后果和社会效果。

二是对内形成有机体系,各个法律部门、各种法律活动,相互协调、相互连贯、相互一致,保障法律的有效运行与实现。从纵向来看,法律制定由具有立法权的国家机关进行,我国现行《立法法》赋予全国人大及其常委会制定宪法和法律,国务院及其部、委制定行政法规,省级人大及其常委会与政府、省会城市和国务院批准的较大市人大及其常委会与政府制定地方法规等。法律的执行由执政党和政府机关进行,人民代表大会和人民检察院行使法律监督权。从横向来说,公法是以国家活动为中心的法律,私法是市民社会的民事活动的表现。规范公权力行使的公法体系,规范私权利及其义务的私法体系与宏观调控社会经济活动的社会法体系相辅相成、有机统一。我国目前采取部门法的结构,亦要求以宪法为中心,刑法、民法、行政法、商法、诉讼法、环境法、军事法与国际法(我国加入或签署的国际公约与条约)之间的协调与统一。

再次,法的运行依靠自己专门的、独立的机构即可进行,如人民代表大会、议会、政府执法部门、司法机关等;有着自己专门的、职业的人员,如法官、检察官、律师、法律学者等;还有自己专业的、独特的术语范畴,如物权、债权、不可抗力、公民、自然人、法人等。法的实现方式也是独特的,如立法中的"议案"、"三读"、"四读",执法中的"陈述"、"听证",合同中的"缔约过失责任"、"不安抗辩权"与"解除权",纠纷解决的协商、斡旋、调解、仲裁与诉讼,监督检察中的"公诉"、"抗诉",审判中的"不告不理"、"举证质证"、"再审"等,均是针对不同的事项而规定的一些特殊的、具体的、有效的实施方式。法的独立运行是实现自己的价值目标,即公平正义的重要保证。

* * *

除了以上八个方面,还能从另外角度概括出法的权威性、科学性、滞后性、中立性、模糊性等特征,学界亦作了不少论述。笔者之所以强调现代治之法的这八个特征,旨在从中对比出我国现行法律与它的诸多差距,体会到中国传统法律及其思想观念与它的巨大反差。实现现代化,建设民主、富强、文明、和谐的法治国家是一个历史任务,需要中华民族坚定目标,持续努力;全面落实依法治国基本方略,把握法治之法的内涵,确立社会主义的现代法理念是其中一个重要的方面。无论对法治国家作何解读,对传统法文化持何种立场,充分认识和把握上述特征都是十分必要的。

第六章　法治国家的现实支柱

前节已述,作为一个法学概念,法治国家最早是西塞罗提出[①],经康德的论证而被广为认可。康德认为,文明社会就是有序的法治社会。所谓"国家是许多人以法律为根据的联合",或者指"依法而治的国家"[②]。康德此说,只是观念形态上的法治国家,在社会现实中,只有法而没有法治的国家,其历史几乎与国家的历史一样长。作为一种国家模式,它只是指近一百多年来依照体现公民权利的法律而运行的现代国家。按照其内容,还可分为形式上的与实质上的法治国家。形式上的法治国家又称"法制国家",要求国家机关尤其政府依据法律管理国家和社会事务,所有社会成员均受法律的制约;它既能与民主也可与君王甚或独裁政体相结合。实质上的法治国家强调主权在民和公民权利的至上性,强调法律对于国家权力及其行使的约束和限制,强调依法治国、执政为民和公平正义。我国宪法规定,"中华人民共和国实行依法治国,建设社会主义法治国家"。显然,我们建设的社会主义法治国家,是包括形式要求在内的实质上的法治国家。

法治是现代国家的运行模式,是我们全面推进依法治国的现实目

---

　　① 西塞罗在其《论共和国》中阐述道:"国家是人民的事业。可是人民……是指一个人群因服从共同的正义的法律和享受共同的利益造成的整体结合。国家的精神目的就是维护正义,物质目的就是保护私有财产。国家是人民为了正义和保护私有财产,通过协议建立起来的政治组织。"

　　② 转引自刘军宁:《共和、民主、宪政》,三联书店1998年版,第140页。

标。我国当前正处于建设现代法治国家的决定性阶段,《中共中央关于全面推进依法治国若干重大问题的决定》明确提出,法治建设的"总目标是建设中国特色社会主义法治体系,建设社会主义法治国家。这就是:在中国共产党的领导下,坚持中国特色社会主义制度,贯彻中国特色社会主义法治理论,形成完备的法律规范体系、高效的法治实施体系、严密的法治监督体系、有力的法治保障体系,形成完善的党内法规体系,坚持依法治国、依法执政、依法行政共同推进,坚持法治国家、法治政府、法治社会一体建设,实现科学立法、严格执法、公正司法、全民守法,促进国家治理体系和治理能力现代化"。

其中,中国特色要求法治建设必须立足国情,符合社会实际;社会主义要求保证国家的政治性质,即在中国共产党领导下进行全面建设。而法治国家的要件除"五个法治体系"与"一个实现"外,在"总目标"中尚未具体列出法治的内容。那么,怎样才算是法治国家?换句话说,法治国家最基本的要素有哪些?这已不仅仅属于思想认识或学术理论问题,而是一个必须明确、具体回答的现实和实践问题。

笔者认为,以已经实现了法治的现代国家为参照,从我国的历史传统和现实国情出发,我们正在努力建设的法治国家,应该是人民民主的、市场模式的、法律至上的、依法行政的、公平正义的、司法独立的社会主义国家。这六项要素,是建设法治中国的基本标准,也可以说是构筑法治中国大厦的现实支柱。

第一节　民主制度与分权政体

法治国家以民主政治为基础。在前节关于民主概念的界定中已经明确,作为国家政治制度的民主制度,有别于我们平时说的民主工作方法或作风,诸如不要独断专行,密切联系群众,善于批评与自我批评等。

同时，不宜将民主之"民"的范围仅限于与敌人相对应的"人民"，即不再是"人民民主专政"词组中的"人民"，而是具有该国国籍的所有成员，即全体公民。在民主与法治的前提之下，有时也沿用人民概念，实际所指的是公民的集合体。

政治制度主要包括国家主权归属、权力结构的形式（政体）、组成与运行方式等内容。君主制度以君权为中心，君主是国家的所有者，"普天之下莫非王土，率土之宾莫非王臣"；采取集权甚至专制政体，"天下事无大小，皆决于上"；实行官僚或贵族等级管理体系，依照"人治"模式，即圣贤精英治国、德政教化的方式进行统治。民主制度则与之相反，在现代法治国家里，将单个公民的集合统称为"民"或人民，赋予国家主人的地位，是国家主权与财产的最终所有者，并且具有政治事务的最终发言权。权力的集中是民主之大患，所以民主法治国家实行分权政体，通过法律授权和投票选举组成国家机构，政府及其公职人员是公民税款养活起来的"仆人"而非"为民作主"的老爷。为公民服务是政治家与和公务人员的唯一使命。

这种民主制度是人类社会迄今为止所实行的最为先进、优越的政治制度与国家政体。它杜绝了个人的独裁与专制、阶级的统治与压迫，也限制了权力的扩张与滥用，有效地体现并保障公民的平等与自主、自由、自治权利及其实现。鉴于我们多从思想与理论方面解释民主，有关著述评其价值、作用、优点、意义者众多，而着眼于制度规范与论及内容、结构、具体特征者稀少的状况；本节基于后者立场，从我国的国情现实出发，有必要阐明作为法治中国政治基础的民主制度的必备要素。主要表现在以下五个方面：

一、主权在民

公民与国家的关系是民主的根基，国家的主权、财产属于全体公民而不是任何组织或个人。马克思主义民主理论和其他西方民主思想都认为,民主的本质是人民主权,由全体公民当家作主。1776年的美国《独立宣言》向英国殖民者、向全世界郑重宣告:公民是国家主权所有者,政府的一切权力来自于公民,政府应当服从体现公民意志的法律,是为了人民幸福和保障人民权利而存在的。政府的正当权力,系得自被治理者的同意①。

作为国家的政治制度,主权在民有四大标志:一是将公民的意志,尤其基本权利以法律体现并予以保障,在整个国家与社会中,法律具有最高的权威和强制力。法律是公民意志成为国家意志的唯一途径,因此只有法治国家才能真正实现民主。二是决定了国家的性质和体制。以法律形式,尤其以宪法确定全体公民为主权者,即民主国体;国家各类各级机构由依法设立,分别授权,选举任职,即民主政体。三是由公民(直接民主)或者代表人(代议民主)依法从事国家与社会管理,处理公共事务。通过选举组成国家机关及其的负责人,其实质是公民对决策(立法)者与执政、执法与管理者的选择与委托。虽然民主不能确保哪些公民可以当选任职,但可保障每个公民都具有选择或者追求成为立法、执政、行政或司法者的权利。四是掌握国家武装力量即军队的所有权与指挥权。军队是国家政权的重要组成部分,担负着保卫国家主权与安全,公民权利的实现与安全,社会的稳定与安全等使命,必须服从法律,听命于民。虽然民主政权非自"枪杆子"所出,但"枪杆子"始终是主权在民的根本保障。许多尝试或者初步实行民主的国家,均由于军队听命于某一政党,或者军人欲直接主政而发动军事政变,致使民主夭折。因此,军队在归属上属于国家,在职责上服从法律、服务公

---

① 见美国《独立宣言》:"我们认为这些真理是不言而喻的:人人生而平等,造物者赋予他们若干不可剥夺的权利,其中包括生命权、自由权和追求幸福的权利。为了保障这些权利,人类才在他们之间建立政府,而政府之正当权力,是经被治理者的同意而产生的。"

民,在立场上保持政治中立,绝不能成为某个政党的工具。这四方面的法律规定便构成了现代法治国家的人民当家作主的政治制度。

二、权力分置

对公民来说,国家权力既是自己生命、健康、财产、安全与社会秩序的保障力量,又是容易侵害自己正当权益,危害社会与环境的风险所在。因此,公民与国家的关系,又集中体现为(公民)权利与(国家)权力的关系。如前所述,法治的实质,就是以权利控制权力,这一认识正是民主要求的体现。不将权力控制在自己的手中,公民只能听命于掌权者,成不了真正的主人;而将已掌握的国家权力授予何者行使,怎样授予又如何行使? 不用制度去解决这些问题,民主就始终限于口号或空谈! 因此,使权力为民所有,"为民所赋,为民所用"是民主实现的主要途径和关键性制度[①]。

前节从权力的概念入手揭示权力的本质,说明控制权力的必要;本节进而分析权力的结构,说明怎样设置权力才能有效地控制权力。从横向来看,国家权力由具体的意志性规范,实现意志的管理性与处理性的强制机制,以及对权力的监督机制所构成。公民意志只有上升为国家意志才具有权威性和强制力,并成为国家权力的确立者与决定者,这是通过立法活动来实现的。管理机制是国家意志的执行者与实施者,通过执政和行政活动,将意志规范转化管理国家事务、维持社会秩序、体现公民权利义务的实际力量;同时注重效率,即以较小的社会成本,取得这种转化的最高效果。处理机制是国家意志的落实者与诠释者,是对各种行为与活动是否符合国家意志的判断与评价,是公民权利的

---

① 习近平指出:"马克思主义权力观概括起来是两句话:权为民所赋,权为民所用。"见在"中央党校2010年秋季学期开学典礼的讲话"。

维护与实现;这种处理与判断又称司法,以准确与公正为基本原则。监督机制旨在确保执政、行政与司法按照公民意志和权力规则的轨道内运行,因此,监督的对象只能是国家机关及其公务人员,公民的行为已处于行政的管理与监督之中,不应该也不能对公民再实行"法律监督"。

由此,国家权力便可分解为立法权、行政权、司法权、监督权四大部分。立法是将公民意志转化为国家意志的设立活动,立法权是各种职权和行为规范的创设权力。行政是国家权力的典型表现,行政管理权最容易出现扩张与滥用。如果由二者结合为一,本来就想挣脱羁绊的行政权力就会势如脱缰野马,任性驰骋,公民的权利势必遭受无情地践踏。司法权一方面是对立法权的补充与监督,尤其是监督并纠正行政权的非法行使,另一方面又要接受监督权的监督。监督权则是公民意志在实际社会中取得成效,落到实处的保障。显而易见,若将监督者与监督对象混同不分,合而为一,监督本身就失去了存在的基础而形同虚设,行政权、司法权与监督权也必须分别设立。因此,民主政体总是将权力分解到国家各个部门,使各部门的权力相互制衡以限制权力与防止滥用权力。在授予各个部门特定的权力的同时,还让其有一定程度的交叉。规定任何一个部门不得越权侵占其他部门的权力,是分权制衡的主要特点。国家的立法、行政、司法、监督等各类权力分别由不同职能的机构来行使,不使权力集中也不存在某个机关具有"最高"权力。

从纵向来说,国家权力分为国家的权力和区域的权力,我们习惯地称其为中央(政府)与地方(政府)的权力。常见的有两种类型:一是单一制政体,中央政府具有统一管理全国的行政权,而地方政府的权力来自中央的授权或认可。虽然地方的权力为中央所赋予,其效力也仅限于该区域,但其权力本身却是独立的,并不隶属于中央。也就是说地方政府的首长并非中央所委任,其职能决定于法律而非中央。因此,单一制的民主政体的实质是中央与地方的分权,并不是中央集权,也不是地方争权,与我们所熟悉的中央集权的大一统专制政体不同。现今的法国、意大利、日本等,均为单一制的国家,我国也实行单一制政体。

二是复合制政体,有邦联制和联邦制两种。邦联即国家的联合,由若干个独立的国家组成跨国型的联合体。与单一制相反,邦联政府的权力来自于各个成员国的授权,成员国则保留着自己独立行使的国家(而不是地方)权力。邦联制定的法律,如果得不到成员国的同意与接受,则对于该成员国的公民没有约束力。典型的邦联制国家是英国,这个老牌的"日不落"帝国,现在只剩下了区区16个成员国,近年来,连其爱尔兰、苏格兰也闹着要独立。现今的"欧盟"(欧洲联盟)也是邦联,比英国更松散。联邦制属于复合制政体,法律将国家权力分配给中央政府和地区性政府。属于地方管辖的事项中央不管,地方政府享有很大的自治权。中央政府只负责全国性的、各地区之间的和国际的事务。当代多数的民主大国,如美国、德国、瑞士、印度等,都实行联邦制政体。

三、选举票决

公民拥有管理国家的主权,主要通过两种方式来实现:一是将自己的权利、义务、要求与意愿提升为国家意志,以法律的方式体现出来,使之具有最高的权威与效力,以国家强制力保证其实现,是谓法治。二是有权决定谁来管理国家,选择自己认为合适的人选进入各类各级国家机关,实际履行制定法律法规、管理国家事务、维持社会秩序、进行公共服务、监督成员守法等职责,是谓自治。现代民主是公民既管理国家,也管理自己;现代民主既要求法治,也要求自治。无论是自己进行,还是委托授权他人行使国家管理权,只有一个途径,即合法选举。

合法性是国家机关,尤其是掌握行政管理权的政府存在的基础与前提。集权或专制国家的君主们虽然依靠武力上台,却经常用"上帝"、"天意"或"民意"、"轮回"等论证自己统治的合法性。汉初的贾谊反复提醒与告诫高祖刘邦:"马上得天下,安能以马上治之乎?"意即武力夺得政权,并不能解决统治的合法性问题,后来董仲舒的"天命神权"论,便应运而出。当代的阶级统治亦是如此,正如毛泽东所说:"凡是要推翻一个政权,总要先造成舆论,总要先做意识形态方面的工作。革命的阶级是这样,反革命的阶级也是这样"[①]。所谓舆论与意识形态即旧政权的非法性与新政权的合法性。不具合法性,政府的行为即为违法。在民主国家,政府与其他国家机构是否合法,也只有一个途径,即合法选举。也就是说,国家公务人员只有经过选举,或依法进入国家各机构,重要的职务还应该通过普选(全民公投),并采取法定的"票决制"来决定。

选举是公民表达其意愿、行使主权的主要手段,是对政府工作业绩与成效进行判断评价的最终方式。一方面,公民通过这种方式维护自己的权利和自由,惩戒或撤换那些不再代表民意的、滥用权力的或不称职的政治家,同时警诫并抗拒政府权力的扩张。另一方面,选举把公民与政府相连接,迫使政府对公民负责,为公民服务。当选的领导人意识到是选民掌握着自己的政治命运,要求其政治行为必须为选民着想。

民主国家的选举制度实行公开、自愿、公平、透明、定期等原则,这也是民主选举最显著的特征。所有的公民在达到法定年龄(一般是18岁或21岁)后都有选举权(又称投票权)与被选举权,多数国家要求选民在投票之前进行登记或领取选民证。通常由各个政党推选出自己的候选人,也有独立候选人参加选举活动。候选人必须在时间、精力、金钱,乃至事业上有所损失甚至作出牺牲;而当选的公职人员必须舍弃个

[①] 《建国以来毛泽东文稿》第10册,中央文献出版社1996年版,第194页。

人的立场，真正代表选民的利益，对自己的选民负责。

政党是专门从事民主选举的政治组织，法治国家通常实行多党制。人们认识到，民主国家不应该只有一个政党。政党与政党之间具有独立、平等的法律地位，互不隶属，也不存在领导与被领导的政治关系。相反，如果只有一个政党，或者只有某个政党才能在选举中取胜而永久执政，那么不同的利益与反对的意见就失去了表达的途径，这部分公民没有了自己的代表者与代言人，实际上被取消了决定国家管理和参与政治的机会与权利。如果某一政党凭借暴力或强行将其他政党排除在国家权力或政府之外，那就会导致一党专制或暴力专政，民主政治会荡然无存。因此，公民选举就是选政党，其实质在于挑选执政的政党，该党的领袖即成为国家领导人。多党制为政党之间相互竞争、相互监督、相互合作提供了制度基础，也使选民有了更大的选择权，不仅能充分发挥民主政治的优势，而且有助于发现、揭露、防控权力的滥用与政治的腐败。

民主国家很重视选举时间的固定和选举的具体方式。选举尤其是全民普选应在法律规定的时期进行，一般由宪法规定政府和立法机关应该多长时间（如两年、四年、五年、六年）选举一次。专制国家的独裁者往往以推迟举行大选的方式维持、延长自己的权力，他们或者到期不选举，或者无限期地推迟选举时间。而民主选举不仅换届选举的时间固定，而且还规定了选举的具体程序。选民必须取得某种身份文件，如选民证或选民卡等。其目的是确保每位选民都合格，且无人在选举中重复投票。

主要的选举活动均实行"票决制"，即依法投票选举，而不采取鼓掌通过、征求意见通过、群众推荐（俗称"民意测验"），或者记名按键投票等方式。投票过程一般是：首先，选民应到专门的投票站，工作人员对其身份进行核实（身份证、选民证、按手印等），分发选票。其次，选民应认真阅读选票上的说明，进入隔离的、无监视设施的划票间，在其所支持的候选人名字旁边按规定划上标记，任何人不能看到划票结果。再次，选民将折好的选票投入放进经过严格检查的投票箱，投票即告完成。待整个投票过程结束后，工作人员应在候选人或各政党代表的监视下，封存选票箱，送至计票处。最后，投票的结果由选举主持机构公布于众。

四、独立自主、言论自由与服从多数

这是民主制度的基本原则，是人格自由和统一社会行为的具体体现。独立自主、言论自由是一种基本人权，指公民可以按照自己的意愿自由地表达意见和想法的政治权利。少数服从多数是一种行为与活动的原则，指少数人可以保留自己的意见，但行为上应当服从多数人的决定。前者为公民处理个人事务，表达自己思想的权利，而后者是公民参与公共事务，社会活动所遵循的准则，二者同存于现代民主制度之中，并不矛盾。

言论自由是民主制度的旗帜。首先，人们的思想与意愿，总要以语言或文字进行表述，同时还常常采用发表、集会、游行、出版等方式表达出来。因此，言论自由又可称为涵义更为广泛的表达自由。一般说言论自由时系指口头与书面的表述，即语言与论述，广义的言论自由还包括信仰、通信、出版、著述、文艺创作等自由。如《世界人权宣言》第19条："人人有权享有主张和发表意见的自由；此项权利包括持有主张而不受干涉的自由，和通过任何媒介和不论国界寻求、接受和传递消息和思想的自由"。我国现行宪法第35条："中华人民共和国公民有言论、出版、集会、结社、游行、示威的自由"。第36条："中华人民共和国公民有宗教信仰自由"。第40条："中华人民共和国公民的通信自由和通信秘密受法律的保护。除因国家安全或者追查刑事犯罪的需要，由公安

机关或者检察机关依照法律规定的程序对通信进行检查外,任何组织或者个人不得以任何理由侵犯公民的通信自由和通信秘密"。

其次,言论自由旨在保障公民表达个人的思想意愿不受政府的审查及限制,也无需担心受到政府报复。也就是说,在民主国家里,公民处于主人的地位,政府及其公务人员只相当于"公仆",应该服从并执行主人的决定,不能也无权限制、封杀、取缔,甚至惩罚主人个人的想法、意愿、主张及其表达。所以,言论自由常被视为公民典型性的、首要的自由权利,亦称免受政府行为干涉的自由权利。然而,不受政府的强制或干涉,并不等于不受法律的限制与约束。言论自由并不是绝对的、毫无限制的、任性的胡言乱语,民主国家依法规范公民言论自由权利的行使与实现,协调与处理权利之间的冲突。也就是说,"法无禁止皆可为",只要不违反法律的禁止性规定,公民完全可以自由地表达个人的思想与感情,不受政府或其它方面的干涉干预。在现实中,一般的言论自由能够实现,而对于事关时局的、敏感性的、或者政治性的言论是否能够让其表现或自由地表达,往往存在着严重的分歧。这就涉及言论自由权行使的条件和限制的标准问题。

例如,2015年2月份,《求是网》一篇署名文章主张:"在言论自由方面,有两点必须搞清楚:一是党和国家领导人的讲话不是学术探讨。党和国家领导人的讲话是集体智慧的结晶,是职务行为,一旦正式发表,就代表党的意志、国家的意志!党的领导人的讲话,全体党员都要认真学习、领会,坚决贯彻执行。如果是在讨论征求意见阶段,需要你发表意见时你可知无不言,言无不尽,大胆献言献策。而一旦正式发表后,绝对不允许再评头论足、妄加非议!二是舆论斗争不是学术探讨。舆论斗争是一场没有硝烟的战争"。作者的意见很明确,即学术探讨可以实行言论自由,但不适用于评论领导人的讲话与进行"舆论斗争"。舆论斗争是个因人而异的、很难界定的概念,怎样在"舆论斗争"中禁止言论自由,连作者自己也说不清楚,且存而不论①。不准对党和国家领导人的讲话发表意见则显露出作者对宪法的无知,与偏爱、奉承领导人的幼稚;继而又给敢于"评头论足"即提出批评或建议的言论扣上"妄加非议"的大帽子,使人又感受到"文革"时"无限上纲"的味道。该文错将领导人视为永远正确的神仙皇帝,错把领导人的讲话当成"国家意志",认为只能学习贯彻,不准公民自由地发表自己的意见,实属典型的人治思维。判断公民言论是否合法的标准既不是任何组织的决定,也不是某个个人的认识,包括领导人的讲话与指示,只能是宪法和法律。我国宪法关于公民的言论自由权及其行使的条件有明确的规定,如第33条规定,"任何公民享有宪法和法律规定的权利,同时必须履行宪法和法律规定的义务"。第41条规定,"中华人民共和国公民对于任何国家机关和国家工作人员,有提出批评和建议的权利;对于任何国家机关和国家工作人员的违法失职行为,有向有关国家机关提出申诉、控告或者检举的权利,但是不得捏造或者歪曲事实进行诬告陷害。对于公民的申诉、控告或者检举,有关国家机关必须查清事实,负责处理。任何人不得压制和打击报复。由于国家机关和国家工作人员侵犯公民权利而受到损失的人,有依照法律规定取得赔偿的权利"。第51条规定,"中华人民共和国公民在行使自由和权利的时候,不得损害国家的、社会的、集体的利益和其他公民的合法的自由和权利"。刑法、民法、侵权法与

---

① 原文为:"二是舆论斗争不是学术探讨。舆论斗争是一场没有硝烟的战争。当前国际国内的舆论斗争都比以往任何时候更加复杂、严峻。《文化冷战与中央情报局》一书的前言中,在介绍美国冷战后文化外交的基本理论时,他们用这样的字眼描述:'好的宣传就是做得不像宣传','宣传对象按照你所指定的方向走,而他却以为这个方向是他自己选定的。'美国政府文件中随处可见的这些白纸黑字,让我们不得不警醒:如果分不清哪些是舆论斗争的真正目的,往往就会使许多简单的问题复杂化,让人们犹如雾里看花、是非难分。长期下去,人们会对我们的社会主义道路就会产生怀疑,甚至走向我们的对立面。对此,我们要高度警惕!"

行政法也作出了具体的约束性规定①。当然,宪法中关于公民言论、出版、集会、结社、游行、示威等自由权利的行使与落实,还有待于具体的制度与宪政实践。但是,我们必须摒弃人治思维,确立法治理念,公民关于政治问题的见解,对国家事务的意见,对领导人或公务人员的建议乃至批评,均属于言论自由的范围,受到法律的保障,是民主权利的体现。你可以不同意他话语的内容,但不能据此剥夺他言论自由的权利。正如法国思想家伏尔泰的名言:"你所说的话不一定正确,但我誓死捍卫你说话的权利。"

少数服从多数是行为与活动的民主原则。由于事关社会、国家、组织、集体等公共利益的事项,无论从理论上还是在实践中,都不可能得到全体公民或成员百分之百的一致同意或执行,所以便只能按照多数人的意志办事,而要求少数人在行为上服从。首先,一般说来,多数人的意见体现了多数人的利益和要求,更能反映客观情况,容易执行、落实和操作。同时,众人的思想、智慧、能力和经验,能够较全面充分地认识问题,克服局限,减少失误。这种决策是平等、公正、正义的表现,若反过来要求多数人应按照少数人的意愿办事,则显失公正并违反了社会正义。其次,少数服从多数,其实正是发扬民主和尊重民主权利的重要体现,少数人在行为上服从多数人的决定,并不等于剥夺或无视少数人的权利,相反,这恰恰表现了对其权利的尊重与维护。因为,少数人一直参与了该事项的决策的全过程,如提议、讨论、争议、商议和表决等,已经充分表达了自己的意见或诉求,多数人的决定中已吸收或包括了这些内容。同时,虽然行为按照多数人的决定,但思想观念上仍可以

---

① 如:不得利用言论自由煽动和颠覆政府,危害公共安全和社会秩序;不得利用言论自由对他人进行侮辱和诽谤;不得利用言论自由侵犯他人的隐私权;不得利用言论自由宣扬淫秽、教唆犯罪方法;不得利用言论自由干预正常的司法活动;不得利用言论自由泄露国家机密等。

保留自己的见解,并且仍可以发表出来。再次,如果多数人的决定是错误的,这一原则是否仍然成立？回答是肯定的。这一原则是对行为与活动的要求,而不是科学的结论或真理的表述。一者,虽然多数人的认识并非绝对正确,也不等于真理,但它体现了民主的原则,表达了多数人的意志和要求,因此必须服从。如果已经认识到其决定的错误,就应在执行中尽可能地防止或减轻其不良后果,在事后努力纠正。二者,应该看到,"许多时候,少数人的意见,倒是正确的。历史上常常有这样的事实,起初,真理不是在多数人手里,而是在少数人手里。"[①]这就提醒我们,在实行少数服从多数民主原则时一定要注意,少数握有真理的人应努力使自己正确的意见为多数人接或认可,而多数人一定要仔细、认真地听取少数人的意见,尊重其权利,保护其人身。因此,在行为上服从多数与保护少数,正是这一原则的实质和真谛。人类历史上曾经有过沉痛而深刻的教训：在 20 世纪 20 年代,德国法西斯的独裁专政,正是通过合法的表决,在多数人的助力之下,取缔了少数人的言论自由和警示忠告而成功登台,酿成了世界大劫难。直到今天,德国人民和全世界崇尚民主的国家仍在认真地反思。

五、协商一致

民主的方式是通过商议、讨论与妥协而达到一致,决不搞对抗、冲突或暴力。公民有各自的立场、观点、利益与愿望,又处于同样的政治、经济、文化等社会条件与自然环境之中,有着共同的命运、需求、利益与目标。因此,要将自己的意志形成法律,挑选代表人或自己参与管理国家、处理公共事务,都要求将各自的认识变为一致的主张,将分散的意见集中为统一的决定。这样,民主决策的方式只能是协商一致,其要有

[①] 见 1962 年 1 月 30 日,毛泽东"在扩大的中央会议上的讲话"。

三：首先，协商一致以权利平等和多数原则为前提。平等协商、公平选举是公民在法律面前人人平等原则的具体表现，参与协商的成员不分性别年龄，不论出身职务与愚智贫富，都有平等的发言权和表决权。因此，民主协商与决策依照法定程序进行，商议是倾听、了解分歧与有针对性地商量、讨论而不是进行批判或斗争。协商是通过讨论、辩论互相说服而不是压服或简单否定，少数人的意见能够并必须在协商中充分发表，但应服从最终形成的决定。一致即决定或决议是按多数原则进行表决的结果，而不是某位领导、负责人或主持者的所谓"集中"。这是民主决策制度与我们熟知的领导方式的民主集中制的根本区别。

其次，协商的实质是妥协，一致的内涵是包容。一方面，民主决策不同于对敌斗争，其性质无外于利益之争或观点分歧，绝不是水火不容或者你死我活的敌我关系。我们不能再套用过去阶级斗争的思维与方式，来对待民主协商与民主选举，也不宜将民主决策中的言论、观点或主张，"上纲上线"为政治立场与意识形态问题。另一方面，出现分歧是民主决策的常态，各方只有通过倾听、交流、商讨而相互理解，在理解的基础上吸取对方的要求、修正自己的主张，从而达到一致。因此，一致是彼此妥协的成果，而不是斗争，即"一个吃掉（战胜）一个"的结果。在这个意义上，可以说民主决策意味着妥协，而法律所体现公民意志正是妥协的表现。同时，对决定或决议的服从与履行，又表现了对不同意见的接受、认可与宽容。如民主选举，各政党或候选人既要积极参与竞争，更应勇于承认失败并尊重选举的结果，继续监督执政党与政府，提出自己的政策方案和政治见解供公众选择。这就是民主政治的特点，体现了政治的宽容与包容。

再次，协商一致的对立面是强制集中，民主政治的破坏者是对抗与暴力。协商是妥协不是斗争，一致是包容不是战胜。暴力冲突与武装镇压是斗争的惯用方式，战争的常态表现，与民主政治、协商一致是格格不入的。在一些没有长期的民主传统与初行民主政体的国家，经常出现议员哄闹、漫骂、大打出手的场面，还有不服合法选举结果而封（议会）门、堵路的情况；更有甚者，还有出动军队包围议会，"刀枪之下逼选票"的现象。我国民国初期的军阀"辫帅"张勋就演过这样的丑剧。除去"文化大革命"等个别的非常时期，我们党坚持党内民主选举、民主决策的传统，将暴力对抗、坚持对立排除在协商一致之外，发挥了民主政治的优势。

第二节　市场经济与民众共同富裕

法治国家的经济模式是市场经济，即以市场作为配置资源发展经济的主要方式。过去"说市场经济只存在于资本主义社会，只有资本主义的市场经济，这肯定是不正确的"①。因为法治模式适合现代国家，而现代国家是生产力发达、经济繁荣的工业化社会，市场经济正是工业化社会的经济模式，所以，以市场为中心的生产关系，是法治国家的经济基础。发展经济是为了满足人们的生存、发展和提高生活水平的需要，保障分配公平和降减贫富差距是经济发展中的应有之义，因此，"经济发展以保障和改善民生为出发点和落脚点"②；应该以"消除贫困，改善民生，逐步实现共同富裕"为目标③。

---

① 邓小平语，见《邓小平文选》第 2 卷，第 236 页。
② 习近平语，见 2015 年 5 月 27 日，"在华东七省市党委主要负责同志座谈会上的讲话"。
③ 习近平语，见 2015 年 11 月 27 日，"在中央扶贫开发工作会议上的讲话"。

一、发挥市场在资源配置中的决定作用

在人类历史中,先后有根据社会条件而自发形成的资源短缺的牧业渔猎经济、自给自足的农业自然经济、市场配置的工业商品经济等模式。在当代世界,这几种基本经济模式仍并列共存;工业化国家与走向工业化的国家伴随其政治体制的不同,又出现了以公有制为基础的产品计划经济,与以私有制为基础的商品市场经济的区分;如今,原实行计划经济的国家纷纷改革转型,市场经济一体化已成为全球化趋势。我国30多年的改革开放经历了这一艰难的转型,为建设法治中国筑就了坚实的经济基础。

中国是个具有连续五千多年悠久历史的大国,创造了灿烂的农业文明和成熟的、典型的自然经济体制。新中国成立后,出于当时的国际环境和巩固政权、恢复经济的需要,全盘照搬了原苏联这个唯一支持我们的大国的经济模式,即斯大林的中央计划经济体制。我们知道,与随着社会的发展而自发形成的自然经济、市场经济不同,计划经济出自于一个天才经济学家的理论设计。马克思通过对资本主义社会的深刻分析与批判,认为自由市场经济成就了发达的资本主义,同时也暴露出其固有的弊端。为了消灭剥削,消除"三大差别"(城市与乡村、工业与农业、脑力劳动与体力劳动),马克思指出在无产阶级夺取政权之后,政治制体应以无产阶级专政取代资产阶级专政,经济体制则以计划经济取代市场经济。马克思只设计了计划经济的蓝图,而列宁,尤其斯大林在其领导的第一个社会主义国家苏联将之变成了现实的经济制度。即在公有制(工商业国有化,农业集体化)的基础上,由中央政府制定统一的、指令性的经济计划,严格按照计划进行资源配置、生产和产品分配。与市场经济相对立,公有制、中央集权、政府管理、计划配置、指令性与行政性方式等,是计划经济的主要特征。

新中国成立后即引进了计划体制，1950年8月举行了第一次全国计划工作会议，编制出1951年计划和三年的奋斗目标。1954年颁布并开始实施第一个五年计划，并在1954年宪法中将计划经济确立为法定的经济体制①。实行计划经济迅速恢复了经历战争创伤的国民经济，"五年计划"的实施，将社会资源集中用于重点建设，建立了工业化和国防科技的基础，取得了有目共睹的成就。同时，随着经济上的急功近利与盲目冒进，"阶级斗争"的推行与强化，计划体制日益僵化并显露出巨大的缺陷，造成产品单一、产能低下、商品短缺、经济衰退等恶果。"文化大革命"后期，我们这样一个有八亿人口的大国，其国民生产总值竟然比不一个弹丸之地的香港或新加坡，经济处于崩溃的边缘！痛定思痛，我们又重新思考与选择新的经济模式，即："用什么方法才能更有效地发展社会生产力。我们过去一直搞计划经济，但多年的实践证明，在某种意义上说，只搞计划经济会束缚生产力的发展"②。于是，我们坚定不移地推行经济改革，逐步引入并建立适合我国国情的市场经济模式。1993年宪法修正时，将第15条关于国家实行计划经济的规定修改为："国家实行社会主义市场经济"，标志着市场经济成为我国法定的经济制度。经过近30年的实践与探索，我们已经建立了具有中国特色的社会主义市场经济体系，步入了市场经济国家行列，成为世界第二大经济实体。

法治国家之所以将市场作为配置资源、发展经济的主要方式，主要在于，这种在社会演进中自发形成的经济模式，与原始配给式的渔牧经济、自给自足的农业自然经济、行政指令型的计划经济相比，市场经济具有其本身的诸多优势。主要表现在：

其一，中、外的实践均已证明，市场模式适应工业化生产、销售与消

---

① 1954年宪法第15条："国家用经济计划指导国民经济的发展和改造，使生产力不断提高，以改进人民的物质生活和文化生活，巩固国家的独立和安全。"
② 《邓小平文选》第3卷，人民出版社1993年版，第148页。

费,能够促进社会生产力加速与持续发展,是当代最具效率和活力的经济模式,符合现代法治社会的经济需求。

其二,它将市场作为全社会经济联系的纽带,成为资源配置的主要方式。生产与生活资源是经济的物质基础,配置是使资源达到优化和适度的经济方法。市场经济与计划经济的最大区别在于不以国家权力和行政命令配置各种资源,而是促使各种社会资源直接或间接地进入市场,以市场供求关系和价值规律引导资源在各个部门和领域之间自由流动,使社会资源得到合理适当的配置。

其三,在市场经济中产品、资本和人力均要求自主经营,平等交易,自由竞争,只服从统一的规则即法律,而不受权力、身份的支配。市场的主体是公民(自然人)、法人、非法人组织及国家机关,当国家机关作为市场主体时,与其他主体是平等的。这样,市场主体的人身安全和财产所有,以及自由、平等等权利,也是全体公民的基本权利的反映。法律规定了各类经济主体进入市场必备的资格条件,相应的权利与义务,应负的法律责任等,要求产权明晰,权责统一,依法经营与谋取正当利益,承担相应的风险和责任。只有把各市场利益主体的活动都纳入到法律的框架内,才能维护市场竞争的有序性和正常运行。从这个意义上说,市场经济实质是法治经济。

其四,从结构上看,商品的生产、交易、流通、消费与分配等在产品市场、资本市场、人力市场上进行。从类型上区分,又可分为货物贸易、服务贸易、与货物有关的知识产权贸易等。这些市场行为与活动具有诚实、信用、平等、公正、有效、便捷等特征,因此,"国家保护各种所有制经济产权和合法利益,保证各种所有制经济依法平等使用生产要素、公开公平公正参与市场竞争、同等受到法律保护"[①]。禁止对市场的垄断

---

① 见《中共中央关于全面深化改革若干重大问题的决定》。

与不正当竞争,反对并制裁欺诈、违约、失信及其他违约、侵权与犯罪行为。

其五,在发挥市场配置的决定作用的同时,还必须对其实行必要的、有效的宏观调控。在自由市场经济时期,国家(政府)的经济职能主要是维护经济秩序与市场外部环境,不直接干预经济运行。在现代市场经济条件下,国家则对市场经济进行必要的干预和调控。干预指以经济政策的方式遏制价格飞涨、货币贬值、产能过剩、失业待业严重等现象;调控指以经济法如财政、金融、货币、税务等法律法规限制私权的过度膨胀,弥补市场的缺陷,纠正市场的弊端。

其六,市场经济是一种开放经济体系,商品有产地而市场无国界。市场经济的全球化是 21 世纪的突出现象,国内市场与国际市场逐步融为一体。经济联系超越了民族、国家与意识形态的束缚,也使世界各国、各民族成为"利益共同体"与"命运共同体"[①],当代世界的趋势是市场经济的全球一体化。随着《关税与贸易总协定》的结束,世界贸易组织(WTO)的成立,标志着现代国际市场的正式形成。经济规则与经济活动的国际化,互联网的普及与"网络交易"、"网络贸易"、"网络支付"等新的市场方式,扩大了市场经济的规模,弥补了传统市场的不足,也带来了新的问题和挑战。

二、消除两极分化,实现共同富裕

市场调配资源,能够促进生产力更快发展,有利于经济繁荣,增加

---

① 习近平指出,"扩大同各国的利益交汇点,推动构建以合作共赢为核心的新型国际关系,推动形成人类命运共同体和利益共同体",见"在庆祝中国共产党成立 95 周年大会上的讲话"。又:中共十八大报告提出,"这个世界,各国相互联系、相互依存的程度空前加深,人类生活在同一个地球村里,生活在历史和现实交汇的同一个时空里,越来越成为你中有我、我中有你的命运共同体。"

财富,虽具有明显的优势,也存在自身的劣根性与固有的弊端。一方面,市场本身具有自发性(自动地以赢利欲望决定投入与生产)、盲目性(以价格的增值幅度决定参与程度)、周期性(投资、生产、流通、交易、竞争、消费、分配等市场环节都有一定的期间或期限,往往以轮回、循环的方式呈现)、滞后性(生产与经营的结果远远滞后于事先的预期)、虚假性(实质为现象所掩饰,内容被形式所包裹,表象往往是虚假的)、风险性(市场是只"看不见的手",有很多可能出现的危险状况或不利后果)等。另一方面,这些特性在市场经济的形成、成熟与发展的实践过程中,又产生了种种弊端。例如:盲目投资与生产、浪费巨大或亏损严重,扩大贫富之间差距,导致社会两极分化,形成金钱拜物教,易生权钱交易,出现经济危机的时间延长而周期缩短,等等。

再回首现实:二百多年来,在工业化形成与发展的过程中,西方殖民国家利用经济与军事实力对外发动了世界规模的扩张活动,掠夺与欺压非市场经济的不发达国家。在这个意义上,也可以说,市场经济与资本一样,自它们"来到这个世界,从头到脚,每一个毛孔都滴着血和肮脏的东西"(马克思语)①。在其国家内部,则由于市场经济各主体之间的残酷竞争,使贫富分化日益加剧,社会财富往往集中在少数富人手里;市场的盲目性常导致供求失衡,不是商品短缺便是产能过剩,或是物价飞涨或是货币贬值;周期性的危机更造成资源的流失、环境的破坏与经济的衰退。

为了克服上述缺陷,尤其是贫困失业与经济衰退,英国著名的经济学家约翰·梅纳德·凯恩斯(1883—1946)从宏观经济的角度,主张国家直接干预市场经济。即以政府的财政政策和货币政策为主要手段,采取赤字财政、增大货币供应等措施扩大开支,降低利率,实现刺激消

---

① 见《资本论》第一卷。

费,增加投资,提高有效需求,充分就业和经济增长的目标,被称为"凯恩斯主义"。自此,国家干预、政策刺激,以及后来的以法律进行宏观调控等,成为应对市场弊端的必选之策。

我国是由计划经济逐步转型为市场经济的,所以一开始便重视国家计划与市场经济的关系及其处理。我们先解决对市场经济性质的认识问题,邓小平作出结论:"计划多一点还是市场多一点,不是社会主义与资本主义的本质区别。计划经济不等于社会主义,资本主义也有计划;市场经济不等于资本主义,社会主义也有市场。市场经济是中性,在外国它就姓资,在中国就姓社。"[①]继而进一步将其定性为"中国特色的社会主义市场经济",突出了以公有制为主,与宏观依计划、微观靠市场的特点。然而,市场的弊害依旧在实行中显现出来,主要有二:一是阻碍生产力的持续发展。在经历经济高速增长时期之后,降速、回落、停滞、衰退亦不时显现,以及重复建设、污染环境、浪费资源等。现在已经形成了不再依赖 GDP 高速与增量投入,转而注重供给侧与民生需求的经济"新常态"。二是扩大了两极分化。改革的"红利"尚未惠及民众,经济发展高速增长而居民收入增长缓慢,利益集团与少数权贵财富骤增而普通民众深陷相对贫困,以致出现了"富人越富,穷人愈穷"的马太效应[②]。可见,单靠市场本身无法克服自己的毛病,还应发挥国家干预即政府引导、法律调控的作用。

这样,市场经济除了发展生产、增加财富的基本目标外,还应加上第三个目标:共同富裕。即"发展生产力,消灭剥削,消除两极分化,最

[①] 见 1992 年"邓小平南巡讲话"。
[②] 见北京大学中国社会科学调查中心组织完成的《中国民生发展报告 2014》,"我国家庭财产不平等程度在迅速提高,顶端 1% 的家庭占有全国 35% 以上的财产,底端 25% 的家庭仅拥有全国 10% 的财产";"由于两极分化的趋势非但没有得到任何控制,反而因'国企民营化'、'医疗产业化'、'教育产业化'等政策的实施,中下层群众用于教育、医疗等方面的开支每年以约 20% 速度猛增,出现'富人越来越富,穷人越来越穷'的马太效应。"

终达到共同富裕"①。从改革开放初期的"让一部分人先富起来",到全面实现小康社会的"共同富裕",表现了我们对纠正市场经济弊端的重视和整体认识的提升。自发的市场运行会加剧两极分化,而政府调节有利于实现共同富裕,因此,正确处理市场与政府的关系便成为经济建设中的核心问题②。由于我们对计划经济驾轻就熟,对政府管控情有独钟,所以在实行市场体制,建设法治国家的进程中,应该强调三点:

首先,坚持市场配置,不搞行政垄断。经济是为了生产消费而配置资源的活动,市场经济实质上就是市场决定资源配置的经济。你可以不搞市场经济,要实行市场经济就必须发挥市场在资源配置中的决定性作用。那种以克服弊端为理由,主张恢复政府主导、计划配置和行政指令的观点与做法,实际上是对改革开放以来建立市场经济体制的否定。其次,以法律调控经济运行,公正分配,缩小贫富差距。公民、法人、企业等市场主体意志独立,产权自有,经营自主,在市场中与政府机关是平等的关系,已不再是俯首听命的被管理者③。也就是说,市场主体及其行为只遵从法律,不屈从任何政府或者权力。所以,法律是国家干预市场,即宏观调控经济活动的主要方式。现代的经济法的主要功能,就是在财政、税收、金融、保险与社会保障等领域,既抑制私权的过度膨胀,又限制行政的过度干涉,从而弥补市场配置的不足,纠正政府权力的扩张,促进公平分配、稳定物价、增加就业、保持总供给与总需求的基本平衡和国民经济持续稳定地发展。

---

① 邓小平语,见1992年"邓小平南巡讲话"。
② 十八届三中全会《决定》指出,"经济体制改革是全面深化改革的重点,核心问题是处理好政府和市场的关系,使市场在资源配置中起决定性作用和更好发挥政府作用。"
③ 十八届三中全会《决定》指出,"加快形成企业自主经营、公平竞争,消费者自由选择、自主消费,商品和要素自由流动、平等交换的现代市场体系,着力清除市场壁垒,提高资源配置效率和公平性"。

第三,政府以政策进行调节,弥补市场失灵。一方面,对于经济发展或者资源的配置来说,市场起着决定性的作用,但不是也不可能是全部作用。在不适合使用市场方式的领域,如直接关系社会民生的医疗、养老、教育、交通、生活能源等公益领域,以及国防、军事、安全、国际等事务,绝不能交由市场自发调节,盲目配置。政府应该发挥自己管理公共事务和服务社会的职能,坚持公平配置原则,引入竞争机制,提高公共服务的现实性和公平性。在市场资源配置的基础上,政府及其授权或委托的社会组织主动介入,修正市场失灵,优化资源配置。另一方面,政府以经济计划、产业政策为引导,采用财政、货币、信贷、制裁等经济措施以及必要的行政手段,尤其是财政政策、货币政策与结构调整政策即所谓"三策并用",对市场行为进行引导与调节。在性质上,政府的调控行为是现代国家干预市场经济的行政管理行为,其价值在于政府通过这种方式,使宏观经济活动与微观经济行为结合起来,在对个体利益进行保护的同时,突出了对社会公共利益的重视与保护。因此,发展经济,配置资源,需要市场和政府这"两只手","两手"既不能打架,也不能排斥。与市场这只"看不见的手"相比,政府这只"看得见的手"在经济领域里的职责与作用,主要表现在保持宏观经济稳定,加强和优化公共服务,保障公平竞争,加强市场监管,维护市场秩序诸方面,以求推动可持续发展,促进共同富裕,弥补市场失灵。总之,正如习近平指出的,"使市场在资源配置中起决定性作用和更好发挥政府作用,二者是有机统一的,不是相互否定的,不能把二者割裂开来、对立起来,既不能用市场在资源配置中的决定性作用取代甚至否定政府作用,也不能用更好发挥政府作用取代甚至否定使市场在资源配置中起决定性作用"[①]。以及"创新政府配置资源方式,要发挥市场在资源配置中的决定性作用

---

① 2014年5月26日,"在中共中央政治局集体学习时的讲话"。

和更好发挥政府作用,大幅度减少政府对资源的直接配置,更多引入市场机制和市场化手段,提高资源配置效率和效益"①。

第三节　最高权威与主流信仰

　　法律是人人尊奉与服从的最高权威,法治是社会的核心价值和主导信仰,构筑了法治国家的思想文化基础。在前节法治理念中,阐明了法律至上的内涵及其与权力、政党的关系,本节主要从思想、信仰与文化角度,说明如何使公民之法成为最高权威与主流信仰。

一、法律具有最高权威

　　法律至上,是指其地位的至高无上,它的效力最高,以国家权力作后盾,任何组织和个人都必须服从。法律权威则是人们出于对法律的尊崇、敬仰与信服而形成的服从;它不但表现在行为与活动中的遵守,还体现为思想与精神上的肯定。亚里士多德曾言,有两种对法律的服从,即"乐于服从"与"宁愿服从"。后者是一种基于功利考量的被迫服从,而前者则是发自内心的崇尚与信仰。孟子早就说过,"以力服人者,非心服也,力不赡也。以德服人者,心中悦而诚服也"②。可见,"力服"(力量服从)不同于"心服"(思想服从)。也就是说,仅依靠强制力量的服从,可能是压服、征服,即被动的遵行;而发自内心与自愿的服从,则是心悦诚服,即自觉的遵行。恩格斯指出,"一方面是一定的权威,不管它是怎样形成的,另一方面是一定的服从,这两者都是我们所必需的,而不管社会组织以及生产和产品流通赖以进行的物质条件是怎样

---

① 2016年8月30日,"在中央全面深化改革领导小组会议上的讲话"。
② 《孟子·公孙丑上》。

的。"[1]因此,法律具有最高权威,是法治国家的本质特征。树立法律的最高权威,是建设法治国家的思想理论基础。在实践中,主要表现在三个方面:

首先,各级领导应尊重和维护法律权威。商鞅一针见血地指出,"法之不行,自上犯之"。在上位者重权不重法,执法犯法,吏民上行下效,法律形同虚设,成为人治传统的特色。历史"留给我们的,封建专制传统比较多,民主法制传统很少",[2](邓小平语),传统的轻法观念在今天表现为"权大于法",长官意志即"领导的想法、看法、说法"高于法,以及"领导干部依法办事观念不强、能力不足,知法犯法、以言代法、以权压法、徇私枉法现象依然存在"[3],成为当前法治建设的一大障碍。因此,从现实状况出发,使各级领导确立并带头维护法治权威,应突出三点:

一是要强化带头意识,抓住领导干部这个"关键少数",尤其"一把手"应以身作则。要把尊法学法作为必修课,将执政执法作为主要职责;凡是要求群众必须做到的,领导干部要首先做到;凡是宪法与法律规定不能做的,领导干部要带头不做。正如习近平所强调的,"各级领导干部要带头依法办事,带头遵守法律,对宪法和法律保持敬畏之心,牢固确立法律红线不能触碰、法律底线不能逾越的观念,不要去行使依法不该由自己行使的权力,也不要去干预依法自己不能干预的事情,更不能以言代法、以权压法、徇私枉法,做到法律面前不为私心所扰、不为人情所困、不为关系所累、不为利益所惑。不懂这个规矩,就不是合格的干部。如果领导干部都不遵守法律,怎么叫群众遵守法律?上行下效嘛!各级组织部门要把能不能依法办事、遵守法律作为考察识别干

---

[1] 《马克思恩格斯选集》第三卷,1995年版第226页。
[2] 《邓小平文选·党和国家领导制度的改革》。
[3] 见中共十八届四中全会《决定》。

部的重要条件"①。

二是树立正确的权力观,位高不擅权,权重不谋私。一方面,认清法律与权力的关系,即公民权利高于国家权力,执政权与行政权、审判权、检察权等均来自于公民的委托或法律的授予,从而自觉地尊崇和履行法律,为人民服务。另一方面,处理好公务职权与个人私利的关系,为公不为私,做公仆兴公利除公害,洁自身克己行抑私欲。坚守法律底线,抵制"枕边歪风",把好"人情难关"。亦如习近平所说,"我们要牢固树立正确的权力观、地位观、利益观,牢记手中的权力是党和人民赋予的,是用来为军队建设服务的。位高不能擅权,权重不能谋私。要坚持自重、自省、自警、自励,带头遵守廉洁自律各项规定,遵守中央关于领导干部工作和生活待遇等方面的规定。要教育家属、子女不搞特殊化,不要打着我们的旗号收受好处,乱说话、乱办事。再一个就是身边工作人员的教育管理问题。看不好身边人,将来可能就会被拖累,造成很大的影响。要按规定解决身边人员的职务和待遇问题,不能搞特殊"②。

三是依法从严治党,从最高领导抓起。邓小平同志说过:"在中国来说,谁有资格犯大错误?就是中国共产党。"依此相推,从党内来看,谁有资格犯大错误?就是高级干部,尤其是最高领导。高层领导人一旦犯错误,不仅危害严重,而且对党的形象和威信破坏巨大。"文化大革命"时"无法无天"式的"群众专政",将本来不健全的法制摧残殆尽;周永康等腐败大案也证明,高层领导对法治建设既可以起到关键推动作用,也可能起到致命破坏作用。如果连领导政法工作的负责人都做不到尊法学法守法用法,不要说全面推进依法治国,实现中华民族伟大

---

① 《十八大以来重要文献选编》(上),中央文献出版社2014年版,第721页。
② 2013年7月8日,"在深化军委和全军作风建设会议上的讲话"。

复兴的中国梦,就连党的领导与社会主义制度都会受到严重冲击和损害!① 因此,越是主要领导干部,越要自觉增强法规制度意识,以身作则,以上率下,尤其要善于依法规制度用权、谋事与管人,自觉维护法规制度的严肃性和权威性。习近平说得好:"从严治党怎么抓? 就从中央政治局抓起。……中央政治局的同志要带头把党的优良作风继承下来、发扬下去,敏于行、慎于言,降虚火、求实效,实一点,再实一点。全党看着中央政治局,要求全党做到的,中央政治局首先要做到"②。

其次,干部与党员应严格执法,树立法律权威。干部即国家公务人员,肩负着具体执行法律的重任;中共党员即执政党的成员,既是人民中的先进分子,又是执政、执法的先锋队员。一个干部或者党员,在职务、职责或者能力、水平方面可以有高有低,然而在崇法奉法、遵规守纪上不能有差别。"法无明文不得为"、"法无明文不得罚"就是执政执法者的行为"铁规"。它强调以法为上、严格执法,甘为"公仆"、执法为民,权责法定、接受监督、清廉自律、不谋私利。这就要求平时既应加强教育、培养自觉,促使干部与党员维护法律权威,增强法治意识,养成法治习惯;又要加强管理、强化监督,设置一条法治能力的"基准线",发现

---

① 习近平2015年1月13日,"在第十八届中央纪律检查委员会第五次全体会议上的讲话"中指出,大量案件看,领导干部违纪违法问题大多发生在担任一把手期间。有的践踏民主集中制,搞家长制、一言堂,居高临下,当"太上皇",手伸得老长,个人说了算,顺我者昌、逆我者亡,处心积虑树立所谓"绝对权威",大有独霸一方之势。有的人被查处后讲:我的一个批示可以让一个企业获得巨大利益,可以让亲朋好友获取好处,可以让一个人改变处境,可以办事顺利、一路绿灯。有的人就反省说,省委领导对地市一把手多是给政策,多是鼓励,而少有严格要求,少有监督;同级和下级根本不敢监督一把手,这就造成一把手权力失控。一把手位高权重,一旦出问题,最容易带坏班子、搞乱风纪。一把手权力集中,受到的监督很少,遵章守纪基本上靠自觉,这样能不犯错误、不出问题吗? 我们必须用刚性制度把一把手管住,保证一把手正确用权、廉洁用权。这不是对干部要求苛刻,而是爱护和保护干部。领导干部要自觉接受组织和群众监督,这对自己有好处,可以警醒自己始终秉公用权,避免跌入腐败的陷阱。

② 2014年1月14日,"在第十八届中央纪律检查委员会第三次全体会议上的讲话"。

问题及时严肃处理,将不依法执政、依法行政的人从干部系统清除出去。从确立法律的最高权威角度,应强调两点:

一是发挥先锋、模范、榜样的作用。俗语讲,"村看村,户看户,群众看干部","火车跑的快,全凭头来带"(当然,现今的"动车"已不用火力驱动,车头仅只是驾驶室而非动力)。毛泽东指出,"政治路线确定之后,干部就是决定的因素"①。因此,干部与党员应带头崇尚法治,敬畏法律,成为尊法的模范与榜样。崇尚好理解,指将法治国家作为一个崇高的、现实的目标看待,是法治权威的本能表现。敬畏是一种新的观念,除敬仰之外还有畏惧之意。敬畏源于法律的威严,它如同高悬的利剑,以其强制与威慑力量提醒人们,法律是一条不可触碰、不可逾越的"红线",否则会引起严重的后果。这种敬畏具体表现为底线意识(怎样依法行使权力、什么事必须落到实处,什么事坚决不能做也不能干预),规则意识(严格按照法律法规行为与活动、遇事找法、解决问题用法、化解矛盾靠法),程序意识(严格遵循法律程序,决策于法有据,流程公开透明,结果能够验证,全程有监督)等。

二是将尊法畏法的观念转化为法治思维和法治方式。法治思维系指将体现公民权利的法律作为认识、分析、判断和处理事务的思维方法,而法治方式是运用法治思维处理和解决问题的治国理政方式。对此,中共中央《全面推进依法治国若干重大问题的决定》明确指出:"党员干部是全面推进依法治国的重要组织者、推动者、实践者,要自觉提高运用法治思维和法治方式深化改革、推动发展、化解矛盾、维护稳定能力,高级干部尤其要以身作则、以上率下。把法治建设成效作为衡量各级领导班子和领导干部工作实绩重要内容,纳入政绩考核指标体系。把不能遵守法律、依法办事作为考察干部重要内容,在相同条件下,优

---

① 《毛泽东选集》第二卷,人民出版社 1991 年版,第 526 页。

先提拔使用法治素质好、依法办事能力强的干部。对特权思想严重、法治观念淡薄的干部要批评教育,不改正的要调离领导岗位"。习近平一再强调,"领导干部都要牢固树立宪法法律至上、法律面前人人平等、权由法定、权依法使等基本法治观念,对各种危害法治、破坏法治、践踏法治的行为要挺身而出、坚决斗争。对领导干部的法治素养,从其踏入干部队伍的那一天起就要开始抓,加强教育、培养自觉,加强管理、强化监督。学法懂法是守法用法的前提,要系统学习中国特色社会主义法治理论,准确把握我们党处理法治问题的基本立场。首要的是学习宪法,还要学习同自己所担负的领导工作密切相关的法律法规。各级领导干部尤其要弄明白法律规定我们怎么用权,什么事能干、什么事不能干,心中高悬法律的明镜,手中紧握法律的戒尺,知晓为官做事的尺度"[1]。

再次,是全民信法,让法治之法成为全社会的信仰,只有全民信仰法律,才能树立法律的权威,保障法律的实施。

二、法治是社会的主流信仰

美国学者伯尔曼有句名言:"法律必须被信仰,否则它将形同虚设";"没有信仰的法律将退化成为僵死的教条"[2]。"信仰"是人的意识和思想的表现,属于精神方面的诉求与寄托。它是一种精神的力量和内心的驱动。无论信仰的对象与内容有多么不同,信仰者的态度却是相同的,即视其为人生的最高原则和最终目的,竭尽全力,认真践行。它具有神圣性(如宗教信仰)、崇高性(如共产主义)、现实性(如法治信仰)与巨大的影响性,从而使信仰者的行为更加主动和积极。伯尔曼所说"必须被信仰"的法律,并非某项具体的规定或者某个专门的法规,而

---

[1] 2015年2月2日,"在省部级主要领导干部全面推进依法治国专题研讨班的讲话"。
[2] [美]伯尔曼著:《法律与宗教》,梁治平译,三联书店1991年版,第14页。

是针对整个法律制度而言,尤其指依法治国的信念和对法律权威的敬仰。

中国自古以来并不缺乏成文的法律规范,王法与国法也曾形成体系而彪炳于史;但在国家运行和社会生活中,法律始终处于"治之具"即统治工具、手段或武器(如刀把子)的地位。所缺乏的是对法的精神即公民权利的尊崇,对宪法与法律的敬畏,对公平正义的追求,以及执法守法所必需的法律意识和法律思维。因此,全民的法治理念和法律信仰,是建设法治国家的重要思想条件与社会基础。真正的法治社会,应当是一个普遍遵守、敬畏和信仰法律的社会。正因为如此,十八届四中全会《决定》的第五部分以"增强全民法治观念,推进法治社会建设"为题,强调"法律的权威源自人民的内心拥护和真诚信仰。人民权益要靠法律保障,法律权威要靠人民维护。必须宏扬社会主义法治精神,建设社会主义法治文化,增强全社会厉行法治的积极性和主动性,形成守法光荣、违法可耻的社会氛围,使全体人民都成为社会主义法治的忠实崇尚者、自觉遵守者、坚定捍卫者"。

首先,只有社会全体成员信仰法律,才能保障法律的有效实施。法治目标的实现和法治建设的进行,本来是一个循序渐进的过程,是一个囊括了政治、经济、思想、文化、社会各领域的系统工程。建设法治国家须以依法治国、依法控权、依宪执政等为思想基础,建设法治政府须强调依法行政、权责统一、诚信透明等理念,建设法治社会须以全民对法律发自内心的信任、对法治出于崇尚的信念与信仰为思想文化条件。只有将法律、法治内存于心,才能自觉自愿地外化于行,即依照法律去行为与活动。中国武术讲究"内外双修",无形的"内功"往往高于有形的"外功"。孟子的"心悦诚服"也强调内心的服从、主动的遵行,要比表面的听命、被迫的服从更有效。卢梭则将法律信仰即"内心的法律"称为"最重要的法律",所谓:"一切法律中最重要的法律,既不是刻在大理石上,也不是刻在铜表上,而是铭刻在公民的内心里"①。

  这就要求,一方面加强法治理念的宣传、学习和教育,使人们认识到,法律是公民自己的权利和意志的表现,法治是控制权力的行使与治国理政的主要方式,只有依靠法律才能有效化解社会矛盾和权益纠纷,保障人身和财产安全,维护社会的公平正义。从而使法治精神、法治意识与法治理念融入人们的头脑之中,体现于人们的日常行为之中,全社会树立法治信仰,形成法治风尚。另一方面,引导与鼓励人们践行法治,既依法选举自己的代表人进入国家机构,管理国家,服务社会,履行"当家作主"的职责;又通过参政议政或社会组织发表意见,并监督权力的运行。从而养成遵纪守法和通过法律途径、运用法治方式处理、解决问题的习惯,通过社会实践和亲身体验,真正使法治精神深入人心,最大限度降低法律实施的成本。正如习近平所说,"只有内心尊崇法治,才能行为遵守法律。只有铭刻在人们心中的法治,才是真正牢不可破的法治";"法律要发挥作用,需要全社会信仰法律。我国是个人情社会,人们的社会联系广泛,上下级、亲戚朋友、老战友、老同事、老同学关系比较融洽,逢事喜欢讲个熟门熟道,但如果人情介入了法律和权力领域,就会带来问题,甚至带来严重问题";应通过"弘扬社会主义法治精神,引导群众遇事找法、解决问题靠法,逐步改变社会上那种遇事不是找法而是找人的现象。当然,这需要一个过程,关键是要以实际行动让老百姓相信法不容情、法不阿贵,只要是合理合法的诉求,就能通过法律程序得到合理合法的结果"②。

  其次,只有落实践行法治原则,才能坚定法治信仰,维护法律权威。要使法治理念深入人心,仅靠宣传与教育尚远远不够,还必须使法律在

---

① [法]卢梭:《社会契约论》,何兆武译,商务印书馆1963年版,第3页。
② 见《十八大以来重要文献选编》(上),中央文献出版社2014年版,第721—722页。

现实中显示出其权威力量,营造一个良好的法治环境。也就是说,法治信仰与法律权威应该在立法、执政、执法、司法的具体实践中不断彰显,逐渐形成。一者,立法即将公民的权利与意志用法律的形式加以确定、固定与体现,是公民信任、信仰法律的基础与前提。它既关系着公民的切身利益,又显示出公民的国家主人地位,因此必须坚持权利本位、立法为民的宗旨,最大限度地集中民意、弥合冲突、取得共识。尤其应"加快完善体现权利公平、机会公平、规则公平的法律制度,保障公民人身权、财产权、基本政治权利等各项权利不受侵犯,保障公民经济、文化、社会等各方面权利得到落实,实现公民权利保障的法治化"[①]。二者,依法执政与执法是树立法律权威与法治信仰的关键环节。应强调的是:"法律的生命在于实施,法律的权威也在于实施。""如果有了法律而不实施,束之高阁,或者实施不力,做表面文章,那制定再多法律也无济于事。全面推进依法治国的重点应该是保证法律严格实施,做到"法立,有犯而必施;令出,唯行而不返"[②]。三者,司法是法律权威在社会现实中的标志,是公平正义的最后一道防线,也是法律信仰的有力支柱。应该看到,虽然司法机关在依法独立审判、检察监督与刑侦查办等适用法律方面做出很大努力,体现了法律权威;但是司法不公、司法失信与司法腐败的现象仍有增无减,群众反映强烈。尤其"司法公信力不高问题十分突出,一些司法人员作风不正,办案不廉,办金钱案、关系案、人情案,吃了原告吃被告,等等"[③]。因此,必须从制度上确保司法办案的实体公正与程序公正,从过程上要求公开、透明并接受监督,从效果与后果上建立冤假错案救济纠正机制,实行倒查问责制等,确保具体案件的处理严格依法有效,经得起法律和历史的检验。使全社会相

[①] 见十八届四中全会《决定》。
[②] 习近平:"关于十八届四中全会《决定》的说明"。
[③] 同上。

信政府，信任司法，信仰法律，崇尚法治。

第四节　依法执政与依法行政

依法执政与依法行政的实质是以法控权。执政权与行政权是国家政权的核心内容和主要表现。如前节所述，支配性、单向性与扩张性是权力的根本属性，尤其执政者与管理者在行使国家权力时既不与相对方商量，还要强制对方必须服从。由于这两种权力远远大于、强于任何个人或组织的力量，所以公民只有用既体现自己意志，又处于权威地位的法律来配置、控制权力及其行使。即便如此，权力本身仍然要扩张，扩张的权力一旦被集中使用，在利益的驱动下，必然会产生滥用和腐败。因此，法治国家采取权力分置和强化监督等制度，防止和控制腐败；同时以法律控制权力，以权力制约权力，以监督防止滥用，以制裁惩治腐败。从这个意义上说，依法治国就是按照法治之法治理政权、治理执政党、治理政府；要求政权依法运行，政党依法执政，政府依法行政，执政与行政活动又必须做到勤政与廉政。

一、共产党依法执政

执政行为与领导活动，是不同属性的概念与不同类型的权力，有着不同的表现方式，需要不同的能力。中国共产党"一身二任"：既是全国人民的领导党，又是国家的执政党，既具有全面建设"小康社会"的领导权，又掌握着国家政务的执政权。因此，从依法执政的角度，应当正确认识与处理好三个方面的关系，即：领导权与执政权的关系，坚持依宪执政；领导工作与执政活动的关系，努力践行法治；领导方法与执政方式的关系，提升执政能力。

首先，坚持依宪执政。众所周知，在我国，领导与执政的主体均为中国共产党,党的领导权建立在广大人民的信任与拥戴之上,属于政治权威,是 90 年来全体党员前赴后继、浴血奋战,勤勤恳恳为人民服务的结果。今后仍要坚持为民谋利、为民服务,才能巩固这种领导权力。而党的执政权,是在新中国建立时产生,经宪法的认可、授权而形成的。执政,指党依照法律进入国家权力机构,并居于主导地位,依法进行的国家政务活动,并不包括党的其他工作或党务活动。因此,执政权的来源并非政治,而是法治与宪政,执政权行使的依据并非政权,而是宪法与法律。在这意义上,"依法治国,首先是依宪治国;依法执政,关键是依宪执政"[①]。

依宪执政对我们党提出了新的要求:一是树立法律至上、宪法神圣的理念,将对无产阶级专政或人民民主专政的信念转变为对法治的信仰。专政是阶级对立社会、革命斗争时期的政权形式,而法治是公民社会、现代国家的政体。专政的基础是国家权力,表现为阶级统治、阶级斗争与阶级压迫;法治的本质是以体现公民权利的法律控制国家权力,表现为依法治国、依法执政与依法行政。宪法集中体现了公民的权利与意志,"维护宪法权威,就是维护党和人民共同意志的权威。捍卫宪法尊严,就是捍卫党和人民共同意志的尊严。保证宪法实施,就是保证人民根本利益的实现。只要我们切实尊重和有效实施宪法,人民当家作主就有保证,党和国家事业就能顺利发展"[②]。二是做到党的全部活动在宪法的范围内进行。宪法是国家各种权力产生的根据,包括党的领导权与执政权。对于公民而言,宪法是赋权法;而对于国家机构、政党、政府及其成员来说,宪法是限权法。它通过对这些机构或组织的性质、职能、责任与法定义务的规定,设置了各种权力的制度"笼子",并将

---

① 2012 年 12 月 5 日,习近平:"在纪念宪法公布施行 30 周年大会的讲话"。
② 习近平语,同上注。

其"关"了进去。权力不受法律的支配与监督,必然产生腐败,尤其中共"两权"(领导权与执政权)在手,大权在握,更要注重依法用权,防止腐败。因此,"一切国家机关和武装力量、各政党和各社会团体、各企业事业组织,都必须以宪法为根本的活动准则,并且负有维护宪法尊严、保证宪法实施的职责"[①]。同时,又看到,在我国,宪法虽是所有法律法规、制度规章的最高原则与基础源头,但其本身却不具备操作性和执行力。面对这种现实,执政党、政府及其成员的宪法意识、宪政观念,即自觉遵守宪法以维护宪法权威就显得格外重要。各级立法、执法、司法与监督机关必须履行自己的职责,以法律、法规、党章、政策、纪律等落实宪法的原则,保障宪法的实施,追究并纠正一切违宪的行为与活动。

其次,大讲法治,践行法治。我们知道,党以实现共产主义为最终奋斗目标,而建设社会主义现代法治国家是现阶段的目标和任务。共产主义属于意识形态,是政治纲领;法治是现代国家的运行模式,是现实目标。二者在本质上是一致的:共产主义是人们向往的最美好的社会,只有在生产力高度发展,物质生活资料极大丰富,人们的思想觉悟极大提高,阶级、国家均已消亡的条件下才能实现;这些条件是在社会主义阶段逐渐成熟具备的。而现代法治是社会主义工业化之后最有利于生产力发展、经济繁荣、人民富裕与自由平等、公平正义的国家体制,依法治国是我们党从成功的经验与挫折的教训中总结出的最有效的治国方式。因此,理直气壮地讲法治,旗帜鲜明地抓法治,认真实在地践行法治,既是执政党的职责,又符合党的纲领和宗旨。

践行法治要求认真履行执政党的职责,即在恪守宪法和法律的前提下,总揽全局,通过制定国家大政方针、提出立法建议、推荐重要负责人等执政权力的行使,保证国家各项政务依法进行。主要表现在四个

---

① 见十八届四中全会《决定》。

方面:一是善于将全体党员的意志、主张通过法定程序成为国家意志,在立法中起到领导与核心的作用。二是代表拥戴自己的人民群众行使管理国家大政的权力,并且按照党的宗旨全心全意为人民服务,将大多数人民的意愿与要求体现在法律之中,同时接受人民群众、社会各界对执政的监督。三是依法使经过党所培养、选拔出的德才兼备的人选进入国家机关,从事各项政务工作。四是通过国家机关中的党员履行管理职责,支持国家权力机关、行政机关、审判机关、检察机关依法各负其责、相互协调、独立地执行公务。不断推进国家经济、政治、文化、社会生活的法制化、规范化。

再次,不断提升党的执政能力。执政能力系指执政党对于国家机构及其党员的控制能力,具体地说,是党提出和运用正确的理论、路线、方针、政策,领导制定和实施宪法和法律,动员和组织人民依法管理国家和社会事务、经济和文化事业,有效治党治国治军,建设社会主义现代化国家的本领。十六届四中全会《关于加强党的执政能力建设的决定》曾将执政能力的内容表述为:驾驭社会主义市场经济的能力,发展社会民主政治的能力,建设社会主义先进文化的能力,构建社会主义和谐社会的能力,应对国际局势和处理国际事务的能力。也就是说,能否走新型工业化的道路,完善市场经济体制,在民主法治的基础上保证权力的依法行使,维护公民的权益,提高全民族的文化素质,形成全体人民各尽所能、各得其所而又和谐相处的社会,正确应对和妥善处理国际问题,争取良好的国际环境,是对我们党执政能力与成效的考验。

应该看到,虽然我们党有着长期的、丰富的领导与执政的经历和经验,但明确认识到领导与执政、领导方式与执政方式、领导能力与执政能力的区别,重视执政方式的研究与加强执政能力的建设还是近十年来的事。因此,有必要强调,执政方式的核心是依法执政、依宪执政。执政能力的关键是依法治国理政,主要表现为以法治视角看待、以法治思维分析、以法治方式处理国家大政问题。加强执政能力的建设要求我们：一应提高全党，尤其领导干部依法执政的能力，治国先治党，治党必从严，将党的建设工作体现到提高执政能力和完成执政使命上来。二应从思想和作风、体制和机制、方式和方法、素质和本领等方面加强和改进执政活动。毋庸讳言，我国的政治体制尚不完善，党员、干部在素质能力、思想作风、防腐拒变、廉政勤政等方面还存在着严重的问题。党的执政地位并非与生俱来，也不可能一劳永逸。要提高广大人民对党的执政地位和领导地位发自内心的认可，必须坚持不懈地加强执政能力的建设。三应强调党、政分开，注意"领导"与"执政"的不同，"执政"和"管理国家"的区别。执政党并不直接行使国家的立法权、行政权、司法权或监督权，党委不宜对政务活动"发号施令"或直接干涉干预。其"执政权"是通过对这些国家机构的控制和自己的党员代表的具体执政行为才得以实现的。总之，执政党一方面通过加强执政能力的建设，取得人民的真正拥护而继续长期保持执政地位，另一方面通过保证、支持和督促各国家机关及公职人民依法履行各自的职权职责的方式，实现自己的执政任务和目标。

二、政府与公务人员依法行政

如前所述，行政是政府机关及其工作人员的活动，广义的"政府"包括权力机关、立法机关、司法机关即人大及"一府二院"；狭义的政府仅指行政机关，在我国即国务院与地方各级政府。民主之要义是主权在民，民权高于政权；法治的关键是以权利控制权力，将国家权力视为治理的对象。行政管理权是国家权力的典型表现，必须严格依法行使与运行。现行宪法规定，国务院及各级人民政府是我国的行政机关，按法律授权对国家事务、经济事务和社会事务进行领导，管理和服务，维护公民的安全和社会的稳定秩序。国家行政机关及其公务人员必须遵守宪法和法律，即依法行政；而中央与地方各级政府亦应成为法治政府①。

对于政府来说，依法行政的基本要求有四：一是行政管理权只能来自于法律，不能由自己设定；其内容与范围只能由法律规定，不能随意扩大或变动，更不能在法律规定之外设置权力。这是从行政权取得角度而言的，即"权力法定"。二是依法全面履行、实际履行政府职能，进行政务与管理活动。做到法定职责必须为，法无授权不可为，政务信息公开等；自觉、主动地接受人大、政协、政党、社会各界与人民群众的监督。尤其在直接涉及公民利益的活动中，非依法律的明确规定，不得作出减损公民、法人与其他组织合法权益或增加其义务的决定。三是依法制定行政法规与正确决策，保证决策的机制科学、程序正当、过程公开、责任明确。同时完善公众参与、专家论证、集体决定与法律顾问把关等规定，建立重大决策的合法性审查制度、问责倒查制度与追究制度。四是依法合理地配置执法力量，在重点领域结合实际推行综合执法，要求执法人员严格依法履行职责，加强对行政性的许可、处罚、强制、征收、收费、检查等具体执法行为的规范与管理，严厉惩治执法腐败。从而建立起权责一致、运行高效的依法行政体制，到2020年基本建成"职能科学、权责法定、执法严明、公开公正、廉洁高效、守法诚信的法治政府"②。

---

① 宪法第5条"中华人民共和国实行依法治国，建设社会主义法治国家"。"一切国家机关和武装力量、各政党和各社会团体、各企业事业组织都必须遵守宪法和法律。一切违反宪法和法律的行为，必须予以追究"。第85条"中华人民共和国国务院，即中央人民政府，是最高国家权力机关的执行机关，是最高国家行政机关"。第105条"地方各级人民政府是地方各级国家权力机关的执行机关，是地方各级国家行政机关"。

② 见十八届四中全会《决定》。

三、依法勤政与廉政

勤政指的是"勤勉执政"或"勤勉行政",而廉政为"廉洁政治"或"廉洁行政"的简称,二者可统称为政治清(正)廉(洁),是民主法治国家对于执政和行政的基本要求。公民是国家的主体,其当家作主的主要方式是通过合法选举的代表大会选派适当人员直接实施国家管理,同时自己也通过合法形式参与或监督国家机关的政务活动。为保障自己的利益,公民从两方面要求国家机关及公职人员:一是正确有效行使权力,严格依法执政、依法行政、公开行政、公正行政,对自己的行政后果承担相应的法律责任。不能人浮于事、碌碌无为,即勤政。一是防范和制约权力的扩张或滥用,清正执政行政、廉洁执政行政,既不滥用权力,又不贪污受贿,即廉政。这两方面都是通过法治实现的。

首先,勤政是执政党及其党员、国家机关及其公职人员勤奋、公正、有效地履行职责,做到机构精简、办事高效、运转协调、行为规范、服务周到。我们党提出新常态下好干部的标准就是"信念坚定、为民服务、勤政务实、敢于担当、清正廉洁"。这是党和政府对公民与国家负责,为人民服务的本质要求和积极表现。其内容主要为:党政机构和人员必须具备合法的资格和适格的能力,执政与行政活动必须依照法律的明文规定进行;执政与行政行为应当公正、公平,对于各种行政相对人平等对待,不得偏袒或歧视,不但要做到实体正当,还要做到程序公正;必须贯彻求真务实,信赖保护原则,执政和行政行为具有真实性、确定性,言必有信,行必有果,承担过错责任,赔偿相对人的损失;必须坚持效率优先,服务为本,在严格依法的前提下,以最少的时间、最低的成本、最小的代价,达到最良的目的,为社会与人民提供有效、便捷的服务;执政与行政不能以赢利或谋取私利为目的,应精简机构和办事规范,不得违法收取费用,更不能违法获取财产或其他利益,等等。

其次,实行廉政。鉴于改革开放以来,尤其最近十年,权力腐败愈演愈烈,一些领域消极腐败现象处高发态势,一些重大违纪违法案件影响恶劣,反腐败斗争形势十分严峻,控制惩治腐败与实行廉政迫在眉睫。因此,依法治国、依宪执政、依法行政,三者在当前以及今后的一个时期之内,应将"控腐行廉",即依法控制腐败,实行廉政作为一个重点内容。主要表现在四个方面:

一是依法控权,实现廉洁政治。这里的政治专指代表并管理国家政权的两大组织,即执政党和政府。廉洁政治是民主政权的表现形式,是法治对国家权力行使的基本要求,也是党领导人民推翻旧政权建立新政权的直接动力。它主要表现为执政清廉和行政清廉,要求执政党为清正廉洁的政党,政府是不谋私利的廉洁政府。即执政党和政府正确地行使执政权,端正党风与作风,不用权力为本党或本机关个人谋取私利,具有拒腐反腐防腐的执政与行政能力。前述已明,权力的集中与扩张滥用是腐败的根本原因,治病须治本,锄草应除根,执政党执掌着治国理政的大权,政府具有最高的行政管理权,单个与寡力的公民只能通过体现自己意志的、居于权威地位的法律分解、控制、规范执政权与行政权的内容与行使,不让权力集中,也不让其肆意扩张或滥用。凡属以权谋利、权钱交易、以权侵害公民与社会利益的行为,都会受到法律的追究与制裁。执政党内,人民政府内,国家机关内,武装部队内,绝不能有腐败分子的藏身之地。

二是依法从严治党,严格依法行政。中国共产党是国家的领导者、执政者,又是国家法制、党章党纪的制定者,必须带头遵守体现自己意志的法律。不仅在领导和执政活动中作到依法办事,而且在党内管理活动中做到依法治党。虽然我们党保持着稳定的执政基础,但依然面临着严峻的挑战。其中,"最大风险和挑战是来自党内的腐败和不正之风。权力寻租,体制外和体制内挂钩形成利益集团,挑战党的领导"[①]。

---

① 习近平 2014 年 10 月 16 日,"在听取中央巡视工作领导小组汇报时的讲话"。

一些腐败分子往往集政治蜕变、经济贪婪、生活腐化、作风专横于一身，不仅在前台大搞权钱交易，还纵容家属在幕后收钱敛财，子女等也利用父母影响经商谋利、大发不义之财。有的将自己从政多年积累的"人脉"和"面子"，用在为子女非法牟利上，其危害不可低估。所以，控腐行廉的决心丝毫不能动摇，惩治腐败的铁掌始终不能软。如果说作为"四个全面"战略布局的之一的"从严治党"是全面建成小康社会、全面深化改革、全面推进依法治国的组织保证的话，那么反腐倡廉就是全面从严治党的重中之重和持久之战。尤其是在国家机关担任职务的领导干部与党员，肩负着执政的重任，又持有行政管理大权，更要注意勤勉从政和廉洁自律；而对于那些张口"廉洁"、闭口"清正"，私底下却疯狂敛财的"两面人"，必须及时把他们辨别出来、清除出去。

　　三是依法肃贪，严厉惩治腐败。腐败，尤其权力的腐败，是国家的癌症，社会的肿瘤，人民的公敌。"庆父不除，鲁难未已"。腐败不惩，吏治败坏，亡党亡国，人民遭殃！坚决惩戒腐败行为，是控腐行廉的重要保证。如果说，权力分置是防治腐败的根本之举，教育自律是第一道防线，制度监管是第二道防线，那么严肃法纪，加强惩戒则是第三道防线，也是最后一道防线。惩治腐败行为，制裁腐败犯罪必须依法进行。从惩治即追究法律责任的角度，腐败行为包括两个方面，即犯罪行为和违法乱纪行为。犯罪行为由刑法所规定，应受刑罚处罚；违法乱纪行为由党纪、政纪所规范，应受党内或行政处分。二者相比，犯罪的危害程度大，影响恶劣，应以惩治腐败犯罪为重点[①]，必须毫不手软，严查严处严

[①] 我国现行法律将腐败犯罪分为三类：一是贪污贿赂犯罪，指国家公职人员利用职务之便所实施的贪污、受贿、挪用公款等行为，和向国家工作人员、国家机关、国有公司、企业、事业单位、人民团体行贿的行为。二为渎职犯罪，指国家机关工作人员因职务上的作为或不作为，致使公共财产、国家和人民利益遭受巨大损失的行为。三即国家机关工作人员利用职权实施的侵犯公民人身权利和民主权利的犯罪。

惩贪腐分子,既打"老虎"即滥用领导职权的"关键少数",又拍"苍蝇"即以权谋私、侵害百姓的基层干部。总之,"惩治腐败这一手必须紧抓不放,利剑高悬,坚持无禁区、全覆盖、零容忍。要加大国际追逃追赃力度"①。

　　四是依法监督,控制腐败蔓延。历史一再证明,不受制约的权力必然导致腐败,而对权力行使实施监督可以有效地防止其扩大与滥用。面对权力腐败的高发与蔓延态势,应该强调以下几点:一者,明确法律监督的性质与功能。监督不同于执行、协调或配合,它通常包含有制约、限制、制止、约束之意。作为一种制度或措施,监督是主体对于客体而言,建立在监督者与被监督者的关系之上,有着明确的内容和要求。作为一种法定的权力,应该将监督权与领导权、执政权、行政权、决定权、处罚权等区别开来,前者是对后者的控制和防范,后者有了前者才能正确地行使。既不能以领导、执政取代监督,也避免以监督干扰、影响领导、执政的正常进行。从法律角度审视监督权,其性质范围和效力都不同于立法权、行政权、司法权。后三者之间存在着相互协调、相互配合的关系,而监督却独立于"三权"之外,是对"三权"的控制和防范,控制"三权"的扩张,防范"三权"的滥用。它通过检查、判断、督促、反馈、建议、训诫、处分以至惩罚等方式,使被监督者严格依照法律从事立法、执法、行政、司法等行为;它不履行国家对社会的调节、管理和服务职能,也不直接对公民负责,而是对管理行为的管理,对权力行使的控制,通过对法律的负责而达到为公民负责的目的;监督的范围大于"三权"中的任何一权,依被监督对象的不同,它的权限、内容、方式各有区别,法律对此作出具体规定。监督的种类分执政党对内和对外监督、参政党监督、公众监督、权力机关监督、行政监察、审计监督、检察监督、舆

---

① 习近平:2016年1月12日,"在第十八届中央纪委第六次全会上的讲话"。

论监督等,并依监督的类型而有不同的形式。针对发现的问题,按照法定形式和程序进行处理或纠正,依法对滥用职权或权力腐败的行为者进行惩治,使其承担相应的责任。

二者,纠正监督不力,加大监督力度。我国现行的监督体制由权力机关监督、执政党监督、行政机关监督、司法监督、新闻媒体监督、社会公众监督等构成,取得明显成效。还应该看到,我国现行的监督制度尚不健全,存在着法律不全、体制不顺、职权不实、力度不够、保障不周、效果不良等问题。例如,具有最高监督权的人大的任命和质询往往流于形式,而罢免权与弹劾权由于从未行使而落空;其他形式的监督权出于同级或下级的地位,监督者本身的编制、经费、工作条件要依靠被监督者解决,只能实现建议、评介等部分监督职能;各种监督方式没有形成监督合力,所谓"上级监督不到,同级监督不了,下级监督无效"。被监督者位高权重,爱听颂扬,排斥批评,只肯自律自省,拒绝外部监督,热衷以势压人,地方保护,使下级监督、群众监督、舆论监督形同虚设;除上述缺乏法律保障外,还缺乏监督权行使的人员保障、物质条件保障和技术手段保障等,都应在加强监督法制建设中逐步解决。因此,加大依法监督力度,首先"要加强对一把手的监督,认真执行民主集中制,健全施政行为公开制度,保证领导干部做到位高不擅权、权重不谋私";"不想接受监督的人,不能自觉接受监督的人,觉得接受党和人民监督很不舒服的人,就不具备当领导干部的起码素质"[①]。其次,"要强化公开,依法公开权力运行流程,让广大干部群众在公开中监督,保证权力正确行使";"要完善监督制度,做好监督体系顶层设计,既加强党的自我监督,又加强对国家机器的监督。要整合问责制度,健全问责机制,坚持有责必问,问责必严。要健全国家监察组织架构,形成全面覆盖国家机

---

① 习近平:"在第十八届中央纪律检查委员会第二次全体会议上的讲话"。

关及其公务员的国家监察体系。要强化巡视监督,推动巡视向纵深发展。对巡视发现的问题和线索,要分类处置,注重统筹,在件件有着落上集中发力"[1]。

三者,实现依法监督的规范化、制度化。要使监督真正发挥效力,必须使监督主体,监督权及其行使规范化、制度化、法律化。因为法律制度具有普通性、适用性和强制性,能够使监督者遵守规范;法律制度具有长期性、稳定性,不因个人而随意改变,能够增加执行者的信赖和执行的自觉;法律制度具有公开性、明确性,从而使人们了解和掌握实施监督的途径、方式和具体标准,真正起到预防和惩治作用。监督制度的构成,从监督主体的角度可分为了解发现、处理纠正、追究制裁三部分;从腐败行为的角度,则可分为事前预防、事中监察、事后惩治三阶段;从法律规制的角度,亦可分为规则控制、行为控制、责任承担三大块。法定的监督比党纪、政纪、道德、习俗更具约束力、强制力和执行力,所以监督权为法定权力,监督制度必须采取法律形式。从当前的实际出发,反腐倡廉要着重抓好四个方面的制度建设与落实工作。一是健全党内监督制度,如党员领导干部廉洁从政准则、纪律处分条例、巡视工作条例等的修订与实施,突出重点、针对时弊。二是健全选人用人管人制度,加强领导干部监督和管理,敦促领导干部按本色做人、按角色办事。三是深化体制机制改革,最大限度减少对微观事务的管理,推行权力清单制度,公开审批流程,强化内部流程控制,防止权力滥用。四是完善国有资产、资源与国有企业监管制度,加强对国企领导班子的监督,搞好对国企的巡视,加大审计监督力度。并且强化对权力集中、资金密集、资源富集的部门和岗位的监管。

---

[1] 习近平:"在第十八届中央纪律检查委员会第二次全体会议上的讲话"。

第五节　社会公平与社会正义

公平正义是法治国家的主要目标,又是现代社会的基本价值。公平指对待上的一视同仁和处理时的不偏不倚。由于社会现实中各种成员千差万别、各自不等;又存在着各种利益的冲突和需求的多元,不可能完全统一,所以法治强调人们在法律面前具有平等的地位。这种平等是机会上的、对待上的平等,即权益的公正与公平,而不是职务的一致、财产的均分或结果的对等。正义是指以大多数人的意愿和利益为依归,同时对弱势、弱者予以特殊的对待。由于社会成员为了实现自己的权利,往往会干涉或侵犯他人的权利,即出现"权利冲突",所以法治国家要求各成员履行法定的义务,遵守法律规定及程序,尊重他人的合法权益。做到这种理性、公平和公正,就保障了正义,也实现了互利与和谐。

在现阶段,即全面建设现代法治国家的攻坚阶段,实现公平正义应从实际出发,妥善协调社会各方面的利益关系,正确处理各种突出的社会矛盾,控制腐败,改善民生,力避两极分化,缩小贫富差距。使社会弱势与困难群体得到有效救助,全体成员共享改革发展成果,逐步实现共同富裕、权利平等、机会平等、规则平等和分配公平。在这个意义上,促进社会的公平正义,不仅是依法治国的内在要求,也是改革开放、建设小康社会和从严治党的价值追求,即"四个全面"的价值目标。正如习近平所说,"如果不能给老百姓带来实实在在的利益,如果不能创造更加公平的社会环境,甚至导致更多不公平,改革就失去意义,也不可能持续。要通过深化改革,完善制度,强化监管,综合施策,努力形成合理有序的收入分配格局,使发展成果更多更公平惠及全体人民";"全面深化改革必须以促进社会公平正义、增进人民福祉为出发点和落脚点"①。

一、面对现实,正视社会不公问题

我们不能忽视改革开放以来经济发展的巨大成就,人民生活水平的显著提高,同时也应看到社会矛盾与冲突的加剧,贫富差距与两极分化的突出,社会治安与秩序的恶化,恶性案件与群体事件的多发等,可以将其归结为社会不公。中国人素以是否公平作为评价社会好坏的标准,自古以来便持有"不患寡而患不均,不患贫而患不安"的观念,现在更因对这种现象的切身体验和密切关注而"心不平,气不顺",从而使社会不公成为当前严重的社会问题。所谓"拿起筷子吃肉,放下筷子骂娘",就是对这一问题的直接反应。

当前,社会不公表现在政治、经济、文化,特别是直接关乎民生等各个方面,择其要者,一是权利不平等,人们常常因身份的差异而受到歧视或不公正对待。尤其是"政策性歧视"和"社会性排斥",不能平等地享受经济发展的成果与改革开放的红利。如城市与农村、"一线"城市与"三线"城市、城镇郊区与边远乡村、体制内与体制外、国有企业与民营企业、中央企业与中小企业、"垄断性"行业与其他行业、"学区"与"非学区"等,不但在资源的占有、福利的保障、就业机会与公共服务等方面存在着明显的差别和不公,甚至连入(幼儿)园升学、看病住院、买房住房、应聘就业、出境出国,以及办企业、上项目、打官司、买真品、考公务员、升职晋级等等都要依靠找关系、搞门道来解决,又怎么能使民众体会到权利平等和社会公正呢!

二是收入分配不公,贫富差距扩大。在分配领域,随着市场经济的

---

① 习近平:"切实把思想统一到十八届三中全会精神上来",载《求是》2014年第1期。

实行,其正面效应是经济的发展繁荣与国民收入水平的提高,其负面影响在于贫富差别与两极分化。即在一定时期内所增加的社会财富没有按照贡献进行公正地分配,而是跟随资本、资产的增长向其倾斜,导致富人越来越富,穷者虽有改善却始终摆脱不了贫穷。这样一来,不仅个人之间出现了富豪与贫民的天地之差,城乡之间、产业之间、地区之间、行业之间、部门之间、职业之间的收入水平都在不断地拉大。其中有些是正常合理的(依其付出与贡献得到的酬劳),多数是非正常与不合理的。如一个突然发迹的"当红"明星可能"一夜暴富",资产上亿,而勤恳工作几十年的职工、干部、教师、科研人员,以至有特殊贡献、功勋卓著的科学家、学者大师或廉洁的领导人,其一生积蓄的财产还不及富豪的零头!即使他们自己安贫乐道,无怨无悔,但这种收入分配的体制既不公平,也不符合社会正义。

三是特权现象严重,主要表现是"官本位"。一旦当了官,就会享受高于老百姓与一般干部的特殊待遇,官位职权越大,待遇就越高越是特殊。这种待遇虽然特殊与优越,却又是公认、公开与合法的,令享有者心安理得,其他人羡慕不已。例如,官员在分房购房集资盖房、门诊住院医疗保险药费报销、"三公"消费境外旅游、视察调研时受到的高规格高标准"接待"、家属工作安排子女出国深造、内退、"二线"退休待遇等方面的优厚条件与过度福利,转任国企高管后的巨额收入等,司空见惯,不一而足。因此,体制内的合法特权对公平正义的破坏更甚于贪污受贿,是权利平等的天敌,更是一种制度性的腐败!

四是贪污腐败。如果说特权是对社会公正内部腐蚀,那么贪污贿赂就是对社会公正的外在破坏。同时,权力腐败放纵了身份歧视与权利不平等,扩大了收入差距与两极分化,助长了特权的膨胀,是社会不公的加速器。在最近几年公布的"社会满意度"的调查报告中,人民最不满意的,第一是分配不公,第二就是腐败盛行。改革开放初期,20世纪80年代,腐败多表现为利用价格双轨制谋取利益,即所谓"官倒",开始仅限于流通领域,尚未扩展到整个社会。从90年代起,随着计划经济向市场经济的转型,市场配置资源的需求加上政府权力的集中,导致了权力的"寻租"现象,腐败逐渐蔓延开来,渗透到各种群体、各个领域。时至如今,在反贪惩腐,"老虎苍蝇一起打"的高压态势之下,仍然有人顶风作案,权钱交易、权色交易、权权交易,层出不穷;家族式腐败、整体性腐败、塌方式腐败,触目惊心。甚至过去的"清水衙门"、科研机关、高等院校、佛门净地也已变成藏污纳垢的场所,而司法、军队、高层腐败严重破坏、践踏、损害了党的威信、政府公信、军队形象和社会公正,成为人民的公敌。

总之,正如十八大《报告》指出的,"城乡、区域、经济社会发展不平衡的问题;收入差距拉大,劳动就业、社会保障、教育、医疗、住房、食品安全、社会治安、资源环境等关系群众切身利益的问题;司法不公问题;贪赃枉法、侵害群众权益问题,等等。这些问题大多与公平正义价值导向的缺失有关。是深化改革躲不开、绕不过、拖不得的一个重大问题"。

二、标本兼治,逐步实现公平正义

依法治国包括了政治、经济、文化、社会与国际关系等治国理政的各个方面,"理国要道,在于公平正直"①,实现社会公平和社会正义也是一个系统工程。发展经济是本,制度建设为纲,保障民生为要,监督惩治为标。正如习近平2013年担任国家主席时的承诺:"我们要随时随刻倾听人民呼声,回应人民期待,保证人民平等参与、平等发展权利,维护社会公平正义,在学有所教、劳有所得、病有所医、老有所养、住有所居上持续取得新进展,不断实现好、维护好、发展好最广大人民根本

---

① 见《贞观政要·公平》。

利益,使发展成果更多更公平惠及全体人民,在经济社会不断发展的基础上,朝着共同富裕方向稳步前进"。因此,要解决社会不公问题,从长远来看,发展经济是根本途径;从应对现实挑战的角度,从改善收入分配和控腐行廉入手。

首先,发展经济,增加财富,做大"蛋糕"。马克思主义告诉我们,由生产力和生产关系构成的经济是社会的基础,物质生活条件与物质利益对上层建筑与意识形态起着决定性的作用。虽然影响公平正义,造成社会不公存在着多种因素,但最主要的还是经济发展水平。不同发展水平的国家与民族,不同阶层的人们,对社会公平正义的认知和诉求也不相同。我国现阶段存在的社会不公现象,许多是发展中的问题,是能够通过发展经济、增加财富来解决的。因此,一方面,必须坚持不懈地以经济建设为中心,推动国民经济持续健康地向前发展,进一步把"蛋糕"做大,为保障社会公平正义奠定更加坚实物质基础。另一方面,又要坚持经济发展以保障和改善民生为出发点和落脚点,切实地解决好收入、就业、教育、医疗卫生、食品安全、社会保障等人民群众普遍关心的问题。让改革发展的红利与成果更为公平、更为实在、更多地惠及广大人民群众,使推进经济发展和促进社会公平同步进行。

其次,执法平等,司法公正,共同富裕,共享财富。公平正义是法治的价值目标,法治是实现公平正义的有效方式。虽然实现公平正义是全社会的责任,包括社会团体、企业法人、民间组织和国家机关,但主要责任在执政党与政府是否依法执政与行政。法律与制度是体现、规范、维护权利平等、分配公正、社会正义的基本前提与保障,执政和行政的纲领、政策、措施及其行为与活动是能否实现公平正义的关键。一方面,妥善解决上述人民群众最为关注的问题,需要加大住房、环保、社保、养老、福利、扶贫、救济,以及教育、医疗、能源、食物、交通、安全等社会公益、公共福利、公用产品的供给,降减社会不公。而政府正是公共政策、公共服务与公共资源的开发者与提供方,为人民服务是政府的宗旨,人民对美好生活的向往是我们党的奋斗目标,党和政府的政策、行为与措施则成为实现社会公平的主要手段。其中最重要的,即是将改革开放初期的"让一部分人先富起来"的政策转而实行"共同富裕"的方针,以法治思维看待贫富差距问题,以人为的方法或非法地把持公共资源、获取财富,其实质是对公民平等权利与社会公正的严重侵犯。以法治方式解决分配不公问题,关键在于维护合法所得,禁止侵吞公共产品与化公为私,坚决纠正"公共利益部门化、部门利益合法化"的现象。通过在财政税收、教育平等、医疗保险、社会保障、失业救济、贫困扶助等方面的立法建制,形成并健全适应现阶段经济水平与社会条件的再分配调节机制。制度是社会公平正义最重要的保证。"我们要通过创新制度安排,努力克服人为因素造成的有违公平正义的现象,保证人民平等参与、平等发展权利。要把促进社会公平正义、增进人民福祉作为一面镜子,审视我们各方面体制机制和政策规定,哪里有不符合促进社会公平正义的问题,哪里就需要改革;哪个领域哪个环节问题突出,哪个领域哪个环节就是改革的重点。对由于制度安排不健全造成的有违公平正义的问题要抓紧解决,使我们的制度安排更好体现社会主义公平正义原则"①。从而使经济发展成果与改革开放的红利,在全民共建、付出有得、多付多得的前提下,渐进地实现全民全面地共享。

另一方面,控腐行廉,严禁以权谋私,严惩贪官污吏,是执政党与政府促进公平正义的首要之举。以法治视角看待贪污腐败,其实质是权力的扩张与滥用,其表现是化公为私,侵占国家、集体或个人的财产,其后果是拉大贫富差距、助长两极分化,破坏党与政府的公信,践踏公平正义。在人民群众的眼里,贪污腐败是最大的社会不公。而贪污腐败

---

① 习近平:"切实把思想统一到十八届三中全会精神上来",载《求是》2014年第1期。

恰恰集中地表现在执政党与政府之内,尤其是权高位重的领导干部,严重损害了党和政府维护公平正义的决心和能力。近几年来的反腐成果也证实了这一点,甚至还出现头天在大会上做反腐报告的(省、市)领导,第二天就被撤职查办的惊人一幕!既反映了我们惩治腐败的力度,又表现了贪腐形势的严峻。因此"保持高压态势不放松,查处腐败问题,必须坚持零容忍的态度不变、猛药去疴的决心不减、刮骨疗毒的勇气不泄、严厉惩处的尺度不松,发现一起查处一起,发现多少查处多少,把反腐利剑举起来,形成强大震慑";尤其要"强化对权力集中、资金密集、资源富集的部门和岗位的监管","坚持无禁区、全覆盖、零容忍,严肃查处腐败分子,着力营造不敢腐、不能腐、不想腐的政治氛围"。"我们坚决查处了周永康、徐才厚、令计划、苏荣等严重违纪违法案件,向世人证明中国共产党敢于直面问题、纠正错误,勇于从严治党、捍卫党纪,善于自我净化、自我革新。全党必须牢记,反对腐败是党心民心所向"[①]。

第六节 法律独立与自治运行

一、司法独立的再认识

在第四章"司法独立意识"与"独立运行:独立领域、专门机构、特殊方式"中,已经具体阐明了司法独立与法律自治运行的内在要求和主要表现,本节仅就建设中的重点进行补正。首先,提高对司法独立重要性的认识。依法治国是法治国家的本质和主要标志,它意味着法律在国家与社会中具有最高的权威,独立于其他上层建筑尤其是权力之外,能

---

① 习近平:2015年1月13日,"在中央纪委五次会议上的讲话"。

够自治运行。如果违反法律的行为与活动得不到法律有效地纠正与处理,不能及时回应与战胜对法律权威的挑战,那么不仅法律形同废纸,法律权威也荡然无存。司法,即法律的适用,正是法律效力的集中体现,又可视为法律权威的守护神。同时,法治国家的价值目标是公平正义,而"司法是维护社会公平正义的最后一道防线……。如果司法这道防线缺乏公信力,社会公正就会受到普遍质疑,社会和谐稳定就难以保障"[①]。可见,法治之法是能够独立运转的自治体系,只有做到独立才能保持中立,只有保持中立才能坚持公正,只有坚持公正才能实现正义。也可以说,体现权利,保障公平正义是法治的基点和归宿。当遇到分配不公、贫富悬殊、社会矛盾加剧、社会地位差距过大、权力侵犯权利的时候,法律的独立显得更为重要。这种独立性要求:一是确保司法的独立和中立,尤其在处理公权与私权、强势与弱势之间的纠纷时,法律的天平绝不能向强权倾斜,法律的利剑绝不能向弱势施威!二是拥有专门的、职业的法律人员和专门的、健全的法律机构。这些法律职业人或"法律共同体"经过了系统地培养和专业地训练,精通法律、经验丰富、操守高尚、技巧高明;这些机构设立完善、经费保证、各司其职、相互制衡。三是法律运行既与政治、道德相联系、相互补充,又与政治、道德相独立、相区别。尤其强调立法不能仅为政权服务,执法不能欺软怕硬,司法不能嫌贫爱富、阿贵欺贱。实际上,处在中立地位的司法审判根本不具备"服务"的功能,要求它具备服务意识与服务职能既是强其所难,又是不现实的。

二、司法与审判体制改革

针对现存的司法体制不完善、司法职权配置和权力运行机制不科

[①] 习近平:"关于《中共中央关于全面推进依法治国若干重大问题的决定》的说明"。

学、人权司法保障制度不健全等原因造成的官官相卫、司法不公,冤假错案屡见不鲜、司法公信力不高,一些司法人员作风不正、办案不廉,办金钱案、关系案、人情案,"吃了原告吃被告"等司法腐败状况,以审判(司法)独立、公正审判(司法)为中心,加快进行司法体制与运行机制的改革。也就是说,虽然正在进行的司法改革涉及面广,内容复杂,但其核心应是法院、检察院依法独立公正行使审判权、检察权,其重点是对同级行政机关的横向独立,具备人事、财政等方面的相对独立性。司法独立的外部障碍主要是来自政府或上级领导干部的干涉或干预,内部阻力主要是审判分离(审者难判而判者不审)、层层审批。造成了同案异判、错案难纠、有权无责、担责者冤,以及"信法不如信访","三份判决书不如领导一个批示"的怪象。因此,在首轮司法改革中,强调有针对性建立与完善保障司法独立与公正的各项制度。如:禁止领导干部干预司法活动、插手具体案件与责任追究制度,司法人员职业保障制度、司法责任与免责制度、司法人员分类管理制度、地方法院检察院人财物统一管理制度,涉法涉诉信访依法终结制度,及设立跨行政区划的人民法院和人民检察院,规范减刑、假释、保外就医程序等。

司法改革的推进,司法独立和司法公正的实现,仅靠司法领域或法律界是不行的。它是法治中国建设中的重要环节,是党的事业,要靠全党、全国人民共同努力才能实现。因此,执政党应该充分发挥政治指导和保障作用,崇尚法律权威,推行法律自治,促进并保证司法独立与公正的实现。政府应支持司法权独立行使,尊重司法机关的独立地位与履行职责的活动,服从司法决定与判决。人民代表大会、政治协商会议及其常设机构则在立法、参政议政的同时,注重司法人员的正规化、专业化、职业化,提高职业素养与司法能力,加强对各种司法活动的监督。

* * *

综上所述,对于法治国家来讲,民主政治是基础,市场主体要求是主要内容,法律至上是定位,严格依法是控制对象,公平正义是目标原则,法律独立是运行方式。我国是具有近五千年未曾中断的历史悠久的大国,却从未实行过民主政治和市场经济,从来是君主至上而法律只是治民的工具和政权的手段,传统礼法旨在"别贵贱,序尊卑"而很少体现平等。因此,建设社会主义法治国家是一个长期的过程,需要全国人民不懈地、持续地努力。

第七章 法治国家的不同类型

　　法治是人类进入工业化社会的活动方式，又是现代国家运行的基本模式。当代世界是个多元化的共同体，实行不实行法治，取决于各国自己的选择；而实行法治的国家，又因各自的历史传统、现实国情、政权性质与文化基础的不同而采取不同的表现形式。通过比较法学家的不懈努力，人们现已公认，当代世界至少存在着大陆法系、英美法系、（原）社会主义法系和伊斯兰法系。这些法系中的国家的法治形态互不相同。从时间上看，英国最先成为法治国家，接着是西欧的发达国家，德国、日本在"二战"之后才真正进入法治国家的行列。从影响力看，美国后来居上，超过英、法，推行法治不但使其稳居世界头号经济大国的地位，而且成为制定当代国际关系与国际秩序基本规则的领头羊，它自己也常以"民主"的范例与"法治"的榜样而自诩。

　　其实，如果将实行法治的发达国家略加分析比较，即可发现，虽然法治国家与法治社会具有共性，即应符合法治的基本要求[1]；但在表现形式上，却具有多样性。也就是说，法治英国不是法治美国、不是法治德国，其他亦如是。就好像美国总统，虽然选举方式、职权任期未变，但奥巴马不同于克林顿与小布什，当惯了公司老板的特朗普的执政风格肯定与众不同。因此，法治国家也存在着多样性与特殊性，比较典型的

---

[1] 当代世界的法治国家，全都实行民主政治、市场经济，法律健全并具有最高权威，国家权力依法运行，以公平正义为价值目标，实行司法独立等。

是英、美、法、德等国①。以下从形成途径、政体结构、执政方式、法律渊源、法律原则及表现五个方面,分别予以说明。

第一节　英国:君主立宪与普通法传统

英国是世界上第一个实现工业化的国家,也是最先实行法治的现代国家。英国法律与法治的发展与其历史、国情与传统相适应,具有始自本土的原生性、遵循先例的继承性、连环未断的延续性、注重经验的实务性、渐进平和的稳定性等特征,②从而有别于诸多欧洲大陆国家,并对其他国家与当代世界产生了广泛深刻的影响。

一、形成途径

欧洲大陆国家多是通过"复兴罗马法"而走向法治的,而英国与此不同。英吉利海峡未能阻挡5世纪初北欧盎格鲁·撒克逊人的侵入与占领,并植入了原始习惯和法律;也未能阻挡11世纪中叶诺曼人的成

---

① 本书未将德国法治作为专节。德国自1919年的魏玛共和国开始现代民主法治的进程,但仅限于对法治国家形式上的理解,实际上是以"法制国家"为目标,实行的是国家资本主义。从而导致希特勒以"民主"的方式执政,"合法"地掌握了国家权力;又借"法制"的力量,建立了党政合一、一党专政和领袖独裁的政权体制。法西斯的残酷统治与侵略战争,造成人类历史的一场劫难和国家运行体制的大倒退。"二战"之后,德国又被分为两个国家,西德在保持大陆法系法制的基础上,实行美式"宪政";东德则模仿原苏联的社会主义法律制度。1990年东德解体,并入西德,统一后仍称德意志联邦共和国。吸取选举亦会产生专制独裁的沉痛教训,善于反思、行动严谨的德国人民为恢复民主、重建法治付出了艰辛的努力。作为实现了法治的现代国家,其民法典以罗马法原理、法律技术与逻辑严密显著特征与法国民法典并列榜首;它所创立的宪法法院与违宪诉讼制度,尤其是独创的经济法部门,有力推进了法治的持续进展。

② 参见何勤华主编:《英国法律发达史》,法律出版社1999年版,第一章第五节"英国法律文化的特点"中的论述。

功征服,建立了封建制度;却有效地阻挡住来自对岸的"罗马法的浪潮"①。王室、政治家、法官、律师与学者们利用本土资源,通过对历史传统与习惯的认可,加上自己的创制,逐渐形成了独特而系统的法律制度,成为英美法系的核心。在此基础上,提升对人权的保障、对权力的制约、对法律的尊奉与对公正的维护,建成世界最早的法治国家。

一般认为,自1066年至17世纪中叶,是英国封建法律体系的形成发展时期。来自欧陆的诺曼人以武力占领了英伦各岛,建立了诺曼王朝。威廉一世确立了中央集权的君主制度,形成了强大的王权。接任的亨利一世派出王室法官巡回审理案件,构筑了普通法的形成基础。亨利二世大力推行司法改革,在扩大巡回审判范围的同时,创立了刑事陪审制度;又在限制教会法院管辖权的同时,允许"僧侣的特权",即对初犯的教会人员免于处罚。"巡回法官们在各地陪审员的帮助下既了解了案件,又熟悉了各地的习惯法。回到威斯敏斯后,他们在一起讨论案件的难点,交换法律意见,承认彼此的判决,并约定在以后的巡回审判中加以适用。久而久之,形成了通行于全国的普通法"②。

金雀花王朝时期(1154—1399),在贵族与平民反对王权的压力下,1215年国王约翰被迫签署了《自由大宪章》,承认法律高于王权,国王必须服从贵族会议的决定,市民的自由权利不得非法剥夺等,成为后来反对君主集权、以"议会"限制王权的法律渊薮③。此后,1265年摄政王

---

① 美国学者埃尔曼指出,"从诺曼征服开始,宣示英格兰的法律便成为皇家法官们义不容辞的责任。他们将解决个人纠纷而非为未来行为发展出一般原则看作是自己的首要任务。所以比起欧洲大陆的同行来,他们的规则更少抽象性。许多欧洲大学发展出来的法律科学对于他们的业务来说无甚意义。这同时也意味着,除了一些不甚重要的例外情况,罗马法的浪潮被阻止在了英吉利海峡"。埃尔曼:《比较法律文化》,贺卫方、高鸿钧译,三联书店出版社1990年版,第33—34页。

② 见林榕年、叶秋华主编:《外国法制史》,中国人民大学出版社2003年版,第173页。

③ 参见陈国华译,《大宪章》,商务印书馆2016年版。

西蒙召开了首次有市民代表参加的贵族、僧侣"大会议",被称为英国议会的雏形。由于各阶层利益不同,贵族与平民时常分别开会,自14世纪中叶起,逐步有了上、下议会的区分。上议院又称贵族院,下议院则为平民院。法令按规定程序制定与颁布:先由下院向国王提出法律议案,国王在征得上院同意后方可颁行,国王亦有否决权。

由于普通法的适用范围狭窄、内容僵化、方式简单,一些民事、商事、契约或不动产纠纷被排除在外,很多得不到普通法保护的人们依照传统直接向国王申诉,国王委任首席大臣,即大法官负责审理这类案件。大法官只依据"良心"即公平、正义的原则,"不受普通法诉讼形式的限制,不实行陪审,也不引用普通法判例"[①]。后来,大法官及其助手成立了与普通法法院并列的大法官法院。于是,这种经过整理、汇集的判例被称为与普通法平行的衡平法(公平公正之法),大法官法院成了衡平法院。英国法律自此由普通法、衡平法、制定法三部分组成。占大多数的普通法与衡平法采取了法官们制定的判例法形式,上下议院的制定法的数量不多,只是判例法必要的补充。

1640年全英爆发了反封建的革命运动,1689年赶走了进行封建复辟的詹姆斯二世,标志着资本主义的胜利。由于采取了不流血的制度改良方式,又称为"光荣革命"。新兴市民、新(天主)教教众与贵族联手推翻专制君主,在沿袭原法律结构的基础上进行新的阐释、改良与更新,确立了"议会主权"即最高的立法机关,责任内阁即最高的行政机关。18世纪后期,布莱克斯通的《英国法释义》将新的普通法系统化,衡平法也选择性地吸收了罗马法的法律原则,更为简捷与灵活。19世纪以后,在边沁的功利主义法学影响下,随着"宪章运动"的开展,实行秘密投票制,扩大市民的自由选举;进行司法改革,将普通法院与衡平

---

① 林榕年、叶秋华主编:《外国法制史》,中国人民大学出版社2003年版,第174页。

法院合并,简化法院结构与诉讼程序等,促使英国法律向现代法转变。20世纪以来,实行君主立宪,确立平等公正、普遍、秘密的选举制,加强市场经济、社会公益、科学技术方面的立法以及引入欧盟法律,形成了当代英国的现代法律体系。

二、政体结构

国体指国家主权的归属与性质,包括民主制、君主制、党国制等。政体是国家政权的组织形式与结构,又可称为政权体制或政治体制,包括权力设置、主要机构、政府形式、政党地位与政治关系等。作为法治国家,英国为民主国体。其政体内容独具,富有特色,他国可以模仿,却很难照搬。

(一) 君主立宪制

英国具有悠久的王国传统,英王在现实社会中有着重要的、广泛的影响。《自由大宪章》、《人身保护法》、《权利法案》等宪法性文件均由国王签署,国王尊重法律,服从议会,不干涉内阁与司法,已成为近代以来的传统。所以,在结束封建王朝的专制统治之后,仍然保留部分王权,采取君主立宪制。它既表现了传统政治的沿袭,又是对封建制度的妥协(或称改良)。可见,英国最早实行宪政,但至今也没有一部完整的、系统的宪法文本,是典型的不成文宪法。宪法性文献由上列成文的法律、不成文的惯例与相关的判例法所构成。在表现形式上与中国古代的"天宪"、明代的《大诰》相类似。

在立宪制之下,英王居虚位而无实权,摆样子而不执政,仅为象征性的国家元首。按照法律规定,在经济上,王室拥有自己的土地等不动产,日常开支与维修费用均由国家提供,还免征财产税、交通邮政一律免费等。政治上可代表英国对外活动,名义上的签署法例、统帅军队、解散议会、任命新首相、宣布赦免令等权力。王室成员还有一般不被法律追究的特权。

(二) 联(合)邦制

英国的全称为"大不列颠及北爱尔兰联合王国"。王国表现为君主立宪制,联合则指联邦制。需强调的是,通常国体上的联邦制是由各成员组成的主权国家,在内部依法划分联邦政府与地方政府的权力,是一种复合型的政体结构,如美国、德国、印度、巴西等皆如是。英联邦却是一种更为松散的联合,其成员均为主权国家,多为大英帝国时期的殖民地或自治领地,在独立之后通过申请加入英联邦(亦可申请退出而脱离英联邦)。英联邦以英王为名义元首。不设中央政府,也没有权力机构,只有设在伦敦的秘书处,负责促进联邦成员国的合作,筹备联邦政府首脑会议、亚太地区英联邦政府首脑会议、联邦财政部长会议及其他部长级专业会议。目前共有53个成员国,英国女王兼任其中16个王国制的"国家元首"。正如1971年的《英联邦宣言》所说,"英联邦是独立主权国家的自愿集合,每个成员对各自政策负责,就其共同利益而进行磋商和合作"。对实行君主制与效忠英王的成员国,由英王任命并派出总督。总督是英王的代表,并非英国议会或政府的派出机构。而与其他成员国之间,则互派高级专员,相当于大使或公使。自20世纪70年代加入欧共体,后转入欧盟之后,英国对英联邦的活动逐渐冷落。但是,面临英国的"脱欧"以及退出欧盟以后的处境与形势,英联邦这种联合体又会出现新的转机。

(三) 国家权力的分置与交叉

虽然权力分置学说最早是英国思想家洛克提出的,法国的孟德斯鸠也是从对18世纪英国政体的分析中,得出了"三权分立"的论断,但英国的立法权、行政权、司法权之间的界限并不那么明显。王国的传统、贵族的延续、柔性的宪法与政党的温和,导致了议会地位的下降、内阁职权的提升,司法权受到行政权的过度牵制。表现在:议会仍然拥有制定法的立法权，主要由普选产生的下院（平民院）行使，但立法程序却由政府决定，法亦由政府提出。由王室成员、新老贵族、大法官与主教组成的上院仅有部分法案的搁置权。绝大多数的法规是授权委托给行政机关制定的。判例法的制定权在法官而不是议会。司法权由法院独立行使，但上院是终审法院，担任上院议长的大法官又是内阁成员，一人身兼立法、行政与司法三项职能。法官们既是法律的适用者，又是判例法的创制者。

（四）责任内阁制

英国是议会制与内阁制的发源地。内阁是政府的代名词，源于13世纪建立的枢密院，即国王的咨询机构。枢密院人数众多，后来国王有要事常与几位大员在王宫内的密室商量，内阁由此得名。现今之英国，枢密院依然存在，而内阁专指最高行政机关，其政令仍以枢密令的形式发布。可见，内阁制是英国的土产，是伴随着社会演进逐步形成的，成为现代国家政体的一道独有的风景。中国明代中期的"内阁大学士"、清代的"内阁大臣"亦是如此。所以才将英文的 Cabinet 译成中文的内阁。所谓责任内阁，是指政府向议会（下院）负责，即责任政府之意。表现在：内阁须由下院的多数党（执政党）的成员组成，首相与内阁成员亦是下院议员，又有政府各部的大臣（部长），执掌着国家的行政权力。每届内阁一般由16—24名阁员组成，集体向英王、议会负责，阁员向首相负责。首相经全国选举产生，一般均为执政党领导人，是国家最高的行政首脑。这样一来，首相集政党的执政权与政府的行政权于一身，实际权力不但大于英王，也大于上院、下院的议长。

三、执政方式

执政是对国家政权的掌控与国家权力的行使。由君主执政被称为集权、专制或独裁制度，而现代国家是由公民选举的政党执政的。英国是世界上最早出现政党,最先实行政党执政的国家,具有原生性、初始性的特点。

(一) 政党代理执政

议会是国家的权力机关,内阁是国家的行政机构。在英国,上院由世袭贵族与国王任命的新贵族议员组成,故称贵族院;下院议员由合法普选产生,又称平民院。而内阁首相与阁员都由在下院中政党的多数党的成员出任。政党最早是下院议员因意见对立而形成的政治派别。17世纪晚期,议员们因詹姆斯二世是否有王位继承权发生严重分歧,相互以"辉格"(Whig,强盗)与"托利"(Tory,土匪)对骂,形成两大派别,后来他们也自认了这一称谓。辉格党即后来自由党,现今工党前身,而托利党逐步演变为今天的保守党。

18世纪以后,英王成为虚君,随着上院权力削弱与下院地位的提高,形成了由下院多数党领袖主持内阁的惯例,原来只在议会内部进行活动的两党,为了争夺选民,获取议会多数,竞相发展议会外组织,建立选区协会,作为竞选机构,扩大影响。19世纪以来,工业化基本完成,与社会阶级结构的变化相适应,两党的政治倾向亦有明显区分。一般认为,无论从传统还是现实角度,保守党代表着社会上层的利益,而工党多反映中下阶层的意愿。

(二) 两党轮流执政

政党轮流执政需要两个基本条件:一是有两个以上的政党,各有其组织和拥戴的群众;二是议会与内阁认可政党之间的竞选竞争,允许并支持反对党的存在。在英国,最早的辉格党和托利党是根据在议会中所占席位的多少轮流组阁的,后来都成为有严密的中央和地方组织的全国性政党,奠定了两党制形成的基础。19世纪中叶以后,随着下院地位的提高,保守党与自由党的建立与壮大,标志着两党制的确立。但在实践中,处于执政地位的基本上是保守党,著名的首相如罗伯特·皮尔、丘吉尔、撒切尔夫人等。从 1924 年开始，工党取代了自由党，才保持了与保守党轮流执政的态势。此外还有自由民主党、共产党、绿党、合作党、威尔士民族党、苏格兰民族党、民族阵线，以及英国革命共产主义同盟等党派，但基本上是两大党分别组阁，轮流执政。

与其他国家相比，英国的两党制有明显的特征，它是两院型议会制的产物，与内阁制密切结合。表现在：英国的内阁是由下院中的、在大选中获得多数席位的政党所单独组成的；内阁首相只能由下院多数党的领袖担任，阁员亦为执政党的成员。这种一党的内阁和阁员只对下院负责，其组成与上院无关。若内阁失去了下院信任，或者全体辞职，或者由首相提请英王解散议会，重新举行大选，组成新的内阁。下院中最大的反对党（即席位次多的政党）可以建立"影子内阁"，即从自己的议员中挑选适应人选，按内阁形式成立机构。1907 年，时任首相的保守党领袖张伯伦首先使用这一名词，后来陆续被一些英联邦国家所采用。

（三）选举竞争制度

早在 14 世纪中叶，平民院议员便由全国的自由土地所有者投票选举产生，但后来时断时续，并未成制。1832 年的《选举改革法》开启了改革的历程，《秘密投票法》(1872 年)、《禁止选举舞弊法》(1883 年)、《人民代表选举法》(1918、1948、1969 年)等法案记载了英国普选制逐步健全、成熟的脚步，形成了自由、平等、公正的选举制度。与美国、法国等非英联邦国家相比，英国选举有一些特殊规定，诸如：选民与候选人的资格，凡具有英国国籍的公民，包括居住在英国的任何英联邦国家，以及爱尔兰共和国的公民都有选举权；选民在选区的须居住三个月以上才能进行登记，狱中罪犯与治疗中的精神病人没有选举权。而年满 21 岁的有选举资格的人才有被选举权，依照文官制度，司法独立规定，神职人员、贵族、法官、文官、军官、警察，还有公营公司的董事都不能成为候选人。选举依照自愿投票原则,实行直接选举制,即由选民直接选举议员,在专门委员会的监督下进行投票与计票。由各政党组织的竞选班子,在解散议会令宣布之后,便可开始各种方式的竞选活动,可以"拉票"即说服动员,不准强迫选民为自己投票。

这种普选投票方式,还被用来决定国家的重大问题,形成了全民公决制度。如苏格兰、澳大利亚等曾以这种方式决定继续留在英联邦内,而2016年英国"全民公决"的结果是"脱欧",即退出欧洲联盟,后来议会之外还有很多民众要求"二次公决"。

(四) 议会党团制度

对于进入下院的政党来说,其内部被分为两大部分,即成为议员的党员与议会之外的党员,由此也需要两个机构组织处理有关政务或党务,一般称前者为议会党团,后者为该党的组织(分为总部与分部)。英国是议会党团形式的发源地,即由一个政党单独组成的议会党团,称为保守党议会党团或工党议会党团。由于首相就是该党的领袖,所以能充分利用议会党团来控制议会,扩大本党的影响。

需要明确的是,英国的两大政党或其他党派的目标是通过竞选进入议会与内阁,即取得执政权、立法权与行政权,而不像社会主义国家的共产党将夺取、巩固政权为主要任务,以实现共产主义为最终目标。所以,在议会之外的党组织主要进行选举的动员、宣传与组织工作,同时培养、推选精英人士当选议员。而议会党团通过对党员议员的组织与领导,以执政即控制立法、行政为主要任务。换句话说,该党的执政是依靠进入议会的议会党团及其党员实现的,议会之外的党组织与党员虽属于执政党的成员,却并不参与执政。

四、法律渊源

法律渊源指法律的制定及其结构形式。英国以普通法、衡平法与制定法为主要的法律渊源。

（一）普通法

作为王室巡回法院（后称普通法院）根据各地习惯法创制的、通行全国的统一法律规范，普通法是英国的基本法律制度与标志，以致人们将受其影响形成的英美法系也称为普通法法系。从法源上看，它是通过普通法院制定、健全起来的法律规则体系。在表现形式上，它是经过整理、汇编起来的判例法。它的内容以习惯法为基础，包括民事、商事、刑事，以及诉讼等方面的法例。与衡平法、制定法比较，它重程序轻实体，重实践（经验）轻理论（学说），重具体轻一般，讲求遵循先例进行审理与判决；不符合程序规定，则权利得不到保障。更显著的是，"法官在普通法的形成和发展中处于极为重要的地位"，实际上"法官兼具三种身份，立法者、法律的解释者和法律的执行者。由此，普通法也常常被称为'法官法'"[①]。

（二）衡平法

作为在英国特殊条件下形成的，由先是大法官、后是衡平法院出于维护公平正义、依据"案件的衡平原则"通过判决所形成的法律规则，衡平法使英国法制独具特色。与普通法源于习惯不同，衡平法的法源是教会法、罗马法、欧洲大陆的商法原则，以及法官的"良心"，即道德判断，体现出罗马法对英国法的影响。衡平法以判例法的形式存在，其创制较普通法更依赖王权。因此当二者发生严重冲突时，17世纪初的詹姆斯一世确立了"衡平法优先适用"的原则[②]。由此可见，二者是互补

[①] 何勤华主编：《英国法律发达史》，法律出版社1999年版，第25页。

[②] 詹姆斯一世的裁决为，"在今后的案件中，如果普通法与衡平法的规则发生冲突，衡平法在先。但是，衡平法必须尽可能地遵循普通法规则，只有在普通法未能提供足够的救济时，衡平法才能干预普通法。"转引自林榕年、叶秋华主编：《外国法制史》，中国人民大学出版社2003年版，第183页。

关系,普通法是全方位的法例,既涉及民事侵权也包含刑事犯罪,既有公法规则也有私法规定;而衡平法只涉及民商事领域中普通法尚无规定或调整不力的方面,如信托、赎回、撤销、返还等。准确地说,衡平法是普通法的必要补充,虽然在适用中优先,但只是特别法先于一般法的程序优先而已,并非实体内容的取代。普通法并不依赖衡平法,却是衡平法存在的法定前提。在诉讼程序上,衡平法更为简便、快捷与灵活,如起诉不再拘于形式,口头方式也能受理;不采取陪审制,也可书面审理;法官有很大的自由裁量权,常突破了遵循先例的原则。

(三) 制定法

在英国,制定法与判例法并列、并行、并重。虽然数量不很多,但是效力与地位最高,即可以修改、纠正、补充判例法的具体规定,进行整理汇集。它包括议会(主要是下院)制定或颁布的成文法,议会将立法权委托政府机关、地方政府或社会团体制定的法令条例与规章细则等,还有欧盟的法律与判例。与大陆法系国家相比,英国的制定法仍采取汇编的方式存在,而不实行法典化。

五、主要法律原则

法律原则是构成法律的基础,被喻为法律的灵魂,表现在法律的制定、执行、适用、监督与遵守的各个方面。除法治国家共同体现的民主、法治、人权、平等、正义、司法独立、公正等基本的原则外,显示英国特色的法律原则主要是:

(一) 宪法至上

英国的宪法是随着历史的演进,社会的发展,民主与法治的提升而逐渐成型、完善的,具有不成文性、传统性、延续性、柔性(或弹性)等显著特征。在君主立宪的制度中,英王的虚位化与统而不治体现了宪法的至上地位。以首相为主的责任内阁,必须由普选产生的、下院的多数党议员出任,表现了依宪执政的形态。尤其是"议会主权"原则的确立,即议会(主要是下院)拥有"与生俱来"的、最高的立法权,任何组织(包括执政党与法院)、任何个人(包括英王或首相)都不得宣布议会的法律无效,甚至也不需要宪法的授权。相反,议会可以将部分立法权授予政府部门或地方政府,称为委任立法。让下院始料不及的是,随着行政权的扩张与委任法的扩大,又反过来削弱了议会立法的范围与实际权力。

(二) 普通法原则

普通法有两个重要的原则,一是遵循先例原则,规定上级法院在先作出的判决,对于以后的或下级法院处理类似案件时具有拘束力。也就是说,法官在审理案件时必须遵循先例中的法律原则判决,而不是参照或参考先例。英国传统的判例一般分三个部分,即事实的认定、判决的理由、判决的结果。应遵循的"先例"并非是全部判例,而只是其中的第二部分判决的理由,即从该案中归纳出的法律原则。二是程序先予权利原则,即当事人的权利能不能得到法律的保护,取决于其选择的程序是否符合诉讼法的规定。程序正确,则普通法院必然受理;程序错误,即使该权利有实体上的依据,也不能取得普通法的保护。这一原则凸显了普通法的"死板"与"僵硬",也是衡平法在其后形成的缘由之一。正如法国比较法学者达维德所说,"普通法不是以实现公平为目的的体系,更确切地说,它是在越来越多的案件中能保证各种纠纷解决的,各种程序的堆积"[①]。

(三) 衡平法原则

衡平法是针对普通法的不足与缺限,为体现法治的公平、正义价值

[①] [法]勒内-达维德:《当代主要的法律体系》,漆竹生译,上海译文出版社1984年版,第300页。

而后生的法律救济或补充体系。在其运行与发展的过程中,逐渐完善的衡平法原则以"格言"的方式表达出来,显示出英国法治的传统性。诸如:"衡平遵循法律",指遵循普通法的已有规定,表明其辅助与补充的性质。"衡平即平等",要求对当事人平等对待,一视同仁。"衡平法不允许有不法行为而无救济方法",即衡平法受理纠纷,一般没有管辖或受理限制;只要当事人认为自己受到侵害或不公正处理,衡平法便予以救济机会。"寻求衡平救济者必须清白",救济者受不法行为侵害,能得到衡平法的保护。"衡平重意图轻形式",意图指实体而形式指程序,这是对普通法"程序先于权利"的纠正。"衡平法将应履行的行为视为已履行的行为",这是对合同效力诚信原则的肯定,要求行为必须兑现自己的承诺。"衡平法可对人为一定的行为",即能够通过强制性手段,迫使当事人做出一定的行为[①]。

第二节　美国:宪政制度与司法权威

美国自诩为世界上最为自由、平等的法治国家,流露一种"老王卖瓜"式的自夸、自信、自恋的心态。究其缘由,大致有五:一者作为经济发达、科技先进、实力强盛的世界头号大国,拥有做"老大"的资本与地位。二者属于年轻的国家,虽无自己的历史传统可言,但亦无沉重的历史包袱可背,"一张白纸,好画最新最美的图画"(毛泽东语)。三者承继了英国法治的优良传统,又尽可能地剔除其弊端,在新的环境中予以更新,可谓移植老树而催生新枝。四者作为移民国家,本能地反对等级与专制,要求自由与平等,容易吸收、借鉴他国之长,少走弯路。五者曾为

---

① 格言(引号内)见林榕年、叶秋华主编:《外国法制史》,中国人民大学出版社 2003 年版,第 181 页。

殖民大国,有掠夺、占领别国的经历,却无被他国奴役的遭遇。近二百年来,除1941年12月7日的"珍珠港事件"与2001年的"9.11事件"国内受袭之外,在美国本土上没有发生过规模以上的战争。所以有健全与完善法治体制的环境与机会。它在"一战"中发了军火横财,又是"二战"的战胜国,战后以"世界宪兵"自居,取代了大英帝国坐上世界的"头把交椅",因而自视为民主法治的发祥地与输出国。

一、形成途径

美洲的历史悠久,而美国的历史不长。从1776年北美洲的英属13个殖民地宣布独立算起,至今仅有241年。即使远追到1620年"五月花号"在普利茅斯登陆,或者1607年英格兰移民在詹姆斯敦建立第一个殖民地区,其历程也不过400多年。法国学者托克维尔在《论美国的民主》一书指出:"有助于美国维护民主制度的原因有三:自然环境、法制和民情";"按贡献对它们分级,自然环境不如法制,而法制又不如民情。"[①]现代的法治美国正是在这种环境与国情中,适应社会发展的需求形成的。

16世纪哥伦布"发现"新大陆后,欧洲移民纷纷来到美洲。英格兰移民集中于北美东海岸,成为英国的13个殖民地(当时称13个州)。至18世纪晚期,这些三百多万的移民们已经不再是单纯的外来拓荒者,他们热爱自己的土地,不满殖民者的掠夺与控制,强烈要求得到与英国本土人民同样的待遇,成为国家的主人。他们长期受普通法"法治"精神的熏陶,已建立了法院组织系统,涌现了一批出自于律师、法官、商人与地主的领袖人才,具备了与殖民母国分庭抗礼的实力。于是,1775年开始了为期七年的独立战争。有趣的是,引发战争的直接

---

① [法]托克维尔:《论美国的民主》,董果良译,商务印书馆2002年版,第20页。

原因是宪法解释的分歧,即北美 13 州是否为英联邦内独立的国家成员。正如美国法史学者施瓦茨所指出的,"广义地说,为美国独立而进行的斗争是一种法律斗争;或者说,它至少是以解决法律问题的名义发动起来的"①。1776 年 7 月费城召开的大陆会议通过了杰弗逊起草的《独立宣言》,宣告美利坚合众国建立。1783 年,富兰克林与英国在巴黎签订《凡尔赛和约》,结束了独立战争,英国正式承认美国独立。

1787 年的制宪会议通过了麦迪逊②起草的《权利法案》,即美国宪法,实行三权分立的权力结构。他们抛弃了君主与王国体制,选择了民主共和政体;他们恐惧专制独裁者卷土重来,以推行宪政将"权力关进制度的笼子"。后来又创立"总统"对联邦政府的统一领导,以克服"内阁制"的弊症。值得注意的是,在参加制宪会议的 55 位代表之中,有 30 人为律师,有 10 人担任过州法官。幸亏虽号称为"独立战争",实质上是驱赶殖民者的政治斗争,真正开战的不多。假若当年的领袖以军阀、兵痞为主,美国绝不会有今日之宪政。19 世纪以后,美国逐渐成为英美法系里的主要国家,突出普通法对人权,即公民人身与财产的保护,创设司法审查制度加大对行政权的监督与限制,确立法律,尤其司法的权威。

20 世纪以来,美国迅速崛起成为经济与军事大国,其民主与法治亦与时俱进,出现了新的特点。如判例法对自由市场经济的干预和对

---

① [美]伯纳德·施瓦茨:《美国法律史》,王军等译,中国政法大学出版社 1989 年版,第 2 页。

② 这位世界上第一位步行去参加就职典礼的美国第四任总统,"麦迪逊被后世公认为美国宪法之父。他在制宪会议开会前参考了超过二百本书,对如何草拟宪法和建立新政府下了很大的苦功。在开会时,这位年仅三十六岁、身高只有五英尺二寸的律师,语惊四座,字字珠玑,其他代表心悦诚服。因为他对起草宪法的卓越贡献,后来很多历史学家评价他起草宪法的功劳比当第四任总统的成就还要高"。引自陈纪安:《别怕,我不是教科书:最生动的 12 堂美国法律课》,法律出版社 2009 年版,第 8—9 页。

社会公共福利的加强,对个人自由权膨胀的限制和对国家、集体利益的重视与维护;制定法地位的提升和数量大幅增加,行政指令与规章越来越成为重要的法律形式。现今,国内外恐怖主义的威胁,经济的长期停滞,宗教对立与种族歧视导致的冲突与动乱,以及国际上的反美情绪与浪潮,世界"霸主"地位的动摇,都给美国及其法治带来新的挑战。

二、政体结构

(一) 宪政联邦制度

宪政(constitutional)指政权建立在体现公民权利的宪法的基础上,由宪法控制国家的权力及其行使。联邦(federal)指既有联邦政府又有地方政府,二者不相统属又相互补益的复合型的政体。共和制是指国家权力机构与国家元首由选举产生,并有一定任期的组织形式。可见,虽然美国的民主与法治脱胎于英国,但英国是君主立宪制,先有国王,后定宪法,民主宪政属于后发制人。而美国却先有移民社区,继有各州,后来才组成国家,所以直接行宪,废除君主,建立"民有、民治、民享"的民主国体。这种以社区为基础的联邦制国家,经历了由社区法治到州法治,再到国家法治的独特的宪政法治政体。

同样以"联邦制"为名,相比之下,大英帝国是个松散的"联邦"制王国,其成员国有独立的主权;而美国是个统一的主权国家,由宪法(包括联邦宪法与各州宪法)与法律明确规定并区分各级政府(联邦、州及所属的地方政府)的权限。各州只是将部分权力"让渡"给联邦,在宪法中予以规定;凡没有在宪法里列举出的权力,全都由州行使。联邦并非各州的"上级"或"领导"。英国以判例法为主,下院拥有制定法的立法权,上院仅统率司法机构,各成员国具有独立的立法权与司法权;而美国制定法与判例法并重,参议院和众议院(包括联邦两院与各州的两院)

均有立法权,制定了大量的成文法,同时具体的民、商、刑事立法权多由各州行使,联邦议会只进行监督与审查。英国至今仍保留有王室、贵族的非政治特权,英王仍是英国与部分成员国的名义元首并履行法定职责;而美国实行平等的人权,任何组织与个人均无法律之上的特权。

(二) 分权制衡

美国政权由立法、行政、司法三大结构组成,其职权与任职方式均由宪法确定。虽然"三权分立"学说是法国启蒙思想家孟德斯鸠提出的,但最先实践并创设为国家政体的却是1776年的《独立宣言》,作为孟德斯鸠母国的"法国大革命"是1789年才爆发的。美国政治家与法律专家在"三权分立"的基础上,保留"终身法官"(只要品行端正便可终生任职,薪俸从公共财政支付)与"法官造法",创立"总统"执政,强调各种权力之间的"相互制约与平衡"(任何一种权力不得凌驾于其他权力之上,都得接受其他权力的制约),从而使国家权力的设置与运行分散化、规范化、制度化。

例如,立法权原则上由国会行使,实际上大法官们也通过判例进行立法。国会只是个笼统的称呼,它分为参议院和众议院。众议院名额原按各州人口的比例分配,后来法定为435名;参议院每个州两名,50个州共有100名参议员。联邦议会与各州议会的议员,以及大法官全部由选举产生。众议院议员任期两年,可以连任;参议员任期为四年,只能连任两届。参议员有对参院议事日程的"搁置(延迟)"权,即如若对某项法案不满,可以将之搁置而使其失去审议表决的机会。又如,"三权"中的任何一权都对其他两权具有某种约束力。法案先由众议院表决过半数通过,再经参议院通过,由总统签署后方能生效;若被总统否决,则重新由两院表决,须有2/3的票数通过,才能迫使总统签署。联邦最高法院的大法官能够否定由国会制定和总统签署的法律,但大法官的资格却要由总统任命,还必须得到参议院的批准①。立法权与司法权虽独立行使,但政府与法院的经费即财权却由两院掌控等。这种制衡关系使国家的任何权力机构都无法独揽大权,当然也容易产生相互掣肘、故意刁难、扯皮推诿的现象。

美国法治有两大标志,一是宪法精神(私权神圣与服从法律),二是司法权威。美国首先建立了司法审查制度,指法院有权通过违宪审查、宪法解释,从而对立法和行政行为进行合宪性审查,以维护宪法权威和法治秩序;联邦最高法院拥有违宪审查机制的最高权威,其判决具有终局性。这种新型的以司法审理方式裁决宪法争议,履行违宪审查的职能,使宪法体现的基本人权得到切实保障。在美国,公民或社会组织对国会、政府行为,不论属于具体的还是抽象的行政行为,只要认为不符合宪法与法律,都可以向法院提起诉讼。无论任何法律或法律条文,只要被联邦最高法院裁决违背宪法,皆属无效。从而体现了法治,具体说是司法的权威。

(三) 总统制

总统制是相对于内阁制而言的政府形式,堪称美国在国家政体制度方面的一大"发明"。内阁从首相到阁员都是下院议员,属于议会;而总统由普选产生并有固定任期,故处于议会之外,是独立的行政首脑,只向选民负责,与"两院"是并列关系。总统既是美国的国家元首,又是政府的首脑与所属政党的领袖,还兼武装部队总司令,行使联邦的行政权力。从横向来看,由总统领导的政府负责处理联邦的行政事务,议员

---

① "联邦最高法院是司法的最高权威。联邦最高法院里有九大法官,他们负责裁决一些在其他司法机构无法解决的上诉案件,以及州与州之间纷争的案子,而最主要则涉及是否违宪的案子。任何案件到了联邦最高法院,裁决即为终局"。引自陈纪安:《别怕,我不教科书:最生动的12堂美国法律课》,法律出版社,2009年10月版,第36页。

不能兼任行政职务,政府官员由总统任命并只向总统负责,也不能兼任议员。总统无权解散议会,议会无权罢免或撤换总统;但议会拥有弹劾总统的权利,交由联邦最高法院审理决定。从纵向来说,联邦与各州的行政权各有划分,不相统属(即不是地方服从中央的上、下级关系。立法权与司法权亦如此)。联邦政府主要职责是外交、国防、财政金融等涉及国家整体利益的内容,内政方面也只关注全国性的议题,而不能侵犯各州的权力。当然,实践中一直存在联邦行政权扩大、总统权力集中的现象,并成为趋势。

与实行总统制的其他国家相比,美国总统的权力最大,是全国的权力中心。如行政上有权处理国家事务和联邦政府的各项事务,选任所属行政部门的负责人(法律规定经参议院认可,但实践中往往省略了这一程序),发出具有法律约束力的政令,所有行政部门只向总统负责。立法方面,总统享有委托立法权和对国会法案的否决权(除非两院中各有2/3多数票推翻他的否决),可向国会提出各种咨文(国情、预算、经济、特别咨文等),成为影响立法的重要方式。司法上可提名选任包括最高法院法官在内的联邦法官,可以赦免部分犯罪人员(被弹劾者除外)。总统代表美国与外国缔结条约,须经参议院2/3多数票的批准方可生效,与外国签订的一切行政协定,却不需经参议院的同意。对外宣战权虽属国会,但在特殊情况下,总统往往会越过国会发布战令。经国会授权,战时或紧急状态中总统还可拥有更大的权力。

三、执政方式

尽管美国的历史不长,但却是最早实行两党制的国家之一。源自英格兰与爱尔兰的移民们,对大英帝国的政党制情有独钟,使之在美利坚大地上生根开花。二百多年来,共和党与民主党轮流执政,在国家政治生活中发挥着重要作用。美国的选举制度、议会制度、行政管理制度及司法制度,都与两党制有着密切联系。与英国及其他国家相比较,其特点在于以下三个方面。

(一) 两大党交替执政

早在建国时期,以杰弗逊为首的、代表地主与农人观点的共和派,希望建立一个非集权的农业共和国,反对削弱各州的主权。而以汉密尔顿为代表的城市工商市民,自称联邦主义者,则主张有个强大的中央政府来管理国家。前者1854年正式组建了美国共和党,坚决主张废除美国国土上所有的奴隶。1861年林肯当选总统,共和党首次执政;直到至1933年(罗斯福首任总统)的70多年中,除16年外,均为共和党执政。后者1791年成立"民主共和党",1828年改称民主党至今。虽然在美国还有社会党、共产党、绿党、公民党等所谓"第三党",但它们从来没有过执政的经历,政治影响力不大。因此,美国是典型的通过竞选总统方式轮流执政的两党制度。

这两大政党基本利益一致,意识形态相同,也不存在根本性分歧,只是在具体执政方式如政策、方针、措施方面有所区别。一般认为,民主党信奉自由主义,主张革新、平等与社会福利;共和党则持保守主义立场,强调文化延续、传统价值、社会稳定,以及宗教的作用。两党在政治上的最大分歧即上述"大政府"与"小政府"之争。

(二) 总统、州长与两院议员

虽然从联邦到地方的绝大部分权力都由两党人士控制,但美国这两个大党的体制与内部组织,与其他国家的政党有系统的组织结构、独特意识形态与严格的规章纪律不同。其一,两大党很少宣示自己的最终目标或者建党宗旨,所公布的只是不断改变的、适应每届大选需要的竞选纲领。其二,它们在参、众两院内设立党团会议和政策委员会、总统及其助手班子等机构,院外还有全国、州、县与社区的委员会。院内与院外的党组织平行并列,互不统属,只是分工不同。院外的四级委员会也不存在上下级的领导关系,只是竞选期间的工作交往。其三,只有总统或总统候选人才是该党的领袖,代表该党执政;全国委员会或州委员会的主席只主持大选的组织工作。总统与主席之间也不存在直属的行政关系。其四,党员没有固定的党籍,平时与两党院外的委员会不发生组织上的联系,也无须交纳党费。依照惯例,只要在进行选民登记时,声明并登记为民主党人或共和党人,便被认定为该党的党员。因此两党的党员,甚至高层人士也经常转换党籍。

这样一来,政党的职能被区分成竞选与执政两大部分,其内部组织实际上也分为了相互独立的两大块:参、众两院外的党组织即各级委员会,负责选举事宜,除此之外没有太多的党务活动;两院内的党组织(亦称委员会)、以总统为首的政府官员(州长、县长、市长等)以及国会议员负责执政。议员代表该党进行立法,政府官员们以该党成员的身份执政或行政。对于执政党来说,主要是依靠总统和政府内、国会内的各委员会实施执政的。

(三) 组织选举是政党的主要活动

从实质上看,这两大党只是"选举机器",平常处于筹备"待机"状态,只有预选、选举时才开动起来。历届的总统选举基本上是在民主党与共和党的运作、控制之下进行的。竞选总统实际上是竞争国家的执政权,决定哪个政党能够成为执政党。总统候选人须由该党的全国代表大会决定,换句话说,要想被确立为总统候选人,必须先在党内击败其他的竞争者。总统候选人能否在竞选中胜出,除个人因素之外,是全党努力的结果。这样,政党的工作中心就成了组织与进行总统选举。有趣的是,1874年,著名画家汤姆斯·纳斯特发表了一幅漫画,用象表示共和党,用驴表示民主党,从此,驴和象便成了两党的标志。每当大选之年,两党与媒体都以这种动物形象式的"党徽"进行竞选活动,习称

"驴象之争"。

总统选举表面上看是挑选个人,实际上是在选择政党。参、众两院的议员(包括联邦与各州)由选举产生,但总统或州长不经议员在议会中选举,也不是"全民公决"直接投票选出的。美国的总统选举实行一种独特的"选举人制度",属于间接选举。即先由选民选出总统选举人,再由总统选举人选出总统。这种制度规定,各州选举人的数量与该州议员人数相同,大州议员多,选举人也就多;同时实行"胜者得全票制",即在统计票数时,只要在某州获得的多数的总统选举人票,那么该党就能得到该州的全部选举人的票数(不按实际得票计算)。由于选民在选总统选举人的时候,已经明确要求其必须投票给某一总统候选人,所以这一制度在程序上属间接选举,结果与选民的直接选举基本一致。

四、法律渊源

历史决定现在,美国法从开始就带着英国法深深的烙印,是在继承与改造英国法的基础上形成的独具特色的法律体系。因此,比较法学将它们命名为英美法系以与西欧的大陆法系相比较。从横向上看,美国法虽以普通法的判例法作为基础,但自建国时便有成文宪法,表现出重视制定法的明显倾向,逐渐形成了国会制定的法律、行政部门制定的法规、法院(法官)制作的判例"三足鼎立"的法律结构。从纵向来说,联邦与州均实行权力分置体制,各有其互不隶属相对独立的立法、行政与司法机构及其职权,所以不存在统一的立法权。联邦法与州法自成体系,只是内容与范围的不同,没有效力等级的区别,二者都有立法、行政、司法这三种渊源。

（一）判例法

判例法是普通法与衡平法的表现形式,由于它是法官通过具体案件的审理所归纳出的法律规则,不像制定法那样以条文式的规定表现,所以又被称为不成文法。美国法源自普通法,又坚持"适用性"原则对之进行改造。涉及衡平法的案件统一由联邦法院管辖,采取与普通法一致的诉讼方式,但还有五个州保留着衡平法院。联邦法院与州法院都有自己的法例,而全美 50 个州的判例法又各成系统,因此美国的判例法显得既分散又庞杂。它在内容上分为两大类,一是依普通法的传统所作出的民、商、刑事,如财产、合同、侵权等判例,二是对制定法(宪法、法律、行政法规)所作解释性判例。在形成方式上又可分为联邦法院的判例法与各州法院的判例法。

应予强调的是,在美国,法官对已有制定法进行阐释所归纳出的法律规则,已超出了理解或执行的意义,成为与原制定法并驾齐驱的判例法,意味着一项新法规的产生。因此,它既不包含在原法律之内,其效力又高于如像我国(最高法或检察院)的司法解释。这样,法院在审理案件时,不仅应依据宪法、法律、行政法律与规定等制定法,还要适用普通法、衡平法以及阐释制定法的各类判例法。律师或一般人要把握、了解美国现行法律的具体规定,不仅要检索成文的法律法规,还要注意相应的判例法如何解释该项法规的适用;如果没有制定法的规定,就必须从众多繁复的判例法中去寻找规则。

(二) 制定法

美国的联邦和各州都有制定法,又称成文法。其范围包括联邦议会和政府就国防、外交、货币、移民、海商和州际商贸关系等方面,各个州在这些事项之外针对地方事务制定的成文法。其类型包括联邦宪法、联邦法律与行政规定,各州也有自己的宪法、法律、条约、法院(诉讼)规则和行政规章。其中,某些制定法只是为了便于使用而对判例法进行的整理与汇编,但大多数是新制定的单行的法律和法规。如联邦的税法、金融证券法和银行法、社会安全法与环境法,各州关于商业、贸易、消费者、家庭关系等的立法。

20世纪以来,随着行政权力的集中,对经济的干预和社会控制的加强,制定法的范围显著扩展,数量大幅增加,对法律的整理、汇编与注释日益受到重视。1926年,众议院的法律修订委员会颁布了《美国法典》(又名美国法律汇编),收录了参、众两院自建国以后,至今仍然有效的全部单行法规,按50个主题编排。该法典每六年修订一次,并出版合订本,向国内外发行。1953年,出版了美国法学会组织法律专家、法学学者和律师,历时20年完成的《法律重述》,即判例法汇集。既是立法成果的总结,又是司法审判的依据,标志着美国法治的成就。根据美国宪法的有关规定,各种各类法律渊源在整个法律体系中的位置,从全国到地方大致的次序为:联邦宪法—联邦单行法规—国际条约协议—联邦法院规则—联邦行政规章—联邦普通法—州宪法—州单行法规与州法院规则—州行政规章—州普通法。

五、特殊的法律原则

大凡法治国家,均实行主权在民、权利神圣、法律权威、公平正义、控制权力、司法独立等基本原则,美国亦是如此。作为英美法系的一个代表,与大陆法系的国家相比,与英国对照,美国法治又有显著特色。从法律原则的角度,主要表现为对英国法继承改造、两大法律体系与司法中心等三个方面。

(一) 以"适合性"为原则继受普通法

在建国初期,出于对英国殖民者的憎恶和对法国的偏爱,美国从下到上都想抛弃已有的英国法,转向法国成文法。但正如施瓦茨所说,"尽管亲法派进行了艰难的尝试,美国法对罗马法就像教会对待伪经书,它是工具性的而不是权威性的。普通法被证明是太顽强了,不可能被取代"①。传统的力量,现实的需要与条件(社会上层,尤其精英们所受的全为普通法的教育),最终决定了还是以普通法作为新建法律的基础。

然而,应予强调的是,完全照搬外国的制度对任何国家来说都是行不通的。即使美国这样移民主要来自英国,作为英国殖民地长期实行英国法的年轻国度,其法律制度与法治方式也不能抄袭英国,必须符合自己的国情。因此,"在美国法形成时期的一项主要任务是,让普通法适合于大西洋彼岸的形势"。正如1829年约瑟夫·斯托里大法官在"范内斯诉帕卡德"案的判例中指出的,"不应将英国的普通法笼统地变成美国的普通法,我们的先辈带来了它的一般原则,并主张这是他们固有的权利。可是,他们把它带到这里,仅仅采纳了适合他们情况的那一部分"②。从而确立了认可与援引普通法的"适合性"原则,即英国法只有经美国的立法或司法机关确认之后才对各州有约束力。此后,美国不像英国那样有全国统一的普通法,制定了自己的成文宪法,取消了普通法与衡平法的诉讼之分,为实现公平公正决定是否审理,突破"遵循先例"等,都是"适合性"原则的具体表现。

(二)联邦与州两大法律体系

美国的联邦制比英国严谨,有统一的国家主权;又不同于德国的集权制,采取分权的方式。如上所述,"权力分置"的横向表现是立法、行政、司法权力的多向细分,纵向表现为联邦与州的"双轨并行"体制。这是美国特殊的国情与社会条件的产物,或者说美国的法治形式有两个重要的前提,一是自治的要求和对自治权的认可,以社区自治为基础的各州不愿将自己的权力让渡给联邦国家。二是1787年制宪会议通过

---

① [美]伯纳德-施瓦茨:《美国法律史》,王军等译,中国政法大学出版社1989年版,第13页。

② 同上,第16页。

第一部联邦宪法,明确肯定了联邦与各州之间的分权关系,即联邦只行使宪法明文列举的权力,未列举的仍归各州行使。

这样,在美国存在着两大政权系统、两大法律体系。即联邦与州各有其参议院与众议院、联邦有总统及政府部门,州有州长及州政府(还有下属的县与基层机构),各有其独立的法院系统。参、众两院或总统、州长均由普选产生,只向选民负责。各种各类权力机构均依宪法建立,依宪行政与司法;它们之间不存在隶属关系。联邦与州也各有其宪法、法律、行政法规、判例法,形成了双重并列的两大法律体系。在司法实务中,这些法律法例又同时适用,显得十分专门精深,使没有经过系统培养与专业训练的一般人很难把握,因此,美国的法学教育非常发达,律师与法官、检察官成为受人尊重、羡慕的职业,非专业人士很难胜任其职务。

(三)"违宪审查"与司法中心主义

在国家权力之中,司法权位列最后,又因其被动行使与循规蹈矩而显得势弱。正如汉密尔顿所说,由于它"既无强制,又无意志,只有判断。而且实施其判断亦需借助行政部门的力量",所以"在三种权力部门中,司法部门表现出无法与其他部门相比的软弱"[①]。然而,在美国,通过赋予最高法院以宪法解释权和违宪审查权,确立了司法的权威地位,实现了司法权对国会立法权与政府行政权的有效制约。

违宪审查原则是马歇尔大法官1803年对"马伯里诉麦迪逊案"判例中确立的一项宪法原则。认为宪法具有最高的效力,任何法律法规都不得与宪法相抵触;联邦最高法院在审理案件时,有权判定所涉及的法律法规是否违反宪法,违宪的法律法规不再具有法律效力。可见,这

---

① 见[美]汉密尔顿等:《联邦党人文集》,关在汉等译,商务印书馆1980年版,第391页。

一原则的形成,是宪法至上、法官造法与司法独立的产物,是在美国特殊的法治土壤中孕育的司法硕果。此后,法院可以判定国会和州议会通过的法案因违宪而无效,也可对宪法进行补充的解释,并能禁止总统或政府的违宪行为。如 1974 年的"水门事件",即使面临议会的弹劾,尼克松也拒绝交出相关文件和录音带。直到最高法院发出指令,才表示遵守法院的命令。2000 年总统大选计票方式出现争议,也是经最高法院裁定之后,小布什方能当选,而因计票方式而落选的民主党竞选者戈尔,亦立即向对方祝贺。

　　随着违宪审查制度的实施,美国形成了司法中心主义的法治模式,法院在整个国家政治运转、尤其是审查与监督国会与政府的活动方面拥有了最高权威。表现在坚持"无罪推定"、"不得自证其罪"、"法律的正当程序"等原则,实行"证人出庭"、"陪审团"、"对抗式辩论"等制度,以实现平等公正,切实维护公民的权利。建立了法官不可更换(任期届满之前,非经弹劾不得被免职、撤职或令其提前退休)、专职(不得兼任行政、议员与营利性职务,不得以政党成员身份从事政治活动)、退休和高薪等制度,以保证司法独立。

　　为提高司法的质量与效率,美国非常重视法律人的培养教育和法律实践,有世界著名的法学院和法学家,学生本科毕业之后才能报考法律专业,法学院毕业生须经法律实践才能成为律师,而法官、检察官多从律师中选任,很多政治家、国会议员亦是律师出身(在 43 届总统之中,有 26 位出身于律师)。如今,美国有三亿多人,约有 130 万名律师,平均每 250 个美国人中就有一名律师[①]。在这个意义上,可以说美国是个律师主导的国度。

---

　　① 　以下数字可供参考:德国 8000 多万人,约有 16 万律师,占五百分之一;法国 6000 多万人,5 万多律师,占一千二百分之一;中国 13 亿多人口,约 30 万律师,规模不小,但只占四千分之一。

律师过多,既说明社会对法律的需求,又造成诉讼的泛滥,助长了争权夺利之风。对个人自由的提倡,又导致了持枪文化的滥觞,美国的枪械已达两亿多支,平均每人一支,不断地引发枪击伤亡事件,成为一大社会难题。法律的严密与犯罪的增多是一对孪生兄弟,现今的在狱囚犯已超过百万,凸显了毒品、走私、抢劫、诈骗等犯罪的增长。虽然法律标榜人人平等,黑人血统的奥巴马也可当选并连任总统之职,但种族歧视仍然显现在执法、司法的具体行为中,不时地引发社会冲突或者动乱事件等。这些都说明美国的法治并不万能,还需不断地应对现实的挑战,适应社会的发展。

第三节　法国:三权分立与行政法治

法国法治是在反封建革命与民主启蒙思想基础上形成的,又因其典型的三权分立政体,法典化的成文法体系,公法与私法的结构,并行的司法法院与行政法院等法治形式而独秀于国际法治社会,并成为大陆法系的一个主要代表。现代法治国家具有共性,即符合法治的基本要求;同时又有不同的经历,表现出各自的特征。如果说美国法治的形成带有脱胎英国、创立新制的移民色彩的话,那么法国与英国则表现出形成于本土的浓烈的原生性,堪称法治主义的故乡。而法国与英国相比,同为继承与发扬传统,英国是保留君主与贵族的改良,法国则表现为推翻封建王朝与进行反复辟的革命,是颇具激进色彩的变革。英国以普通法为基础建立了自己的体系,法国却以"复兴罗马法"为前提,创制了著称于世的"民法典"与行政法。在它们的直接影响下,形成了当代世界的大陆法系与英美法系。法国法治对中国法律的现代化的影响深刻,助力显著,孟德斯鸠《论法的精神》(严复将其译为《法意》)就是最早传入中国的民主与法治的启蒙著作。

一、形成途径

据历史记载,最早征服欧洲西部这一地区的是公元前50年的高卢人凯撒大帝,并开始使用法语。后经过数百年的种族冲突与融合,包括罗马人的统治与日耳曼人的入侵。8世纪后期(约相当于中国唐朝时期),建立了封建制的法兰西王国。从11世纪至15世纪,在政教合一的神学统治下,先后有18任国王的轮替当权。自14世纪开始的文艺、罗马法与人文复兴的"三R运动",促进了16世纪以来的经济革命,17世纪的科技革命,18世纪的政治革命,到19世纪完成了社会革命。虽晚于大英帝国,法国在欧陆上仍属最先实现资本主义的国家,完成了从封建社会到现代社会的转型。马克思亦称其为"现代国家的完美典范"。从法治形成与演进的角度,应关注以下三点:

(一)形成于"大革命"前期

"法国大革命"始自1789年的市民起义,攻克巴黎巴士底狱,首次推翻了波旁封建王朝,到1871年法兰西第三共和国建立为止,历时81年。共和、君主立宪与独裁政体的三次反复,封建贵族、帝国与半帝国、恐怖统治的四次复辟,五次大规模的武装起义与五部不同宪法的更替,从而确保了"资产阶级在法国的政治胜利。……革命与过去的传统完全决裂,扫除了封建主义的最后痕迹"。体现了一个"现代国家的诞生史"[①],也标志着法治法国的最终确立。

这里所说的"大革命"前期,具体指1789年革命爆发到1815年拿破仑帝国时期。1789年6月,新成立的国民议会即宣布行使国家主权,8月颁布法令"永远废除封建制度";继而表决通过《人权宣言》,首次把民主启蒙思想用法律形式确定下来,提出了著名的人生而平等自

---

① 见恩格斯:《反杜林论》。

由、权利神圣权威、三权分立制衡、法乃公意体现、法不溯及既往,以及无罪推定、罪刑法定等一系列法治原则。9月占领巴士底狱之后,将国王、宫廷和国民议会迁往巴黎。这种君主立宪体制的建立,意味着法兰西法治的初成。1792年建立第一共和国,次年1月将路易十六送上断头台。1804年拿破仑称帝,力图建立一个新型的强大帝国。在他的主持乃至亲自参与之下,制定了宪法(1799、1802、1804、1815年),民法典(1804年,又称拿破仑民法典),商法典(1807年),民事诉讼法典(1808年),刑法典(1810年)。被称为"法国六法"的这一较为健全的成文法体系,标志着法国现代法律制度的定型,奠定了大陆法系法律结构的基础。

(二)第三共和国结束帝制,巩固法治

封建帝制的最后一次复辟是拿破仑的侄子路易·波拿巴。他在1848年当选为第二共和国总统,不仅独揽行政大权,将任期从四年延长到十年,还把司法权归于总统名下。后来,干脆于1852年称帝,即拿破仑三世,史称法兰西第二帝国。1870年普(鲁士)法战争爆发,法国在色当战役中大败,波拿巴被俘。巴黎人民起义推翻了第二帝国,恢复了共和政体,即法兰西第三共和国。

当时软弱的临时政府与德国签订了割地赔款的停战条约,激起巴黎人民的极大愤慨。1871年3月18日,巴黎人民再次武装起义(其领导人中有当时"共产国际"的成员),夺取政权,自名为巴黎公社,尝试建立一个"社会主义民主共和国"。但仅两个月,这一新生政权便被资产阶级政府军残酷镇压[①]。马克思后来深刻地总结了巴黎公社的伟大实践与失败教训,提出了无产阶级专政的理论。

[①] 据估计,约有两万人未经审讯就被枪杀,加上在战斗中的死者,公社方面死亡者约为30000多人,被逮捕、监禁者约为50000人,流放、驱逐到法属太平洋岛屿的约7000人。

第三共和国的国民议会于 1875 年通过了参议院组织法、政权组织法和政权关系法，合称为 1875 年宪法，进一步确立了共和政体。即实行多党议会制度，议会由众议院和参议院组成。众议院由普选产生，拥有立法权和监督权。参议院由间接选举产生，有权否决众议院的决议，对众议院具有极大的牵制作用。总统是国家元首与军队统帅，由间接选举产生，任期 7 年，可连选连任。总统拥有广泛的权力，如任命军政要员，提出法案和解散众议院等。同时规定总统命令必须有一名内阁部长副署方能生效，内阁要对议会负责。后来随着政治结构与力量的变化，采取英国的模式，内阁亦改由议会中拥有多数席位的政党或政党联盟组成。可见，这种体制是妥协的产物，总统、议会和内阁之间处处表现了平衡。1940 年 5 月德国法西斯入侵法国，第三共和国宣告结束。

（三）"二战"之后的进展

二次世界大战后，在国际民主潮流的影响与左翼力量占优势的情况下，国民议会制定了 1946 年宪法，宣布第四共和国的建立。议会（包括国民议会与参议院）的权力明显加强，总统权力有所削弱，国民议会的"倒阁权"使内阁出现危机，政府频繁更迭（在其存在的 12 年中，政府更换了 24 届，平均寿命不足 6 个月），不能适应战后重建的要求。于是，1958 年 6 月戴高乐受命二次组阁（"二战"结束时任总理，1946 年辞职），制定颁布了现行的第五共和宪法（又称戴高乐宪法，至今已修订了 24 次）。

第五共和国即现今的法兰西共和国，重申并增补了现代法治原则。如确定国家权力只能产生于全民普选，政府只对议会负责，司法权应从行政中独立出来，将地方分权作为新的国家结构等。同时，欧洲联盟的成立及法律原则的适用，又使其法律制度增加新的内容，在宪政原则上既重视个人权利又强调社会利益，在法律类型上吸取英美判例法，在内容上加强行政、经济、社会立法,在体系上健全完善公法私法结构等。总之,法国法治走过的是迂回转折、大起大落的历程,留下的是左右摇摆、深浅不一的足迹,面临的是应接不暇、复杂多变的挑战。

二、政体结构

法国是典型的三权分立政体,对于立法权、行政权、司法权有着清晰明确的分工与界限,不像英、美那样相互交叉、混合不清。又是以制度的方式将中央集权逐步转为地方分权分治的典型国家,提升了法治之中的自治活力。

(一)"三权分立"的宪法体制

法国是欧洲人文复兴和启蒙运动的中心,产生了孟德斯鸠、卢梭、伏尔泰、狄德罗等思想家,是"三权分立"学说和法治主义的发源地。同时,又因为封建势力的强劲反扑,帝国制度的多次复辟,形成了中央集权的传统,行政权的独大与扩张。因此,如何以体现人权的法律控制国家权力,将"三权分立"落到实处,成为法国法治在政体结构方面的一个重点。

第五共和国汲取了前几次共和时期议会民主制度失败的教训,在借鉴、参照英美等国体制的基础上,创立并实行以"半总统"、"半议会"为特征的权力分立制度,在现行宪法中予以规定。具体表现在,重新调整了总统、政府、议会三者之间的职权与关系,减缩了议会职权的范围(故称"半议会"),增加了总统的相应权力,又将原归总统属下的政府改向议会负责(故称"半总统")。这样一来,国家行政权分别由总统与政府行使,总统是国家元首,总理为实际管理者,故被喻为"行政双长制"。总统成为国家权力的中心,议会主管立法,控制内阁并有权核准政府的命令,总理由总统任命又向议会负责,普通的司法权(将行政审判权分离出来)由各类各级法院独立行使,形成了新的"三权分立"格局。与英、美的体制相比,法国国民议会职权小于英国下院而略大于美国参议院,法国总统的权力小于美国总统却大于英国首相,法国总理权力小于英国首相而多于美国(未设总理及政府)。因此,人们把法国现行政体称为"半议会制"(与英相比)和"半总统制"(与美相比),行政上实行"双长制",司法上实行"双轨制"。

(二) 中央集权与地方分权

法国自古以来便是君主集权的国家,拿破仑在"大革命"中建立的第一帝国,更将这种单一制的中央集权推向高峰。所以,与英联邦中的成员国享有主权,或美国的各州保留着自己的自治权不同,坚持中央政府对地方的统一领导是单一制国家的传统。然而,随着民主法治的进展,要求放权分权、改革中央与地方的关系,实行地方自治的声浪此起彼伏,越来越高。对此,法国著名思想家托克维尔早在19世纪中叶便尖锐地指出了中央集权制机构臃肿、人员庞杂、程序繁琐、效率低下等弊端[①]。他警示并忠告人们:"当我看到任何一个权威被授以决定一切的权利和能力时,不管人们把这个权威称作人民还是国王,或者称作民主政府还是贵族政府,……我都要说,这是给暴政播下了种子"[②]。托克维尔所提出的地方分权的三大理由:效率、民主与自由,至今仍是法国地方分权改革的理论指导。

法国地方分权改革的正式起点是1982年国民议会通过的《大区、省及市镇的权利与自由法》,中央将一部分涉及地方利益的行政权力及

[①] "为了做到身在巴黎而能领导一切、洞悉一切,必须发明上千种审查手段。书面文件已经十分庞大,行政程序慢得惊人。我从未发现一个教区重建钟楼或修理本堂神甫住所的要求能在少于一年内获得批准,最通常需要两年或3年才能获准。""地方上要盖一所医院,经常要等10年才能得到中央的拨款。这种低效率的原因不在于行政官员们的不负责任,而在于行政程序的过分复杂"。托克维尔:《旧制度与大革命》,董国良译,商务印书馆1992年版,第102页。

[②] 托克维尔:《论美国民主》,董国良译,商务印书馆1993年版,第289页。

行使这些权力的必需物质手段转交给由直接普选产生的地方行政机关。22个大区是中央派出的行政机构,首长称行政长官。全国100个省(本土96,海外4省)、413个市(镇),省、市长及政府,权力来自于地方选举,与中央相对独立。需要强调的是,这种分权,一是范围确定,即严格限制在行政权之内,不涉及立法权及司法权;二是改革始终依法逐步进行,每项重大措施都有相应宪法或法律依据。在政府的职权中,它也不同于一般的"简政放权"(下放权力)。"放权"的中央政府与地方政府是上下级的统辖关系,而"分权"的地方政府是本地区选举产生的,在行政上与中央政府相对独立。正如法国政治学家吕歇尔父子在《地方分权法》一书中指出的:"权力下放是将中央的一部分权力转移到一些中央在地方的官员手中。地方分权则是将这些权力由中央或在地方的中央官员手中转移到独立于他们的行政地方的代表手中"①。1982年之后,地方分权紧锣密鼓地进行。据统计,国民议会通过了26项相关法案,政府颁布了近200项行政法规。1986年3月16日,首次举行了各大区议会的直接普选,1992年《共和国地方行政法》,2003年修宪制定的《共和国地方分权组织法》等,标志着法国从中央集权到区域自治—地方分权制度的进展与成型,地方政府有了相对独立的财政、人事及行政管理权力。

然而,从总体上看,法国在中央与地方的纵向权力关系上,强调中央集权而不注重地方分权;在立法权与行政权的横向权力关系上,强调总统的行政权而不注重议会的立法权。所以,虽然号称"半议会制"与"半总统制",但总统与政府的行政权力实际上大于立法权。这是法国重视司法权威,建立"双轨制"的法院系统,设置宪法委员会和行政法院的一个重要原因。

---

① 转引自许振洲:"法国的地方分权改革",载《欧洲研究》1995年第1期。

三、执政方式

政党经合法选举进入国家权力机构并取得多数席位而执政,是法治国家的共性。与英、美的两党制有别,特殊的国情和文化传统,造就了法国的两派主导下的多党制(因其量多类杂,又被称为"极化多党制");而在实行多党制的国家之中,法国又以其两大"政党联盟"轮流执政而成为典型。

(一) 党派林立、类型繁杂

法国是最早实行政党制的国家之一,从 1789 年"大革命"开始就有政党活动。第三共和国时期,已有数百个党派,每次选举总会有 30 左右的政党竞选。各党的规模不大、组织涣散、成员易变,很难独自取胜,只好通过联盟协议获得多数席位联合执政。政党的涣散与易变,导致了议会的低能、政府的更替与政局的动荡。自 1875 至 1940 年间,更换了 107 个政府内阁,每届政府的平均寿命仅有 7 个多月!这也是希特勒能迅速占领法国的一个重要原因。戴高乐的第四共和国仍延续了这种多党联盟、政府更替的态势。短短 12 年之中,先后有 18 位总理,24 届政府在政治舞台上走马灯式地穿梭。

之所以会出这种政治态势,主要在于:一是多元的思想文化传统。浪漫与激进是法兰西人的文化性格[①],思想的多元化是法国的社会传统。自由与专制、民主与君主、共产主义与资本主义、欧洲主义与极端民族主义、巴黎公社的社会主义与无政府主义等左的与右的、极左的与极右的、激进的与保守的各种社会思潮,都能在这块土地上找到自己的养料。以致有人将法国人的喜新厌旧比作换衬衣,说他们抛弃一个旧

---

① 法国人的浪漫与激情,在大革命时便有典型的表现。当 1789 年月 14 日攻克巴士底狱,释放政治犯之后,起义民众立即在广场上竖起一块木牌,上写着:大家都来跳舞吧!于是整个巴黎成为欢乐的海洋。

制度，就像脱去一件旧衬衫那样轻松自然，毫无留恋之感。所以不但政党繁杂、政府多变，就连宪法也是频繁修订，如同翻饼。二是各个政党软弱涣散，不断发生分裂、合并、改组或新建，既在议会中形成不了多数，也无法保持内部的稳定与发展。再加有的在中央，有的在地方，平日里不相往来，竞选时拼命拆台，纷争不已。这样地恶性循环，周而复始，很难形成全国性的大党。三与其选举制度有关。法国学者迪韦尔热提出了选举制对政党制影响的"三大定律"，认为一轮多数选举制趋向于形成两党制，两轮多数选举制趋向于形成结构松散的多党制，比例代表选举制趋向于形成组织严密稳定的多党制[1]。而法国自1958年戴高乐为推动政党结构的两极化与简单化，削弱法国共产党的影响力，采取两轮多数选举制度后，仅在1985年密特朗时期实行过一轮比例代表制，1986年希拉克又恢复了两轮多数选举制，一直沿用至今。

（二）两大"政党联盟"轮流执政

两轮多数选举制度的实行，促进了众多政党的两极分化。按照这种选举方法，全国465个选区，每区只选1名议员。若在第一轮投票未能当选，只有得票超过5%的候选人才能参加第二轮选举。而第二轮选举中，只要获得相对多数票即可当选。由于党派庞杂、候选人众，很少有人能在第一轮中胜出，于是在决定胜负的第二轮选举中，政党之间往往结合组盟，共同支持一名商定的候选人。当选后便以此政党联盟的形式执政，组成多党联合政府。

历经长期实践，到1980年代，形成了多党并立、四党称雄、两大联盟的政党格局。至今在法国政坛上具较大力量的党仍有十多个，七个政党拥有议席或政党联盟。其中历史悠久、组织严密、机构健全、影响力大的政党是人民运动联盟（前身为保卫共和联盟，成员广泛，如职员、

---

[1] 见杨祖功、顾俊礼：《西方政治制度比较》，世界知识出版社1992年版，第282页。

官员、自由职业者、商人、农民和工人等)、社会党(成员多为公职人员与知识分子)、共产党(成员多为工人、雇员、手工业者等)、另类道路(2013年由民主与独立派联盟与民主运动党合并而成,前身为著名的法国民主同盟)。

30多年来,法国一直由两个较为稳定的政党联盟执政,按其思想倾向与实际表现,人们称其为左、右两大派(或称左翼、右翼):右翼派别以人民运动联盟为中心,包括另类道路、国民阵线等;左翼派别以社会党为首,包括共产党、欧洲环保—绿党和激进党等。这两大联盟交替轮流执政组阁,其他的中间小党很难突破这一两极格局。虽存在左右两派,但也出现过共同执政的情况。即行政上的"双长制"造成总统的党和总理的党都成为执政党,而总统与总理这两个行政伙伴的椅子上却坐着两个不同政见的人。如1986—1988年,左翼的社会党总统密特朗与右翼的保卫共和联盟政府总理希拉克;1993年左翼的社会党总统密特朗与右翼的政府总理巴拉迪尔,1997年右翼的希拉克总统与左翼的社会党政府总理若斯潘。在这种相互戒备、掣肘的条件下,执政效率的下降在所难免。

四、法律渊源

法国曾为罗马帝国所统治,后来又成为"复兴罗马法"的主力和大陆法系的主要代表,建立了以罗马民法为基础的、制定法为主的、公法私法为内容的,健全的成文法结构与法典化体系。学界一般将其法律渊源分为两类,正式渊源包括宪法、国际条约与欧盟法、(议会)法律与(政府)法令、规章等;非正式渊源有习惯法、(法院)判例、法学著述、法律原则等。有的则从国际渊源与国内渊源着眼,或者从公法、私法体系上进行考察。本书着重阐述法国法治的特征,所以不再详列其具体的法律渊源,仅突出以下三点。

（一）欧盟法优先适用

1993年《欧盟条约》正式生效，标志着以欧洲共同体为基础的欧洲联盟的诞生。国际法治社会出现了一种新的、超国家的法治形式。欧盟不同于以往的国家联合，如"二战"中的同盟国或战后形成的社会主义阵营；也有别于现今的以结盟为形式的国际合作组织，如东南亚国家联盟（简称东盟）。它与主权国家相似，有自己的立法（理事会）与执行（委员会）机构、议会（监督咨询）与法院、宪法与法例、银行与货币（欧元），实际上是一个强大的超国家实体。由于各成员国将财政、金融、安全、外交，以及刑事司法等部分国家权力通过法定方式交给联盟行使，所以欧盟的法律地位高于27个成员国（英国已宣布"脱欧"），类似（但不同于）联邦制国家的内部关系。欧盟的宪法和法例，成为成员国的一个重要的法律渊源。

作为统一欧洲的思想发源地和主要行动者，法国在欧盟中起着主要决策与中心国家的作用。欧盟的法律也成为法国现行法律体系的一部分，与其他国际条约、公约相比，欧盟法具有直接与优先两大效力特征。直接效力是指，欧盟的法律直接进入法国法律体系之中，法官直接适用，直接产生效力。优先效力是说，在适用中，欧盟法律优先于国内宪法与法律，即效力优先原则。其地位也高于国内法，如果国内法与欧盟法发生冲突，那么国内法应服从欧盟法，冲突的部分无效。虽然有这样的原则规定，但激进、易变的法国人喜欢按自己的意愿行事。如在罗马签署的《欧盟宪法条约》，按规定经所有成员国和欧洲议会的批准，应于2006年11月生效。而法国于2005年5月举行全民公决，否决了该条约，致其搁置至今。直到2007年《里斯本条约》和《欧盟基本权利宪章》的通过，才结束了欧盟长达六年的制宪进程。

（二）《法国民法典》

《法国民法典》是法国大革命的产物，是"人权宣言"与宪法原则在实体法上的体现。"大革命"爆发后,1790年制宪会议决定要"制定一部简明并与宪法相适应的民法典";1791年的《宪法》重申:"应制定一部共同于整个王国的民法典"①。启动了法典的起草并提出了三个草案,但均未通过。1799年拿破仑执政,次年即任命四位法学家组成法典编委会重新起草,拿破仑亲自参与起草并主持审议(据记载,在法案评议委员会102次审议中,拿破仑出席了57次)。他指出"我们已经结束了大革命的传奇,现在应该着手于它的历史了。在运用革命原则时,只需要其中那些现实的、切实可行的成分,而不需要那种纯理论的、假设的东西"②,从而确定了求稳务实、力戒臆造的编纂基调。

法典草案的36章分别以单行法获得议会通过,1804年拿破仑称帝,将36个单行法合并,成为一部有2281条之众的统一的《法国人的民法典》(原名)。拿破仑自豪地称之为"我的民法典",1807年更命名为《拿破仑民法典》。二百多年来,随着工业化的进程与社会的发展,民法典也在不断地修订与补充(但多数均原文保留,只字未改),主要是删除关于奴隶制、贵族、夫权、继承等方面的特权规定,增加了关于民事主体与客体、财产权中的知识产权、担保权与债权、对个人权利扩张的限制、对集体与公共权益的保护、对于各种动产的界定与保护等;2004年与2006年又增加了两编,将沿用已久的三大编结构改为现行的五(卷)编体例③,以适应现代社会的要求。

在民法典的带动下,又先后编制了商法、刑法、民诉与刑诉法典。如果说,宪法的本质在于以权利控制国家权力,在公法中处于中心地位的话;那么,设定公民及其他主体具体权利的民法则是私法的核心与基

---

① 见《法国民法典》序,李浩培等译,商务印书馆1979年版,第1页。
② 见由嵘主编:《外国法制史》,北京大学出版社1992年版,第270页。
③ 最近一次于2014年修订,2015年3月22日生效,五卷2534条。第一卷民事主体,第二卷财产与所有权,第三卷取得财产的各种方式,第四卷担保,第五卷适用于马约特岛的规定。

础。历史已经证实,《法国民法典》不仅是法国现代法律体系的核心,而且成为大陆法系(又称民法法系)的基础。它的诞生,是世界法制发展的一个丰碑,也成为国际法治社会的一面旗帜。《法国民法典》的特殊贡献有三:

一是选优汰劣,重现罗马民法。罗马帝国造就了罗马法,而罗马法又随着帝国的覆灭而失传。直到12世纪开始的复兴运动,才在学术范围内为人所知。法国对罗马法的研究在16世纪已处于欧洲的前列,其主要原则逐渐体现在司法实践之中。到18世纪,法兰西王国的成文法与习惯法均包含罗马民法的诸多内容。这些,都成为制定民法典的基本资源。在体例上,《法国民法典》完全是按照古罗马盖尤斯的《法学阶梯》的结构编制的,即分为序言和三编,第一编人法,关于个人和亲属法的规定,即今称民事权利主体的规定;第二编物法,关于财产、所有权及其他物权的规定,即民事客体的规定;第三编取得所有权的各种方法,包括家庭财产转移、债与质押、抵押等,颇为庞杂。罗马民法的主要概念与法律原则,如物权、自物权与他物权、债权、所有、占有、使用、收益、处分权,先占、添附、孳息、买卖、交付等取得方式,都从著述或教科书中变成了具体的法律规定和制度。

二是务实求稳,体现时代要求。在推翻了封建君主专制之后,新的共和国需要落实宪法规定的法治原则,确认与保障人民的平等权利,建立正常的、稳定的社会秩序。于是,制定一部统一的民法成为重中之先①。正如德国比较法学家茨威格特所说,"要使统一法国民法的思想变成现实,还需要两件事情:一是法国大革命的政治冲击,二是拿破仑的权威和决断力"②。鉴于前三个草案过于激进与理想化,重新执政的

---

① 黑格尔说:"在近代国家中,保障财产安全是整个立法的关键,公民们大部分权利都与此有关"。
② [德]茨威格特、克茨:《比较法总论》,潘汉典等译,贵州人民出版社1992年版,第153页。

拿破仑提出了务实求稳、从现实出发、保留传统习惯（罗马法与教会法）、通俗易行、力戒抽象与超前等立法宗旨，并亲自参与起草，主持审议。他亲自选定的四位起草人，既是大法官又是法学家，都是具有丰富经验的务实派。他们深刻理解拿破仑承袭罗马传统，彰显平等人权的立法意图，注重民法的现实性和实用性，既保留旧法中"相对好的"仍然适用的规定，又体现新的"时代特点"①。如重申罗马民法的法律统一、法无溯及力、立法与司法独立、公法与私法分离等原则，又确立了新的民事权利平等、私有财产所有权神圣、契约自由、过失责任四大原则。框架坚实而有开放性，原则明确而具辩证性，规定具体而有持久性。法国先贤们的卓见与实践，成就了一部伟大的法典，再次验证了法律是"发现"而不是"发明"这一至理箴言。

三是通俗易行、简明流畅的法国风格。有人将法国与德国的民法典的文风进行对比，说前者为法语散文，朗朗上口，可用来演出朗诵；而后者乃德文概念，生涩难懂，可有效医治失眠。虽然夸张，却显示了二者的特征②。拿破仑视民法典为其执政的关键和法治的枢纽，力图使之深入人心、家喻户晓。因此要求起草者不要用抽象难懂的概念与偏离民众的专业术语，让法典成为普通市民或农夫老妇都能知晓、理解和遵行的文件，成为新社会人人必备的圣经。无须律师的帮助或教师的讲解，便能了解自己的权利与义务。这样，《法国民法典》不但以其体例严谨、结构对称、原则明确、内容充实而成为立法的典范，而且以简洁清晰、流畅明快、通俗易懂、易行易传的风格而独秀于世界法苑之中。

---

① "编纂者意识到，法律是为人而立，而非人来适应法律。法律应该适应它所为之服务的人民的时代特点和社会习惯。在立法领域，应该对于全新的立法素材慎重对待。盲目地致力于追求绝对完美事物是荒谬的，而对于那些相对好的法律规定，与其改变它，还不如接受它"。转引自何勤华等：《大陆法系》，商务印书馆 2015 年版，第 318 页。

② 著名作家司汤达为了掌握法文的韵律，每次都要念一段民法典。而象征派诗人保罗-瓦雷里说它是"出色的法国文学著作"。

(三) 行政法治

论及法国对国际法治社会的贡献,人们公认是民法典和行政法,或称二者为法国法学的最大成就。它们都形成于法国本土,是其特定的国情与社会环境的产物,具有原生性与显著的特征。英国虽较早实行法治,但却没有专门的行政法部门;美国的宪政先于法国,却只是通过普通法院的"个案裁决"对政府进行违宪规制,直到上世纪中叶国会才有了行政立法。法国行政法形成于18世纪晚期的"大革命"时期,具有完备的理论和健全的制度,因而法国被称为行政法的母国,成为各国尤其大陆法系国家制定行政法,建立法治政府的楷模。

作为民主法治启蒙思想的热土,法国最先从理念上将行政法视为一个独立的法律部门。认为以专门性的立法与司法控制、监督并纠正行政公权力的行使,防止其扩张与滥用是行政法治的应有之义。因而采用一种独特的方式,即通过专门的行政法院及其创造性的努力,构建了一个完备的行政法体系。支撑行政法治大厦的有四大支柱:一是公法与私法的区分,行政法属于规范公权力、服务公共的公法。二是地方政府与中央政府的分权,中央政府管理国家事务,大区长官由中央委派,省、市政府由地方选举管理地方事务,又设"公务法人"专管公共服务。三是行政法规法例的分别制定,国会的行政组织与行为的法律,中央政府与地方政府的程序性行政法规和规章,还有行政法院的大量判例法。四是两套并行的司法系统,即普通的司法法院[①]与专门的行政法院,前者只有审判权而后者兼有通过判例形成立法权与监督权。

最能体现法国行政法特色的,是与司法法院相独立的,属于行政系统的行政法院。它的历史与法兰西宪法一样古老,有趣的是,宪法被反

[①] 在我国有关法国法律,尤其司法制度的著述中,大多将与行政法院并行的传统法院称为"普通法院"。单就法国而论,这一概念无可非议。但若从比较法的角度,与英美法系、特别是英国法制联系起来,极容易与英、美的普通法、普通法院相混同。因此,笔者采用"司法法院"这一称谓,特此说明。

复地修改,政府在走马灯式的更替,而行政法院却如同中流砥柱,保持着稳定与进展。它不仅对各种行政行为进行着有效的监督,而且通过对行政管理与公共服务经验教训的总结,归纳出行政法的原则与规范定。虽然在理论上行政管理权与行政审判权应相互独立,但实际上法国的行政法院通过行政案件的审理始终发挥着政府参谋,乃至最高行政长官的重要作用。它所制定的判例法,构成了行政法的主体内容。在一个有悠久成文法和法典化传统的国度,唯独行政法不是成文法典而只有判例,既表现了英美法系的影响,又是"行政法的母国"的异象。在1958年设立宪法委员会之前,有效限制政府权力的法律基本上是行政法院的判例法。因此,也可以说,是"行政法院造就了法国行政法,造就了法国的行政法治"。各级行政法院,特别是最高行政法院,对于推进法国行政法的发展发挥了独特而卓越的作用[①]。

　　建立法治政府,实施行政法治是法国行政法精神所在。经过长期地总结与实践,到20世纪70年代形成了对行政权力有效的监督和制约的,包括行政组织、行政行为、行政监督和行政司法(法院)的行政法律体系。支撑这一体系的是依法行政和行政均衡两大基本原则。依法行政原则要求:行政行为必须有法律依据,政府只能在法律授权的范围内活动;同时,行政行为的实施必须符合法律的具体规定要求,即目的合法、形式合法、过程合法。行政均衡原则是对依法行政原则的必要补充,旨在控制行政自由裁量权的行使,强调在法律没有明确规定的情况

[①] 对行政法院的作用,美国学者莫里斯·拉朗热作了精辟的概括:"行政法院所发挥的卓越作用真正是法国独创的。在这个国家里,政府经常变动,宪法也并不持久而来回更改,行政法院却是主要的稳定因素。它所赖以建立的原则,越过成文的宪法,构成一个真实的不成文的宪法。……在这个多次发生革命的国家里,行政法院以渐进的方式发挥作用,它做事既谨慎,又有效,有时也被急风暴雨所颠覆,但很快又达到恢复,就这样保持着国家的永久性和民族的连续性。"转引自袁曙宏、赵永伟:"西方国家依法行政比较研究——兼论对我国依法行政的启示",《中国法学》2000年第5期。

下,行政行为必须做到合理、适度与均衡。这些制度与原则,是行政法院对具体行政行为的审查、监督与纠正的结果,主要是通过其判例法所建立的。进一步证实了行政法院在控制行政权滥用,保护公民合法权益方面所起的作用,表现了法国行政法的显著特征。

五、司法体制

细心的读者可能已经发现,本书在阐述英国与美国法治特征时,第五部分以"法律原则"为题,而本节作了改变。缘由在于:一者上文已将分权制衡、法制统一、"联盟执政"、公私法分离、依法行政等法治原则,以及权利平等、财产权神圣、契约自由、过失责任等具体原则作了说明,毋需再次重复。二者与其他国家相比,法国的司法体制特色独具,互不隶属又层级复杂。宪法法院对违宪的审查,行政法院的职权,检察权的行使,普通民、刑、商事、劳动案件的审理,以及小审法院、速裁法庭的设立等,都有专门法律规定,很有必要单列阐明。

(一)宪法委员会与违宪审查

法国人对于"三权分立"情有独钟,一直怀有对传统司法的不信任感,警惕行政权的过大与国会对政府的过度干涉,力图减少它们之间的职权重叠与互相干预,真正实现行政权与司法权的分离。长期以来,出于中央集权的传统影响和以总统为中心的行政权力的扩张,在"三权"之中,立法权处于高位,行政权不断强化,司法权最为弱势。于是,1958年宪法规定建立宪法委员会,作为一个客观中立的司法机构,防止立法权对行政权的侵蚀,从而在国家机构上进一步显示出司法的独立性质,又在效力层次上大大提升了司法权的地位。

宪法委员会是一个独特的、职权超出传统司法权的违宪审查机构。与美国的司法审查权由联邦最高法院行使不同,它既不属于普通的最高法院,也与最高行政法院无关,而是与二者相平行又单列的司法机构。

委员会由总统与两院议长各任命三位成员,共九人组成,主席由总统指定;从而在组织上超然于政治分歧之上,独立于议会与政府之外。从实践来看,委员会成员主要来自于众、参议员,政府部长和法律界人士[①]。

宪法委员会的主要职权,一是具有对于议会制定的宪法性法律和各类组织法,在颁布前的(合宪)审查权,颁布生效后的最终解释权。二是在普通性法律法例颁布之前,接受总统、总理、两院议长,或两院60名以上议员联合提出审查请求,有权对其进行合宪审查并作出决定。三是通过对总统选举、议会选举与公民(投票)复决过程的监督,保证选举的合法与公正。四是受理公民依法定程序,对已实施的普通性法律提出的违宪审查案件,从而将违宪审查原则的实施落实到公民的层次。宪法委员会的裁决是最终的决定,具有最高的法律效力。它对所有的国家机构,包括立法机关、行政机关和司法机关均具有约束力,被裁决为违宪的法律、法例与规定不得公布,已实施的经裁决违宪后的法律不再适用。在这个意义上,宪法委员会实际发挥了宪法法院的作用[②]。

(二) 行政司法与司法法院的分离

行政法院是单列的、与司法法院不相隶属、有明确职权分工的司法机关。因此,法国的法院分两大系统,彼此独立、平行运转,各有自己管辖的案件,都能够作出终审判决。如果将宪法委员会视为宪法法院,再加上专门处理总统刑事责任的"高等法院"和专司政府部长涉及普通法律责任(有别于行政法责任)的"共和国法院",其司法审判体制相当复杂。这一现象,均源自法国人对"分权制衡"的执着与对司法独立的苛

[①] 据统计,截自2010年"48次提名中,宪法委员会成员包括议员22名,部长14名,律师12名,最高行政法院法官和法学教授11名,及最高法院法官4名。只有8名成员不属于任何政治团体,有11名成员缺乏法律训练。"见张千帆:《法国与德国宪政》,法律出版社2011年版,第30页。

[②] 联邦德国、意大利、奥地利设宪法法院,有的国家如西班牙、厄瓜多尔称宪法保障法院,有的称宪法法庭。

求。为了防范权力的扩张与滥用,他们坚持"凡事预则立,不预则废"的道理,宁可制而不用,也要将权力置于预先设置的"笼子"里。

行政法院系统主要包括地方行政法院、上诉行政法院、最高行政法院。还在法国海外没有建省的领地设有行政争议庭,以及审计法院、财政和预算纪律法院、战争损害赔偿委员会等专门性的行政法院。行政法院的法官并非职业法官,而属行政编制,按公务员制度管理。他们可在本院咨询部门和诉讼部门同时任职,也可兼任某行政组织的领导。最高行政法院法官任职四年后还可以到政府部门任职,以便熟悉政务。行政法官还负责解释现行法律和行政法令,接受咨询并提供建议和拟订草案;审理行政机关之间的纠纷和公民对行政机关的控告。

司法法院系统由初审法院、大审法院、违警法院、轻罪法院等基层法院和重罪法院(又称巡回法院)、上诉法院、国家安全法院等中级法院,以及最高法院组成,负责审理民事和刑事案件。民事法院包括初审法院和大审法院,刑事法院包括违警法院、轻罪法院和重罪法院。依照现行法律,各级法院的经费、人事等一律由中央负责,与地方议会与政府无涉。除民事法院中的商事法庭、劳资调解法庭、社会保险法庭等的法官由选举产生外,刑事法院和其他民事法院法官均统一由最高司法委员会或司法部长推荐或任命。法官实行终身制,非经弹劾不得免职。

在两大法院组织系统之外,还设有争议法庭,专门负责处理司法法院与行政法院之间的管辖权争议。争议法庭由最高法院和最高行政法院选出的法官,以及司法部长等九位成员组成,除兼任庭长的司法部长外(实际上很少出席),其他成员的任期为三年。管辖权争议分为消极争议(两类法院均认为自己不应受理)、积极争议(两类法院均认为自己应有权管辖)和管辖权请示三种情形。庭审以公开审理方式进行,其裁决有最终效力,司法法院和行政法院必须执行。争议法院除裁决案件由哪一系统法院管辖以外,还可以对两系统法院所作相互冲突的判决案件进行重审。

(三) 检察权的行政化

在法国,没有独立的检察机关,检察官配属在法院之中,专司刑事犯罪的追究,由司法部按照国家行政人员管辖。其特点有三:一是职责专一,负责刑事司法活动。检察官是唯一介入立案、侦查、起诉、抗辩等全部刑事司法程序的司法官员。在行政体制中,检察院和警察机关是两个相互独立的机构,但在违法犯罪案件的侦查中实行"检警一体化"的模式,配合得十分密切。实际上,检察官有权指挥所在法院辖区范围内司法警察的一切活动,也可直接行使法律授予司法警官的职权。

二是检、法共处,职权分立。法国的检察院附设在法院系统之内,层级与法院一致,即分为不同的等次,如最高法院检察院、上诉法院检察院、初级法院检察院等。各级检察院业务的管辖范围,与所在的法院相一致。设在最高法院中的最高检察院的总检察长,既不从属于司法部长,也不听于最高法院院长;他与后者是同级的国家最高司法官。一般的检察官则属于司法部行政编制,适用《公务员法》。

三是检察权独立,检察官依法独立办案。检察权为国家的司法权,检察院却设在法院之中,检察官又归政府的司法部管理。这种体制的优点是权力的相互制衡,防止其扩张滥用;缺点是容易相互扯皮干扰,效率低下;关键在于三种权力的独立行使。为保证检察权独立,法律明确规定检察官承办案件时,具有独立的公开指示权、表明个人态度权、拒绝停止追究指令权,以及司法豁免权等。也就是说,法国将检察权的独立落实到个案的办理,每个检察官都有权拒绝来自任何方面,包括自己的行政领导(司法行政部门)、上司(检察长)或同事(法官、检察官)的非法干预。检察官履行职责所需经费由国家财政统一制定、拨付,逐级下发到每个地区法院检察院。

(四) 公众参与和便民诉讼

法国具有法律乃公意之体现,还司法权于民,司法便民简洁等的传统理念,民众亦有参与司法的积极性。从现行的司法制度来看,公众参与司法活动有多种方式,主要表现在商事法院、劳动法院的构成,判决的执行,陪审制与速裁制等方面。首先,法国将涉及商人与商事活动的争议交由专门的商事法院负责审理。商事法院的法官不由职业法官担任,而是从商人中通过选举产生,任期两年,不领薪酬,也不实行终身制和升迁制。诉讼程序以当事人及请求的不同,分为普通、紧急、申请、支付四种类型,一般由三名法官组成合议庭,进行公开审理。劳动法院负责审理劳动合同纠纷案件,与商事法院一样,其法官不是职业法官出任,而由劳资双方的代表构成,不拿报酬,但当劳动者担任法官时,法律规定企业主不得因其参加法院审理工作而减少、扣发其工资;同时政府还有补偿,以保证劳动者能顺利地参加审理。

其次,刑事重罪由重罪法院审理,实行陪审制度。重罪法院由审判长、两位法官和六位陪审员组成。按照现行《刑事诉讼法典》的明确规定,"职业法官应当在陪审团所有成员发表完意见后才能阐述自己的观点"。依照自由心证原则指认证据与确定罪名,即"罪行通过各种证据予以确定,法官根据其内心确信判决案件"。陪审员从符合法定条件的公民中选任,各类国家机构的官员,现役军人以及各种法官、警察部门与监狱的公务员等均不得担任陪审员。陪审制不适用于民、商事案件的审理,如果重罪案件中有附带民事诉讼案件的,公民陪审员不参加审理活动[1]。

---

[1] 《刑事诉讼法典》第353条规定了休庭合议前,陪审员应全体起立并宣读训词:法律不过问法官形成自我确信的理由,法律也不为法官规定某种规则并让他们必须依赖这种规则去认定某项证据是否完备、是否充分。法律只要求他们心平气和、精神集中,凭自己的诚实和良心,依靠自己的理智,根据有罪证据和辩护理由,形成印象,作出判断。

再次，判决由专业社会人员负责执行，将执行权从法院中分离出来。严格区分审判权与执行权的性质及其行使，也是法国的传统与特色。审判权即法的适用无疑属于司法，而包括法律、法例、法令、规章以及判决等有效法律文书的执行，严格地说应属于行政的范畴。因此，法国的法院中虽设有执行庭，但只负责执行申请的立案，而将具体的执行案件委托给法院之外的执行员去完成，自己不直接进行执行活动。执行员最早属于王室官员，现在既非司法官吏，又不属于政府公务员，而是与律师、医生相当的自由职业者。他们通过考试，经合法登记后取得执业资格，在执行事务所内，接受法院或当事人委托，具体负责执行已经生效的法院判决，还可以在执行中接收、评估、拍卖或变卖财产。同样，民商事审理中注重调解，但法官不直接进行，而是在征得当事人同意后，指定法院之外的职业调解员，在一定的期限内进行具体调解。无论成功与否，调解人均需向法官递交书面报告。调解结束后，由法官确定给其报酬。

第四，现行的速裁制度与轻罪快审制度，也体现了对公众对司法的参与，提高了审判效率。原先的诉讼法中，只有"应当在一个合理的期限内审结案件"的原则性要求，缺乏明确的审限规定，导致案件久拖未结。21世纪初的司法改革决定建立速裁法庭，减化诉讼程序，缩短审理期间。速裁法庭的法官并非现任的职业法官，而是由已经退休、不满75岁的法官、检察官或法学教授等担任。速裁法庭一般设在小审法院里，受理争议标的金额1500欧元以内的简单民事纠纷，实行法官独任制和一审终审制。法官们熟悉法律法例规定，又有丰富的审判经验和社会阅历，办案质量较高，提高了司法效率。

刑事案件的轻罪快审制度也独具一格，是简易诉讼程序的一个典型。法国将刑事犯罪分为违警罪、轻罪、重罪三类，违警罪由设在城市中的区一级违警法院审理，实行一名法官审理的独任制；轻罪由设在大审法院的轻罪法庭管辖,重罪由上诉法院的重罪法庭管辖。违警罪与轻罪均属事实清楚、证据充分、情节轻微,甚至有的犯罪嫌疑人已经认罪、控辩双方无明显争议的案件,能够适用简易程序进行审理,所以称为轻罪快审。其特点在于:一是办案人员了解过程,熟悉案情,保证办案质量。二是由司法警察(负责侦办案件的警察)、检察官、法官独任审理,无须请示报批,缩短了办案过程与审理期限(要求在二个月内结案)。三是刑罚轻、刑期短。刑期在10年以下,刑罚方式还有罚款、教育、恢复原状、做义工等。

下 卷

我们的先人们早就开始探索如何驾驭人类自身这个重大课题,春秋战国时期就有了自成体系的成文法典,汉唐时期形成了比较完备的法典。我国古代法制蕴含着十分丰富的智慧和资源,中华法系在世界几大法系中独树一帜。要注意研究我国古代法制传统和成败得失,挖掘和传承中华法律文化精华,汲取营养、择善而用。[①]

[①] 习近平:"加快建设社会主义法治国家",《求是》,2015年第1期。

第八章 古代法律观的现代意义

法律是人类的社会行为规范。自古及今,人们自觉或不自觉地遵循它,又从各个角度去认识、表述、评价它,从而形成了各种不同的法律观念。西方的法律观流派众多,在历史演进中分化提升,其精华部分成为现代法治的思想基础。中国古代的法律形成于本土,很少受外来的影响,所以古代中国人使用自己独特的语言、文字、术语和范畴来表达对法律的理解。稍加留心就会发现,虽然中西法律观在形式上迥然相异,但其观点与内容却诸多暗合,说明人类法律文明的趋同。因此,对于我们今天的现代化建设来说,作为传统文化组成部分的传统法律观,并非一无是处,其中的精华因素亦能作为法治中国的思想资源。

第一节 传统与现代、精华与糟粕

人有思想,国有法律,社会从古到今有其历史。中国法律思想的形成、演变和发展,与法律相表里,与社会相同步,表现了中华民族几千年来对法律现象无间断地认识、反思与总结。鉴于中国法律思想的范围太大、历史太长、内容太多,本节旨在阐述现代法治观念的历史根基,所以将重点放在传统法律观方面。

一、传统法律观的形成与演变

所谓"传统",系指一个国家或民族延续已久、处于主导地位的文化内涵。它体现着一个民族的精神命脉与性格品质,因而是"割不断"的。同时也只有"传之未断,统而不乱"才能世代传承,成为传统。传统是历史,又已融入现代,可以说"我国今天的国家治理体系,是在我国历史传承、文化传统、经济社会发展的基础上长期发展、渐进改进、内生性演化的结果"[①]。

所谓"传统法律观",是指萌生于殷商、西周,奠基于春秋战国,形成于西汉,成熟于隋唐,普及于宋明,衰微于近代,一直处于思想主干地位并对当代有深刻影响的法律观念;它以封建社会的法律观点为主体,是中华法系的思想基础,也是现今法治建设可资挖掘、阐发、汲取、利用的思想资源。

(一) 生于中华大地,成于特殊国情

中华民族繁衍生息在东亚大陆,对于法律的认识也产生于中华本土。由于很少受外族或外来的影响,故其法律观念具有原生性、本土性和独立性[②]。古代中国所处的自然环境、生产方式、社会结构和国家体制是传统法律观的客观基础。

首先,中华先民生活的东亚腹地,是一个幅员辽阔、相对封闭的内陆自然环境。其西部是号称"世界屋脊"的连绵高山和终年积雪的冻土高原,可叹"千山鸟飞绝,万径人踪灭",却很难穿越;西南部的崎岖山地和热带丛林更是古代人群难以逾越的天然障碍。北部是一望无际、有进无出的沙漠、戈壁和荒原,可赏"大漠孤烟直,长河落日圆",而为出入绝地。东部是浩瀚无垠的太平洋,大海大洋可使人常生"忽闻海外有仙

---

① 见习近平:2014 年 2 月,"在省部级主要领导干部专题研讨班开班式上的讲话"。
② 人们公认,东亚、西亚和地中海流域是世界文明的发源地。费正清指出:"对东亚文明的一个决定性影响是其相对独立于人类其它文明以外"。"东亚的农业和早期文明未受欧亚大陆西部的影响,是完全独立发展起来的"。[美]费正清、赖肖尔:《中国:传统与变革》,陈仲丹等译,江苏人民出版社 1992 年版,第 4、18 页。

山,都在虚无飘渺间"的遐想,现实中却成为"天尽头",阻止了远涉的脚步。这种内部交往容易、外部迁移困难,几乎与其他地区隔绝的生存和生活空间,使中华民族较早地形成了"地域"观念,产生了国家形态。并认为自己处于天地之中,优越于周边的"四夷",故称"中国"。不同的部落或民族,只要在这一地域生活,便相互认同,甚至都自称为炎黄后裔,是大地之主人。以讲究形、意为特征的方块字(汉字)在这一地域通行,并流传至人力可以到达的周边国家,成为中华文化的主要载体,而其他文字很难传入中土且无法立足。中华文化特有的对内凝聚力、包容性及对外戒备心、排斥性等无不与此相关。

中华民族生活的中心地区是黄河、长江造成的冲积平原,土地肥沃平整,湖泊星罗棋布。尤其作为华夏发源地的秦晋与中原地区,为典型的大陆性气候,冬季寒冷干燥,夏季雨量充沛,全年日照充足,四季分明;间或天气异常、旱涝灾害等,都影响、造就了中华民族传统的生活和生产方式。即较早地告别了牧业社会,将农业作为主要的生产方式和立国的基础;直到当代,畜牧业仍不发达,还是以农为本,以农产品为主食。农业社会的人们注重天、地、人之间关系,"日出而作,日落而息",顺天应时成为生活的基本准则。

居住在这一既封闭又辽阔的大地上的族群,以四肢相对短小、适应能力和生育能力极强的蒙古人种为主体(后称汉族),又不断地吸收、融合来自北漠、西亚、南亚的其他民族,从而一直保持种族学上所谓的"再生"性优势,与使用印欧语系的游牧民族相比有着截然不同的种族归属感,保持了世界民族史上罕见的长期稳定①。中华民族就是这样世代延续,休养生息,既注重血缘,认祖归宗,又包容异族,共生共荣;对于

---

① 林语堂认为,"世界任何各国,能保持和平及其文化连绵四五百年之久者,历史上殆缺乏先例。中国何以能独处例外"呢?"异族血胤的混合与文化之交织,即为中华民族所以长存之一大原因"。《吾国与吾民》,中国戏剧出版社 1990 年版,第 30—31 页。

家、国、族、宗等有着特殊的认知和感情。他们安土重迁,不喜远涉;或者虽游历外邦,但仍梦牵故土。即使身葬异地,依然面向大陆,思绪乡愁,魂系中华①。大陆性气候和种族的统一归属,造就了以农立国、以人为本、敬天保民、家族伦理、文化认同等中华文化的特殊品质。

其次,耕织渔樵、自给自足的小农生产方式。现代社会是工业化的生产方式,而之前多为农业生产方式。一般认为,小农生产方式有三大要素,一是以定居在农村的农民为生产者主体,生产的目的主要不是交换,而是供自己使用;二是采取人力耕作、手工采植编织的生产手段,土地是最根本的生产资料;三是以家庭(规模较大的家庭称家族)为社会的基本生产单元和生活单位。中国传统法律观是小农生产方式的思想表现。

在近五千年的中华文明进程中,中国社会一直坚持"以农为本"、"重农抑商"的国策,即实行着以人力耕织为主、自给自足的小农生产方式,直到当代才向工业化社会转型。因此,土地和粮食一直是最有价值的财产,拥有土地和农民是任何王朝的目的和强大、富裕的标志,土地制度和赋税制度是所有民众和帝王将相关注的核心,是法律及法律思想的重点。无论周公的"民为邦本"、"敬天保民",孟轲、荀况的"民贵君轻"、"民水君舟"②,李世民的"为民立君",以及后来所有的君主或官吏最爱标榜的"爱民如子",其"民"的主体即农民。重民与重农成传统思想的一根主线。

农民以耕织劳作为生,靠"天"(天时)吃饭、依地(地利)收益。在长期的"仰观天象,俯察地理"过程中,积累了丰富的农业知识和经验,甚至"修身、齐家、治国、平天下",从生活到政治,从个人到国家都必须注

---

① 于右任诗:葬我于高山之上兮,望我故乡;故乡不可见兮,永不能忘。葬我于高山之上兮,望我大陆;大陆不可见兮,只有痛哭。天苍苍,野茫茫,山之上,国有殇!
② 《荀子·哀公》:"君者,舟也;庶人者,水也。水则载舟,水则覆舟"。

意天时、地利、阴阳五行的变化与统一。"国以农为本","民以食为天",成为历代政治家、思想家的座右铭。朝廷的用度、国家的财力主要依靠农业赋税。时至今日,"三农"(农业、农村、农民)问题依然是现代化建设的重点。然而,分散与孱弱的小农方式很难抗拒"上天",也无法改变"大地",占人口80%的农民的辛勤劳作,除维持自己简单的生活之外,只能勉强供应其他20%的人们的需要。因此中国古代能称得起经济繁荣、民生富裕的"太平盛世"并不多见,仅有文景之治、贞观与开元之治等的少数时期成为人们津津乐道和始终向往的典范。这种生产方式也造成人们习惯于崇拜天道、服从天意,逆来顺受并模仿"上天下地"的等级结构来规范和维持现实的人际关系与社会秩序。

男耕女织、自给自足的生产与生活方式促进了家族(家庭)制的成熟与发展,从而形成了中国古代法制的德礼与政刑的二元结构,促使国与家、宗法制与等级制、法律强制与道德教化等的有机结合。相对固定、安定、稳定的生活方式孕育出一种与西方海洋民族热衷冒险、求华求新所不同的重视民生、崇拜权力、倡导"中庸"与朴实无华的观念心理。小农生产方式不变,家庭便必然在社会生活中持续发挥重要作用,"国法"与"亲情"之间的冲突与协调也必然会持续存在下去。

再次,以家庭为本位的宗法等级社会结构。以君主或国王为首的官僚(教俗)等级结构是封建社会的共性,中国与西方的不同,在于官僚等级与宗法等级的结合。所谓"宗法",是指调整家族关系的制度及其行为准则。由于中国远古之时经历了长期的父系家长制,按照血缘的亲疏来区分本族的人际关系(嫡系或庶系),确定身份地位的等级(大宗或小宗);自有文字记载的夏代起,这种宗法制成为国家制度(俗称"家天下"),在社会上也形成了国家(按地域)与家族(按血缘)的二元结构。春秋之后,宗法分封制进而又与君主制、官僚制相互结合,从而使家与国联为一体,君与父合二而一。它在行为规范上表现为礼,并成为基本的国家制度,也是法律的主要目标和法律思想的主要内容。这一在古代中国是天经地义,非常必要的现象,却常常为西方人深感惊奇并不可理解①。

家族与国家的结合,宗法与国法的联姻,使集中体现宗法等级原则的"礼"成为法律的主旨,其中关于家族的规定还与"国法"并行不悖,并常常优先适用。因此,与英文的"country"或"nation"仅表示地域范围或民族所属不同,中国人很少将"国"单独使用。不是在其前面加上祖,称"祖国",便是加上后缀家称"国家",都点明了国与家的结合。与欧洲中世纪的政权"宗教化"有别,中国古代政权则表现为"家庭化",国君为家长,臣吏像仆从,而视民众为下辈、晚辈。这样,古代中国习惯于视国为家、事君如父、待官如长上、尽忠即尽孝;而在上位者均以"善治国者必先齐其家"、"为民作主"等相标榜。

处于以家庭为本位的宗法等级社会中的传统法律观,自然带有浓厚的宗法伦理色彩,甚至被后人称为"伦理法"或"家族法"观念,成为中国法律及其思想的明显特征。传统法律思想之所以强调"出礼入刑"、"三纲五常"、"八议"、"官当"、"原情定罪"、"明刑弼教",在近代西法东渐的过程中,之所以首先开启的是"家族主义"与"国家主义"的激烈论辩,……这些都能从宗法等级制度中找到根源并给以阐释。正如瞿同祖所说,"家族主义及阶级概念始终是中国古代法律的基本精神和主要特征"②。

---

① 美国学者布迪、莫里斯认为,"汉代开始,法律都规定儿子向官府告发父亲的罪行,得以'不孝'罪对儿子处以重刑……妻子告发丈夫或翁姑,同样对待"。而"告发者与被告发者的亲属关系越远,对告发者的处罚越轻。举告犯罪属实仍处罚举告人……中国恐怕是唯一的国家"。"的确,当西方人看到对法律所确认的不平等制度哪怕只是轻微的触犯也要受到严厉的惩罚,便不能不对最初只是劝导性的'礼'在儒教中国施行时所具有的野蛮感到惊奇"。见[美]布迪、莫里斯:《中华帝国的法律》,朱勇译,江苏人民出版社1995年版,第29、31页。

② 瞿同祖:《中国法律与中国社会》,中华书局1981年版,第327页。

第四,统一大国和中央集权政体。广阔而相对封闭的地域和各民族的交往融合,是统一大国的客观条件。与西方相比,古希腊、古罗马虽然有统一主权,但属城邦国家,疆域不大;中世纪的法兰克王国、查理曼帝国以及横跨亚、欧的穆斯林倭马亚王朝,虽然版图辽阔,但只存在了几十年或未及百年便分裂解体;唯有"中华帝国(制)",统驭着千万公里面积的中华本土,领受着周边属国的朝贡,虽然合久有分,但终分久必合,历时两千多年之久,始终保持着"一统天下"的大国疆域。世界各国的国名以民族命名者多,以地理位置(地位)命名者少;而中华先民自称"中国",不但认为天下四方,自己居于中心,乃"中央之国";而且处于"茫茫九州"中的"神州"之地,应为"中主",统率四方①。而且"坚持统一,反对分裂"成为中华文化的价值核心。中国自古至今一直保持着对广阔领土的统一主权和管辖,不像古罗马、蒙古帝国以及奥斯曼帝国那样存世短暂,也不像欧洲那样虽有自然地理条件但始终无法形成统一国家,成为世界史上的一种奇观②。

分散的小农和独立的家庭,从及北方游牧民族的频繁南侵等,是集权和专制政体产生的社会基础。自夏朝开始,古代中国便实行"天下一统"的国家制度和"封邦建国"的中央—地方政体。秦汉以后,"大一统"的中央集权的官僚体制一直是历代政治制度的主要形式。统一的疆域领土、统一的(君主)政权与管理、统一的制度及规则、统一的思想观念,都要求有个能驾驭这种"大一统"国家的"中央"政权,在封建社会即中央集权的君主制度。它是三代(夏、商、周)时的自诩,春秋战国时的期盼,秦始皇将其实现,"汉承秦制"予以重新认可;往后,虽有魏晋的对峙、南北朝的分治、宋代的割让偏安,以及近代的割据,但中国的政治统

---

① 见《史记·邹衍传》及《淮南子·地形训》。
② 中国的面积与欧洲相似,但欧洲古代分成数百个大小公国及城邦,当代也有几十个国家并存。

一却一直处于主导地位。

国家权力的结构,有贵族政体、官僚政体、政教合一、政党政体等;古代中国先秦时期实行"亲贵合一"的贵族政体,秦以后一直是君主集权下的官僚政体,未有政教合一,政党是20世纪初才开始出现的。这种君主—官僚政体的特征是宗法制与等级制的结合,帝位与爵位的世袭,官僚职务的任期制与俸禄制等。尤其是官吏的选拔制度,从"世卿世禄"到"选贤任能"、"察举贤良"、"九品中正"[①],直到"科举"统考制度等,这些设施及机制都使中央集权制得以完备并正常运行,在相当程度上维持了国家的统一和社会的稳定[②]。当然,与这种集权制和官僚制如影随形的是行政效率的低下和贪污腐败的盛行。

总之,确立皇帝至高无上的权威和权力,维持界限分明的官僚等级、表现国家的各项制度、严格中央(朝廷)和地方(郡县)的隶属、强化对乡村与民众的控制、教化和惩罚、镇压等,遂成为历代法制的主要内容。尤其宋元之后,建立和巩固中央集权的君主专制成了全部法制活动的起点与归宿。

(二) 传之未断,弥久愈新

中国上下五千年的连续历史,可分为上古时期(前21世纪—前476年),历经夏、商、周、春秋,此为传统法律观思想的萌发、初成时期;中古时期(前475—1839年),系为中华法系及传统法律观的形成、发展时期;近代时期(1840—1949年),为传统法律思想衰微、西方法律及法

---

① 魏晋南北朝时的选官制度,在州、县专设"中正"官职,负责品评人才,即按照人们的家世和品行表现,将士人分为九等(品级),以备朝廷选用。

② 费正清指出,传统中国"曾经有过不断地变化,并且变化多端,可是变化总是在一个显明的文化形式与规章制度形式的范围之内。这个无所不包的典范所以能如此坚强持久,是因为在中国的地理范围以内,中国规章制度——经济的、政治的、社会的、文化的——曾经在许多世纪之内发展了规模宏大的自给自足、平衡和稳定"。[美]费正清:《美国与中国》,商务印书馆1966年版,第72页。

学引入与融合时期;当代时期(1950年至今)即社会主义革命和社会主义建设时期,法律与法律观变动剧烈,逐渐向现代转型,现在正朝着法治国家的目标迈进。

显然,与西方的法制与法律观自古希腊(前21世纪—前2世纪)开始,经古罗马(前509—475年)成型,中遭神学(476—1453年)的取缔、取代而中断,再籍"三R运动"(14世纪—16世纪)而复兴,直到近代(17世纪中叶以后)和当代的民主法治制度与思想学说相对照,作为中华统一帝国制度的法律,与作为思想基础的传统法律观不仅一直延续、从未中断,而且对维护国家强盛与社会发展起着积极的作用。历史告诉我们,16世纪以前,古代中国在世界上长期处于领先地位,自汉代开辟的"丝绸之路"沟通了洲际交流与贸易,大唐帝国的繁荣兴盛和古典法治为各国所翘首,其影响远大于古代罗马[1]。中华的思想文化、社会制度、经济成果、科学技术等对周边发挥了重要的辐射与引领作用。只是近代以后,由于制度的陈旧和思想的落伍,而错失了多次科技更新和产业革命的发展机遇,中国才由强变弱,由领先变为落后,由独立大国沦为半殖民地的贫弱受欺之国。

传统法律观本身不仅体系完备、内容丰富、特色独具,而且其形成与发展也有线索可察,有规律可循。笔者一向采纳张国华先生的观点,即中国传统法律观(亦可说法律思想)始终贯穿着一条从"礼治"经"法治"到"礼法合治"的基本线索。"礼治"的实质是维护周礼(当时政治制度、宗法伦理、法律刑罚、宗教习俗的综合体),这是传统法律观的最初

---

[1] 费正清认为,在公元4世纪时,"罗马帝国总算历劫而存,而中华帝国的时代已成过去"。可是,到6世纪末,"中华帝国在罗马帝国已不复存在时最后重新组成","至7世纪使中华帝国比汉代更富强。这与罗马帝国慢慢沉沦的命运相比差异很大,形成了在欧亚大陆两端不同民族之间相对立的两条历史道路"。见[美]费正清、赖肖尔:《中国:传统与变革》,陈仲丹等译,江苏人民出版社1992年版,第96—97页。

形态。"法治"是"礼治"的变形与更新,是封建官僚制取代贵族奴隶制的产物。它开辟了成文法时代,建构了古代法律制度的基本框架。虽然"法治"学说在秦汉之际遭到否定,但是在它主导之下所形成的封建法令律典体系却一直保持到魏晋时期才开始改变。这是传统法律观的过渡形态。"礼法合治",即宗法制与官僚制的结合,家族伦理原则与君主专制原则的结合,礼义教化与律令强制的结合,贤人政治与以刑法治国的结合。它既显示了礼、法在制度上由原先的对立走向统一,又体现了礼、法在统治方法上的相互补充和交替使用。同时,在礼、法结合的基础上,还吸收、融合了其他有利于维护社会秩序与发展的观点和主张。"礼法合治"体系形成、发展的过程,表现了传统法律观从初成到成熟的历史轨迹。

这一基本线索透露出两大重要信息:一是表现了中华文化的厚重品格,即和合与统一[1],宽容与纳新[2]。反观犹太教或基督教、伊斯兰教文化,都具有强烈的排他性。中国传统文化的这种包容性与亲和力,决定了它能够并乐意与其他文化和平共处,交流融汇。二是目标集中且单一,即达到"治"。"治"在古代有诸多含义,作动词使用即统治、治理,作名词时则为德治、礼治或法治。司马谈在《论六家要旨》中指出,正如《易·大传》所说的虽然看起来有近百种不同的思想,但其目标却是一致的,这叫作殊途而同归。先秦时期的儒、墨、名、法、道、阴阳六大学

---

[1] 英国著名学者汤因比在1974年曾预示:"将来统一世界的大概不是西欧国家,也不是西欧化的国家,而是中国。并且正因为中国有担任这样未来政治任务的征兆,所以今天中国在世界上才有令人惊叹的威望。中国的统一政府在以前的二千二百年间,除了极短的空白时期外,一直是在政治上把几亿民众统一为一个整体的"。[英]汤因比、[日]池田大作:《展望二十一世纪》,国际文化出版公司1985年版,第289页。

[2] 任继愈指出,"中国历史上重要的哲学家、思想家都善于吸收前人和不同时代人的学术思想,经过不断的汇合、积累,逐渐形成中华民族独立的文化传统"。任继愈主编:《中国哲学发展史·先秦卷》,人民出版社1983年版,第29页。

派,都是为了求"治"而努力①。请务必注意:我们今天的依法治国、治国理政,系指公民依照自己制定的法律管理国家事务,将国家权力运行与政府的行为作为治理的对象。而古代的"礼治"、"法治"或"治国",指的是君主与官府以礼或法来治理民众。治国如此,"修、齐、治、平",治家、治天下亦是如此。"以人为本"、"为民作主"都是依此为基点的。

与社会发展相同步,中华法系及思想观念在坚持"传之未断,统而不乱"的同时,也曾出现三次大的转折:一是春秋战国时期,法律从维护贵族政体转向君主政体,法律思想从百家争鸣趋于集中统一;二是清末民初时期,法律从维护君主专制转向民主共和,传统法律思想衰变、现代法律思想兴起;三是20世纪90年代至今,现代化建设的全面启动,从革命法制形态转向现代法治形态。从整体着眼,如果说西方的思想家和法学家们多从认识论的角度分析法律的原理,因而法哲学(法理学)比较发达的话,那么,相形之下,除先秦墨家、法家,以及明清之际的启蒙家思想家外,中国多数的思想家,尤其法律家们则非常现实,他们回避了对法律本质、价值或法律关系等抽象范畴的研发,集中探讨法律的地位、作用、制定、适用等具体问题。概括起来,中国古代法律思想所涉及的范围大致有五个方面:一是关于法与政权(国家、君主)、道德、人性、自然的关系问题,二是关于法的起源问题,三是关于法的实际功能、作用问题,四是关于法的具体形式及其效力问题,五是立法、执法、司法(定罪量刑)的原则等问题。直到今天,这些问题也不时成为当代法学研究关注的焦点。

二、利用优秀资源,切忌全盘否定

时至今日,传统并未断绝,它仍存于现实社会之中,并发挥着自己

---

① 《史记·太史公自序》:"论六家之要旨曰:易大传:'天下一致而百虑,同归而殊'。夫阴阳、儒、墨、名、法、道德,此务为治者也"。

的作用；而中国的现代化建设和法治国家的实现，正是在这种思想基础上进行的。传统之于现代，有三点值得关注：一是离开了优秀传统，相当于自绝命脉，无法生存。正如习近平所说："历史就是历史，历史不能任意选择，一个民族的历史是一个民族安身立命的基础"。"抛弃传统、丢掉根本，就等于割断了自己的精神命脉。博大精深的中华优秀传统文化是我们在世界文化激荡中站稳脚跟的根基"[1]。二者传统是现实的来源与基础，不知道中国传统很难了解当代中国。就好比认识某个人一样，不了解他的过去，怎么知道他的现在？正如费正清所言："通过历史能最好地了解中国"，"一是比起世界其他民族，中国人更注重从历史角度看待自己，对自己的历史遗产具有强烈的意识。通过历史来观察中国人就是以他们自己的方式来认识他们。二是中国在艺术、思想和制度方面的独特成就，只有在其历史演进过程中才可以得到最佳的研究"，"只有审视源远流长的中国历史，才能领悟发展的方向，并对中国现在发生的事情有所了解"[2]。三者传统又是割不断的，即使"打断了骨头还连着筋"。"文革"的"彻底砸烂"与"破旧立新"，声势之大与手段之烈可谓空前绝后，但事实证明，不分青红皂白地破旧，结果是传统内容不分优劣地回归！传统不仅抛弃不了，反倒可以预示未来，为我们的现代化建设提供依据与资源。正如杜维明指出的："传统不仅只是过去的陈迹，而且是掌握当前现实和开拓将来无穷可能的基础。传统意识是现代人从认识和了解现在以达到批判现在和创造将来不可缺的条件"[3]。

（一）积极因素与法治基因

若以现代法治的视角审察传统法律观念，就会清楚地看出，传统法

---

[1] 见习近平："在纪念毛泽东同志诞辰120周年座谈会上的讲话"，"在中共中央政治局第十三次集体学习时的讲话"。

[2] ［美］费正清、赖肖尔：《中国：传统与变革》，陈仲丹等译，江苏人民出版社1992年版，第2页。

[3] 见刘志琴编：《文化危机与展望》下册，中国青年出版社1989年版，第393页。

律观已融入我们今天法治建设的思想基础之中,不得不进行分析与鉴别。这是因为,一方面从现象上看,只要有适当的社会条件与需求,传统思想就会继续存在并发生作用。从本质上说,任何民族的现实思想,都是该民族的思想历史发展的结果。另一方面,在当代中国,凡是涉及天与人、家与国、公与私、权与法、善与恶、罪与罚等问题时,人们的思考中总会有传统的因子。我们现在的许多法律行为与法律现象,都能从传统的角度得到较为恰当的解释。这些现象说明,传统法律观念已融入中华民族的性格之中,又扎根于中国思想文化的"深层结构";其中既有消极性的糟粕,又有积极性的精华,既是法治中国的一个思想基础,又起着决定其"中国特色"的作用。

应该看到,中国古代关于法律的认识,有很多真知灼见。与西方古代的法律思想相比,毫不逊色,有些方面更为突出,只是重点有别,特色独具。例如:中国的先秦时期,即公元纪年之前,古希腊的柏拉图、斯多葛学派,以及古罗马的西塞罗等思想家,都是站在"神本位"的立场阐述国家与法律问题的,万能的"上帝"是法的唯一来源。而中国的儒家、道家和法家,则摆脱了"天命"神权的羁绊,以人为本,从社会存在出发对待法律问题。墨家代表平民工匠发声,不同意儒家"仁爱"的爱有差等和"舍利取义",主张人人"兼爱"即平等博爱,主张"交利"即互利双赢;并把这一原则提升到"天志"的高度,视为人类社会最高的法则。道家提出一切国家制度及其活动设施,都应合乎"自然之道"即客观规律,其"无为而治"的理论造就了古典法治的理政方略。法家对"法"的系统论述构成传统法律观的主干,与西方当代的形式法治理论不谋而合,但早出现了两千多年,亦被公认为"法律专家"[1]。

---

[1] 美国当代学者史华兹在"论中国的法律观"一文中指出:"在公元前第四和第三世纪,一批被称为'法家'或在当代西方作品中称之为'法律专家'的政治哲学家应运而生"。见《中外法学》1991年第3期。

秦汉之后,虽然正统思想限制了对法律原理的探讨,但不少思想家尤其律学家的思想和主张,至今仍令人称道。如刘安在《淮南子》中阐发的"无为而治"国策,张斐对《晋律》法典式结构的解析,刘颂提出的"罪刑法定"与区分故意、过失等原则,长孙无忌等对《唐律》的注疏,柳宗元反对"春赏秋刑"以及及时赏罚的主张,王安石、张居正以"变法"推行改革,宋慈《洗冤录》中的审判思想和技术,丘濬对正统法律思想的总结和对法律促进商品贸易的阐发,等等。都从不同角度反映了中华法系的历史成就。尤其大唐帝国以其继承传统、政治稳定、经济繁荣、制度系统、法制健全、文化发达的统一大国姿态,居于世界领先地位,成为古典法治国家的东方典型。

对权力的控制、民权的肯定、公平正义的坚持是法治国家的三大标志。在中国古代,虽然君主专制集权是政治的主流,但必须关注传统法律观中的限君、禁君与重民、人本思想。几乎所有古代的思想家都在对君主进行告诫,他们不反对集权统一却反对独裁暴政,未主张个人权利却反对剥夺侵害民众,强调法律的公正与无私①。如周公的"天命靡常"、"以德配天",墨家以"天志度量君主",孔子要求君主实行"仁政"、孟子的"民贵君轻"与"暴君放伐",法家的"以法禁君"。特别是管仲、慎到、商鞅等,强调法所体现的不是君主个人"私"意而是民众"公"意,是客观而公平的规则,并要求"以法治国"。这种"法治"理念,正是连接古典法治与现代法治的通道。

尤其珍贵的是,明清之际的启蒙思想家们宣称应该用体现"天下之主"(即民主)的"天下之法"(全民之法)取代君主专制的"一人之主"(独裁)的"一家之法"(王法);要求中央与地方"分治",宰相与君主"分权",

---

① 当然还有魏晋玄学的"不是礼法"、葛洪的"无君"论等对君主与礼法制度否定,但未被传统观念所包纳。

名士或大儒"议政",设计出中国式的法治蓝图,表现了传统法律观的新境界。请读者留意,若将黄宗羲(1610—1695)与同时期英国启蒙思想家洛克(1632—1704)相比,他的《明夷待访录》要比后者的《政府论》早几十年,而比法国思想家卢梭的启蒙著作《民约论》(1762年)早一百年[①]!后来,清末康有为、梁启超等在"戊戌变法"中主张君主立宪、"维新中国",主持修律的沈家本、伍庭芳要求实行"宪政"和法律平等,主张以"参考古今,博辑中外"为原则,适应社会变化,吸取"西法"的长处修订旧法,开启了中国法律现代化的新纪元。孙中山的"三民主义"与"五权宪法",更对中国从集权专制转型到法治国家作出了有益的思想论证和实践探索。

(二) 扬弃消极因素,促进传统更新

推陈出新、古为今用是我们对待历史遗产的基本方针,传承提升其中积极的成分,摒弃淘汰其中消极、甚至糟粕性的内容,是我们坚持的主要原则;关键在于鉴别的标准和利用的目标。今天,我们的目标明确,即建设现代法治国家,判断的依据与标准也只能是法治基本要求。同时,在以法治思维分析传统观念时,还应注意克服两种倾向:既不因西方法治领先与成型而妄自菲薄,以洋法学作为唯一依据而数典忘祖;也不必自诩历史悠久、曾经强大,今又强盛而妄自尊大,或者躲进传统里一味孤芳自赏。实事求是地审视传统法律观,应该看到:

首先,几千年来,我国实行的是建立在小农经济基础上的、中央集权的、君主专制的制度。对于现代化建设来说,我们所缺乏的是主权在民、分权分治的民主思想的熏陶和民主制度的实践;是"人权"神圣和将民权置于国家、家族、集体或者君主、尊贵、家长之上,或平等地位的理

[①] 遗憾的是,《明夷待访录》被列为"禁书"遭封杀,只有抄本存世。直到一百年后才得以刊行。"梁启超、谭嗣同辈倡民权共和之说,则将其书节抄,印数万本,秘密散布,于晚清思想之骤变,极有力焉。"引见梁启超:《清代学术概论》。

念或信仰;是商品经济的积累和自主经营、平等交易、自由竞争的市场经济的历练;是法律对国家权力的有效控制、对政府活动的有力监督和真正司法独立、法律的权威地位,等等。虽然近百年来的民主革命和社会主义革命取得了胜利,但武器的胜利不等于法治的建立,政权的更替不等于市场模式的形成,社会的稳定不等于依法治国的成效,领导的加强不等于执政的提升。需要我们解放思想,放眼世界,取人之长,补己之短,筑牢法治国家的基础工程。

其次,毋需讳言,传统制度与思想包括有不少阻挠法治建设的消极因素与必须剔除的糟粕成分。而它恰恰又与积极、优秀的内容混杂在一起,需要认真地辩别,科学地扬弃。诸如:典型的人治制度与悠久的人治传统,将圣贤、精英视为国家命运的决定性因素,易形成个人专权与个人迷信;将"纲常礼教"作为法律的中心,推行君权、父权、夫权等特权等级观念,无平等、自由、公正的立足之地;视法律为维持君主专制的工具,将民众视为治理管控的对象,放大其镇压、惩罚和制裁作用,为严刑酷法张目,忽视法律的规范作用;强调权力大于法律,礼义优先法律,遵德胜于守法,行政司法合一,法治成为治国的辅助手段与末位选择,即政治工具与道德后援,失去独立的地位;主张皇权至上、"朕言即法",重"义"(务)轻"利"(权利),重"农"(农业)轻"商"(工业商贸),重"教"(礼义)轻"法",重"刑"(刑律)轻"民"(民商法)、重"狱"(镇压)轻"讼"(诉讼),压制和阻碍了权利的觉醒、市场的普及与法治的健全,等等。正如邓小平指出的,"我们过去的一些制度,实际上受了封建主义的影响",制度如是,思想亦如是。

总之,历史与当今、传统与现实、过去与未来,总是在联系中区分,在延续中转化,在淘汰中提升。我们今天进行的是社会主义现代化建设的事业,我们的目标是建成人民当家作主的,市场经济的,富强、文明、和谐的社会主义法治国家。按照习近平总书记提出的"努力实现传统文化的创造性转化、创新性发展,使之与现实文化相融相通"①的明确要求,对两千多年来未曾中断的传统法律及思想进行清理、总结、反思和研究,不仅是继承历史遗产的学术要求,也是进行现代法治建设的实际需要。

第二节 中国古代对"法律"的理解

笔者之所以在标题中对"法律"打上引号,是因为有的人习惯于望文生义,未注意现代汉语的法律与古汉语法、律、刑、令、例或其搭配连用的区别,往往以今释古,以为古代称为"法"、"律"的规定才是今天说的法律,而中国古代的法律中只有刑法;甚至还有人断言中华法系的特征是"诸法合体,民刑不分",或者"中国法律思想史只是中国刑法思想史"。因此,在分析古代法律观的现代意义的同时,有必要弄清古代的中国人是怎样认识我们今天所说的法律现象的。

在中国古代,虽然立法、司法向以刑律为重,不像古罗马那样明确地区分万民法与市民法、私法与公法;但是绝不能忽视"法"与"变法"(国家制度)、"礼法"(政体结构与行政、家族制度)、"德法"(关乎民生的制度措施),以及典(成文规定汇编)、例(行政、民商、刑事等具体规定)等重要范畴。五千年来,历朝历代都有大量关于朝仪、职制、荐举、考试、兵役等政事方面,土地、货财、婚姻、家族家庭等民事方面,以及有关市贸、税赋、钱币、盐铁茶、工役、建造等其他方面的制度和规定。它们没有以"刑"、"律"、"法"为名称,作为制度与规则又独立于"律"之外,但无疑都属于今天"法律"的范围。

在中国古代,虽然法学从未取得独立的地位,也没有出现古罗马或

---

① 2013年8月,"在全国宣传思想工作会议上的讲话"。

启蒙时期那样的法学家阶层,但是历代的思想家在探究天人、宏论治国的过程中,都涉及我们今天所说的法律问题,并形成了自己的观点或学说。在很长的历史时期里,法律思想都是与哲学思想、政治思想、经济思想、道德伦理等混合在一起,共同以传统思想文化的形式存在并发生着作用。直到近代,西方思想尤其科学思想传入之后,它们才逐渐区分开来。其实,非但中国,现今对法律概念的科学界定(法是具有国家强制力的,以权利与义务为主要内容的社会行为规则)和系统研究,在西方国家也是近代法学出现之后才进行的。甚至西方的法学家中直到近、现代还有人主张"道德律"与"自然法"。无论古代中国或古代西方,都没有对法律与法治作出包括本质内容与形式特征的精确概括,但他们却都曾对法律现象进行了自己的归纳与表述。

具体地说,在中国古代,用来表示法律的术语除了刑、法、律之外,还有天命、天志、礼、义、道、令、典、格、式、例、条格,等等;对于法律现象进行阐发的除了法家之外,还有儒、道、墨、黄老、杂家等诸子百家;对于法律制度或立法、执法、司法进行研究的除了刑名学、律学之外,还有儒学、经学、玄学、道学、理学等。其中尤其应注意区分"礼"、"法"、"天"、"令"等古今范畴不同的含义。

一、"礼"中包含法律,不可等同于道德

从形态来看,中国古代的礼是一个含义广泛、内容复杂、包容量极大的概念,也是今人最容易将它与道德相混淆、与法律相对立的概念。从内容来说,礼又是古代中国一个不容忽视的、重要的法律概念,或者可称为打开中国法律史的一把钥匙。

(一) 礼制始于西周,包括家、国制度

夏代与商代的礼,由于年代久远和"文献不足",连春秋时的孔子也说不清楚。孔子是很重视传统的承继与史实的考证的,他说夏代有礼

的规定,但在其后裔杞国已找不到证据;商殷也有礼,在继承其衣钵的宋国也找不到相应证据,只好存而不论了①。可以肯定的是,自周公重新"制礼作乐"②,西周时已形成了系统的后人称为的《周礼》。其特点在于:一是范围广泛,内容庞杂,地位崇高。其范围不仅包括国家制度,还包括风俗习惯、思想意识;其内容不仅有伦理、法律,还有政治、经济、军事、教育、宗教、国家关系等各个方面;其地位崇高,无论天子、诸侯、士大夫,还是百姓民众,都要以礼作为自己行为的准则,没有"礼"做不成事、不能决策、不能正确判断,更不能正确行为与活动③。二是包括了西周的主要制度,如分封制、世袭制、嫡长继承制、世卿世禄制、土地井田制、王公统军制以及货币、财政、市场贸易制等,是西周政事法和民事法的主要内容。三是礼、刑相分,表现了西周法律制度的二元结构。礼旨在区别等级,维持亲和;刑为了禁止邪恶,惩罚犯罪。二者性质有别,对象有异,所谓"礼不下庶人,刑不上大夫"④;但又异曲同工,本质相同,二者都是对行为的强制性规范,不过礼是事前的强制,而刑是事后惩罚⑤;二者的联系途径是"出于礼而入于刑",都是宗法等级制度的表现。礼和刑在当时都由贵族掌握,并未公之于众。它是不成文的规定与制度,多以训示、诰言、仪式、习惯等方式存在。是当时除"刑"之外的各种行为规范的总称,也是国家的基本制度和治国的基本原则,其中包括法律制度,也包括政治规范和道德规范。

---

① 《论语·八佾》:"夏礼吾能言之,杞不足征也。殷礼吾能言之,宋不足征也。文献不足故也,足则吾能征之"。
② 《尚书·大传》:"周公摄政,一年救乱,……六年制礼作乐"。
③ 《礼记·曲礼上》:"道德仁义,非礼不成;教训正俗,非礼不备;分争辨讼,非礼不决;君臣上下、父子兄弟,非礼不定;宦学事师,非礼不亲;班朝治军、莅官行法,非礼威严不行;祷祠祭祀、供给鬼神,非礼不诚不庄"。
④ 《礼记·曲礼上》。
⑤ 《大戴礼记·礼察》:"礼者禁于未然之前,刑者禁于已然之后"。

(二) 儒家的"为国以礼"

春秋以后,以"复礼"为己任的儒家认为,礼不仅是国家的根本制度和主要的统治方法,而且是一种具有权威性、普遍性、以刑罚为保障的行为规则。孔子说,"国之命在礼","为国以礼","礼其政之本"①,突出了礼的国家制度性及其重要性。在法律思想上有三方面的意义:一是与法家的"以法治国"相对应,强调"礼"是君主治国的主要方法和国家的根本制度。尤其荀况的引"法"入"礼",使礼、法二者在国家制度方面统一起来,从而为"礼法合治"提供了思想资源和实现的条件。二是较周礼更突出了"礼"的政治、法律性质和功能,即有意识地把周礼中关于饮食、男女、交往等生活方面和家族伦理的仪式与具体规定排除在"国礼"之外,将西周家、国合一的礼变成了国、家有分的礼。从而把"礼"提高到类似于今天宪法的地位。三是突破了西周"礼不下庶人"的传统。周礼是贵族内部的规范,刑是对付奴隶和平民的手段。而儒家在论述中常常将礼与政、刑等并列起来,认为它们都是治国治民的手段,只不过其地位与作用不同。如孔子所言,用行政管理与刑罚强制的方法,民众虽然不去犯罪但无羞耻之心;相反,若用仁政德治与礼制约束的方式,民众会发自内心地、自觉地遵守制度②。当然,儒家也并未因此否定或削弱礼的道德作用,同时也未能改变其表现形式的原则性和笼统性。

显然,儒家说的"礼",正是现代汉语中广义的法,当然也有现代政治、道德的内容。古往今来,"礼"这一中国传统思想的核心范畴,贯穿于传统法律思想的始终。它自周代确立,虽经春秋衰落、战国崩溃和秦代禁绝,但自汉代中期复兴之后便一直稳居于正统地位,被视为天、地、

---

① 《论语·先进》。
② 《论语·为政》:导之以政,齐之以刑,民免而无耻;导之以德,齐之以礼,有耻且格。

人和国、家、民的"纲纪"。虽然否定者责其为"乱之首"①,而尊崇者赞其为"治之经"②,但都认为它是判定国家治、乱的重要依据。它的表现形式多样而不统一,有时为思想言论,有时为制度条文,有时为容貌举止或生活仪式,但它的本质要求或基本原则却始终如一,即"三纲五常"③。它一直是中国古代社会主要的行为规范和思想原则,虽然有人判定其仅是道德,有人强调其为广义法律,甚至还常就它是否为民事法律而争执,但都意识到它对于中国法律史研究的重要性。

(三) 礼制为政事法和民事法

值得注意的是,虽然"礼"字单用时它是一个多义词和综合概念,但是古人也曾对"礼义"④,即处理君臣关系的纲领与原则,其性质相似于现今的政治体制;"礼教"⑤,即处理君、臣、民之间关系的等级原则,相似于现今的道德教化;"德礼"⑥,即取得民心民力的"德政"制度与措施,相似于现今的民生制度。"礼制"、"德礼"在使用中与"仪礼"⑦即礼制的程序性规定、"礼度"⑧即宽惠待民的原则性规定、"礼律"⑨即体现等级伦理原的刑法规定等术语加以区分,明确其与"德礼"在性质和内容方面的不同。

由此可见,礼义、礼教、德礼的部分内容,属于现代的道德范畴,即立足于信仰和自律的一种品行准则和内心约束;而礼律、仪礼和礼度显然是当时的法律,因为它们经过专门的立法程序并具有国家强制力。

---

① 《老子》:"夫礼者,忠信之薄,而乱之首"。
② 《荀子·成相》:"治之经,礼与刑。君子以修百姓宁。明德慎罚,国家既治四海平"。
③ "三纲五常,天理民彝之大节,而治道之根本也。"《朱文公文集》卷十四。
④ 《礼记·礼运》:"礼义以为纪,以正君臣"。
⑤ 荀悦:《申鉴·政体》:"故礼教荣辱以加君子,化其情也"。
⑥ 《唐律疏议·名例》:"德礼为政教之本,刑罚为政教之用"。
⑦ 《晋书·礼乐志》:"叔孙通所撰仪礼与律令同录,故曰傍章"。
⑧ 《礼记·感德》:"礼度,德法也"。
⑨ 《大明律》、《大清律》中均有《礼律》篇。

同时,古代关于田土房宅、婚丧嫁娶、继承抚养、朝仪庭仪的规定也多在"礼"制之中;或者说,"礼制"中有很多在今天属于行政的、民事的法律规定。正因为如此,后世各代制定朝仪、典章,无不以《周礼》为蓝本;而东汉王莽改制、北宋王安石变法、隋代宇文泰改革官制,以及清末康、梁变法,亦均引《周礼》为依据。

还应该强调,礼的实现方式对古代司法的深刻影响,甚至成为法律适用的基本原则。其最先表现为周公的"明德慎罚"①,即彰显德政(礼的表现)、慎用刑罚。继而是董仲舒的"经义决狱"②,引用《春秋》等儒家经典中的礼义原则进行审判,作为"以律审案"的补充。宋明理学进而提出了天理、国法、人情的审判总原则。天理是理学家对礼义的新概括,说"天"旨在强调其必然与权威,析"理"则重在礼义理论化。国法是对各种法律规定的统称,冠之以"国",是为了与"家法"、"族规"相区别,强调其国家性、权威性;说"法",旨在明确这种行为规则不同于仁义道德的特殊性和制度性。"国法"在单独使用时很有权威,而一旦与"纲常"即天理相遇,则往往退避三舍,屈居下位。人情,则是中国特有的、意义明确而内容复杂、古今通用的概念。西方多从个人角度论述人性,而中国在人性的基础上添加了诸多的家族和社会因素。宋明理学家认为人性来于天,存于心,同于理③;人性的表现有善有恶,善性为"人情",而恶性为"人欲"。因此,人情得以与天理、国法相并列、并举。

三者之间发生矛盾或者冲突,在现实中应该怎样处理呢?宋明理

---

① 《尚书·康诰》:"惟乃丕显考文王,克明德慎罚"。
② 《后汉书·镨劭传》:"胶东相董仲舒老病致仕,朝廷每有大议,数遣廷尉张汤亲至陋巷,问其得失,于是作《春秋决狱》二百三十二事。动以经对,言之详矣"。
③ 朱熹说:"性便是许多道理,得之于天而具于心者"。《朱子语类》卷五十九。程颢说:"性即理也"。《二程全书·遗书》卷二十二。

学家们总结出三大原则：一是维护天理，适用国法，兼顾人情①。二是依照德、礼、政、刑的不同功能和重要性，先本后末，先德、礼而后政、刑，使其相为始终，后者要体现、维护前者。三是"以礼为本"，以"三纲五常"为要来处理与国法的冲突。这一原则，在汉魏"礼义"入"律"之前表现为"原情定罪"，而不是罪刑法定；在隋唐律典"一准乎礼"之后，则表现为"明刑弼教"，即只要触犯了体现"纲常"的律令，便应实行施刑罚制裁，即使严刑酷刑也行之无误。自此之后，纲常礼教这一宗法等级制度和原则，一直居于中国古代法律和传统法律观的中心地位，被作为立法、执法、司法，以及变法、修律的根本依据②，也成为中国封建社会的思想基础。

总之，离开了"礼"，根本就无法了解中国古代的法律和法律思想；我们既不能将"礼"与现代的道德、法律划等号，也不能将"礼"仅理解为古代的道德。对于古代的"礼"，贵在具体分析，区别对待。对现代来说，以"礼制"为内容的法律观念，消极之处在于维护"纲常礼教"，积极意义表现在以人为本、宽惠待民、厉行教化等方面。

二、"法"是法家对法律的概括，不等于全部古代法

如果说礼是开启中国传统法律之门的钥匙的话，那么，"法"就是中国传统法律门上的大锁。这是因为，一方面古代和现代的中国人都用"法"或者"法律"这一概念来表示社会中具有国家强制力的特殊行为规则，并使用了两千多年。另一方面又在于，当现代法律观念传入中国之

---

① "三纲五常，天理民彝之大节，而治道之根本也。故圣人之治，为之教以明之，为之刑以弼之"。《朱文公文集》卷十四。

② 宣统元年"修律"谕旨："良以三纲五常，阐自唐虞，圣帝明王，兢兢保守，实为数千年相传之国粹，立法之大本"。

时,最早对中国人介绍西方国家情况的意大利人艾儒略[①],在其于明朝天启三年(1623年)完成的《职方外纪》中,首次将拉丁文的 Leges 译为中文的"法"或"法科"("法科,谓之勒义斯");同时用"大量中国固有的词语和概念,如'词讼'、'官府'、'讼狱'、'诬告'、'听断'、'定例'",以及"法律条例"等,来介绍"欧逻巴刑政之大略"[②],从而确定了西"法"东渐的语言文字途径。这样一来,容易使今人习惯地将"法"与"律"视为中国古代全部的法律。

(一)"刑"与"礼"对应,延伸为"法"

实际上,金文中为"灋",本义为模型、范式,没有行为规则的含义,至今还在方法、效法、法门、手段等意义上使用。春秋以降,由于"法"字与"礼"字、"刑"字互训互解,刑与礼对应,法是如何用刑的成文规范。这样,因"刑"而有"法",才具有今天所谓的政治或法律的意义。东汉时的文字学家许慎将"法"说成一种具有公平神判性质的、审断是非曲直并予以惩罚的方式。他认为"灋"从字义看,是一种刑罚的方式;从字形看,意味着公平,像水一样始终保持应有平面;它又像独角神兽那样能区分是非曲直,对于不正当的行为进行惩处[③]。春秋之前,法在割裂肢体的刑罚,即"刑"的意义上使用[④],表示对人身和肉体的惩罚,所谓"杀、戮、禁、诛谓之法"[⑤]。即把砍头、伤害肢体、枷锁囚禁、处死等成文

---

① 艾儒略(Giulio Aleni,1582—1649年),意大利人,耶稣会传教士。自1610年起来华传教,精通汉语。用中文写有《西学凡》、《西方答问》、《职方外纪》等书。是最早用中文较系统、真实地向中国介绍西方国家制度和法律的欧洲传教士,也是最先使用中文的"法"、"法律"来说明欧洲各国制度的西方人士。那种以为中国具有现代意义的"法律"一词是"近代由日本输入"的说法,看来并不符合史实。

② 详见王健:《沟通两个世界的法律意义》,中国政法大学出版社2001年版,第21—30页。

③ 《说文·廌部》:"法,刑也。平之如水,从水。廌,所以触不直者。去之,从去"。

④ 《尚书·吕刑》:"作五虐之刑曰法"。

⑤ 《管子·心术》。

的规定称为"法"。还用来表示一些与不成文的"礼"相区别的成文的规定,如"文王之法"、"唐叔之所受法度"①。

(二)"法"是国家制度与吏民规则

战国之后,随着"礼崩乐坏"的加剧,各诸侯国成文法令的公布和变法修律的开展,法与礼日益对立,法与刑逐渐区分②。在形式上,法不但要形成文本并予以公布,而且将祭祀仪式、仁义智信、风俗习惯、个人言行等排除在外,从而有别于礼;在范围上,法包括刑、赏两个方面,并不单纯指肉刑,而且只能由君主制定,这种观点是法家提出的。

虽然法家在中国历史上最早用"法"字来概括国家制定的行为规则,"法律"二字作为一个专有名词使用也是从法家开始的③;但是应当注意,法家之"法"与现代的法律是两个虽有联系却仍不相同的概念:其一,法家不仅用"法"表示行为的规则,而且还多用来表示他们所主张的政治策略、治国方法和思想学说。因此,法家不同于古罗马的法学家,也不是中国纯粹意义上的法学家。他们自称"法术之士",实际上是由一批崇尚权(势)、法、术的政治和思想家组成的学术流派,后人称其为"法家"。其二,"法"有广、狭二义,广义之"法"泛指一切制度和规范,与礼相似④。如法家提出"变法",所要变革的不仅是刑罚或禁令,而是将当时的政治、经济、教育制度,以及治国的方式、策略等统统包括在内。这个广义的"法"远远大于现代法律概念的范围。其三,"法"的狭义指"律"与"刑",即对犯罪的追究与刑罚的适用。后期法家如韩非、李斯在

---

① 见《左传》,昭公七年、定公四年。
② 《荀子·性恶》:"故为之立君上之势以临之,明礼义以化之,起法正以治之,重刑罚以禁之"。
③ 《管子·七法》:"法律政令者,吏民规矩绳墨也"。《韩非子·饰邪》:"舍法律而言先主、明君之功者……"。
④ 《尹文子》:"法有四呈,一曰不变之法,君臣上下是也;二曰齐俗之法,能鄙同异是也;三曰治众之法,庆赏刑罚是也;四曰平准之法,律度权量是也"。

强调"法"的作用和适用时往往以刑罚取代"法",致使后世的批评者索性称其为"罚家"。这种狭义的法被制定为"律",成为各朝的刑法典。它类似于现代的刑法,即关于犯罪和刑罚的法律;但范围更宽一些,还包括了现代的行政法、诉讼法以及民事方面的部分规定。

后来的历代王朝,一般都是按照上述广义之"法"的含义使用法或法律的。直到西方的法律观念传入中国,"变法改制"成为社会潮流,使用了两千多年的"法律"才被赋予了公民权利、平等、自由与控制权力运行等新的涵义。然而,意义更新却用语未变,古代之法义,仍然沉积在这一古老而新颖的概念之中,我们在使用之中必须认真辩析。例如"法制"一词,当代认为是一个国家法律制度的简称;而日本则只将家族、亲属、婚姻、继承等方面的制度称为法制;中国古代的"法制"则仅指"禁令"[①],今语"法制"仍强调"执法必严"、"违法必究"。

因此,笔者一再坚持,古代汉语中的法、律、政、刑,以及礼、德、义、天,既与当时法律有着密切的联系,又与现代汉语的法律在概念、含义上有相当的距离。切勿望文生义,以今释古。说"法"、"律"、"刑"是中国的古代法律尚可,强调中国古代的法律仅是"法"、"律"、"刑"则误;运用文字学、文化阐释方法探究"法"字的本质为"刑"则是,断言中国古代只有刑法没有民事、政事等法律则非;认为含有正义公平之义的 Jus 或 Law 与汉语的"法"很难对译颇有道理,否定"法"亦有公、正、平之要求则无依据。法家者流的法律思想有其偏颇之处,但中国传统法律思想并非法家一派,其特点不是"狭隘"而是宽泛[②]。

(三) 法家之"法"与现代法律相合

与儒、墨、道、阴阳等家崇尚同一宗师、讲究师承关系有别,法家没

---

① 《商君书·君臣》:"法制之禁"。《吕氏春秋·孟秋记》:"令有司,修法制。注:禁令也"。

② 参见拙文"中国古代法律与法律观略论",载《中国社会科学》,1989年第5期。

有明确的门派观念,也没有形成统一的组织,他们主要是通过思想主张和行为活动而相互认同的。其主要代表人物均是先师从其他学派,而后才转向法家主张的。通过管仲、子产、邓析等法家先驱的阐发,李悝、商鞅、慎到、申不害等前期法家的论证,韩非、李斯、齐法家等后期法家的总结,法家的思想主张形成了一个系统的学说。它不同于道家、黄老学或墨家,又与儒家学说直接对立,具有独特的思想倾向和有效的现实价值,因此颇得各国诸侯的垂青,受到秦国各王、公尤其嬴政的赞赏与重用,并在富国强兵、建立统一的、中央集权的君主制度的过程中获得成功。法家主张"定法立制"、"一断于法"和"以法治国",因此对"法"从概念、性质、作用等方面进行了深入而具体的分析与阐发,极大地丰富了中国古代的法理学。我们从法家独具特色的法律观中,可以探知、辨明法家之"法"与现代之法的关系。诸如:

法家从不同角度定义"法",具体说明"法"本身是什么或应该是什么。他们认为,与礼的范围宽泛和不成文有别,"法"是国家的制度和准则[1];它采取君主制定、政府公布的文件形式[2];这种规则和制度要求全体民众共同遵行[3],由它来确定君臣官僚等级和人们的财产所有[4],用以奖励耕战,惩罚奸邪,指导赏施和刑罚的适用[5]。综合这几个方面,可知法家认为"法"是以赏、罚尤其刑罚适用为核心的,确定人们身份财产的,由君主制定、官府执行的,所有民众都必须遵行的行为规则。显然,法家对当时法律的这种概括,与今天对封建法律的定义基本一致。

---

[1] 《商君书·修权》:"法者,国之权衡也"。
[2] 《韩非子·难三》:"法者,编著之图籍,设之于官府,而布之于百姓者也"。
[3] 《慎子》佚文"法者,所以齐天下之动";《管子·任法》:"法者,天下之仪也,……百姓之所悬命也"。
[4] 《管子·君臣上》:"上有法制,下有分职"。《慎子·君人》:"定赏分财必由法","法之所加,各以其分"。
[5] 《韩非子·五蠹》:"明其法禁,必其赏罚"。

它体现了中国古代法律维护君权和强调刑罚的特点,同时又与"礼"维护宗法等级与强调伦理道德相映成趣,十分耐人寻味。

  法家多从"法"与"礼"的对比中阐明"法"的性质和特征。一者,他们强调"法"所具有的强制性和制裁力,是与"礼"在效力和适用方式上的主要区别。"礼制"的实施主要依赖"教化"去进行;违礼的惩罚主要依靠礼之外的刑去实现。"法"则不然,法家视"法"为禁、为制、为刑、为罚。二者,儒家强调别贵贱、序尊卑、异亲疏,旨在区别对待,而法家主张"不别亲疏,不殊贵贱,一断于法"[①],之所以能够成为唯一的行为准则,是因为它本身就像尺寸、方圆一样是客观的标准,不会随着人们的意愿改变[②]。同时"法"又体现了"公义"[③],具有公正性。三者,与儒家的"天命"观不同,法家认为"法"不是天造地设的神物,而是人性民情的体现,是社会实际需求的产物[④],因此必须合乎人情。同时,"法"又是社会现实的反映,必须顺应时代的要求,"当时而立"[⑤];适应社会的变化,"因世之变"[⑥]。可见,法家虽然以服务君主与统一国家为己任,但在"法"的性质上强调应以客观、公正、平等为宗旨,要求与时代变化和社会现实相适应,并符合"趋利避害"的民情,以其具有的强制性和制裁力,发挥禁奸止暴,维护社会秩序的功能。这种法律观,反映了人治模式下的国法的特征;也揭示出法律应有的客观性、公正性、适时性与现实性,体现了中国古代法理学的成就和法家的卓越贡献。

---

① 《史记·太史公自序·论六家要旨》。
② 《管子·七法》:"尺寸也,绳墨也,规矩也,衡石也,斗斛也,角量也,谓之法"。
③ 《慎子》佚文:"法制礼籍所以立公义也","法者,齐天下之动,至公大定之制也"。
④ 《慎子》佚文:"法者,非从天下,非从地处;发乎人间,合乎人心而已"。
⑤ 《商君书·更法》。
⑥ 《韩非子·五蠹》。

三、"天"是法律的渊源,不同于西方"上帝"

"天"是传统思想和古代法律观念中的一个重要范畴。古代思想家们习惯用它来表达对于人、自然、国家、社会、权力、各种制度和原理原则的理解与追求,被后人称为"天论"。作为法律思想的一个理论基础和基本依据,它贯穿于古代法律沿革与演变的始终,并成为重要的评价标准。

对神的崇拜在西方国家形成了宗教,基督教的"上帝"与伊斯兰教的"真主"都是万能的"造物主",是至上的人格神。而中国古代由于漫长的氏族社会,尤其成熟的父系家长制的影响,始终未能形成像西方那样的宗教或教会。中国"天神"[①],始终没有被"人格"化,也不具有"耶稣基督"或"真主安拉"那样的尊崇地位与对人的终极关怀。实际上,古代中国人所敬奉的天神与人鬼,只是自己的祖先或思想崇拜的偶像,都是以"人"为本的。因此,中国没有形成以"人格神"为中心的一神论宗教,却存在以"天"为中心的泛神论宗教观念。

与西方近代的科学观念着重探寻天体或天象的形成、结构或运行规律不同,"天论"思想所关心的,主要是人对天的需求和天对人的作用。在中国古代思想家看来,社会、国家、政治与法律,尤其是君主的要求,便是"天"应该具有的内容。至于天本身的情况,则很少有人去具体研究。因此,今人看到古代文献中的"天",往往感到范围模糊、内容笼统,需要通读之后方能明其涵义;但若变成"天命"、"天罚"、"天道"、"天志"、"天理",则概念明确,内容特定,不会产生歧义了。可见,中国古代的"天论",带有明显的主观性、多重性、世俗性和政治性,与西方基督教的"天"或"天主"将天国与世俗的分离有着明显的不同。

---

① 《周礼·春官·大司乐》:"以祀天神。注:谓五帝及日月星辰也"。

(一) 天是法律的样板,不是创世的上帝

汉字之"天"的结构,是"大"(人体伸张的形状)上加"一"(永恒、至上),说明与西方古代存在着人生与天国、世俗与宗教、理性与神学、君主与教皇等形式上对立的"二元论"不同,中国古代多持"天人合一"的一元观点,乐于将社会与自然、人类与鬼神、政权与神权、君命与天命视为有机的统一,从不孤立地看待包括法律在内的人类社会现象。正如法国学者谢和耐所指出的:"基督教的信仰,关联到一种人格和超越宇宙的纯精神的上帝,相信在人类不能把握本身命运的下界与全然不可同日而语的'彼岸世界'之间是对立的。相形之下,中国人的天是一个融俗世与宗教为一体的概念。对基督徒来说,'天'字纯粹是对上帝与天使,以及天国及其选民的隐喻,不像中国人那样含有多重意思,既是神圣的又是自然的,既是社会的又是宇宙的"[①]。

传统的"天论",包括"天人合一"论、"天人相分"论、"天命"论、"天志"论、"天理"论等。反映在法律观念中,则集中于两个方面,一是天与法律之间有无关系?有着什么样的关系?二是法律应该怎么样适应天?即怎样正确处理二者的关系?显然,天与法的关系,是一个法哲学的问题,即神学与法学的关系问题,也是中、西方思想家普遍关注的问题。基督教的回答是一神论的"天主"、"上帝",即法本身就是上帝的意志,或者上帝理性的表现。而传统思想对这个问题作出了中国式的回答,即泛神论的"天"与可以改变的"天命",将法视为人所觉察到的"天意",或者模仿"天象"而制定的规则。

虽然"天"有种种不同的具体含义,但论者都公认人类社会的正常秩序和正当的行为准则是天所要求的,或者是体察"天志"、"天理"而制

[①] [法]谢和耐:《中国文化与基督教的冲撞》,于硕等译,辽宁人民出版社1989年版,第232页。

定的。因此,"天"经常成为表示、论证法律的来源和指导原则的专门术语,它的地位和权威,远远高于任何现行的制定法。按照"天"的内在涵义,可大致分为神学之天的"天命"、"天志"、自然之天的"天道"和理性之天的"天理",从而构成了中国古代独具特色的法律观念。

（二）礼法制度源于天,"天人合一"观

"天人合一"涉及法律的来源、价值、作用、原则等基本问题,具有代表性的是儒家的"天性"论和董仲舒的"天人感应"论。

孔、孟认为,天与人既不相同,又相连相通。孟子指出,天有天性,人有人性,天与人不同,天性与人性却一致;性处于人心,受于天赋,所以,能够"尽心"便可"知性",做到"知天"便能"事天"了。也就是说,"性"能把天与人连通起来[1]。《中庸》则更为直白,认为人世的性、道、教均来自天命[2]。到宋明理学,干脆宣称"人与天地一物也"[3],甚至"天人本无二,不必言合。……只心便是天,尽之便知性,知性便知天"[4]。礼义与法律均是天理人心的表达,从而成为法律观的内容。

董仲舒的"天人感应"论是"天人合一"的另一种模式。他采取比喻附会的方法,宣称"人副天数",即人的形体结构、思维性格都与天相似相符[5];人与天是同类,同类便能互相感应,从而提出了带有神学色彩的法律观。主要内容有三:其一,天是"百神之大君",具有统率和管辖着天堂与人世的最高权威,又是一个有意志、有感情,可以给人和万物以奖赏或处罚的至上神。其二,天将人间社会区分为民众、君主和天

---

[1] 《孟子·尽心上》:"尽其心者,知其性也;知其性,则知天矣。存其心,养其性,所以事天也。"
[2] "天命之谓性,率性之谓道,修道之谓教。"
[3] 《程子遗书》卷二。
[4] 朱熹:《孟子或问》卷一。
[5] 见《春秋繁露·人副天数》。

子①,王权来自神权,神权关注民权:"王者承天意以从事","天之生民,非为王也;而天立王,以为民也。"其三,天意在人间的主要表现是"三纲五常",而且永恒不变②。从而形成了中国古代最为典型的"君权神授"说,君王们所遵从的是可以通过人性、民心、天象体会或观察到的"天意",而不像西方中世纪那样,国王必须经教皇的加冕并接受权杖之后才算获得了"上帝"的授权。

作为传统法律观的一个理论依据,"天人合一"论的主要影响在于,一是确立了"君权神授"、"法自君出"的学说和则天立法、司法的观念;二是强调"屈民而伸君",要求民众自觉地服从君主、礼教与法制;三是强调"屈君而伸天"③,用天意来制约君主,要求君主行仁政王道,德主刑辅,反对专制、暴政和严刑。

(三)"天命"观念与"天志"之法

"命"本指生命(包括肉体和灵魂)④,"天"本来是神们的家园,后来自己也成了神,即天神⑤。"天命"旨在强调包括生命在内的人世的一切都是天的安排,是天神的"命令"的结果。因此,"天命"之"命",是指天有关人的命令。这一观念是氏族社会的祖先崇拜、神灵崇拜和自然崇拜的反映,到商、周时期形成了具有宗教色彩的神权思想体系,并成为当时的主流思想。

夏代和商代的天命神权思想具有早期宗教的显明特征,主要表现

---

① 《春秋繁露·为人者天》:"天子受命于天,天下受命于天子,一国则受命于君"。
② 《春秋繁露·尧舜汤武》:"王者之三纲,可求于天";"仁义制度之数,尽取之天",以及"道之大原出于天。天不变,道亦不变"。
③ 《春秋繁露·玉杯》:"《春秋》之法,以人随君,以君随天。……故屈民而伸君,屈君而伸天,《春秋》之大义也"。
④ 《礼记·祭法》:"大凡生于天地之间者皆曰命,其万物死皆曰折,人死曰鬼"。
⑤ 《周礼·春官·大司乐》:"以祀天神。注:谓五帝及日月星辰也"。

在,一是将"天"说成是本族的祖先神,自己独得"天命"①。二是认为"天"是一个有意志、有性格的人格神,其性格主要是严厉,动辄便用极刑,赶尽杀绝②。三是严厉的"天命"表现为"天罚",即"天讨有罪",由君王代"天"行罚③。显然,这种"天命"观的目的是为了给当时残酷的刑罚制度提供权威性和合理性的论证。

"天命"观念在西周发生了重要的改变:一是"天命靡常"④,"天命"不为一族所私有,是会改变的。从而将"天"从商王手中抢了过来,认为"皇天无亲",不是某个氏族的祖先神而为各族所共有。二是"惟德是辅",即天命只会给有"德"的人,想成天子,只能"以德配天"⑤;而无德、缺德和违德者必受予以"天罚"。三是"天命"与民心相连通,即通过民众的利益和要求表现出来。所谓:"天视自我民视,天听自我民听"⑥。显然,"天命靡常"说明了天命神权的动摇,"惟德是辅"说明了天已改变了过去的严厉、凶残的形象与性格,而"天从民欲"观念正是民本思想的发源,具有重要的意义。反映到法律思想领域,则主要表现为周公提出、儒家力倡的"明德慎罚"的立法、执法与司法原则。

到春秋战国时期,"天命"衰微,道崇自然,人文方兴,连梦回西周的孔子都不再专论或少谈天命鬼神⑦;同属邹鲁文化的墨家用"天志"对之进行了继承与更新。应予强调的是,夏、商的"天罚",西周的"天命",以及主张自然之天的"天道"⑧,都是用"天"作为其治国主张的理论依

---

① 《尚书·召诰》:"有夏服天命","(商)先王有服,恪谨天命"。
② 《尚书·汤誓》:"有夏多罪,天命殛之"。
③ 《尚书·甘誓》:"有扈氏威侮五行,怠弃三正,天用剿绝其命。今予惟恭行天之罚"。
④ 《诗经。大雅·文王》。
⑤ 见《左传·僖公五年》。
⑥ 以及"天矜于民,民之所欲,天必从之"。均见《尚书·泰誓》。
⑦ 《论语·述而》:"子不语怪、力、乱、神"。《论语·雍也》:"务民之义,敬鬼神而远之"。
⑧ 《老子》:"人法地,地法天,天法道,道法自然"。

据;唯有墨家独辟蹊径,直接将"天志"作为其法律的代名词。

墨家继承了"天罚"论对天的崇尚和"惟德是辅"论赋予天的品德,认为上天不仅地位崇高,权力无限,而且公正无私,爱人利人,范围广大,永恒持久[①],是一个具备赏善罚恶、赐福降祸的神力[②],代表着民心民利,有意志有性格的最高主宰和人格神。

道、墨都推崇"天",但道家之天乃自然状态(道)的体现,墨家之天是至高无上的人格神;道、墨都倡导平等价值,但道家强调个人的人格精神,墨家所说的是社会地位。儒、墨都强调"爱人",但儒家是"仁爱",墨家为"兼相爱";儒、墨都谈"利",但儒家是"义高于利",墨家则肯定"功利"并要求"交相利"。在中国古代的传统价值观中,只有墨家从正面强调平等博爱和民众利益的正当性。因此,墨家"天志"法律观的珍贵在于,他们将最尊贵、最高明,体现平民美好向往的"天"奉为区分是非曲直的最高标准,作为自己的理想法,并为之奋力践行。(关于墨家"天志"论对现代法治建设的思想启迪,见后第九章)

以上是商、周、墨家,以及西汉董仲舒、宋明理学"天论"所反映的法律观念。古代以"天"论人论世谈法的,还有将天纳入"自然之道"的老、庄道家、黄老学派,主张天、人相分的儒学大师荀况,唐代的柳宗元、刘禹锡等人。

最后,再回应一下本节的题目,中国古代对今语法律的称谓不一,除上文已述的礼、法、刑、律,以及天罚、天命、天志之外,还有令(行政性命令)、格(行政性规定)、式(行政规程)、典(政事法汇编)、例(刑事、政事、民事等执法、司法规定);有时还将宪(永久性的规定)、制(禁止性的规定)、禁(临时性禁令)等术语与法字搭配使用。如宪法、法制、法禁等

[①] 《墨子·法仪》:"天之行广而无私,其施厚而不德,其明久而不衰。"
[②] 《墨子·法仪》:"爱人利人者,天必福之;恶人贼人者,天必祸之"。《墨子·天志中》:"天子有善,天能赏之;天子有过,天能罚之"。

（限于篇幅，不再详述）。此外，具有法律效力的规定并不限于制定法，在圣旨、榜示、礼教、乡规、族规、民约及民俗中亦有很多规矩准则，在现实中起着民事、政事，乃至刑事法规的作用。

因此，对于古代的法律术语，我们理应进行具体辨析，以加深对现代法律的理解，却不宜轻易宣布唐律、明律不是法，或商鞅、韩非不是法家，或者西晋张斐、明代丘濬、黄宗羲、清末沈家本的法律学说不是法学。否则，人们会更加疑惑：自古以来中国人所公认的法律规范，怎么到如今忽然都只能叫作刑或律，而不成其为法了呢？！

第九章 "天法"信仰与平民情怀

一般认为,传统法律观坚持"人本"原则,"神本"观念很难立足。早期虽有"天命"神权显现,但孪生或附体的"天人合一"使之不久便为君权"人治"所取代。古代中国也未出现与西方的"上帝"理性或"自然权利"直接沟通的自然法观念,只是在礼义、天道或天理的论证方式上有异曲同工之处。历史确实如此。

然而,人类对法律的认识必有共同之处。若仔细检索古代的法律思想,便可发现,无独有偶:战国时期的墨家视天为人格神,将其"天志之法"置于现实的礼、法之上,又将体现平等互利的"天法"赋予庶人市民;明末清初的黄宗羲将"天下为主"与"天下之法"视为自然规律,用以取代"一人为主"与"一家之法";不仅论述方法,在内容实质上也与自然法思想大致相仿,只是所用的概念与术语不同。这种与现代法治有紧密联系的思想观念,前者成为"绝学",后者百年遭禁,都未在社会中流行并产生实际效果,是很耐人寻味,值得反思的。本章阐述墨家法律观对现代法治的启迪。

第一节 确立"天志"之法的信仰与权威

公元前8世纪至前2世纪,即中国的春秋战国时期,被中外学者们称为"轴心时代"①,即世界历史旋转所围绕的轴心或枢纽。古代希腊、中国、印度、以色列及巴比伦(今伊朗伊拉克地区)等主要的文明体系均在这一时期里形成,奠定了后来两千多年扩展传播的基础。柏拉图、亚里士多德、孔丘、老子与墨翟、释迦牟尼以及希伯来先知等也都出自这一时期。费正清曾为之"感到震惊",并指出:"在整个文明世界中,这是一个奇特的哲学活动的时代。……世界各地的人都开始有意识地力求解决人生与社会的目的这些主要问题。挑战是同样的,但反响却有很大的不同。地中海、南亚和东亚的各个文明沿着显然不同的方向发展。这一时期产生出的不同哲学态度现在仍是区分各大文化区域的突出要素之一"②。在中国,这一时期对于治国理政、法律问题的探讨与阐发,其思想的活跃,视野的开阔,内容的深邃,理论的精湛,影响的深远,都达到了空前胜后的程度,与同时期以至后世的世界其他古典法治思想成就交相晖映,毫不逊色。墨家之"天法",便是其中的一个佼佼者。

韩非将儒家与墨家称为当时的"显学"③,即规模大的、著名的学派。其实,就对后世的影响力和取得的成就来说,儒、墨、道、法四大家,均可叫作古典法治之"显学",并各有特色。例如在组织结构与活动方式方面,儒家虽标榜"君子不党",但亦是师徒聚合,设坛讲学,车从马随,周遊列国,可称"有组织、无纪律";法家人物系个人主义者,观点相近而自有侧重、学术一致而互不结伙,朝秦暮楚,各为其主,充当君主的臣僚或谋士,可谓"无组织、有原则";道家者流为志同而人不合,本来就

---

① 20世纪中期由德国思想家卡尔·雅斯贝尔斯在《历史的起源与目标》一书中提出,美国学者费正清等亦以论证,我国学者闻一多、余英时、杜维明、汤一介、金观涛等均有此说。又见,英国女作家凯伦·阿姆斯特朗:《轴心时代:人类伟大宗教传统的开端》,孙艳燕、白彦兵译,海南出版社于2010年版。

② 费正清、赖肖尔:《中国:传统与变革》,陈仲丹等译,江苏人民出版社1992年版,第41—42页。

③ 《韩非子·显学》:"世之显学,儒、墨也"。

是隐士或逍遥派,独自著述,真个是"无组织、无纪律"!相比起来,只有墨家与众不同,"墨者"们常分为百人或80人的队伍,在其首领即"钜子"的带领下,结队而行,扶弱抗强,吃苦在先、享乐置后,进退有度、勇于牺牲,堪称一个"有组织、有纪律"的团体。

墨家以平民工匠出身的墨翟(约前480—约前390)为领袖,其法律思想以《墨子》一书为(记载着墨翟的言论)代表,提出了以"天志"为依据,以"兼相爱,交相利"为核心的理想法观念,为天下万民"兴利除害"的立法、执法思想,以及国与国"不相攻伐"、睦邻交好的反战法律观,其观点与西方神学自然法思想极其相似,在古代法律思想中闪耀着民主性的光辉。

一、墨家论法的相关术语

墨家的思想,集中在后人收集汇编的《墨子》[①]一书中,是墨子后学对他言行的辑录。其中的《鲁问》篇道明了墨子思想的总目,共"五项十事",即十大主张。墨子坚持问题意识,要求弟子们活学活用他的思想主张,凡是新到一个国家,必须从实际出发,选择最适用的主张。如果该国君主昏庸、秩序混乱,则主张"尚贤、尚同";该国贫穷困弱,则主张"节用、节葬";该国喜欢靡靡之音、铺张浪费,则主张"非乐、非命";该国无礼无天、不惧鬼神,则主张"尊天、事鬼";该国持强凌弱、侵略成性,则主张"兼爱、非攻"[②]。墨子最喜欢用的字词术语是天、天志、法、法仪、利、义、礼等,并赋予其特定的含义。古文与今语,常字同义有别,故不可不察。

[①] (清)孙诒让《墨子闲诂》。
[②] "子墨子曰:凡入国,必择务而从事焉。国家昏乱,则语之尚贤、尚同;国家贫,则语之节用、节葬;国家喜音湛湎,则语之非乐、非命;国家淫僻无礼,则语之尊天、事鬼;国家务夺侵凌,则语之兼爱、非攻"。见《墨子·鲁问》。

（一）"天"是人格神

前面说过，周公的"以德配天"已经改变了"天"的人格神成分，开启了"天人合一"观念。孔、孟有意识地回避天、神，强调国家制度出于"天子"而不是"上天"①。墨子则竭力恢复夏、商之天的人格神形象，但赋予其新的内容。主要表现在三个方面：其一，天是自然万物与人类国家的创立者和主宰者。墨子喜欢首先设问，然后自答。他先问道，什么最为尊贵与高明？再明确回答："天为贵，天为智而已。"因为日月星辰、春夏秋冬、雨雪霜露、五谷丝麻等都是上天为了人的生活而造设的；天下所有的国家，不分大小远近，都是"天"的属地；所有的民众，不论长幼贵贱，都是"天"的臣民②。其二，天是品德高尚、有喜怒哀乐、赏善罚恶的主体意志的人格神。他举例说，夏桀、商纣、周幽王与厉王等因其残暴虐民，不按天意行事而成为"天贼"，所以遭到"天罚"③。相反，尧、舜、禹、汤等"三代之圣王"们，"顺天之意"，"厚爱"百姓，上天便让他们"处上位，立为天子"④。其三，天是判断是非曲直、善行罪过的最高权威与准则。墨子不断地将"天志"、"天之意"，及其实际表现的"义"、"兼"、"仁"、"法仪"等比喻成工匠的圆规与直尺，对上度量"王公大人"的政治活动，对下衡量"天下万民"的言论行为。在墨子看来，"天志"就是世间的法律。有鉴于此，他将"天"明白无误地置于"天子"皇帝之上，指出"天"远比天子高贵与高明，能够对天子进行赏罚⑤。

（二）"鬼"是人魂之神

墨子之天与商、周之"天命"有两点不同。一是有"天"无"命"。他

---

① 见《论语·季氏》："天下有道，则礼乐征伐自天子出"。
② 原文均见《墨子·天志中》。
③ 《墨子·天志中》："观其事，上不利乎天，中不利乎鬼，下不利乎人。三不利，无所利，是谓天贼……憎人贼人，反天之意，得天之罚者也"。
④ 见《墨子·天志下》。
⑤ 原文均见《墨子·天志中》。

反对儒家的"生死由命,富贵在天"的宿命论,提出"非命"的主张。墨子精通逻辑,针对宿命论者的"命富则富,命贫则贫"观点,设置了一个"有命则富而可贫,无命则贫而可富"的反命题进行驳斥。用事实说明"强必贵"、"强必富"、"强必饱"、"强必暖"的道理,总结出"赖其力者生,不赖其力者不生"的政治经济学原则(力即劳动)。认为"命"是暴虐的君主("暴王")为了欺骗"穷人"的捏造[①]。二是"尊天事鬼"。古代宗教将天与人分开对待,天高高在上,人为天的属下。人有魂魄,附在体内处于阳世的灵气称为魂,离开人体处于阴间,但有形有状的称为魄[②]。墨子也是有神论者,他将离体之魄称之为俗语的鬼神,主张"明鬼"。认为天是最高最大的神,鬼是世间辅助天的小神。并说从《尚书》中鬼神的记载,到当时的郑穆公亲身拜鬼,都证实了"鬼神之有",毋庸置疑。鬼神也有辨别善恶的能力、赏贤罚暴的功能,而且更为具体精准,成为上天的辅助,监视控制人们的言行[③]。

(三)"法"是广义的法律

《墨子》书中,"法"字常在两种意义上使用:一为动词,即效法、模仿、按照的意思,如"莫若法天";二为名词,"法"、"法度"泛指一切标准或规则,与现代的广义法相似,而"法仪"、"治法"则指国家制度意义上的法律。我们知道,古金文中的"灋"字尚无行为规则的含义,西周的法律用礼和刑来表示,且多为不成文的。墨子处战国初期,法家尚在酝酿之中,应该承认,墨子与孔、孟是最早用"法"字来表达自己的法律观念

---

① 见《墨子·非命下》。
② 《左传·昭公二十五年》:"心之精爽是谓魂魄"。孔颖达疏:"魂魄,神灵之名,本从形气而有;形气既殊,魂魄各异。附形之灵为魄,附气之神为魂也。附形之灵者,谓初生之时,耳目心识、手足运动、啼呼为声,此则魄之灵也;附所气之神者,谓精神性识渐有所知,此则附气之神也"。
③ 见《墨子·明鬼下》。又《墨子·孟》:"古圣王皆以鬼神为神明,而为祸福,是以政治而国安也"。

的。当然,他们还用礼、义、德、刑、政、令等术语表示对政治法律的见解。其中墨子对法最为重视,不但"言出法随",行必依法,而且新解新释,将"法"说成"天志",赋予"法"以市民精神,作为最高的理想与信仰。

(四)"义"以利益为核心,为民兴利除害

与法相联系的还有义、利、兼、同等概念。春秋时便有"义利之辩",义指宗法等级原则,所谓"君臣、父子、夫妇之义"、"春秋之义";利指个人的物质利益(财利)或精神利益(名利)。儒家认为这是人生最重要的问题[①],讲求"见利思义",重义轻利,将义与礼、仁紧密结合即礼义、仁义,并用以区别君子与小人[②],突出其道德意义。墨子不否定仁,但很少说礼,对义也作出新解新释。他比喻说,义是国家的重器和良宝[③],器与宝都是物体,将义视为治天下的重要工具。他解释道,"义者,正也";"义者,善政也"[④];可见义的内容是好的政权、善的政治和爱民利民的行政行为,其形式与作用表现为衡量国家好坏、政治优劣与行为善恶的标准。他反复强调,只有在"天子""能一同天下之义"的前提下,才能达到"天下治"[⑤]。这个义又成了治理统一国家(天下)的规则,即法律的统称或代名词。最具颠覆性的见解是,墨子将民众的利益视为义即法律的本质和判断标准,从而彻底与孔、孟儒家划清了界限。他认为,义之所以能够成为国家重器与珍宝,在于它"可以利民",能够兴"国家百姓之利"与"天下之利"。这样一来,他干脆以利释义,郑重宣布:"义者,利也"[⑥],将二者划上等号。

---

① 程颢:"天下之事,义利而已"。《程氏遗书》卷111。
② 《论语·宪问》。以及《论语·里仁》:"君子喻于义,小人喻于利"。
③ 《墨子·公孟》:"夫义者,天下之大器也"。《墨子·耕柱》:"义,天下之良宝也"。
④ 《墨子·天志下》。
⑤ 《墨子·尚同中》:"察天子之所以治天下者,何故之以也?曰:唯以其能一同天下之义,是以天下治"。
⑥ 见《墨子·耕柱》。

(五)"兼"要求平等互利,反对等级区别

古文的"兼",说文解字解释为并,即并列、同时具有之意。墨子将自己的"兼爱"与孔子的"仁爱"相区别,主张"兼相爱"。"兼相爱"的反义词为"别相恶";别即区别对待,是儒家礼义的实质[①]。墨子坚持肯定"兼"而否定"别"("非别是兼")的基本原则,还常自称为"兼士"以区别于"别士",挑选君主时要"兼君"而淘汰"别君"[②];将是否"爱人利人"作为区分二者的主要标准。这里的"兼",已将原先的并列之意,扩大延伸为不加区别、一视同仁。通观《墨子》全书,其天志之法或法仪一直以"兼相爱,交相利"为核心展开论述。兼字并非现代汉语两份相合或同时具备之意,而是在相互、普遍、平等、共同等意义上使用的;与"爱"字连在一起,相当于现代汉语的"博爱"。

二、以"天志"为法

探讨天与法的关系,是古代中国的长项。从法律观的角度审视古代的"天论",主要集中在两大问题上,即天如何影响法与法怎样适应天。自商、周的"天罚"、"天德",战国老、庄的"自然之天"或自荀况始的"天人相分",汉代的"天人感应"与谶纬"天神",一直到宋明的"天人合一"的"天理",都是用"天"作为其政治法律主张的理论依据。这是对天影响法的回答,墨子亦是如此。然而,在法适应天的问题上,墨子却独辟蹊径,直接将"天志"作为法律或国家制度的代名词。换句话说,墨家的法律观是以"天志"为名,以"神学之天"为主要理论依据的。

(一)离开法律,一事无成

与儒家的重礼轻法、德主刑辅不同,墨子很重视法律在治理国家、

[①] 《荀子·牲恶》:"曷谓别?曰:贵贱有等,长幼有有序,贫富贵贱皆有称者也"。
[②] 见《墨子·兼爱下》。

保证民生中的作用。在战国时期的诸子百家中,论"法"最多的要数墨家与法家。法家所论的是君主治国理政的现实法律制度与实施方法,且时间在后;墨家所论的却是无权无势的平民百姓向往的理想法,从实质上看,是一整套精心设计的法律原则。

《墨子》书中,"法"、"法度"、"法仪"的用语,连篇累牍,处处可见。他反复强调,无论做工务农,还是治国平天下,若离开"法度",便会失去遵循,一事无成。《法仪》篇有这样一段论述:放眼天下,凡是努力做事的人,都"不可以无法仪"。没有"法仪"而能够取得成功的,从来也没有过。在一个国家里,不但处在上位的将军或宰相"皆有法",而且直到社会中从事各种职业的工匠,"亦皆有法"。他解释说,如匠人做工时用方尺量直角,用圆规划圆形,用墨斗线取直,用悬锤线定竖直;无论工匠的技术高低,都离不开这些规矩,"故百工从事,皆有法度。今大者治天下,其次治大国,而无法所度,此不若百工辩也"(这不是连工匠都比不上吗)①。

前文已述,墨子这里说的"法仪"、"法度",泛指一切标准、规则或制度;但从文中强调的"至士为将相者皆有法",以及"治天下"、"治大国"等内容来看,肯定也包括我们今天的法律、国家制度在内。

(二) 将"天志"作为人世法律

既然"法"如此重要,那么治理天下和国家究竟应该"法"什么和以什么为"法"呢?墨子明确、肯定地回答:"莫若法天",即"以天为法,动作有为,必度于天"。即人的言行举止、一切活动都应遵循天的要求,天

---

① 《墨子·法仪》:"子墨子曰:天下从事者,不可以无法仪。无法仪而其事能成者,无有也。虽至土为将相者,皆有法;虽至百工从事者,亦皆有法。百工为方以矩,为圆以规,直以绳,正以悬,无巧不巧工,皆以此五者为法。……百工从事,皆有法度。今大者治天下,其次治大国,而无法所度,此不若百工辩也"。

所允许的就去做,天所禁止的坚决不做①。这一观点,透露出两个重要信息:其一,"以天为法"之法,系指具有强制效力的规则,只能顺从、不可违背。其二,"天"是有意志、有要求、有目的的。而这种"天志",正是墨子要论述的人世治国的法律。

那么,"天志"为什么能够作为人世必须遵行的法律呢?上述墨子对"天"的论述回答了这一问题。也就是说,由于"天志"爱人利人,天为了庶民百姓而造就世界万物,是人的利益所系;"天"对自然万物,一视同仁,最为公正、无私、普遍和永恒,是平民的保障;"天"具有主宰人间赏罚的最高权威,连天子、君主也屈居其下,听命于天;"天"地位尊贵、富有智慧,是人类的良知和正确认识的总根源,如兼爱交利等十大主张,均出自天志。因此,墨子十分坚定地将"天志"奉为治国的法律:

"子墨子置立天志,以为仪法"。②

"置此(天志)以为法,立此(天志)以为仪,将以度量天下"。

"子墨子置天之志也,上将以度天下之王公大人为刑政也,下将以量天下之万民为文学出言谈也"。③

可见,墨子是把"天志"法作为测定是非善恶的客观准则,作为衡量人们言论行为的最高标准来看待的。纵观《墨子》全书,"天志"不仅是"法"的内容依据,即其法律观的起点与归宿,也是墨家思想体系的基础。

三、"天志"是市民的理想法

理想法是从西方传入的一个概念,指与现实的法律制度即实在法相对应的,高于实在法,又对其有指导、评价意义的法律原则或实施方

---

① 见《墨子·法仪》。
② 《墨子·天志下》。
③ 见《墨子·天志中》。

式。在西方直接指自然法,分为传统自然法(以上帝"理性"为核心)和古典、现代(以人的自然权利为核心)自然法两大类型。之所以称之为"理想"之法,主要在于它表达出一种价值追求、价值原则,只存在于人们的理想与美好愿望之中,实在法与其有很大差距。所以,作为一种理论,它表现了人们对法律的向往;作为一种原则,它能够纠正实在法的缺陷,评判实在法的优劣,指明实在法改进的方向。理想法观念由此而常常成为人们的法律信仰。

(一) 墨家设计的理想法律

"天"本来就充满了神秘性与笼统性,能够使人展开充分的想象。墨子的"天志"法律观从内容到形式都符合理想法的要件,表现出三大特征,一是与儒、法等家肯定礼义或法制等现实制度不同,墨家对于这些"实在法"持基本否定的态度。为了能够在思想观念上制约君主及官僚,他们必须选择一个高于并能主宰所有人的权威来表达自己的主张,"天志"法即应运而生。二是墨家不像儒家、法家、甚至道家那样,多是为当权者出谋划策;而是站在"农与工肆之人"的立场上发声,为平民百姓立言建功。由于身处被统治地位的农人、工匠与市民,没有任何现实的立法施政权力可言。因此,墨子之论,只能借"天志"而表达劳作民众对法律、政治的理想与向往。三是与春秋时期的改革家(如管仲、子产)及法家(如商鞅、申不害)主持"变法",制定法、律、令不同,墨家身处社会底层,对由礼、法所造成的混乱、贫穷与战争等现实状况深有体会且强烈不满,除了以自己的行侠仗义活动进行补正、救济之外,只能从其理想的社会宗旨、目的和原则等方面进行阐发,借"天"的权威表达自己的愿望。

因此,从性质上看,"天志"法属于对法理学的探讨,一般不涉及具体的立法、执法、行政与司法问题。从形式上说,这一论证方式,与老、庄论"道"如出一辙,与西方自然法甚为相似。因此,"天志"实质上是墨家所提出的理想法观念。

(二) 对宗法等级、刑政害民的批判

儒学与墨学,均为当时的"显学"。这两大学派,并立于春秋战国之际,既有学术渊源联系,又有针锋相对的主张[①]。墨子对孔、孟的仁、义、礼、智、信,以及"选贤任能"、"民贵君轻"、"暴君放伐"等主张,并未一概否定,通盘抛弃,而是采取"三表"的分析鉴别方法,即以原则、规则为标准,观察实际实行的过程,再看最终的效果[②]。鉴别依据的标准是三个有"利"于,即"上利天,中利鬼,下利人"[③],其核心是为民众"兴利除害"。这样,他继承并发扬孔子的仁,要求君主成为"仁君",实行"仁政";但不赞成"仁爱"即等级之爱,主张"兼爱"即平等的爱,招致孟子骂他是不要父亲的"禽兽"[④];他继续进行"义利之辩",但却提出"义,利也",将利益视为义的实质等。

然而,从总的倾向来看,墨子"天志"法的锋芒所指,正是儒家的礼乐刑政。在《非儒》篇中,墨子将"别贵贱,殊尊卑"的礼,称为"别相恶",作为"兼相爱"的对立面予以否定;同样,在《非命》、《非乐》中,将儒家的提倡的忠孝、仁义、礼乐称为"交相贼",是逆天、虚伪、胡说八道(诬言),甚至是"大奸"[⑤]！作为"交相利"的主要障碍进行谴责;还将当时的政、刑制度称之为"赏不当贤,罚不当暴"进行批判。在墨子的心目中,儒家

---

① 《淮南子·要略》:"墨子学儒者之业,受孔子之术,以为其礼烦扰而不悦,厚葬靡财而贫民,久服伤生而害事,故背周道而用夏政"。

② 《墨子·非命上》:"何谓三表？子墨子言曰:'有本之者,有原之者,有用之者'。于何本之？'上本之于古者圣王之事'。于何原之？'下原察百姓耳目之实'。于何用之？'废以为刑政,观其中国家百姓人民之利'。此所谓言有三表也"。

③ 《墨子·天志下》。

④ 《孟子·滕文公下》:"杨氏为我,是无君也;墨氏兼爱,是无父也。无父无君,是禽兽也"。

⑤ 《墨子·非儒下》(厚葬敛重守孝):"所以重亲也,为厚听至私。轻所至重,岂非大奸也"。

要恢复的、法家所肯定的"礼治"或"法治"秩序,其实是"国相攻"、"家相篡"、"人相贼"的"大乱"之世。贵族之礼或君主之法,都违反了"天志",因而是不可取的。由此可知,墨子理想的"天志"法,并非在肯定现实,而是要改变现实;他的"以天为法",不是对礼、法的辨析或论证,而是对其的否定和批判。

(三) 判断是非善恶的最高准则

墨子还将这种理想的"天志"法,作为判断人们言行是非的最高标准,作为辨别现实的法令是否良善与赏罚是否得当的重要依据。正如《天志中》所载:

> "子墨子之有天之意(志)也,上将以度天下之王公大人为刑政也,下将以量天下之万民为文学出言谈也。观其行,顺天之意谓之善意行,反天之意谓之不善意行;观其言谈,顺天之意谓之善言谈,反天之意谓之不善言谈;观其刑政,顺天之意谓之善刑政,反天之意谓之不善刑政。故置此以为法,立此以为仪,将以度量天下之王公大人卿大夫之仁与不仁,譬之犹分黑白也"。

这段论述清晰地勾画出墨家法律观的轮廓:在人间的君主和现实的制度之上,矗立着一个有意志、有权威的"天"。天既然为造物主,所以一切国家制度都应该符合"天志"的要求。天既然掌握着权威而公正的赏善罚恶的权力,所以包括天子、王公在内的所有的人都应该接受天的约束,服从天的制裁。天既然无所不有,全知全能,至公无私,所以"天志"便是衡量天下万物乃至人们言行的最高标准。

从"子墨子有天之意"和"我有天志"[①]的宣称看,所谓"天志",其实就是墨子之志。墨子一直把"天志"、"天之意"牢牢地掌握在自己手中,

---

① 《墨子·天志上》:"我有天志,譬若轮人之有规,匠人之有矩。轮、匠执其规、矩,以度天下之方圆;曰:中者是也,不中者非也"。

成为实现墨家理想的得力工具。具体地说,墨子将自己的法律主张与思想"天志"化,政治上是借"天"的权威恐吓与制约统治者,法律上则是为了将"兼相爱、交相利"的原则合法化、神圣化,并想以此取代儒家的礼与刑、法家的法与律令。

但是,这样一来,本想将"天志"神圣化、权威化,将作为造物主的"上天"和世人分离,认定人永远也达不到天的高度与高位,只能"尊天事鬼"的墨子这个古代最著名的逻辑大师,在这里却出现了逻辑失误,即又回到了"天人合一"的旧途。"穿新鞋,走老路",或者"穿旧鞋,走老路","穿旧鞋,走新路",正是中国古代法律思想家的常态;而"穿新鞋,走新路"者较为稀缺。

四、墨家的"天志"法与西方的自然法

(一) 西方的自然法观念

自然法(Natural Law)是西方法学中的特殊概念。从英文词意上看,是"自然"(自然存在,包括整个宇宙)与"法"(规律、行为准则)的组合。虽然自古以来,人们各有理解,没有形成一致的定义[①],但西方的法学家们也达成了共同的认识[②],从而能够成为一个历史悠久的主要法学流派。

自然法一般指"整个人类所共同维护的一整套权利或正义",从与实在法对应的角度,表现为"普遍承认的正当行为的原则"[③]。具体来

---

① 卢梭:"自然法的真正的定义之所以难于确定而且模糊不清,就是因为我们不认识人的本性的缘故。……论述过这个重要问题的许多学者,很少有一致的意见。当我们注意到这一点的时候,不能不感到惊讶。在最有权威的学者中,我们几乎找不到两个人在这上面的意见是相同的。"《论人类不平等的起源和基础·序》,李常山译,商务印书馆1997年版。

② [美]金勇义:"自然法被理解为一种全人类应当服从的法律。这种法既可以理解为神的命令,也可以理解为自然的或理性的法则"。《中国与西方的法律观念》,陈国平等译,辽宁人民出版社1989年版,第42页。

③ 见《不列颠百科全书》15版,第12卷,第863页。

说,它体现了神(上帝)或人的理性,是宇宙的总规则,具有最高的权威与永恒的效力;它与实在法相对应而存在,并凌驾于其之上,是对其进行指导与评价的标准;它在实质上是一整套法律原则,表现为法律观念,是自然法学者们借助这种假定性的法则表达自己法律理想的一种方式;从而构成了自然法观念的三个重要特征。

无独有偶,墨子对"天志"之法的论证,也表现出这样的特征:一者"天志"地位最高、范围最广、力量持久永恒;二者"天"按自己的意志创造万物,设立天子、君主与各级正长,并且"度量天下"、兴利除害、赏善罚恶;三者"天志"正是对现实礼、法制度的批评与否定,表达了平民大众对法律的价值追求与向往。

(二) 中国古代的"自然法"观念

古代中国没有自然法这一术语和概念,但不能说不存在与其类似的观念与思想。就好像古代不存在行政法、民法、经济法等法律部门,但从调整的对象与内容来,绝不能说在一个有着几千年历史的大国中,没有关于民事、政事或调控经济活动的法律规定。在了解西方的自然法之后,梁启超、胡适、吴经熊、冯友兰等均认为中国古代也有这种思想。笔者很尊重持否定说的学者们,但认为从比较法的角度,探讨一下自然法观念在古代中国何以有、有什么?和何以无、为什么?是很有必要的(这已不属本书的范围,须另文专论)。本文的小标题,已表示了笔者亦持认可说的态度,但将"自然法"打上了引号,说明与西方相比,不仅没有这一概念,而且在内容上亦有不同,只是在论证方法上表现了出奇的相似性。

对于儒家的"自然法"观念,美国学者金勇义认为表现在三个方面:一是作一般规范的自然法,"在中国古代是以仁、义的概念来表达的"。二是作为社会规范的自然法,"在中国思想中,自然法作为以'礼'的概念表达的社会规范,与托马斯·阿奎那的法律概念相似"。三是作为价值标准的自然法,"三纲、五常就成了自然法的具体表现物,并确立了人类社会生活中的道德价值标准。忠和孝代表着三纲、五常,这两个概念成了传统中国社会制度中的最高价值","构成了自然法观念的具体内容"①。

　　道家很少讲法,但精于论"道"。"道"是支配万物与人类社会的、自然的最高准则。张国华指出,"在中国法律思想史上,老子第一个提出了'道法自然'的自然法观点。他认为,统治者只有顺应自然,按照自然法则行事,才符合'道'的精神"。"老子在崇尚'无为'的自然法和鼓吹'无为而治'的同时,又鄙薄'有为'的人定法,并对儒家所维护的'礼治'、法家所提倡的'法治'进行抨击"。"总之,老子认为基于'人之道'而制定的道德、法律等违反自然法的人定法和一切'有为'的政策、措施,不但无裨于治,而且必然导致天下大乱"②。

　　墨子的"天志",既不同于儒家用"纲常礼教"肯定贵族的法律原则,也不像道家那样仅仅从法哲学角度论述抽象的"无为之道"。与孔、孟相比,他讲求功利与平等对待,反对宿命与宗法等级;与老、庄相比,他注重"事在人为"与法律强制,反对放任自流与消极遁世。尤其他将"天之意(志)"作为法的来源,将市民利益与市民社会作为理想法和理想国,不仅论证方式,在内容上也与西方的自然法观念更为接近。

(三) 神学自然法:墨子与西方的区别

　　西方的自然法思想,最先是以神学形态出现的,古希腊的苏格拉底(约前469—前399)和他的学生柏拉图(前427—前347)都认为,自然法本身就是神的意志或神有意识的安排,由于人定法来源于自然法,所

---

① 见[美]金勇义:《中国与西方的法律观念》,辽宁人民出版社1989年版,第64—72页。

② 见张国华:《中国法律思想史新编》,北京大学出版社1998年版,第105—107页。

以服从城邦颁布的法律也就是服从神的意志①。古罗马的西塞罗（前106—前43）是个虔诚的有神论者，认为自然法代表神的理性，是普遍适用、永恒不变的，它在国家产生以前早已存在；实在法必须符合自然法，否则根本不配称为法律。而与这几位思想大师同处于"轴心时期"，又生活在几乎无思想交流的中华大地的墨子（约前480—约前390），也信奉神学之天，提出了以"天志"为形式、"为民兴利除害"为内容的法律观念，用以衡量现实中的礼、法制度。虽然墨子称"天志"为法，没有（当然也不可能）冠以"自然法"之名，但应该承认这些思想家在观念形态上是大同小异的。大致相同之处，上述已详；下面主要论其区别，即特殊之处。

首先，墨子将天说成创世主与人格神，将以兼爱互利为内容的"天志"说成天为人间制定的法律，以抬高其地位，取代现实的礼义与法令，是"天法"观与神学自然法最相似之处。有趣的是，与同时期的苏格拉底与柏拉图相比，墨子只主张"天"是法的唯一来源，而古希腊思想家所持是多神论。与晚后一点的西塞罗所崇尚的唯一统治神主宰"上帝"相比，墨子之天的神性又弱了许多。"天命"或"皇天上帝"，与"天主"或"上帝"的实质意义不同：前者往往是天地万物人心的统一体，可以从人心中得到；而后者是包括天地万物即自然界和人类心身在内的、一切物质与精神的创造者，是唯一的主宰者和人格神，天国与世界是隔离的，没有一个活人能到上帝的天国。墨子很想塑造一个中式的"天主"，但始终没有成功。

更耐人寻味的是，柏拉图的思想被改造成2—5世纪的柏拉图主义（又称"教父哲学"）之后，竟成了中世纪神学的理论基础，西塞罗的自然

---

① 正因为如此，在狱中的苏格拉底放弃了学生们提供的逃亡机会，服从"神意"的法律判决，饮毒而死。

法思想成为14世纪开始的"罗马法复兴"的重点,唯独墨子学说在秦、汉之后沦为泥牛入海无声息的"绝学"!原因固然很多,但从比较法思想的角度看,西方自然法强调的是神的理性,而墨子的"天志"观显露出浓烈的神权迷信色彩,再加上"鬼神"帮腔,更加强了神秘与迷信的氛围。

其次,西方的自然法与实在法彼此是独立的,而墨子却将"天志"与兼爱、互利、非攻、除害等直接联系在一起。虽然从来源与地位看,"天志"最高最久,为后者之所出;但在行为规则的意义上,它们是并列的、一致的、相同的。其实,墨子不仅在概念上未将理想法与实在法区分开来,而且在思想类型上和中国的其他思想家一样,没有对政治、道德、法律、宗教等思想、观念加以区分。它表现出中国与西方两种思维方式:西方重分析、采二元论,中国重综合、喜一元论;西方强调理性思辩与个性的特征,中国则注重形式的统一和内容的一致。

再次,西方突出自然法的普遍性,神对个体即每个人的眷顾与等视,将民主、自由、平等作为"理性"与"正义"的重点内容。墨子倡言"我(农与工肆之人)有天志",市民工农与王公大人平等互利,是其思想的闪光卓越之处,但他又不自觉地回归"天人合一"的套路,认为"愚且贱者"与"不肖者"只能受人统治,必须让"贤且智者"居于上位,成为正长乃至天子。从"尚贤"(思想服从贤者)、"尚同"(行动与天子保持一致)等主张来看,他所理想的依然是中央集权的君主制度,而不是柏拉图或西塞罗的"共和国"。他所反对的是宗法等级,并非等级制度;他要建立的是能使平民成新官僚与新贵族的封建等级制度。

以上的比较,仅为说明墨子自然法观念的中国特色,虽然所用概念不同但中国西方都有可资比较的相似观念,说明相类似的思想观念在不同国度的历史遭遇;这种客观的评介,并不存在媚西崇中或者褒彼贬此的动机与目标。因此,比较分析与否,并不影响墨子确立"天法"信仰的初心与其可称伟大的平民情怀!

第二节 "天志"之法与市民诉求

墨子公开宣称:"我有天志"。在《墨子》书中,这个"我",有二层含义:一是指自己,一是说我们。先看其人。由于成了"绝学"而失传,墨子本人的生卒年月及姓氏均不详。"墨"并非其姓,而是时人对他的称呼,得到他与弟子们的认可而成为他的代号。因他奔走于列国之间,"摩顶放踵"(光头光脚),风吹日晒,皮肤黝黑,故称为墨①。虽不知其姓甚,但"翟"确为其名,有《贵义》篇的自述可证②。据后人考证,墨翟祖籍宋国,出生在鲁国;他早年从事手工业,又曾"学儒者之业,受孔子之术"③,有很高的技艺和丰富的知识,与当时的能工巧匠公输班(史称"鲁班")齐名。后来成为宋国的士大夫,自立门户,招收生徒,周游列国,主要从事上说下教、匡救时弊的活动。

再说"我们"之我,《贵义》篇里"南游于楚"表明,他不否认楚王使臣穆贺的指责,完全承认自己是站在"贱人",即"农夫"、"工匠"、"百姓"的立场上说话的④。当时的学者大师们都承认,墨家以"自苦为极",以"兼士"自称,与工农百姓为伍。庄子称赞他是求之不得的大好人,即"才士"⑤,就连骂他"无父"的孟轲,也承认墨家的"利天下"与杨朱"为我"(利己)的不同和行为高尚⑥。通观《墨子》全书,他的爱人利人、兴

---

① 古语:"近朱者赤,近墨者黑"。
② 《墨子·贵义》:"今翟上无君上之事,下无耕农之难"。
③ 见《淮南子·要略》。
④ 《墨子·贵义》:"今农夫入其税于大人,大人为酒醴粢盛以祭上帝鬼神。岂曰贱人之所为而不享哉"。
⑤ 《庄子·天下》:"墨子真天下之好也,将求之不得也。虽枯槁也不舍也,才士也夫"!
⑥ 《孟子·尽心下》:"杨子取为,拔一毛而利天下,不为也。墨子兼爱,摩顶放踵利天下,为之"。

天下之利,除天下之害的"人"与"天下",主要指的是"国家、百姓、人民"①,表达了处于社会基层的市民阶层,即"农与工肆之人"的利益与要求。

若与战国各学派略加比较,更能显示墨子的市民立场。儒家与墨家都强调"爱人",但孔子的"仁爱",是由己推人,由近及远,先父子、继兄弟、再夫妻,然后才是朋友及其他,是"爱有差等"即等级之爱;墨子的"兼相爱",却是不分亲疏远近的、广泛普遍的、相互的、平等的博爱。儒、墨也都热衷于"义利之辩",但孔、孟强调"义高于利",甚至要"舍生取义"、"杀身成仁";墨子则肯定"功利"的正义性、合理性与合法性,甚至将民生民利视为义的本质。道家与墨家都喜欢谈"天"论鬼,但道家之天是自然状态(道)的体现,墨家之天却是神秘超验的人格神和主宰者;道、墨都倡导人的平等价值,但庄子着重阐发的是个人的人格精神,而墨家强调的却是现实中的社会地位。法家与墨家都反对儒家的纲常礼教与贵族特权,要求法律平等,但法家推行的是现实的官僚之法,君主"法治";而墨子倡行的是观念形态的"天志"之法,是理想中的"天法"之治。因此,在中国古代的传统法律观中,只有墨家从正面强调平等的爱和民众利益的正当性,并具体表达市民的法律诉求。

一、以"爱民利民"为宗旨

纵观《墨子》一书,其天志之法或法仪围绕着一个核心,即"兼相爱,交相利"。前面说过,墨家所谓的"爱",不仅是感情,主要是行为;所谓的"利",不仅是精神感受,主要是"衣食之利",即物质利益;所谓的"兼",主要指对自己以外的其他人平等对待;所谓的"交",主要指相互

---

① 见《墨子·兼爱下》,《墨子·天志中》。

第九章 "天法"信仰与平民情怀

帮助。因此,"兼爱"相当于现代汉语的博爱①,"交利"相当于今语的相互谋利或共同利益。认为这是"天志"的体现:"顺天意者,兼相爱,交相利必得赏;反天意者,别相恶,交相贼必得罚"②。春秋乱世的根源就在于人们未遵循"天志",区别等级,相互敌视,强者欺弱,大者压小,即现实的礼、法制度"别相恶,交相贼"的结果。那么解决的办法是什么呢?墨子从法律的视角,先设问,然后明确地回答:"以兼相爱,交相利之法易之"③。

"兼相爱"即博爱,指不分亲疏、贵贱,一视同仁地爱所有的国家、所有的人。所谓"视人之国若视其国,视人之家若视其家,视人之身若视其身"。表面上看,墨子的"兼爱"与孔子的"爱人"似乎相同,实际上"兼相爱"完全有别于"仁者爱人":一者,儒家强调"亲亲、尊尊",主张爱有差等;而墨家强调"天之爱人也,博于圣人之爱人也",主张打破亲疏贵贱的界限,实行普遍的爱。二者,儒家的仁爱,是先己后人,由己推人,先近再远,由近及远;墨家则强调"爱人不外己,己在所爱之中"④,是平等的爱。三者,儒家的仁爱,只重内心与精神,不讲甚至反对言利;而墨家把爱与利等同齐观,并结合在一起,认为没有利益便谈不上爱。

"交相利"即互利共赢,要求人们互相帮助,共谋福利;反对相互争夺,"亏人自利"。所谓"有力相营,有道相救,有财相分"⑤,以及"强不执弱,众不劫寡,富不侮贫,贵不傲贱",共同造就与维护"国家百姓人民之利"⑥。显然,儒家强调义、利相分,重义轻利,要人们舍生而取义;而

---

① 《墨子·兼爱中》:"天之爱人也,博于圣人之爱人也"。
② 《墨子·天志上》。
③ 《墨子·兼爱中》:"既以非之,何以易之?子墨子言曰:以兼相爱,交相利之法易之"。
④ 《墨子·大取》。
⑤ 《墨子·天志中》。又《尚贤下》:"有力者,疾以助人;有财者,勉以分人;有道者,劝以救人。若此,则饥者得食,寒者得衣,乱者得治"。
⑥ 《墨子·兼爱中》。

墨家直言宣告:利就是义,"义,利也";最能表现与孔、孟义利观的不同并最为可贵的在于,儒家的舍生取义只是君子与小人的区别,是道德高下的标准。而墨子却将为天下谋利作为行为的目的和准则,他坚定地指出,只要能"利于天下",就应该毫不犹豫、无所选择地去做,即使牺牲自己亦在所不惜。例如,在一般情况下,"断指"能解决时就不要"断腕",能不死就不要冒生命危险,好死不如赖活着;但为了"天下之利",就不必考虑轻重缓急了,需要"断腕"就"断腕",需要死时应勇于牺牲①。一个是"舍生取义",一个是"死生择利",明确地反映了古代社会贵族与劳动民众的两种截然相反的义、利法律观。(墨子"义利观"的内容,详见下节)

由此,墨子总结说:"兼相爱,交相利,此圣王之法,天下之治道也"。将它运用到选任官吏方面即是"尚贤",运用到政务中即是"尚同",贯彻到日常生活中即是"节用"与"非乐"。只有在各方面推行博爱与互利,才能消除世乱,达到天下大治。所谓"若使天下兼相爱,国与国不相攻,家与家不相乱,盗贼无有,君臣父子皆能孝慈,若此则天下治"②。

二、以"兴利除害"为目的

在古代,利指功利、财利、利益。儒家很少言利,往往将"利"归于"私欲"、"恶欲"予以否定;墨家则与之相反,经常谈利。墨家之"利",主要指能维持或满足人们生活需要的物质利益;从法律观的角度,则含有保障物质财产利益的权益、权利之意。

"爱"和"利"是墨子思想的核心,而在其"天志"之法中,天下之利又是博爱的核心与本质。在一般情况下,"爱"与"利"是并列与对等的关

---

① 《墨子·大取》:"断指与断腕,利于天下相若,无择也;死生利若,一无择也"。
② 见《墨子·兼爱上》,《墨子·兼爱中》。

系，但如果二者发生冲突、矛盾之时，则强调"利先爱后"、"利厚爱薄"，甚至可以"无利不爱"。他认为，这是上"天"之爱与儒家"圣贤"之爱的主要区别。相比起来，"天之爱人"要薄于"圣人之爱人"，但天之"利人"要远远厚于圣人；这就好像小孩子与大人的关系，小孩爱大人之心很厚但能给大人的利益很薄，而大人看起来爱心薄于小孩，但能给厚重的利益。所以不能光图感情薄厚，应看实际利益的大小①，表现了下层民众重视实际利益的思想要求。

"兴利"与"除害"之语，见于《墨子》各篇，诸如：

"天下各得其利"；"尚贤者，天鬼百姓之利"②。

"必务求兴天下之利，除天下之害"③。

"发为刑政，观其中国家、百姓、人民之利"④，等等。

可见，墨子所主张的，并非杨朱的个人之利，亦非儒家所谴责的一己私利；而是公利、众利。这个公利，与法家的"公"意有相合之处，即国家利益；但慎到或齐法家（管子学派）的国家以君主为中心，墨子却主张"人民"大众的利益。也就是说，墨家倡导"百姓之利"、"万民之利"，还有"国家之利"，坚决反对只为自己损害别人的"亏人自利"。他们是站在"爱利百姓"的立场上维护下层民众的切身利益的。

有鉴于此，墨子明确指出，"义，利也"。由于他将作为法律代名词的"义"视为"天志"的具体表现，即治国理政的准则，所谓"天欲义而恶不义"，"义者，正也。……天下有义则治，无义则乱，我以此知义为正也"。所以为民谋"利"就是"义"的实质内容和主要功能，成为治国理政的主要目的。也就是说，在墨家看来，"利民"便属当为，"害民"应予禁

---

① 见《墨子·大取》。
② 《墨子·尚贤下》。
③ 《墨子·兼爱下》。
④ 《墨子·非命上》。

止。人们的一切言行，均应以谋求"国家百姓人民之利"为目的。总之，墨子强调："必务求兴天下之利,除天下之害,将以为法乎天下。利人乎即为,不利人乎即止"①。立法应如此,执法也应如此。他不仅要求天子、王公及政长在行政中贯彻"利民"原则，即"政者,口言之,身必行之"，而且特地将"发为刑政,观其中国家百姓人民之利"作为其"三表"②（墨子提出的三大验证方法）中最重要的第三"表"，即检验"刑政"的实际效果是否"利民"来判断其善恶。

显然，这种要求国家与法律从只维护贵族、君主的利益转变成维护全民，尤其下层劳动民众利益的主张，具有划时代的意义。在中国古代，能够这样明确地表达"法律为民"观念的，亦仅墨家一家，墨子一人！正因为如此，在封建正统思想确立之后，墨家被打入冷宫，甚至被后人遗忘。

三、以市民权益为依归

权利与义务是现代用语。西方古代的思想家们提出并运用过这些概念，其涵义与范围各有不同。作为法学术语，权利指法律所规定的，行为主体自己这样行为，和要求别人亦这样行为的资格与能力；义务指法律对行为主体的约束与限制。中国古代没有这种概念，但有权利、义务的认识或观念。古代思想家们很少从理论角度进行探讨，权利与义务观念常与"义利"观交织在一起。

道家提出"民不畏死,奈何以死俱之"的命题，已隐喻着人的生命权的合法性与不可侵犯的特征。儒家"礼治"持"义务本位"观念，通过礼的等级区别与不同待遇，将君权、父权、夫权与族权赋予在上位的单方，

---

① 见《墨子·天志下》。
② 《墨子·非命上》。

另一方只有服从的义务。法家以"法"确定"职"、"分",即官员资格、财产权,制止争夺(定分止争),突显了法律的作用。墨家则坚定地站在社会下层的劳动民众一方,反对儒礼的宗法特权,要求用"天志"之法体现和维护自己的生存、劳力、财产和参加政治等权利。

(一) 生存权利

墨子看到,当时的各国诸侯,一方面搜刮民脂民膏,以供自己享受挥霍,另一方面草菅民命,进行掠夺性的兼并战争,从而给天下百姓造成沉重的苦难①。以致于"苦其役徒"、"殚财劳力",致使"民饥"、"民寒"、"民不得息"。同时,"不义"之战的烧杀抢掠,造成了一幕幕恐怖的景况:进"入其国家边境"之后,践踏连绵的庄稼,砍伐成片的树木,拆毁破坏高墙大院,斩杀牲畜家禽,尤其是烧毁宗庙祠堂,血腥镇压万民遭殃,使"百姓死者,不可胜数"②。总之,普通民众的生存受到极大的威胁。

墨子在痛斥"不义"之战的同时,又提出了改革的主张。他认为,"刑政"的主要职责,就是解决"百姓人民"的生活问题,即"饥者不得食,寒者不得衣,劳者不得息"这三个"巨患"③。他一方面借"天志"说明劳力者生存权利的神圣,即"今天下无大、小国,皆天之邑也;人无幼长、贵贱,皆天之臣也";"天"对于每个人都"兼而爱之,兼而利之",不分轻重薄厚;同时"天"也保护着每个人,"天欲其生而恶其死","欲其富而恶其贫";不准人与人"相恶相贼"④。另一方面,他明确提出"赖其力者生,不赖其力者不生"⑤的著名论断,认为"力"即今之劳动,是人类的生存

---

① 《墨子·辞过》:"当今之主,必厚作敛于百姓,暴夺民衣食之财"。
② 《墨子·非攻下》:"入其国家边境,芟刈其禾稼,斩其树木,堕其城郭,以湮其沟池,攘杀其牲牷,燔溃其祖庙,劲杀其万民"。
③ 《墨子·非乐上》。
④ 《墨子·天志上》。
⑤ 《墨子·法仪》。

之本,是所有财富的产生来源,译成现代汉语,即是劳动者得食,不劳动者不得食。"不赖其力者不生"一语,宣告了不自食其力的寄生虫们没有生存资格;而"赖其力者生",无疑是维护劳动者生存权的庄严声明。

(二) 财产权利

墨子认为,"衣食之财"等物质财富是"百姓人民"的主要利益。以法"兴利除害",必须制止和惩罚各种"亏人自利"的行为:小如偷盗、抢劫,即"入人园圃,窃其桃李",偷窃人家的猪狗鸡鸭或者牛羊马驴;大至侵略战争,任意杀害"无辜之人",或者掠夺锦衣轻裘与宝剑银枪等。总之,"苟亏人愈多,其不仁兹甚矣,罪益厚","上得且罚之"[1]。其惩罚的根据是:"不与其劳,获其实,已非其所有取之故"[2]。可见,墨子已有明确的"财产所有权"观念,坚决反对非法占据别人的劳动果实,并主张用法律制裁这种"罪"行。值得注意的是,墨子对侵犯财产权的行为表现出特别的愤慨,主张对之严刑重罚。如他认为对杀人越货者应处死罪,即"杀人谓之不义,必有死罪矣"[3];同时又提出了"杀盗人,非杀人"[4]的命题,运用逻辑方法辨析:被"杀"之人是正常人,因此禁止"杀人",而"盗人"已不属于正常的人,为"恶"人或"贼"人,所以人人可得而杀之。

(三) 参政权利

西周以来,实行"世卿世禄"的宗法制度,各级官吏均为贵族所垄断。墨子针锋相对地提出"尚贤",主张以"兼相爱,交相利"之义为标准,在平民百姓之中选择任用"贤者",治国理政。儒家强调"唯仁者宜在高位",生死由命,富贵在天。而墨子却要求以体现博爱和互利的"义"作为依据,符合"义"的人才能富才能贵,才允许与之亲近;同时强

---

[1] 《墨子·非攻上》。
[2] 《墨子·天志下》。
[3] 《墨子·非攻上》。
[4] 《墨子·小取》。庄子亦有此观点。

调选贤任能不论身份贵贱,不按血缘亲疏,不讲关系近远①。表面上看,墨子否定"任人唯亲"的贵族参政权,意在主张人人都有参政的权利,其实,他主要是为广大无权参政的"农与工肆之人"发论的。诸如:

"不党父兄,不偏富贵,不嬖颜色,贤者举而上之,富而贵之,以为官长;不肖者抑而废之,贫而贱之,以为徒役"②。

"虽在农与工肆之人,有能则举之;高予之爵,重予之禄,任之以事,断予之令";"故官无常贵而民无终贱,有能则举之,无能则下之"③。

显然,"不党父兄,不偏富贵"是对"亲亲、尊尊"的否定,举"农与工肆之人",要求使农工市民从被统治的地位解放出来,至于"官无常贵,民无终贱"的口号,则破天荒地喊出了市民大众参与政权的最强音!墨子力图使庶民在政治上享有与贵族平等的权利,因而利用"天志"公开宣告:当官的决不可能永享富贵,农工民众也绝对不会安于贫贱,只要遵循"天志"之法,贤能之人必然会担当重任。

总之,从"天志"之法的至高无上,到博爱与互利的核心宗旨,从"兴利除害"的根本目标,到体现与保障平民百姓的生存权、财产权、劳动权和参政权,墨子用他丰富的想象力构筑了一个理想的法律境界:在这一社会里,人们的思想行为都统一于"天志",靠自己的能力,相爱互利;不讲宿命(非命)、不相残杀(非攻)、不求享乐(非乐),生节用、死节葬,大不欺小、强不凌弱;天子尚贤任能,国家睦邻友好,百姓质朴俭省,上下等级分明;表达了古代小生产者和普通民众的美好愿望和价值追求。

---

① 《墨子·尚贤上》:"不义不富,不又不贵,不义不亲,不义不近",以及"举义不辟贱","举义不辟疏","举义不辟远"。

② 《墨子·尚贤中》。

③ 《墨子·尚贤上》。

第三节 "天志"之法与国家运行

国家是人们按照地域联合,古代中国人也是从人民和土地这两种要素来看待国的。由于对外相对封闭、进出不易,对内幅员辽阔、便于融汇的地理环境,造了中华民族的身居中土、心怀天下的特殊性格,所以古代思想家从不单独地理解国,而是将国与家、与天下联系在一起,由近及远,由己推人。视国是家的放大,而家则是国的缩小,二者同体同构同理,结合而不分离,所以并称国家。各家各派在谈天论地说人时,都不局限于某地某人,而是包括了今天所说的整个世界与全体人类。儒家讲求的"修身,齐家,治国,平天下"出于此,《周易·大传》"天下一致而百虑,同归而殊涂。"意即:天下人的追求一样,而具体谋虑却多种多样;达到的目的相同,而采取的途径却不同。"大一统"观念亦出于此。从这意义上看,古代中国人多是从文化角度,并非仅从疆域或王朝出发看待国家的[①]。墨子亦是如此,他认为凡是励精图治的人,一定要重视"国家百姓",明确治、乱的根本原因[②]。

一、墨子的国家观与"大同世界"

在《墨子》书中,有"国家"、"万国"、"一国"等概念,系指处于"天下"之下,"乡"之上的政治("治民")组织。其"天下"有两个含义,一是上"天"(人格神)之下的大地万物,包括日月星辰在内;二是指天下所有的人,即今语之人类。他所称的"国家"之"国"指当时的各诸侯国,如齐、

[①] 《孟子·离娄上》:"人有恒言,皆曰'天下国家'。天下之本在国,国之本在家,家之本在身。"

[②] 《墨子·尚同下》:"智者之事,必计国家百姓。所以治者而为之,必计国家百姓之所乱者而避之"。

宋、秦、楚等;"家"则指同姓的大家族或部落;而"乡"则是由包括各家与民众的"里"所构成,"里"是"天下"的基层单位。各级组织单位的负责人为"正长"(政长),分别由天子、国君、乡长、里长担任。这些"政长"具有在本区域内发号施令、掌握"刑政"、判断善恶、进行赏罚的权力。其"百姓"并非今语的普通民众,而是指有固定姓氏的、有一定地位的人①;而"人民"则专指基层的民众,包括农民、工人、商人等,墨子亦多称之为"农与工肆之人"。而"万民"与"天下"同义,指所有的人。所以,墨子的"天下国家"与孔、孟相比,更注重地域和政治,不强调血缘与宗法。

由此,古代中国的国家观与古希腊、罗马明显不同。柏拉图的"理想国"或西塞罗的"共和国"是对欧洲"城邦"国家的表述衍变,国家高于城邦(或城市),是人们(但不包括奴隶、妇女与未成年人)基于共同利益和法的地域联合体;从范围上看,类似于中国的"天下"概念。中国的思想家,尤其墨子,虽有等级观念,却无阶级区分,其"天下"之人,将奴仆、贱人、小人、女人均包含在内而统称为"人民"。虽与大人、政长、天子有职位之别、贤愚之分,但在资格、利益取得等方面,应一视同仁,平等对待。相比之下,墨子的"天国"凸显了"普天之下"与"世界大同"的文化色彩,更具有民主启蒙的思想光辉。

(一) 起源:统一思想与行为

墨子否定君主、官吏、刑政即现今所说国家与法律的先天存在,认为它们是出于社会生活秩序,即统一行为和思想的需要才形成的。他指出,在人类之初,"未有刑政","未有政长",也不存在国家、乡里这一类政治组织,每个人都坚持自己的是非观念与行为标准,即"义"。这样一来,"一人一义,十人十义",一百个人会有一百个不同的主张或行为;人们"各是其义,而非人之义,故交相非也",即每人都认为自己正确而

---

① 古文百姓原指贵族或官吏,如《尚书·尧典》:"九族既睦,平章百姓"。

固执己见,对别人则指责非议或一概否定,造成了人们之间的对立与争斗。表现为,一家之中"父子兄弟作怨恶",普天之下"百姓皆以水、火、毒药相亏害";"厚者有斗,而薄者有争",即财力势力雄厚的相互争斗,贫穷势弱者相互抢夺。人们有余力也不互相帮助,有多余的财物宁可烂掉,也不救济别人,有才能技艺设法隐藏起来,也不相互传授交流,"天下之乱,若禽兽然"①。可见,墨子认为人类社会以混乱和争斗为开端,不同于老子道家向往的"无为"至世的原始社会,也与孔、孟所称道的唐尧虞舜、文武周公的"礼治"盛世大相径庭。

上天不满意世间的"交相恶"与"交相非"的争斗乱象,"天欲义而恶不义"②。于是挑选品质高尚、能力高强,明确"天之意"(兼爱互利)的人("贤可者")作为"天子",将众人的思想行为统一起来。天子一个人治理,力不从心,"又选择天下之贤可者"立为三公③。由于天下地广人众,必须分而治之,便又"划分万国",每个国家设"诸侯国君"。国君再"选择"仁人贤者作乡长、里长,从而构成了自上而下的"为政"体制,即古代中国以行政职权为标志的天子(天下)—国君(国家)—乡长(乡)—里长(里)模式的国家结构。在墨子看来,国家就是这样形成的。

(二) 目的作用:行善政、赏贤善与罚暴恶

在对待国家这一政治组织的态度上,中国与西方有着明显的不同:西方思想家多从个人立场出发,将国家视为既离不开又必须戒备的对象,唯恐它成为"变态和乖戾的政体"④。而中国古代思想家,除老、庄

---

① 《墨子·尚同上》:"古者民始生,未有刑政之时,盖其语人异义。是以一人一义,二人二义,十人则十义,其人愈众,其所谓义者益滋众。是以人是其义,以非人之义,故交相非也。是以内者父子兄弟作怨恶,离散不能相和合。天下之百姓,皆以水火毒药相亏害。至有余力,不能以相劳,腐朽余财,不以相分。隐匿良道,不以相教。天下之乱,若禽兽然。"

② 《墨子·天志上》。

③ 三公:一说为太师、太傅、太保;一说为司马、司徒、司空。皆指商、周时辅佐天子的最高官员。

④ 见亚里士多德:《政治学》,吴寿彭译,商务印书馆1983年版,第138页。

之外，多将国家制度视为天造地设，与民为善的"吉祥物"，要求热爱国家、忠于君主。墨子也是这样。

上节"义利"关系中已明确墨子将"为万民兴利除害"作为"天志"之法的实际目的，其实这也是他国家论的起点与归宿。他认为上天设立国家、政长、赏刑的目的是消除人间争斗与社会乱象，使所有的人相爱互利、和睦共处、合作抗暴。从而指出国家的主要功能或作用有三：一是实行善政，二是赏善罚恶，三是兴利除害。

首先，治国必行善政。墨子论治国理政，主张"尚贤"（不看出身门第，以贤能者为上）、"尚同"（统一思想行为，听命于上），就在于贤能之人和天子国君能够区别善恶，听从"善言"、体察"善行"、推行"善政"。因此，"尚贤，为政之本"①，而"尚同"是国之纲纪，这两大根本原则与执政纲领的实质皆为"善政"。"尚"，既有崇尚之意，又包括了重视、重用、提拔任用等措施。二者之间，尚贤是尚同的前提，无贤能之人处于高位，尚同便失去目标；尚同是尚贤实现的途径与方式。二者统一于使贤者尊贵，成为天子和政长，发布政令；然后百姓万民"上同"于天子、政长，从而实现思想与言行的统一，即"一同天下之义"。

如前所述，与"天志"一样，"义"是墨子之法的代名词。墨子认定，为了保证言行准则的统一，"义"只能由最能体会"天志"的地位高贵又智慧超群的"贤者"制定。在《天志中》篇里，他自问自答："义不从愚且贱者出，必自贵且智者出。何以知义之不从愚且贱者出，而必自贵且智者出也？曰：义者，善政也。何以知义之为善政也？曰：天下有义则治，无义则乱"。这里的"义"，显然指具体的"政令"或"刑政"制度措施，而不是抽象的原则；"贵"则指政治地位、官职等级，而不是血缘身份；"智"系指能够了解"天志"，把握兼爱交利的能力，而不是一般的智力。按照

---

① 《墨子·尚贤上》。

上述的国家起源论,天和天子是自上而下地"选择"贤者作王公、国君与各级政长的;那么级别越高,必然越"贤";天子为天所选定,"以天为法",当然是最"贤可"之人。换句话说,只有天子才能了解"天志",也只有天子才有"发宪布令于天下之众"①的权力。转了一大圈,墨子本想与儒家或法家划清界线,确立"天志"的权威,但又不由自主地滑向"天人合一",回到"礼乐征伐自天子出"与法自君出的轨道。

他反复强调,使一里、一乡、一国、乃至全天下的"为善者"得到鼓励,"为暴者"遭受禁制,是各级政长"以尚贤为政"的主要目的②。而当各级政长安排就绪之后,天子便能"发政于天下之百姓",每个人都有权将自己所知道的"善与不善"的言行报告给其政长,由上级判断处理。其基本原则是"尚同",即服从并统一于最高权威天子的决定。所谓"上之所是,必皆是之;上之所非,必皆非之",这是一方面。另一方面,处于下位者,包括基层的民众,仍有"规谏"的权利;更何况倘若天子有过错,"天能罚之"。这样一来,天下所有人的言行有了一个区分善恶的统一的准则,即"尚同于天","天志"之法。墨子认为这就是"一同天下之义",即"以尚同为政"③。

其次,国家的作用在于赏善罚恶,赏贤止暴。怎样达到以"尚同"与"尚贤"为政呢?墨子认为孔子的"导德齐礼"④脱离实际,不合时宜;正确地使用赏施激励、刑罚惩戒这两种方法才是治国理政的有效之举。他说,应该发挥"利益驱动"的作用,以"富贵"在前面作为引导激励,以"明罚"即公开的刑罚制裁在后边作为保障⑤。这也是墨子的"两手"并

---

① 见《墨子·尚同下》。
② 《墨子·尚贤下》:"以尚贤为政其国家百姓,使为善者劝,为暴者沮。大以为政于天下,使天下之为善者劝,为暴者沮"。
③ 详见《墨子·尚同中》。
④ 《论语·为政》:"导之以政,齐之以刑,民免而无耻;导之以德,齐之以礼,有耻且格"。
⑤ 《墨子·尚同上》:"富贵以导其前,明罚以率其后"。

用:一手抓富贵激励,一手抓刑政保障,也强调两手都要抓,两手都要硬。

"若人为善,将赏之;若人为暴,将罚之";"是以赏当贤,罚当暴;不杀不辜,不失有罪"。其标准仍然是兼爱交利之义。与孔、孟不同,墨子并不忌讳运用刑罚治国治民。他分析指出,古代的圣王创置了"五刑"(墨、劓、剕、宫、大辟五种肉刑),是为了防止并控制"天下之百姓不尚同",是"善政"的体现。而"有苗"(古代视为异族,今称少数民族)将"五刑"用来"乱天下",则变成"五杀"。并非"五刑"不好,而是运用错误所致①。因此,"圣王为政",对于"不善者",尤其"奸巧"小人,必须用刑罚严厉制裁②。因此,赏赐激励与刑罚制裁是遵循"天志"、推行"善政"、实现"尚贤""尚同"的有效举措。他强调,刑政应体察下情,赏罚应适中得当,即"天子发政令于天下百姓,……上以此为赏罚,其明察以审信"③。墨子运用赏罚的原则也强调,不偏亲贵,不枉不纵,公正无私。所谓"均分赏贤罚暴,勿有亲戚弟兄之所阿"。总之,要将"兼相爱,交相利"贯彻始终,做到"为政于为国家者,情欲誉之审,赏罚之当,刑政之不过失"④。

由此可见,墨子的"尚同"论已具有初步的君主集权和重刑观念。如果再与他《尚贤》篇中的"听其言,迹其行,察其所能而慎予之官,此谓事能。故可使治国者使治国,可使长官者使长官,可使治邑者使治邑"论述相联系,那么可明显看出,墨子的观点,正是后来法家论法和"以法治国"的思想前奏。

---

① 《墨子·尚同中》:"古者圣王为五刑,请以治其民,譬若丝缕之有纪,网罟之有纲,所以连收天下之百姓,不尚同其上也"。"昔者圣王制为五刑,以治天下。逮至有苗之制五刑,以乱天下。……则此善用刑者以治民,不善用刑者以为五杀"。

② 《墨子·尚同下》:"圣王皆以尚同为政,……小人见奸巧,乃闻不言也,发罪钧"。

③ 《墨子·兼爱下》。

④ 《墨子·尚同中》。

二、墨子的义利观与中央集权国家

论及国家,必然要涉及国体(主权归属)、政体(国家结构)和运行模式(权力实施)问题。古代的思想家没有,也不可能有这种思维方式与分析方法,更不可能用现代政治学的名词概念来表达。他们习惯于用自己熟悉的术语表达对上述问题的见解,建构起各自的学说。

墨子论法与国家,总是与"天"、"义"联系在一起,"天志"是其依据和表现形式,"义利"是其内容与具体要求。如果依其"天志"论,"天下归一",世界大同,这个统一的大国是上天,即"上帝鬼神建设"起来的[①],似乎国家主权应归上天所有;但若按其"义利观",即国家以"爱民利民"、"天下为公"为根本宗旨,应按"天志"为"万民兴利除害",国家的实体又成了"万民",即"天下之人"。通观《墨子》全书,国家属于人民,应该是他的基本观点。"天下属于天下之人"的观念,表现了中华民族的原生世界观。

如上所述,墨子的"天下"国家,由各级政长、国君和天子构成。依"尚贤"原则,包括天子在内的各级政长必须是通晓体察"天志"的贤者精英;按"尚同"原则,所有在下位者都应"上同于"上位者,包括天子在内的政长与民众必须"上同于天";而天的要求集中表现为"义",义的实质又是"利"。这样一来,墨子的"义利观"就成为国家政体与权力运行的理论基础与思想前提。

(一) 义利并重的"义利观"

怎样理解和对待道(正)义与利益之间的关系,是古今中外的思想家最感兴趣的问题之一,也是价值哲学中的永恒命题。古代中国将之

---

① 《墨子·尚同中》:"古者上帝鬼神之建设国都、立政长也,非高其爵、厚其禄、富贵佚而错之也,将以为万民兴利除害,富贵贫寡,安危治乱也"。

归纳为"义利之辩",而今日称之为"义利观"①。在先秦时期,各家各派围绕着义、利孰轻孰重及其具体内容与要求等进行思辩、争鸣,以论证自己的主张与学说。墨子之"利"在上节已作剖析,本节仅说明他对二者关系的论述,并以此作为建构"一同天下之义",即中央集权国家的思想依据。

据学者的考证,古文"義"的原意为用刀斧仔细并均匀地分割羊肉,"分配合理才是义",后引申为合理、适宜、符合多数人的需要②。"义利问题在传统价值论中就是道德规范、政治原则和物质利益、实际功利何者为满足人们存在和发展需要的重要价值"③。众所周知,孔子持"重义轻利"论,主张"见利思义"④,即遇到利首先要考虑是否合乎"义",再决定取舍。孟子则更进一步,从坚决反对"不义",到强调"去利怀义"与"不肯言利"⑤。荀子将儒家的"义利观"归纳为四点:义利两有,先义后利,重义轻利,以义制(克)利⑥。法家将人性概括为"趋利避害",从理论和现实两方面批判儒家"义利观"的陈旧虚伪与无效,主张"以法治国"、"国强民富",以"功利"为标准赏罚,汉儒将其观点概括为"崇利而简(轻)义"⑦。将二者统统抛弃的是老、庄道家,他们主张"自然无为",认为包括上述观点在内的仁、义、礼、乐、政、法、刑等人为的制度与设施,是造成天下混乱、民生涂炭的主因。因此主张"绝仁弃义"、"绝巧弃

---

① 习近平:2016 年 11 月 21 日,"在秘鲁国会的演讲"中指出:"中国将坚持走共同发展道路,继续奉行互利共赢的开放战略,积极践行正确义利观,将自身发展经验和机遇同世界各国分享,欢迎各国搭乘中国发展'顺风车',一起实现共同发展"。
② 详见周桂钿:《中国传统哲学》,北京师范大学出版社 1990 年版,第 233 页。
③ 赵馥洁:《中国传统哲学价值论》,陕西人民出版社 1991 年版,第 247 页。
④ 《论语·宪问》。
⑤ 《孟子·尽心上》:"非其有而取之非义"。"王何必曰利,亦有仁义而已矣"。程颐指出:"孟子拔本塞源,不肯言利。"见《遗书》卷 18。
⑥ 同③书,第 249 页。
⑦ 见《盐铁论·非鞅》。

利",让人们自治无羁,返朴归真。

墨家则与众不同,他们站在市民大众的立场上审视义利关系,形成了自己独特的"义利观"。其要有四:首先,义与利是统一的,不存在对立或冲突。认为二者都是"天志"的要求和体现,所谓"天欲义而恶不义","顺天意者,兼相爱,交相利",爱与利的主体是民,对民众来说爱要博大,利要厚重[①]。其次,治国理政,既要重视公义,又要重视民利。公义讲求"尚同",全国有统一与权威的规则,人人都应遵从。民利讲求合作、交流、相互帮助,共谋利益。即义利并重。再次,利是义的实质与内容。有利于民众即是义,有害于民众则为不义,国家就是上天"为万民兴利除害"而设立的。这就叫"义利不义害",义与利是一体,害不是义的内容。因此,"义,利也。爱利,此也",即义因为利而具有价值,爱民利民是义的本质[②]。最后,墨子又强调,义是公义,不是私义;利是互利,不能"亏人自利"或"以利其身"。之所以将"义"作为国家与法律制度的统称,即"义者,正(政)也",就在于它具有规范与纠正人们思想和行为的功能,包括"以义正利"[③]。

可见,老、庄的绝弃义利,独具批判性,缺乏建设性;法家强调功利,符合现实,但忽视了正义的力量;儒家重义轻利,虽可激励正气、舍身就义,但失去功利基础,脱离社会实际。墨家"义利观"在论证上全面系统、别开生面,在内容上具体充实,表达了人民需求。可贵的是,他们说到做到,言行一致,为了"利民"、"利天下",他们仗义行侠,"以自苦为极"(庄子语),具有"赴火蹈刃"的无畏勇气和"死不旋踵"的献身精神。

[①] 《墨子·天志上》:"天下有义则生,无义则死;有义则富,无义则贫;有义则治,无义则乱。然则天欲其生而恶其死,欲其富而恶其贫,欲其治而恶其乱。此我所以知天欲义而恶不义也。"又:"故天意曰,此之我所爱,兼而爱之;我所利,兼而利之。爱人者,此为博焉;利人者,此为厚焉"。

[②] 见《墨子·大取》。

[③] 详见《墨子·天志下》。

就连曾鄙视他们的孟子,也由衷地承认墨子真正到了"利天下"[①]。正因为如此,汉代以后,墨家思想虽已失传,成为"绝学",而墨子的义利统一和义利并重的观念却为后人所继承发扬,成为中国传统价值观精华所在。非但如此,即使将墨子的"义利观"与古希腊、罗马思想家的"正义论"相比较,亦大有异曲同工之处。他正是以此为前提,提出并论证作为国家政体的"一同天下之义"的。

(二)"上同天子"与中央集权

春秋战国时期,既有日渐衰微的周天子,还有称雄称霸的各诸侯国。在当时人们的心目中,"天下"的范围可大可小,小范围系指夏、商、周统辖的地域,相当于今语全国[②];大者则无边无际,指有人居住的所有地区,即今语的世界[③]。而"国"或"国家"或"家国"之"国",均指周朝设立的诸侯国,也就是《诗经》里说的"率土之滨,莫非王臣"。墨子正是以此发论的。

虽然墨子未曾远涉西域、北漠,或漂洋过海,但他的视野却不局限于中原地区或东亚大陆[④],主张"普天之下"应该统一起来,都依据"天志",在贤能仁厚的"天子"的领导下,平等、博爱、互利互助地生活。因此其"天下"意即全世界,而"国"、"大小国",尤其"万国"系指类似于诸侯国那样的所有国家。将"万国"统一起来即"尚同"的结果就是"天下",天下成为一个最大的国家,就是儒家提出而受今人向往的"天下大同"。将天下所有的人,包括农人、匠人、商人,以及乡人、里人、国人、百

---

① 《淮南子·泰族训》:"墨子服役者百八十人,皆可使赴火蹈刃,死不旋踵"。又《孟子·尽心下》:"杨子取为我,拔一毛而利天下,不为也。墨子兼爱,摩顶放踵利天下,为之"。

② 《左传·昭公七年》:"故《诗》曰:普天之下,莫非王土;率土之滨,莫非王臣"。

③ 《礼记·礼运》:"大道之行也,天下为公"。又《庄子·天下》:"其数散于天下而设于中国者,百家之学时或称而道之"。

④ 其实,非独中国,西方古代的思想家亦多如此。与墨子同期的苏格拉底、柏拉图、亚里士多德等也都超越了希腊半岛的局限,站在全世界与全人类的立场上发论。

姓、大人、王公们联结统一起来,即"尚贤"的结果就是"上同于天子"、"上同于天"。人们以力为生、相互爱戴、相处和睦、合作互助、共谋福利,也就是为先秦各家赞许而为儒家后学所总结,又得到现代肯定的"天下为公"。

墨子认为,无论从理论还是实践方面考察,上述目标的实现,从方法上说,必须根据具体的情况,有选择地实行尊天、兼爱、交利、尚贤、尚同、非命、非攻、非乐、节用、节葬等十大主张;从途径与形式上看,只能通过统一国土、统一法度、统一思想、统一言行来实现。用今语来说,就是建立一个能体现"天意"的、中央集权的、为民兴利除害的、单一制的统一国家。

墨家自称代表着市民阶层和小生产者,而小生产者在政治上的代表一般不是自己,而是其主宰者。因此,墨子不仅把自己的理想法饰以"天志",同时又将这种法律的制定、实施都寄托在"贵且智"的"天子"和"政长"身上。他提出的"一同天下之义"和"天下之百姓皆上同于天子"等主张,集中地反映出君主集权的观念。墨子强调,有了"天志"、天子、王公、政令和刑政、政令,就可以自上而下地"一同天下之义"了。首先,他要求天子要"上同于天",即遵循"天志","以天为法,动作有为,必度于天"。其次,官员与民众要"上同乎天子",即"天子之所是,必亦是之;天子之所非,必亦非之"。第三,从庶民到王公,要逐级向上报告实施兼爱交利、"善与不善"等情况,"爱利天下者,上得而赏之;恶贼天下者,上得而罚之"。总之,"天子唯一同天下之义,是以天下治也"[①]。可见,墨家以"一同天下之义"论述国家与法律的目的,在于使"兼相爱,交相利"成为国策与法律,并用君主集权的体制统一人们的言行。从形式上看,主张建立中央集权的统一国家,是儒、墨、法家的共识,也是中国国家历

---

① 详见《墨子·尚同中》。

史演进与发展的实际历程。

三、兼爱非攻与国际关系准则

（一）国际准则的历史溯源

古代有没有"国际法"？是个仁智互见的学术问题，笔者无力参与研讨。但我早年在北大读书时曾以此向业师、国际法学者王铁崖先生求教，并赞同他的观点。他认为："有了国家，国家之间就必然有来往关系，也就必然在不同程度上形成一些有约束力的原则、规则和规章、制度。这些在国际关系中有约束力的原则、规则和规章、制度就是国际法。在这个意义上讲，古代世界是有国际法的。尽管在古代，国家之间的来往关系不多，而且往往处于战争状态，但是，只要它们有往来关系，它们就有尊重使节、信守条约等原则和制度"[①]。

那么，中国古代有没有"国际法"？我也赞同王先生的看法："如果说古代世界有国际法的话，那么，古代中国也是有国际法的。早在纪元前两千年前的中国文献就有了关于对外关系的一些记载。最显著的，也为研究中国古代国际法学者所注意的，是中国春秋时代。这个时代国家之间有一些原则、规则和规章、制度：国家之间互通使节，订立同盟，缔结条约，还有召开国际会议以及以斡旋、调停、仲裁等办法解决纠纷的制度，而关于战争，则有谴责非正义战争、优待俘虏等原则和规则"[②]。

再往前数，早在 20 世纪 30 年代，学贯中西的法史学家陈顾远先生便著有《中国国际法溯源》一书，肯定了古代中国国际法的存在，并明确指出："宾客之礼，创于西周；邦交之局，定于春秋。五经三传所见，粲然

---

① 王铁崖：《国际法》，法律出版社 1981 年版，第 10 页。
② 同上书，第 15 页。

可考。虽谓经传不可尽信,要不能否认国际法之观念与学说之早已存在。至于当日国际间关于法规之适用,春秋三传,言之尤详"[1]。我国台湾学者钱穆亦持此说:"据《春秋左传》中记载,当时各地诸侯,为数不下两百。在当时,国与国种种交涉往来,仍多少遵守着周公所定的封建制度下的一切礼文来维系";"此种种礼,若用近代新名词说之,实即是一种国际公法。我们可以说,中国之有国际公法,系距今二千五六百年前";"那时一套国际间共同遵守之礼法,以之与近代西方的国际公法乃至联合国宪章等相互对比,虽古今时代不同,然双方不妨各有长短优劣"[2]。

当然,春秋战国时期的诸侯国不同于当代世界的主权国家与独立地区,绝不能将周王朝与今日的联合国相类比。古代中国肯定不存在现代的国际法,也没有"国际法"这一法学概念与范畴。上述学者仅是从国际法的观念、原则或学说的角度进行探讨,并无古今等同之意。有鉴于此,笔者将墨子主张的国家之间应该平等、互利、合作、和睦共处与制止战争等相关论述,称之为国家关系或国际关系的准则,以求发掘法治中国相应的历史根基。

(二) 平等相待、和睦共处

和平安定的国际社会环境,是古往今来所有民众的向往与追求;以大欺小、以强凌弱,尤其发动侵略战争,霸占土地、掠夺财富、残杀平民,受到各国人民的强烈反对。墨子认为,他们所处的春秋战国正是这样的乱世。表现在人际关系上,如君"不惠"、臣"不忠"、父"不慈"、子"不孝",相互之间以"兵刃、毒药、水火"争斗残杀。表现在国际关系上,则是"强之劫弱"、"众之暴寡"、"诈之谋愚"、"贵之傲贱"等"天下大害"。

---

[1] 陈顾远:《中国国际法溯源》。又见:《民国丛书》编辑委员会编《民国丛书》第三编,上海书店出版社1991年版,第4页。

[2] 钱穆:《中国历史研究法》,三联书店2001年版,第22—23页。

他又先提出问题:"当今时,天下之害孰为大"? 接着肯定地回答:"若大国之攻小国也,大家之乱小家也"①。其原因在于"别",即人与人的等级区别、互不相爱,国与国不平等相待、只谋私利。

由此,墨子明确提出:"今天下无大国小国,皆天之邑也;人无幼长贵贱,皆天之臣也"。认为,这是"天之所欲",是"天志"的内容,是"天"对大国和强国国君的要求,所以必须遵行。《鲁问》篇中记载了墨子当面驳斥鲁国阳文君借"顺天之志"攻打郑国的生动情节。当墨子得知鲁欲伐郑的消息后,立即前往制止,责问说,如果鲁国"四境之内"也以大欺小,"杀人民,取其牛马",你会怎么对待?阳文君回答,"寡人必将厚罚之"。墨子正告说,"天之兼有天下"各国,就好像鲁国"有四境之内",你现举兵攻打郑国,难道不怕"天诛"吗?阳文君说,"我攻郑,顺于天之志",你看郑国的国君有三代都是杀其父而篡位,我伐郑是为了"助天诛"。墨子进而指出,上天连续三年降灾于郑国,证明"天诛足矣"。你不是协助上天诛伐,而是以强凌弱,违背了天志。就如同其父用竹板教训儿子符合天意,而邻人用木棍将其子打死一样,恰恰是违背了天意。

因此,墨子强调,大国绝不能欺侮小国,即"不为大国侮小国","处大国不攻小国,处大家不篡小家,强者不劫弱"②。不仅不攻伐侵害,还要加强交流沟通,互相扶持协助,尤其平时应该礼尚往来,化干戈为玉帛。所谓:对"外有以为皮、币与四邻诸侯交接"③;"处有以为环璧珠玉,以聘挠四邻;诸侯之冤不兴矣,边境甲兵不作矣"④。

(三)"兼爱""互利",相互尊重

这是"兼相爱,交相利"的"天志"之法在国际关系中的具体体现。

---

① 《墨子·兼爱下》。
② 《墨子·天志上》。
③ 《墨子·尚贤中》。
④ 《墨子·天志中》。

首先,墨子认为"不相爱"是导致"国与国相攻",天下大乱的根本原因,由于"诸侯各爱其国,不爱异国",所以才兴师动众,出兵驱车"攻异国以利其国。天下之乱物,具此而已"[①]。只有"爱"才能避免对立,消除敌视、掠夺和攻占之意;只有"爱"才能变对立、争夺为和平相处,睦邻友好。墨子反对儒家的血缘、宗法、等级之爱,却主张按生活地域与活动范围的平等、广博之爱。他认为,各国君、民众必须先"爱"自己的国家,所谓"爱利国者,上得且赏之,众闻则誉之";相反,对"恶贼国者,上得且罚之,众闻则非之"[②]。还要"爱"其他的国家,所谓:"视人之国若视其国,视人之家若视其家,视人之身若视其身。是故诸侯相爱,则不野战;家相爱,则不相篡;人与人相爱,则不相贼"。这种"爱"应扩展到"普天之下",即"天下之人皆相爱,强不执弱,众不劫寡,富不侮贫,贵不傲贱,诈不欺愚,。凡天下祸篡怨恨,可使毋起者,以相爱生也"[③]。

其次,各个国家之间应该承认和尊重彼此的利益。墨子认为国家之间的战争,无论结果胜否如何,都会使府库空虚,田园荒芜,国家颠覆,百姓伤亡;国、家与民的利益均遭受重大损失,即使对胜者来说也未尝有利,还会受到报复或"天罚"。相反,"爱人者,人必从而爱之;利人者,人必而利之;恶人者,人必从而恶之;害人者,人必从而害之"[④],利益从来都是相互的。因此,为了保证己国的利益,必须承认并尊重他国的利益,做到"国都不相攻伐,人家不相乱贼",从而才能共同"兴天下之利,除天下之害"。这才是真正维护了国家的利益。

(四) 联合抗霸抗暴,抵抗侵略

墨家是个有严密组织纪律与行侠仗义、敢打能拼的战斗团体;墨子

[①] 《墨子·兼爱上》。
[②] 《墨子·尚同中》。
[③] 《墨子·兼爱中》。
[④] 同上。

身为大"钜子",是个思想先进、学问渊博、技艺卓越、身先士卒的领袖。为了实现"天志",统一天下,"为万民兴利除害",他们奔走于各国之间,在宣示推行"兼爱互利"之义的同时,还扶弱抗强、救助贫愚、制止侵略,受到各国的重视和普遍的赞扬。

墨子并非主张无原则的和平,亦非反对所有的战争。他站在庶民大众的立场上,以"兼相爱,交相利"之"义"作为标准,区别战争的正"义"与否。换句话说,他反对的是"贼""害"民众的武力"攻伐"之战,即今语之侵略战争,却主张小国弱国联合,以武力共同"救"援、"诛"暴,即今语之抵抗侵略、保卫和平。

墨子视"攻战、并兼"、"攻伐无罪之国"的行为是最大的祸害与"不义",指责这些不义之战是"贼虐万民"之举,"不仁兹甚,罪益厚"。他明确地反对"攻",即非正义战争,却支持讨伐暴君暴行的"诛",即正义之战,即"禹之所以征有苗","汤之所以诛桀","武王之所以诛纣","非谓攻也,所以诛也"。尤其值得重视的是,他明确主张:"大国之攻小国也,则同救之;小国城郭之不全也,必使修之;布粟之绝,则委之;币帛不足,则共之"①,宣示并号召联合抵抗侵略和霸权。出于有备无患,防止侵略的考虑,墨子提醒各国应充分注意和警惕国之"七患",即事关国家安全的七大潜在危险:一是城墙不坚河池不深,缺乏守护设施;二是一旦外敌侵犯,没有邻国盟友相助;三是兵不强马不壮,无实力抗敌;四是大小官吏只知为己谋利,不肯为国出力;五是国君无谋无能,不知防范外敌;六是"所信者不忠,所忠者不信";七是国力贫弱,赏罚不公。他尖锐指出:"以七患居国,必无社稷。以七患守城,敌至国倾。七患之所当,国必有殃"②!

---

① 《墨子·非攻下》。
② 见《墨子·七患》。

墨子这样说，也这样做，"止楚攻宋"便是著名的例证。而墨家的见义勇为、舍己为人的精神与行动，更名著于史。不但《淮南子》称"为墨子服役者百、八十人，皆可使赴火蹈刃，死不还踵"，就连孟子也承认墨子"摩顶放踵，利天下，为之"①。

*　　　　　*　　　　　*

综上所述，在墨子的"天志"法律观念中，既有平等的要求，又有尊君的倾向；既主张天子、国君、乡里长的分权分工，又强调"上同于天子"的集权政体；既反对宗法特权之礼，又主张新的官僚等级秩序；既强调"天志"法高于君主，又将立法司法大权交由君主掌握；既要求确认并维护市民大众的权利，又将实现的希望寄托在明君贤臣身上；既注重人的劳力、能力的发挥，又强调尊天、事鬼，等等。这仅是站在现代法治立场上的评析。我们不能苛求古人，更不能数典忘祖。虽然在墨子身上，进步思想与落后观念混杂在一起，但这是历史使然，无法掩盖其思想的光辉。

墨家坚定地为市民阶层发声，将平等、博爱、互利写在"以天为法"的大旗上，成为人们最高的信仰。应该肯定，这种天法信仰是对法治中国的最早启迪，足以与古希腊、希伯莱的古典法治思想相并论。令人遗憾的是，由于他们的主张不为当时与后来的当权者所看好，而且其尊天事鬼、尚贤尚同、义利并重、崇力节用等思想又相继为汉儒、法、黄老、阴阳等家分别吸收，致使墨学失传，未能真正发挥其应有的社会作用②。

---

① 《孟子·尽心上》。
② 历史学家柯柄棣认为，秦国的由弱变强主要得益于墨家，户籍、连坐等是"尚同"的体现，在献公时已实行，并非始于商鞅。但出于"理想过高，难为常人接受"、"时代巨变不利于墨学及墨者"等原因，秦国崛起与统一天下的功劳被法家尽占，真正出力有功的墨学却湮没无闻。"墨者原来兼爱非攻无私救世的情怀，在竭忠尽智仕秦的过程中，竟无情地被时代化为本身生命的高酸消溶剂——这才是人类史上值得讴歌赞叹的永恒悲剧！"详见何炳棣："秦国转弱为强非因商鞅变法，实是墨者功劳"，载《光明论坛》2010 年第 13 期。

打个比喻来说,墨子已经培育出古典法治的种苗,只是还未栽植下地,便枯萎夭折了!这又是历史之使然,但我们今天不应忽视这一珍贵的法治思想遗产。因为在中国先秦时期,能够站在平民大众立场论法并可与西方自然法观念比肩者,仅墨子一人,墨家一派!

第十章 法家"法治"：
中国古典法治的初级形态

如上卷所述，中文的"法治"一词，既为近代传入而形成现代汉语，又是古人一直使用的古代汉语。为了从内容实质上加以区分，在理解使用中避免混同，本书在不加引号标示时，将古文的"法治"，称之为古典法治。有趣的是，古希腊的亚里士多德（前384—前322）主张"以法律为治"，"良法之治优于一人之治"。亚氏的这一思想，被翻译成今语的法治。无独有偶，同一时期中国的商鞅（前390—前338）也提出了"以法治国"，反对"释法而任私议"，法家们均以古语"法治"表达自己的主张。虽然二人所说"法治"的内容有所不同，但可以肯定地说，他们的思想主张属于古典法治而非现代法治。以商鞅、韩非为代表的先秦法家独特的法律观念和系统的"法治"学说，是中国古典法治的初级形态。作为产生于中华本土的原生原典性文明成果，为统一大国植入了最早并影响久远的历史根基。

第一节 推行"变法改制"，构建"以法治国"

春秋战国时期，一批分别处于各国的，主张"变法"、"重法"、"尊君""法治"的政治精英与思想家，通过思想主张和行为活动而彼此认同并相互声援；他们自称为"法术之士"，而后世将其称为法家。法家与儒、墨、道、名、阴阳等家相并列，时称"显学"，即为著名学派。按照司马谈

《论六家要旨》的评介,诸子百家都是为了治国理政而献计献策,努力营造一个国家统一、民生安宁的太平盛世。

与儒、墨、道、阴阳等家崇尚同一宗师、讲究师承关系有别,法家没有明确的门派观念,也没有形成统一的组织,他们主要是通过思想主张和行为活动而相互认同的。从社会作用和影响效果看,儒家师徒相聚,人多势众,努力恢复"礼治";但游说诸侯,成效不佳。墨家宣扬"兼爱互利",组织严密,纪律严明,受各家赞许;但不为君王们看好。道家鄙弃礼法制度与人为措施,倡导"无为",言语玄奥,一般人弄不明白,君主们更不感兴趣。法家虽"学本黄老"却不散漫虚无,属于现实主义者,由实干家们所构成。其代表人物均为政治、军事或知识精英,或在各国辅佐君主,改制变法,或者著书立说,倡行"法治"。

对于当时各诸侯国来说,面临"礼崩乐坏"[①]、"强国事兼并,弱国务力守"[②]的严峻形势,只有做大做强,才能免于吞并或亡国。这样一来,法家思想学说逐渐胜出,后来居上,为图谋争雄称霸的君主所采纳。在法家精英的努力之下,从春秋五霸到战国七雄,都先后走上了改弦易张、实行"以法治国",奖励耕战、实现"富国强兵"之路。大秦帝国的建立,使其居于官方正统地位;延续至今的中央集权统一国家的形成,也以法家学说作为其理论基础。

这一时期的主流趋势是变法改制,富国强兵,争雄称霸,统一天下。我们知道,春秋(前770—前476)指东周前期,之所以称其为"春秋",是因为鲁国当时的编年史名叫"春秋",孔子又对其进行整理修订,成为经典。战国(前475—前221)指东周后期,得名于当时的《战国策》、《尉缭

---

① 《论语·阳货》:"三年之丧,期已久矣。君子三年不为礼,礼必坏;三年不为乐,乐必崩"。

② 《商君书·开塞》。

子》等书①。这是中国历史前三千多年的巨变时期,又是世界文明史上的"黄金时代",也被称为辉煌的"轴心时代"。这一时期的历史特征,可以用"变"来概括：社会形态由奴隶制向封建制转变,国家形式沿着从统一到分裂再到统一的轨迹变化,国家政体由贵族共和向君主集权过渡,政权运行自"礼治"变为"法治",而"礼制"制度也逐渐为"法制"所取代。

一、春秋"改制"

春秋时期的变革有两大特征：一是目的在于"革新求存"或"变法图强",不致于亡国或被强国吞并。不同于战国时期的谋求"霸业"与统一各国。二是采取自身、内部的和平变革方式,用今语来说即改良或国内改革。不同于夏、商、周三代的"革命"②方式,以外来的武装讨伐与暴力推翻为主要途径。主要代表是齐国的管仲、郑国的子产和邓析,反映了当时"礼治"日衰、"法治"初兴的历史进程。

(一) 管子"修齐国政"

管仲(约前723,或前716－前645),后人尊称管子,是法家先驱人物。他的言行思想,被其后学辑成《管子》一书,是后期(齐国)法家的代表作。作为"春秋第一(宰)相",他辅佐齐桓公全面改革,迅速崛起,"九合诸侯,一匡天下",成为东周版图中的东方第一大国,开启了"变法改制"的先河,拉开了建立霸业、统一中华的序幕。管仲主持齐国改革,旨在"修齐国政"③,即除旧弊而不废礼,推新政而行国法。其事绩为先秦各家所公认,连孔子都称赞他的和平改良是"仁政"的典型表现,认为如果没有管仲的"尊王攘夷"(尊奉天子王权,共同抵御戎夷),保持了华夏

---

① 《战国策·燕策》："凡天下之战国七,而燕处弱也。"《尉缭子》："今战国相攻,大伐有德"。
② 《易·革·象辞》："汤、武革命,顺乎天而应乎人"。
③ 《史记·齐太公世家》。

文明传续，大家都会沦为披头散发、袒肩露臂的野蛮人①。

管仲改革以发展经济为中心，以富裕民生、增强国力为目的，全面修正旧的法度，除弊留善，推行新法②。表现在：一是"国野分治"，实行"四民（士、农、工、商分业）""三国（将国都内划分为三大区）五鄙（国都外分为五大块）"的行政管辖，按职业、统属定居。二是"作内政而寄军令"，将全国民众按军事组织统一编制，不得自由迁徙，平日作工务农经商，战时为国打仗立功，推行兵民一体、全民皆兵制度。三是废除"井田制"的贵族土地所有制，分田到农户耕种（类似于今日的承包制）；农业、手工业与商业同举并重，平稳价格，统一货币发行，盐、铁官营，以及降低关税、对外开放贸易等，推行"通货积财，富国强兵"③的经济政策。四是主张"以礼教民"、"以法治国"④。从而对内（周朝）调停各国争端，对外抵御夷狄侵犯，成就了齐国近40年的"霸业"。

（二）子产推行新政

郑国处于中原腹地，是西周"井田制"最先失效的地区。私田虽普遍开垦却逃避赋税，开垦者大多依附新兴的地主与官吏，致使公室世族收益减少，势力衰弱。面对政治矛盾集中，社会冲突加剧的状况，是恢复礼制还是实施新法，成为一个不可回避、必须回应并应予解决的大问题。所以，尽管郑国的规模与实力不能与大国相比，但对当时的时局大势，却有重要的影响力。

子产（？—前522年），郑国贵族出身，郑简公时为卿，执政26年，实行新政，史称春秋末期继管仲改革后的最具影响力的社会变革。有

---

① 《论语·宪问》："桓公九合诸侯，不以兵车，管仲之力也，如其仁，如其仁！"又："管仲相桓公，霸诸侯，一匡天下，民到于今受其赐。微管仲，吾其被发左衽矣。"
② 《国语·齐语》："修旧法，择其善者而业用之。遂滋民，与无财，而敬百姓。"
③ 见《史记·管晏列传》。
④ 见《管子·权修》。

意思的是,子产改革,触动贵族利益,后果是先怨骂后称赞;而严格税赋征收,实施宽猛相济,虽强化了对民众的管制,却获得了广泛认可。他品格之高尚,意志之坚定,为政之廉洁,均成为后世之楷模。子产死后,家无余财,其子只能用竹筐背土葬父,臣、民纷纷捐献金银珠玉,其子遵父遗训,不肯接受。众人遂将珠玉抛至其封邑河水之中,阳光一照,金波鳞鳞(即今郑州金水河)。郑人悲伤,三个月不作舞乐①。孔子称其为"仁人","古之遗爱"。司马迁赞扬说,"子产者,为人仁爱人,事君忠厚"②。

子产的改革是自上而下进行的。他不信天,不信神③,一手抓"经济",即整顿、修正土地制度与赋税制度,一手抓"法制",即公布成法令与实行"宽猛并用"的政策;并广开言路,择善而行,选贤任能,禁贪倡廉。执政三年,"郑国以治"④,取得了明显的社会效果。具体表现在:一是"田有封洫,庐井有伍",即整修"井田"灌溉系统,稳定公室贵族,同时颁布新制,以五家为单位登记造册,承认已占"私田"的合法性,并按财产与田亩的数量征收税赋。民众开始不理解,后来编歌称颂⑤。二是"作丘赋",以丘(包括16井、128家)为单位征收军赋,每丘每年应出一匹马、三头牛。三是鼓励"乡校"议政,以广开言路。所谓"以议执政之善否。其所善者,吾则行之;其所恶者,吾则改之,是吾师也"⑥。四是"铸刑鼎",即公布成文法。自夏以来,虽有礼、刑的设置,但均系不成

---

① 《孔丛子·杂训》:"子产死,郑人丈夫舍玦佩,妇人舍珠瑱,巷哭三月,竽瑟不作"。
② 《史记·郑世家》。
③ 《左传·昭公十七年》:"天道远,人道迩,非所及也"。《左传·昭公十七年》:子产曰"我斗,龙不我觌也。龙斗,我独何觌焉?禳之,则彼其室也。吾无求于龙,龙亦无求于我"。
④ 《列子·杨朱》:"子产相郑,专国之政三年,善者服其化,恶者畏其禁,郑国以治"。
⑤ 《左传·襄公三十年》:"从政一年,舆人诵之曰:'取我衣冠而褚之,取我田畴而伍之。孰杀子产,吾其与之!'及三年,又诵之曰:'我有子弟,子产诲之。我有田畴,子产殖之。子产而死,谁其嗣之'"。
⑥ 《左传·襄公三十一年》。

文的规定，或虽成文但秘而不宣，以求"刑不可知，则威不可测"。前536年，子产将郑国的刑书文本铸刻在大鼎之上，矗于都城的广场之中，从而打破了刑律的神秘性，使国人遍知法律的内容。在中国历史上，这是首次将成文法公之于众（第二次是23年后晋国范宣子的"铸刑书"），具有划时代的意义！

（三）邓析批"礼"重"法"

邓析（前545—前501），与子产同时且同事，亦为郑国大夫，是先秦名家，即"名辩之学"的奠基人，思想家。他开辟了法家重视概念的辩析与运用之路，被称为"刑名之学"。邓析又将其名学才智用于礼与法的辩析方面，著书立说并将其写在竹简之上的"刑书"（对"刑鼎"的解释与修正）公之于众并得到认可，所以学界将他列为法家的先驱人物。他对先秦"变法改制"的突出贡献，一是继子产、范宣子"铸刑书"之后，第三次公布了成文法，即将具有新"法"意义的"刑书"广泛传播。二是不同于管子和子产对旧礼的保留，最早否定礼义制度及其原则，主张君主治国应以"法"立威，循名责实。三是聚众讲学，传授法律和诉讼方法，被后人誉为中国最早的大律师与法律教育家。

作为思想敏锐、口才超人、知识渊博的郑国大夫，邓析不仅在民间拥有崇高的威望，在朝廷百官中也以足智多谋著称，有难题皆找他请教。据《列子》所载，子产执政期间，深感国事易理，家事难缠。他的两个宗室兄弟，兄名公孙朝，弟叫公孙穆。"朝好酒，穆好色"，一个终日酗酒，不闻天下事；一个沉湎女色，昼夜淫乐。子产很头疼，于是私下向邓析求教。说我"为国则治，治家则乱"，难道必须用不同的方法吗？邓析回答说，我早就了解此情，你若不问，我不能先说。你可用传统的办法，对他们晓以礼义之重和性命之忧。子产这样做了，二兄弟回答道，死很容易而活着很难，以法令治国虽有效但不合人心，用礼义治国没有实效，为礼义的虚名而活还不如死掉。我们故意这样做，是为了提醒你注意。子产还是不明其意,又问邓析,邓析这次明确回答,"子与真人居而不知也,孰谓子智者乎?郑国之治偶尔,非子之功也"。即你与这些真人在一起这么长时间还不知道,怎么能算上智者呢!你这两个兄弟的行为,不合礼义。但他们自知,作为王亲国戚,若要干政乱法,肯定会使你为难,所以才会如此。旧的礼制必须更新,用礼义使郑国得到治理只是偶然的现象,其实在于民众好、真人在,并非你的功劳①。将时人眼中的酒鬼或流氓说成护法的"真人",一方面显示出他的辩才,另方面也招致了"不是礼义"的骂名。

邓析认为,只有"事断于法",才是"治国之道"。"故有道之国,法立则私议不行,君立而贤者不尊。民一於君,事断於法。此国之大道也。明君之督大臣,缘身而责名,缘名而责形,缘形而责实"②。确立法的权威和以法循名责实,是君主的职责,而臣下只能奉法行令,依法办事,不得违背。他施展其卓越的辩才,将乱世说成礼义的结果,视盗贼为圣贤王道的必然③。因此荀子批评他"不法先王,不是礼义"④。同时利用其非凡的法律能力与技巧,推出新编"刑书"与子产的刑书相并行。并以此为教材聚众讲解,学法用法,培训时还要报酬,案情复杂的大案收一件长衫,一般案件收件短裤。同样的案情,不同的视角与依据,尤其是礼与法的判断标准不同,常常将"礼"以为对的说成错,"礼"以为错的说成对。《吕氏春秋》说因此"郑国大乱,民口喧哗",邓析因此被杀。他死之后,"民心乃服,是非乃定,法律乃行"⑤。而据《左传·定公九年》的

---

① 详见《列子·杨朱》。
② 《邓析子·转辞》。
③ 《邓析子·转辞》:"圣人已死,大盗不起。天下平而无故也。圣人不死,大盗不止"。
④ 《荀子·非十二子》:"不法先王,不是礼义;而好治怪说,玩绮辞。甚察而不惠,辩而无用,多事而寡功,不可以为治纲纪。然而其持之有故,其言之成理,足以欺惑愚众。是惠施、邓析也"。
⑤ 详见《吕氏春秋·离谓》。

记载:"郑驷歂杀邓析,而用其竹刑",邓析编写的刑书在他死后并未取缔,仍然通行。从管仲、子产到邓析的人身境遇看,同为"变法改制",只因对礼义的态度不同,竟然会导致杀身之祸!可见当时守旧势力之厚,改革阻力之大①。

二、战国"变法"

战国时期的"变法"浪潮风起云涌,被后人称为运动②。按照学者型作家孙皓晖的说法,战国"变法"曾显现三波浪潮。第一波是战国初期的魏国李悝、楚国吴起;第二波是中期的秦国商鞅、韩国申不害、齐国驺忌、燕国乐毅;第三波以赵武灵王以军事改革为突破口的全面变法为代表,上述各国在战国后期持续变法③。"变法"的目的是争当霸主,进而统一天下;内容与重点是健全法制,奖励耕战,走军事强国之路。当然,历史的结局是"秦王扫六合",大秦帝国的建立,标志着变法运动的终止和战国时代的结束。

(一) 李悝撰《法经》,主持魏国变法

在"三家分晋"之后,魏、赵、韩相继成为新兴大国,发起对楚、秦、郑等周边国家的战争,拉开了战国时代的幕布。前445年,具有雄才大略的魏文侯即位,一方面拜儒家名士为师,标示行"仁政",另方面任用军、政、经、法等能人干才为重臣,如吴起、乐羊、西门豹、李克等,力图"富国强兵"。大约在前406年拜李悝(约前455—约前395)为相,主持变法。

---

① 是谁杀了邓析?《列子》与《吕氏春秋》说是子产,而《左传》说是驷歂。笔者倾向于后者。一是因为《左传》成书在先,以记载史实为主。二者邓析在子产死后20年后被杀,定非子产所为。三者子产宽容仁厚,又倡行民众议政,不可能因观点分歧而杀邓析。四者邓析所编刑书,正是对子产法律的解说,二人的改革宗旨是一致的。何况《吕氏春秋》亦承认子产执政20多年,只判了二个死刑,邓析根本未犯当时的死罪。

② 张国华曾以"法家的兴起与变法革新运动"为题论述。见《中国法律思想史新编》,北京大学出版社1998年版,第110页。

③ 孙皓晖:《中国原生文明启示录》中册,上海人民出版社,第312—315页。

李悝应是魏国本地人,由于史无确载,所以身世不详。据说曾是子夏弟子的门生,还当过土地守之类的小官。可以肯定的是,他属当时的饱学名士,早有《法经》成书,还有主张弃"礼"重"法"的著述多篇①,国人皆知,所以才被魏文侯委以变法重任。在现今法史教科书中,多将《法经》称为汇编成册的法律或一部系统的成文法典,主要是因为该书失传,仅在后来的《晋书·刑法志》中录其篇名所致②。其实,当时各国的法律不成文的在"礼"或"法度"之中,而成文的则专称为"刑书";李悝以"法经"命名其书,可见不是对"刑书"的改定,而是自己对"刑书"、礼与刑的见解,特别用"法"字表示区别。"法经"之"经",更表明是对重要原则的解说与阐发,并非条文式的规则,恰如《易》与《易经》之区别。因此,与邓析的"竹刑"类似,应将《法经》定性为法律著述或法学著作。其中对于刑律的结构设计,以及法不阿贵、执法平等、赏功罚罚、轻罪重刑等原则的阐发,都开启了法家思想的先河,预示了中国古代立法重视刑律的格局与趋势。与西方早期公布的成文法相比,古希腊的梭伦立法和古罗马《十二表法》,均侧重于土地占有、家庭、继承和诉讼等,内容以私法为主。而中国这一时期的"刑鼎"、"刑书"、"竹刑"直到"法经",皆以刑事及其诉讼为主。中、西两种风格迥异的法律文化传统,在其创立时期便表露出不同的基因特征与明显的胎记③。

李悝变法的主要内容,一是权力分置,君主掌握最高领导权和军队控制权,相或相国为百官之首,负责具体政务;军事权力之中,上将军统

---

① 《汉书·艺文志》所辑十部法学著述,排在首位的即是:"《李子》三十二篇。名悝,相魏文侯,富国强兵"。
② 《晋书·刑法志》:"悝撰次诸国法,著《法经》。以为王者之政,莫急于盗贼,故其律始于《盗》、《贼》。盗贼须劾捕,故著《网》(当是《囚》之误)、《捕》二篇。其轻狡、越城、博戏、借假不廉、淫侈、逾制以为《杂律》一篇,又以《具律》具其加减。是故所著六篇而已,然皆罪名之制也"。
③ 参见何勤华:"《法经》新考"一文。载《法学》1998年第2期。

领作战部队,国尉负责要塞防守与后勤补给,由国君用"兵符"统一调拨。二是官制方面废除体现贵族统治特权的"世卿世禄"的世袭制度,实行"量能任官",唯才是举的选拔贤能的官吏任免制度。三是经济方面,实行重农政策,"尽地力(利)之教",承认"井田制"失效后的"私田"即土地私有,允许开垦荒山荒地为自有,要求种植"五谷,以备灾害"即多种经营,精耕细作。推行"平籴法",即平衡、稳定粮食价格,达到"使民无伤,而农益劝"即不伤害百姓,更激励农民的目的。四是以《法经》为据,以"法"代"礼",治国理政,不分亲疏贵贱信赏必罚。李悝"变法"获得成功,使魏国迅速崛起成为强国,各国纷纷仿效,形成一波变法浪潮。

(二) 烈士吴起与楚国"变法"

以"烈士"称呼吴起,是因为他为魏国"变法图强"曾全力以赴,又为楚国"变法"而献出生命。他的特殊经历与丰功伟绩,既预示了古今改革志士的悲壮命运,又使后继的法家名士常陷"孤愤"之中。这一方面说明变革之路的艰难险阻,旧制度的根深蒂固与保守势力的强大残酷;另一方面也提醒所有从事改革大业的志士,应循序渐进,稳扎稳打,注意自我防护,警惕明枪暗箭与倒算报复。

吴起(前440—前381),卫国人,出身商贾之家,本人为布衣平民。加在他头上的定语有军事家、政治家、改革家、兵家代表等,说明其成就之高,影响之大。大唐肃宗时将包括吴起在内的历代十位名将供奉于武成王庙内,被称为武庙十哲;宋徽宗时追尊吴起为广宗伯,位列宋武庙72将之一。可见后代官方着意回避其变法经历,仅从武功军事方面予以彰颂。按《史记》所载,吴起少年曾杀人外逃,后师从曾参之子学儒,因母丧未归,被赶出学馆,改习兵家之学。因他孤身一人处在鲁国,便自由恋爱,与齐国一田氏女子结为夫妻。后来为领兵打仗,"杀妻求将",虽大败齐军,显示出卓越的军事才能,但身负不仁不孝、贪心好色、无情残暴等骂名,所以未得到任用。吴起来到厉行"变法"的魏国,魏文侯不计流言蜚语,任命他为西河大将,指挥得当,赏罚严明,廉洁公允,士气高涨,数次大败秦军,升为上将军,成为声名显赫的军事大家。但魏文侯死后,他颇受排挤冷落,遂愤然辞官,离开魏国。

前390年,吴起入楚,开始了"变法"功业。当时是楚悼王在位,看到魏国因变法而崛起,一心想使楚国亦"变法图强"。但碍于公室贵族反对阻挠,且无人可用,所以时刻留心。吴起的出现,恰如雪中送炭。先任他为郡守,一年后升为令尹(即相国),主持变法。其主要内容有:

首先,削减公室贵族的世袭特权,对于已传继了三代的封君贵族,取消其爵禄;停止对疏远贵族的按例供给,将国内贵族迁移到荒凉人少的偏远地区。其次,进行官制改革,淘汰并裁减无关紧要的官员,削减大臣高官的俸禄以及封地收入,将这些财富收归国有,用于强兵。再次,整顿吏治,刹住贪污贿赂与损公肥私,制造谣言与谗害忠良的歪风恶习,并下大力气,统一楚国风俗,禁止私人请托。最后,制定新法并将其公布于众,严格执法,信赏必罚[①]。变法取得明显成效,国富兵强,平定了云梦之乱,吞灭了陈、蔡两国,出兵援赵战魏,显现大国风范。

这些政绩,既使各国"诸侯患楚之强",又让"楚之贵戚,欲害吴起"。于是,皇族贵戚们利用楚悼王之死设计杀掉吴起,而吴起也作好牺牲自己铲除贵族的准备。当吴起进入灵堂拜祭之时,伏兵四起,陪祭的贵戚亦露出袖箭,吴起跃上灵床,抱住悼王尸体翻滚(一说是钻在尸体之下),四周上下箭若激雨,吴起被射杀,而悼王也成箭垛。继位的楚肃王

---

① 《吕氏春秋·慎小》载有吴起行法诚信的故事:"吴起治西河,欲谕其信于民,夜日置表与南门之外,令于邑中曰:'明日有人偾南门之外表者,仕长大夫。'明日日晏矣,莫有偾表者。民相谓曰:'此必不信。'有一人曰:'试往偾表,不得赏而已,何伤?'往偾表,来谒吴起。吴起自见而出,仕之长大夫。夜日又复立表,又令如邑中如前。邑人守门争表,表加植不得所赏,自是之后,民信吴起之赏罚"。

借机按楚国刑律,将参与放箭的70余家贵族重臣,全部诛灭①。但吴起身亡,变法中断,楚国虽大不强。所以韩非评议说,"楚不用吴起而削乱,秦行商君而富强"②。

孙晧晖认为,代表战国初期"变法"的李悝与吴起,使"中国第一次出现了法治文明的曙光";又引发了"战国法家的破土而出",很值得肯定和赞扬。但魏、楚变法有明显的局限性,即没有废除分封世袭制度,将"治权归于国家",没能"提供统一中国的基础"③。

(三) 商鞅变法:秦由弱到强,大国崛起

时至战国中期,接踵而起的有申不害主持的韩国"变法",齐威王力行的齐国"变法",都取得了明显的成就,展示了法家思想的功效。渐至后期,又有赵国武灵王以变更军制为中心的变法,成山东第一强国;燕国乐毅执政,削除贵族特权,奖励耕战,亦大有成效。但由于史料欠缺,无法得知其具体情况,只好存而不论。这一时期的主要代表,是人们熟悉又彪炳史册的秦国商鞅变法。

商鞅(约前395—前338),与卫国国君同族,人称卫鞅或公孙鞅,因功被封于商州,故称商鞅,是历史上著名的政治家、军事家、思想家,先秦法家的主要代表人物。他自幼喜好"刑名之学",曾在魏国担任相国公孙座的下属,熟悉李悝的《法经》,很有才能。公孙座曾对魏惠王建议委以重任,并嘱咐若不"用鞅,必杀之"④。前361年,他来到秦国,深得"转弱为强"的秦孝公的重用,任左庶长。自前359年至前338年执政21年,前后主持两次"变法"。孝公死后,被贵戚诬陷,惨遭车裂灭族

---

① 见《史记·吴起列传》。
② 《韩非子·问田》。
③ 详见孙晧晖:《中国原生文明启示录》中册,上海人民出版社,第351页。
④ 见《史记·商君列传》。

之刑。

商鞅在执政时期,先后于前359年、前350年两次进行变法,包括经济、政治、法律等内容。在经济方面,为了充分利用土地和劳动力,重新划分耕地,去除原有的阡陌封疆,将贵族的闲置耕地收回国有后重新分配;废除传统的井田制即土地"王有"制度,授田于民,由国家直接征收赋税,并允许土地自由买卖;从而确立了长达两千多年的封建土地私有制度。推行重农商政策,奖励农耕;同时废除大家族制度,规定男子成年必须另立门户,按户籍征收军赋;统一了度、量、衡的标准。在政治方面,实行君主集权,反对礼治儒术;推行郡县制,将国内村庄合并为41县,县衙内设置县令处理县内政务,官吏由国君直接任免;废除大家庭制,禁止百姓父子兄弟同居一室,居民按"什伍"编制管理,即五家编成一伍,十家编成一什,以伍什为基本单位;废除"世卿世禄"的官职与身份世袭制度,凡宗室、贵戚没有军功的,不得列入宗室的属籍,不能享受贵族的特权,不论出身贵贱一律按军功封爵奖赏。

法律方面,改"法"为"律",即制定以"律"为名的成文法典,以取代周礼及旧法,建立律、令、式的法律体系,增加"告奸"、"连坐"等规定,即居民相互监督检举,一家犯法,十家连坐。不告发奸人的处以腰斩,告发奸人的与斩敌首级受同样赏赐;出行较远者及旅店的旅客必须持有官府印发的凭证,旅店不能收留没有凭证的旅客住宿,否则店主与奸人同罪。实施厚赏重罚政策,要求民众学法、守法,"以法为教","以吏为师"等。

商鞅变法取得了明显的社会效果,荀子赴秦考察之后评价说,秦国边防牢固,山川秀美,民风淳朴,歌舞升平。各级官员均忠于职守,奉公依法,不结党营私;朝廷按法制处理大小政务,既轻松又高效。秦国的强盛不是侥幸,而属必然①。可见,正是商鞅变法,使弱秦致强,奠定了统一六国的基础,成为当时变法改制大获成功的典型例证。他的变法思想和理论,影响深远,使其成为法家思想学说的开拓者和奠基者,被誉为历史上最早的改革家。

商鞅最终的惨死,又一次昭示了变法志士的悲剧命运。韩非将变法者与反对派(贵族势力)进行比对,指出其形成原因:在性格和人品上,变法者"刚毅"正直,光明正大,而反对者阴险狡诈,善于诬陷;在志向与行为上,变法者不畏艰险,视死如归,而反对派怀不共戴天之仇,必致其于死地而后快。因此,两者相遇,只要反对派得势,不是明用"公法"将其诛杀,便是暗以"私剑"(刺客)将其灭掉。身为书生的韩非能看到这点,高居相位、谋略过人的商君焉能不知?!他拥有重权重兵,之所以不叛不逃,甘受车裂酷刑,就是为了延续变法大业,伏"法"受刑。真可谓:"变法功成身却死,亦使英雄泪满襟"!

三、"以法治国"的设计者与推行者

从前述可知,中国古代的"法"是战国时期各诸侯国的君主们制定的,无论在内容或形式上都是与"礼"不同的一种新规范;"法治"则是法家的口号和学说,目的旨在为各国君主提供一套不同于"礼治"的新的"君人南面之术"。因此,作为一个术语概念,它一出现便与君主集权联系在一起,并且以刑罚的运用为其主要内容。我们一定要注意中国古

---

① 见《荀子·疆国》,应侯(范雎)问孙卿子曰:"入秦何见?"孙卿子曰:"其固塞险,形势便,山林川谷美,天材之利多,是形胜也。入境,观其风俗,其百姓朴,其声乐不流污,其服不挑(佻),甚畏有司而顺,古之术也。及都邑官府,其百吏肃然,莫不恭俭、敦敬、忠信而不楛,古之吏也。入其国,观其士大夫,出于其门,入于公门,归于其家,无有私事也;不比周,不朋党,倜然莫不明通而公也,古之士大夫也。观其朝廷,其朝间,听决百事不留,恬然如无治者,古之朝也。故四世有胜,非幸也,数也"。范雎于前266年封为应侯,卒于前255年。荀子观察到的应是秦国这时的政风与民俗。

典法治与现代法治的这一实质性区别。

"法治"思想是君主官僚制取代天子贵族制的产物。在这个意义上，它是"礼治"的对立面，其内容、形式、性质以及理论基础等与"礼治"有明显的不同；但从思想观念的延续来看，它的产生与春秋时的"礼治"思想有着前因后果的联系。或者说，"法治"思想是以"礼治"思想的存在与衰落为前提的。且不论法家的代表人物大多都学过儒术或者直接师从儒学大师荀况，即便二者思想所涉及的内容范围也往往是共同的，例如它是针对"礼治"所维护的宗法制而提出的，即否定礼的宗法性，肯定其等级性；它又是针对"礼治"重视德教而形成的，即批判"仁"、"德"的无效并得出"奉法者强"的结论；同时，它还是在否定"礼治"所推崇的"圣贤"治国中丰富自己的。因此，没有"礼治"的存在和启迪，就不可能形成系统的"法治"思想。

从社会转型的角度，可以说整个春秋战国时期的社会变革，在制度上表现为从"礼制"转变为"法制"，在思想观念上表现为从"礼治"转变为"法治"。这种变革，既是一场政治革新，也是一种思想演变。在当时，不仅儒、法两家，其他各主要学派也曾针对"礼治"提出了自己的政治主张和文化样式。如墨家主张"不党父兄，不偏富贵"，建立一种能使人人"兼相爱，交相利"的中央集权政权和富有宗教色彩的"天志"之法思想体系；道家反对以礼、法束缚人的自然本性，主张以原始公社为模式，提出"无为而治"和自然主义的思想。由于"法治"学说最适合新兴国家争雄称霸、统一天下的实际需要，因此得以取代"礼治"而成为居主导地位的思想形态。虽然"法治"学说在西汉初期遭到否定，但是在它主导之下所形成的封建法令律典体系却一直沿用，并成为律学之源，影响着整个古代法与法学。

"法治"学说的核心内容是君主"以法治国"。从形成过程看，它起源于春秋，兴盛于战国，定鼎于秦代，破产于汉初。从思想学说创立的角度,它由李悝开其端,商鞅奠其基,慎到、申不害补其义,韩非、齐法家总其成,李斯将其推向极端。具体表现在,春秋时期法家的先驱管仲、子产、邓析等可谓"以法治国"的启蒙者,战国前、中期的李悝、吴起、慎到、申不害、商鞅既是"法治"蓝图的设计者又是实践者,韩非与齐国法家(管子后学)是总设计师,而李斯、嬴政(秦始皇)是主要的发挥者与践行者。

(一) 商鞅重"法"、慎到重"势"、申不害重"术"

法家的"法治"要解决的,是法在国家运行中的地位,与君主(政权与政府)的关系,以及实施的方法、策略等关键问题。前期法家人物均主张"以法治国",但在论述中或观点上有所侧重。按《史记》《汉书》的表述,商鞅强调"法"对治国的重要性,即重"法";慎到强调权力集中是"法治"的关键,即重"势";而申不害强调既要"法治"又要"术治",即重"术"。

商鞅携《法经》入秦,在孝公支持下主持变法,大刀阔斧地废除旧制,公布实施新的律令。从辑录其言行事迹的《商君书》中,可以窥视出他心目中的"法治国"。他认为,在争强斗胜的乱世,只有"变法更礼",将"法"作为"国之权衡",才能明分止争、立公去私、弱民胜民、富国强兵。"法治"有三个要素:"一曰法,二曰信,三曰权"。因此,君主应该"缘法而治",统一刑赏制度,君主大权独掌,君臣共同执法,信赏必罚,从而"法任而国治"[①]。可见,商鞅所关注、要解决的是国家运行的方式问题,主张"治国唯法",依"法"而不依"礼"。

慎到为赵国人,生卒年不详,约与商鞅同时。他早年曾学"黄(帝)老(子)之术",后又研习"刑(形)名之学",是法家之中最早将黄老治世之"道"(又称"公道")与法家治国之"法"结合起来的思想家。在前期法

---

① 见《商君书·修权》。

家之中,他以重"势"(权势)著称。但其重"势"是以尚"法"为前提的,同时也兼顾论"术",即方式、策略与技巧。慎到明确地将"法"视为"公义(意)"的体现,"公正"的化身,因此称为"公法"①。庄子将其主张概括为"公而不党,平而无私"②。他认为治国理政与推行"法治"的关键是尊君、贵势与尚法。一是以国君为政治核心,"君权至贵",可使"臣下闭口,左右结舌";二是"强国之道"不在于君主道德的高低或能力的强弱,而取决于权势的大小和集中与否,只有"权重位尊"方能"令行禁止"③;三是君主勿需"自任而躬事",即事必亲躬,只要"事断于法"便能"君逸乐而臣任劳"④。慎到"法、势"论的可贵之处是既主张国君"独制权势",又将"公法"置于君主的个人意志之上,以实行"法治"为己任。这种关于立法为公,以势行法的论述,不仅绘就了法家"以法治国"蓝图的基本结构,而且为古典法治理论增添了新的内容。

申不害(前385—前337),郑国人,曾任过小吏。韩国灭郑之后,韩昭侯重用他为相,主持"变法",前后15年,大见成效,以致无人再敢侵犯韩国。在法家之中,申不害以"术治"著称。所谓"术治"只是"法治"中的一个流派,其主旨是君主以"法"治国理政,以"术"驾驭群臣,办事靠国法,用人靠权术。他曾举黄帝、唐尧等"圣君"为例,说明"法治"的功效:"黄帝之治天下,置法而不变";"尧之治也,善明法察令而已";因此,"圣君任法而不任智,任数(规则制度)而不任说"⑤。将"任法"用在治吏方面,则是"法术"。包括两个方面:一是明术,即公开使用的方法,"为人君者,操契(成文法规)以赏其名";"法者,见功而与赏,因能而授

---

① 《慎子·威德》:"权衡所以立公正也,书契所以立信也,度量所以立公审也,法制礼籍,所以立公义也。凡立公而弃私也"。
② 《庄子·天下》。
③ 见《慎子·威德》。
④ 《慎子·民杂》。
⑤ 《太平御览》卷六三八,引申不害语。

官"。二是暗术,即深藏不露、潜御群臣方式与策略,叫做"藏于无事,示天下无为"①。表面上看,君主沉默寡言,无所事事,但实际上用很多不为人知的方法掌控臣下的行迹。申不害认为,君臣之间的关系如同头脑与手足,主体与枝节,指挥与执行,所谓"君如身,臣如手;君若号,臣如响;君设其本,臣操其末;君治其要,臣行其详;君操其柄,臣事其常"②。只有明暗两手并用,才能巩固君权,"以法治国"。

(二) 齐国法家构划古典法治框架

齐国是西周王朝开国功臣姜子牙的封国,简礼从俗,法立令行,礼法并用,一直是齐国传承接续的治国之道。管仲辅佐齐桓公,"修齐国政",既将礼义廉耻作为维系国家的支柱,又主张"以法治国","为民兴利除害",成为法家的思想先驱。至战国时期,作为中国历史上首次变法改制运动和百家争鸣的策源地,齐国"稷下学宫"(当时最大的思想传播与学术研习基地)的一批管子后学们继承弘扬管仲的"法治"思想,整理成《管子》一书,被称为齐法家,或管子学派。张国华指出:"就法家思想而论,它对法律和法治的论述,都比较精辟,并具有综合前期法家法、术、势三派,杂揉道、儒的特色,并自成体系"③。从学术总结的角度说,齐法家及其《管子》书,和韩非与其《韩非子》一样,代表了先秦法家思想的最高成就。

齐法家对古典法治的贡献,主要表现在:一是在中国历史上第一次树立起"以法治国"的旗帜,成为法家治国理政的口号与标识。他们认为,法律是"天下之程式","万世之仪表"。对于民众来说,是"悬命"即性命攸关的大事。对君主来说,"威不两错,政不二门","以法治国,则

---

① 《申子·大体》。
② 同上。
③ 张国华:《中国法律思想史新编》,北京大学出版社1998年版,第152页。

举措而已"①。也就是说,只要国君将权力集中,实施"法治",便不须费神费力,轻而易举地治理好国家。二是勾画出"法治国"的蓝图,从立法、执法、司法与守法即法的实现的角度,设计出法家所向往的古典法治的情景,所谓"有生法,有守法,有法于法。夫生法者君也,守法者臣也,法于法者民也。君臣、上下、贵贱皆从法,此之谓大治"②。三是强调实行"法治"的关键有三,即明法、赏功与罚罪。认为法令不明则民众无所是从,有功无赏则臣民不为国出力,有罪无罚则奸邪滋生;而使三者都能产生有效结果的关键在于"公正",所谓"凡法事者,操持不可以不正。操持不正,则听治不公;听治不公,则治不尽理"③。四是将"法治"主张与自然之道、礼义、德政结合起来,既不像商鞅、韩非与李斯那样把刑罚绝对化,提倡所谓"轻罪重刑"或"以刑止刑";也有别于孔、孟基于"性善"论的"导德齐礼"与"德主刑辅"。而是以遵循自然之天,人性"好利恶害",法产生于"为民兴利"与"正民之德"的社会需求等进行论证,认为"法治"是道义的体现,是礼义教化的前提与基础。

(三) 韩非对"法治"的理论总结

韩非(约前280—前233),韩国人,出身于王族宗室。他的学识,"本于黄老",但不同于老子,而成为典型的"刑名法术之学";他曾经是荀子最器重的门生,却走上了批判儒家的道路;他"为人口吃",不善说辞,却笔走龙蛇,著书立说,成为先秦时期重要的理论家;他的著作使秦始皇拍案叫绝,不见此人死不瞑目,但发兵攻韩得到韩非之后却不信用,后被下狱致死④;他出身于贵族,但激烈地反对宗法制度与贵族特权,成为肯定变法、主张君主集权的官僚制度和推行"法治"的法家思想

---

① 《管子·明法》。
② 《管子·任法》。
③ 《管子·版法解》。
④ 详见《史记·韩非列传》。

的集大成者。韩非一生的理论成就斐然,但却死于非命,成为一桩令人关注的历史公案①。

韩非对法家"法治"学说的总结与发挥,主要表现在三个方面:首先,集中论"法",确立了不同于礼、刑的新的法律观。与儒家论"礼"着眼于伦理道德不同,韩非从政治即治国理政的角度出发,对于"法"的涵义、性质与作用进行阐述与归纳,强调"治民无常,唯法为治","明法制臣"治吏②,并且从制定、内容与效果着眼去定义法律:"法者,编著之图籍,设之于官府,而布之于百姓者也",以及"法者,宪令著于官府,赏罚必于民心,赏存乎慎法,而罚加乎奸令者也"③,将法家的这一观念理论与系统化。

其次,论证了"法治"的必然性与必要性,为"以法治国"提供了坚实的理论基础。韩非站在现实主义的立场上,通对历史回顾和社会实际的深入分析得出"唯法为治"的结论。他以"法与时转"即法必须与时代需求相适应的历史进化论,"人民众而货财寡"即人口数量与物质资料供求关系的人口论,"欲利自为"即人们都将自己的利益置于首位的人性论和"人主挟大利"用赏罚手段使臣、民"趋利避害"的利害论等论证"法治"的必然性。以"法"能禁奸、尊君、强国,远胜于礼治、任贤任智以及个人的"心治"等作用与效果论证"法治"的必要性。

再次,总结了"法治"的主要内容和基本要求。这是韩非通过对其他法家人物的分析评价,从立法、执法、司法、守法和运用刑赏等方面提出了"法治"应具备的基本要素。即:将"以法为本"作为总纲,以"一其宪令"、"布之百姓"为前提,以"法莫如一而固"即统一稳定为基本状态,

---

① 韩非死于狱中。其死因有两说,一是《史记》所载因李斯嫉妒,始皇听信谗言被毒死。一是孙晧晖的分析,认为韩非是韩国派到秦国的"间人"(卧底),被发现入狱之后自杀身亡。见孙晧晖:《中国原生文明启示录》下卷,上海人民出版社,第580页。

② 《韩非子·心度》。

③ 《韩非子·难三》、《韩非子·定法》。

以"法不阿贵"、"信赏必罚"为执法原则,以"严刑重罚"、"以刑去刑"为司法重点等。同时,韩非又从总结的角度整合了法、势、术三个流派的主张,他认为三者均为君主治国的重要手段,并批评重"法"的商鞅"无术以知奸",重"术"的申不害"不擅其法",重势的慎到不会"抱法处势",强调必须将三者结合起来,"人主之大物,非法则术也"①,"抱法处势则治"②,"不可一无,皆帝王之具也"③。要求君主独掌权势,治国以"法"为本,以"术"知人、察人、用人,维护君权与法制。

总之,通过上述的论证,韩非将法家"以法治国"的"法治"学说全面而系统地展现于当时的世界,成为历史的遗产,使我们今天仍能感受到"以法治国"的风采和"法治"思想的魅力。虽然他被汉代之后的官方"正史"所否定,为历代儒者所不齿,但从对古代法理学与古典法治的贡献来说,韩非应得到充分肯定和永久记念。

第二节 法家之"法"与形式法治

在先秦的诸子百家之中,法家对"法"进行了全面的、理性的、具体的分析说明,尽可能地使当时的人们明白"法"是什么及其要求与功能。由于法家代表人物众多,观点各有侧重并散见于各自的著述之中,使今人难以搜寻与把握。法史学家张国华先生首先采用现代法学的表达方式,将其观点从本质、起源、作用等方面进行阐发。笔者仿而效之,将法家的相关论述归纳为"法"的概念、性质与作用等范畴进行说明。从中可以看出,法家的法律观,不仅极大地丰富了中国古代法理学,而且很多认识与现今的法律观不谋而合,当代西方的形式法治的提法与其也

---

① 《韩非子·定法》。
② 《韩非子·难势》。
③ 同①。

相似甚多。

一、从国家制定民众行为规则角度定义"法"

从文字史看,"法"较礼、刑晚出,其广义泛指一切制度,范围同于礼但不包括道德教化,"变法改制"即变革礼制礼治。其狭义专指运用赏罚、尤其刑罚的成文规定,即"法者,刑也"之说。法家力行"以法治国",首先必须让人们知晓"法"与礼的区别,"法"本身是什么或应该是什么,因而从不同的角度去定义"法"。

(一) 国家制定并公布的成文命令

这是"法"与"礼"在形式上的重要区别。儒家认为礼是规范"君臣父子"伦理关系的制度,而商鞅明确地指出:"法者,国之权衡也",权(称锤或砝码)、衡(秤杆或天平)均表示客观公平的规则,直接将"法"说成国家运行的规则,"法任而国治"①。慎到认为,使民的言行统一于君主,君主以"法"礼治国理政"是国之大道"②。《管子》说,"法度"能够让君主控制天下与领导海内,禁止奸邪,侍奉宗庙社稷③。"法"显然具有了"礼"的功能。并强调指出,"法制"、"刑杀"、"爵禄","三者藏于官则为法"④;可见"法"有别于发自"人心"、出于"圣贤"的礼,是由君主制定、"官府"所掌握的;它包括了禁令、刑罚以及爵赏诸方面,并不仅仅指刑。

韩非则明确指出,"法者,宪令著于官府";"法者,编著之图籍,设之于官府,而布之于百姓者也"⑤,从而概括出"法"在形式上的"三要素":

---

① 《商君书·修权》。
② 《慎子》佚文:"民一于君,事断于法,是国之大道也"。
③ 《管子·明解》:"法度者,主之所以制天下而禁奸邪也,所以牧领海内而奉宗庙也"。
④ 《管子·法禁》:"法制不议,则民不相私;刑杀毋赦,则民不偷于为善;爵禄毋假,则下不乱其上;三者藏于官则为法,施于国则成俗"。
⑤ 《韩非子·定法》、《难三》。

成文规则、国家制定执行、公布于众。齐法家亦强调公布是法令成立的形式要件,认为法令尚未正式张榜公布,便有人依照执行,有功劳得到奖赏,或者有罪受到刑罚,仍然属于"妄予""妄诛"的行为,没有依法赏罚。所谓:"令未布而民或为之,而赏从之,则是上妄予也;令未布而罚及之,则是上妄诛也"①。可见,在法家看来,法是一种必须用文字表示的规则制度,它自君主制定之后,专门由"官府"即国家机构执行,还必须向百姓们公开。

(二) 控制、规范民众行为的规则

这是"法"与"礼"在适用范围和方式上的不同。法家释"法",总是与"主"(君主)、与"民"相联系。谈制定"法"离不开国君,论适用"法"离不开百姓。慎到明确指出,"法者,所以齐天下之动",这里的"天下"即所有的民众,"动"即行为活动。又说,"以力役法者,百姓也",即普通百姓必须身体力行地服从、服务于法。这是百姓与"以道变法"的"君长"的区别②。

商鞅则干脆说,君主的法令就是为了防范与控制奸民而产生的:"民众而奸邪生,故立法制,为度量以禁之"。并通过效用方面的分析,认为虽然人民有亿万之众,但有了"法"之后,人们无功不敢去争赏,有罪受罚不敢发怨言③,进而将"法"定义为:"法者,民之命也",即法是关系到民众生死存亡的规则。齐法家从正面说明"法"与民众的关系并定义:"法者,天下之仪也,……百姓之所悬命也","法者,上之所以一民使下也";以及,"法者,天下之程式,万事之仪表也"④。将"法"解释为"程

---

① 《管子·法法》。
② 见《慎子》佚文。
③ 《商君书·君臣》、《商君书·画策》:"虽民至亿万之数,悬重赏而民不敢争,行罚而民不怨者,法也"。
④ 《管子》:《任法》、《明法解》。

式"和"仪表",一方面说明"法"与"礼"在形式上的相似,另一方面又表明"法"所规范的只是人们的外部行为,而并非内心活动。突出了法的行为规则性质,与礼既包括法律又包括道德区别开来。

(三) 确定身份等级的国家制度

这是"法"与"礼"在内容和功能上的一致之处,不过"礼"主要适用于权贵阶层,所谓"礼不下庶人";而"法"适用于包括庶人在内的全体民众。"分"在古代,是一个重要的、使用率很高的概念,一般用来表示界限、地位等;相当于现代汉语的等级、职分。分的表现是"名",有一定的名分就要享受应有的待遇,履行应尽的义务。这样,"名分"就具有了现代的权利或义务的含义。儒家讲求以礼"明分",主要区别亲疏与贵贱;而法家主张以法"定分",主要是区别君臣上下,不再注意血缘亲疏或君子、小人的区分。

慎到指出,"定赏分财必由法","法之所加,各以其分"①。商鞅说道,"立法明分","先王制土分民之律也,……有土地、货财、男女之分"②。古圣人之所以制定法令,设置官府与师长,都是为了"定名分"③。齐法家认为,"上有法制,下有分职","明分任职,则治而不乱"④,都说明"法"是用来区分、确定等级、资格及其权利义务的。法家们都喜欢用"百人逐兔"的事例说明"定分"的必要,即如果一只野兔在跑,后面会有"百人"追拿,就是因为"分(所有权)未定",属无主之物。但若在市场里,很多兔子在那里卖,人们却走过去连头都不回。不是人们不想得到兔子,而是"分定不可争也"⑤。可见,法家的定分之"法",

---

① 《慎子·君人》。
② 《商君书·慎法》。
③ 《商君书·定分》:"故圣人必为法令,置官也,置吏也,为天下师,所以定名分也"。
④ 《管子·君臣上》。
⑤ 《慎子》佚文:"一兔走,百人追之,分未定也。积兔满市,过而不顾,非不欲兔,分定不可争也"。

有两个重要的目标,一是维护君臣等级制,一是确立财产私有制。正因为如此,司马谈的《论六家要旨》评论说,"法家严而少恩;然其正君臣上下之分,不可改矣";"法家尊主卑臣,明分职不得相逾越,至百家弗能改也"。

(四) 奖赏与刑罚的规定

这是"法"与"礼"在内容上最主要的区别。翻开法家们的论著,"法"与赏、罚紧密结合,不可分割,甚至索性将"法"称为"赏罚之法"。法家以君主集权、"富国强兵"为目标,国家富裕要靠农牧发展,粮肉增收;兵强要靠兵力强大,武器装备精良。因此主张将奖励农耕与战功,惩罚破坏者与奸邪作为"法令"的主要任务和内容。同时,他们认为人性为"趋利避害"、欲得赏而怕受罚。赏即奖励,授爵予财,为人所趋;罚即削职、罚没、制裁或刑杀,为人所避。所以运用赏与罚这两手能够激励官民为国立功,不敢为非作歹。

一方面用赏、罚充实法令的内容,所谓"法之所加,各以其分,明其赏罚而无望于君也"①;"人主之所以禁使者,赏罚也"②;"有功而不能赏,有罪而不能诛,若是而能治民者,未之有也"③;"明其法禁,必其赏罚"④。另一方面,他们又直截了当地以赏、罚作为"法"的代名词,如"赏诛之法"、"赏罚之法"⑤,以强调其重要。但以"法"行赏处罚,不同于以"礼"授爵或出礼入刑。儒家的赏罚原则是"礼不下庶人,刑不上大夫",而法家则主张"刑过不避大臣,赏善不遗匹夫",一律平等对待,主张"壹赏"、"壹刑"。在法家看来,虽然赏与罚都很必要,但对君主治国

---

① 《慎子·君人》。
② 《商君书·禁使》。
③ 《管子·七法》。
④ 《韩非子·五蠹》。
⑤ 《商君书·修权》:"故立法明分,中程者赏之,毁公者诛之。赏诛之法,不失其议,故民不争"。又《韩非子·奸劫弑臣》:"无威严之势,赏罚之法,虽尧舜不能以为治"。

来说刑更为重要。他们在赏罚的适用和实施方面更强调罚,从而又往往把"刑"作为"法"的中心内容,所谓"国皆有禁奸邪、刑盗贼之法"[①],"杀戮禁诛谓之法"[②];尤其典型的是韩非的"法"定义:"法者,宪令著于官府,赏罚必于民心,赏存乎慎法,而罚加乎奸令者也",充分地表达了他们对"法"的理解。

综合以上四个方面,可知法家认为"法"是以国家强制尤其刑罚适用为保证的,确定人们身份财产的,由君主制定、官府执行的,所有民众都必须遵行的,成文的、公布的行为规则。显然,法家对当时法律的这种概括,突出地体现了中国古代法律维护君权和强调刑罚的特点,同时与"礼"维护宗法等级与强调伦理道德相映成趣。这一观念,在形式特征上与今天的法或法律概念基本相符,十分耐人寻味。

二、"法"的重要性质

法家还从与道、礼、义、天志等的比较之中揭示"法"的各种属性。以比较法的视角,无论形式或是内容均不亚于西方法学家的相关论述。

(一) 强制性和制裁力

这是"法"与"礼"在效力和适用方式上的区别。儒家之"礼",不仅包含了"仁义道德"在内,而且"礼制"的实施也主要依赖"教化"进行;违礼的惩罚依靠礼之外的刑实现。"法"则不然,法家视"法"为禁、为制、为刑、为罚。"法"的表现不是引导、开化式的教育,而是惩罚性的强制命令。"法令"、"法禁"、"法制"、"法律"这些首出于法家的复合词,都是为了强调"法"的强制性与制裁力,以国家权力与刑罚措施作为后盾。诸如:

---

① 《商君书·开塞》。
② 《管子·心术上》。

商鞅主张:"有不从王令、犯国禁、乱上制者,罪死不赦","国皆有禁奸邪、刑盗贼之法",以及"立法制,为度量以禁之"①;将令、禁、制作为"法"的主要表现。齐法家认为:"凡君国之重器,莫重于令。……行令在乎严罚",由此,"罪人当名曰刑,出令当时曰政,当故不改曰法","法"是刑、令、政的固定化和制度化。这是过去的圣王的治国经验,即"昔者尧之治天下也,……善明法禁之令而已矣";而且成为当今君主的理政良方:"人主之所以令则行,禁则止者,必令于民之所好,而禁于民之所恶也"。因此,"为人君者莫贵于胜。所谓胜者,法立令行之谓之胜"②。韩非强调:"言行不轨于法令者必禁";既要注意"禁奸于未萌",又要坚持"法莫如刑而必";他一再肯定和发挥商鞅的"禁奸止过,莫若重刑"思想,提出了"轻刑伤民"而重刑"爱"民的怪论③,将法家之"法"的刑罚制裁推向了极端。

(二) 客观性和公正性

这是"法"与"礼"的原则区别,也是法家以"法"取代"礼"的主要根据和对古典法治的重要贡献。儒家强调别贵贱、序尊卑、异亲疏,旨在区别对待,而法家主张"不别亲疏,不殊贵贱,一断于法"④。儒家之礼强调"名位不同,礼亦异数",不同的身份有不同的礼遇;而法家之"法"主张"壹赏、壹刑、壹教",不再因人而异。儒家强调议亲、议贵、议功、议贤,同样的行为可因其身份与功能而减免刑罚;而法家主张"不为亲、戚、故、贵易其法"⑤;"有功于前,有败于后,不为损刑;有善于前,有过于后,不为亏法。忠臣、孝子有过,必以其数断;守法、守职之吏有不行

---

① 见《商君书》:《赏刑》、《画策》、《君臣》。
② 见《管子》:《重令》、《正》、《任法》。
③ 见《韩非子》:《问辩》、《五蠹》、《六反》。
④ 司马谈:《论六家要旨》,见《史记·太史公自序》。
⑤ 《管子·禁藏》。

王法者,罪死不赦,刑及三族"①;"法不阿贵,绳不绕曲。法之所加,智者弗能辞,勇者弗敢争;刑过不避大臣,赏善不遗匹夫"②。要求君主以统一的、单纯的"法"为标准,约束所有民众,建立统治秩序。

法家认为,"法"之所以能够成为唯一的行为准则,是因为它本身是客观的,不会随着人的爱恶而改变。他们吸取了墨家论"天志",荀况论礼、法的方式,也用度、量、衡来比喻"法"。齐法家指出,"尺寸也,绳墨也,规矩也,衡石也,斗斛也,角量也,谓之法"③。韩非还比作明镜与准称:"夫摇镜则不得为明,摇衡则不得为正,法之谓也"④。一方面,"法"像这些日用器物一样是客观的标准,不会因使用者或被衡量者的主观意志而改变,从而君主不会上当受骗。如慎到说,"有权衡者不可欺以轻重,有尺寸者不可差以长短,有法度者不可巧以诈伪"。另一方面,"法"像这些日用器物一样不偏不倚,具有公平、公正性。

法家往往将"法"作为公、正、平的同义语来使用。慎到认为"立公义"是"法制"的目的,"法者,齐天下之动,至公大定之制也"。商鞅强调:"故君操权一正以立术,……则是上下之称平"。这里的"正"即指"法",将"法"的精神概括为"正"和"平"⑤。齐法家则干脆将"法"称为"公法",所谓"舍公法而行私惠,则是利奸邪而长暴乱也","以法制行之,如天地之无私也。……上以公正论,以法制断,故任天下而不重也"⑥。法家的"公"指国家利益,其对立面是"私",即个人的爱恶或偏倚。韩非在慎到以"法"立"公"弃"私"的基础上,进而将"公"纳入"法"的内容之中,而将"私"说成对"法"的违背和破坏。所谓"私者,所以乱

---

① 《商君书·壹刑》。
② 《韩非子·有度》。
③ 《管子·七法》。
④ 《韩非子·饰邪》。
⑤ 见《商君书·算地》。
⑥ 《管子·任法》。

法也"。因此,他强调,"公私不可不明,法制不可不审"①。

由此可见,虽然"法"的内容主要是刑罚的运用,但法家也赋予了"法"在形式上的公、正、平性质;无论这种"公义"、"公正"与西方的正义、公平有多么大的差距,都不能无视法家之"法"的这一精神。正因为如此,东汉的许慎及后世学者才将"法"字中的偏旁水,解释为"平之如水",法律意味着公平。那种断言"法"字仅为刑、为镇压的观点,显然忽略了法家的以上论述。其实,中国古代的"公义"与西方古代的"正义"本来就有相通之处,反映了人类的普世认知,也说明中、西对于法律的认识具有共同性。

(三) 等级差别性

这是"法"与"礼"共同之处,在中国古代,无论何家何派都不能不重视家族与宗法伦理关系,也不能背离社会等级差别。实际上,非但古代中国如此,西方古代以至当今世界也无法回避阶级、阶层、贫富、发达国家与发展中、不发达国家的巨大差距,只是有不同的对待和处理方式罢了。与儒家相比,礼是以维护宗法等级作为宗旨,而"法"却体现着新的官僚等级。

法家认为,"法"的内容以及从制定、执行到遵守都体现了君臣上下的等级区别。商鞅指出,"圣人别贵贱,立名号,以别君臣上下之义,……故立法制为度量以禁之"②;将"法制"说成君臣等级的标准和保障。齐法家认为:"朝廷不肃,贵贱不明,长幼不分,度量不审,衣服无等,上下凌节,而求百姓之尊主政令,不可得也","上下乱,贵贱争,长幼倍(背叛),贫富失,而国不乱者,未之尝闻也"③。强调区分贵贱等级,确定贫富之别是"法"的内容,并且要求表现贵贱等级的礼义规矩必须

---

① 《韩非子·饰邪》。
② 《商君书·君臣》。
③ 《管子》:《权修》、《五辅》。

符合"法"的规定,以"法"为依据,即"仁、义、礼、乐者,皆出于法"①。韩非进而对儒家的"三纲"作出新的解释,明确地表达出以"法"维护君权、父权和夫权的真谛。他先是指责说,儒家提倡的"孝悌忠顺"所谓"尧舜之道",实际促成了臣"弑君"、子"杀父"的结果,因为它违反了"君臣之道"。接着指出,"所谓明君者,能畜其臣者也;所谓贤臣者,能明法辟、治官职以戴其君者也"。父与子、夫与妻也应该是用"法"确定的等级服从关系。因此,他结论说:"臣事君,子事父,妻事夫,三者顺则天下治,三者逆则天下乱,此天下之常道也"②。

可见,在法家看来,体现和维护君主集权和官僚等级,是"法"的根本宗旨和直接目的。因此,从等级制的角度看,"法"与礼是相通的,这也是二者能够结合的一个基础。但从实施和适用方式的角度看,二者又截然对立:礼强调别异,而"法"强调统一;礼坚持"不下庶人",而"法"坚持"壹教"、"壹赏";礼主张"刑不上大夫",而"法"主张"壹刑"、"一断于法"。

(四) 合情性和适时性

这是"法"与"礼"又一相通之处,但礼依据性善论,而"法"应对的却是"趋利避害"或者"好逸恶劳"之情。与儒家不同,法家认为"法"不是天造地设的神物,而是人性民情的体现,是社会实际需求的产物。慎到指出,"法者,非从天下,非从地处;发乎人间,合乎人心而已";什么是"人心"呢?"人,莫不自为也"③,即为了自己。齐法家认为:"人情不二,故民情可得而御也";什么是"民情"呢?"民之情莫不欲生而恶死,莫不欲利而恶害"④,即追求利益,逃避祸害。韩非总结说,人"皆挟自为之心","夫民之性,恶劳而乐佚","人之好利甚也";因此,"凡治天下,

---

① 见《管子·任法》。
② 见《韩非子·忠孝》。
③ 《慎子·因循》。
④ 《管子》:《权修》、《形势解》。

必因人情","法通乎人情,关乎治理也"①。以"法"赏罚就是对人性民情的因势利导,禁暴止乱。

"法"又是社会现实的反映。法家们一致认为,"法随时变",与时代的变化相适应;体现着"时"(时代)、"世"(社会现实)、"俗"(民情风俗)。商鞅指出,"当时而立法","因世而为之治,度俗而为之法","法宜其时则治,事适其务而有功"②。韩非认为,明主治国,必须"因世之变","法与时移,而禁与能变","法与时转则治,治与世宜则有功"③。他们都强调没有一成不变的"法","法治"是君主在"当今"(即战国时期)最有效的治国方式。

综合以上四个方面,足见法家之"法"的本质在于维护君权和官僚等级制度,同时又要符合"好利恶害"、"好逸恶劳"的人性民情,与时代变化和社会现实相适应;表现为统一、客观、公正、平等的行为规则,发挥禁奸邪、止暴乱的功效。这种法律观,虽然不加掩饰地表现了中国古代法律,即人治模式下的"王法"、"国法"的性质和特点,成为秦汉之后传统法律思想的法理基础;但其中蕴含的合乎民意、公正执法等因素却彰显出古典法治的光彩。

三、"法"的主要作用

法家经常从功效和作用的角度定义"法律",论证"法治"。其中,最为典型的是《管子》的简明概括:"法者,所以兴功惧暴也;律者,所以定分止争也;令者,所以令人知事也;法律政令者,吏、民规矩绳墨也"④。他们关于"法"的作用的具体阐述主要表现在三个方面:

---

① 《韩非子》:《外储说左上》、《心度》、《难四》、《八经》、《制分》。
② 《商君书》:《更法》、《壹言》。
③ 《韩非子》:《五蠹》、《心度》。
④ 《管子·七臣七主》。

（一）"禁恶止乱"、"民治国安"

这是"法"的首要作用，即能够有效地镇压、禁止臣民的犯罪行为，维护统治秩序。商鞅指出，君主治国只能靠"任法"，不能靠"仁义"。因为人生来"好逸恶劳"，追求利乐，何况"民众而奸邪生"，不严加管治就会"作乱"；而臣、吏天天想的是争权夺利，不严加管治就会"弑君"。这样的吏和民，接受不了"仁义"，听不进去"礼教"，只能"服之以法"。因此，"悬重赏而民不敢争，行罚而民不敢怨者，法也"；"治、强生于法"，"任法而国治矣"①。齐法家认为："凡人主莫不欲其民之用也，使民用者，必法立而令行也，故治国使众莫如法，禁淫止暴莫如刑"，并进而分析道，贫穷的人都想夺富裕者的财产，权势强大的人都想欺凌势弱力薄者，但他们都不这样做，就是因为害怕法律的惩罚②。韩非强调说："上明主法，下因奸臣，以尊主安国"，"夫严刑者，民之所畏也；重罚者，民之所恶也。故圣人陈其所畏以禁其邪，设其所恶以防其奸，是以国安而暴乱不起"③。可见，法家之"法"的主要作用在于防止内部臣吏的犯上夺权和镇压外部民众的反抗。

（二）"定分止争"、"定赏分财"

这是"法"对维护私有权利和等级利益方面的作用，即"法"可以确定人们的身份地位和财产所有。法家们喜欢用"百人逐兔"的例子说明"定分"即确定财产所有权的重要，并得出"治天下及国，在乎定分而已"的结论。认为在"分"定之前，就连尧、舜那样的"圣人"，也会尽力去争夺财利，民众就更不用说了。而"定分"之后，连居住山野的乡民"鄙"

---

① 《商君书》：《画策》、《慎法》。
② 《管子·明法解》。其中："故贫者非不欲夺富者财也，然而不敢者，法不使也；强者非不能暴弱也，然而不敢者，畏法诛也。"
③ 《韩非子·奸邪弑臣》。

人,也不会再起争夺之心①,而"定赏分财必由法"②,可见"法"的重要。韩非指出,"审名以定位,明分以二辨类";商鞅强调,"名分不定",必然"天下大乱",而"名分定,势治之道也,名分不定,势乱之道也";"定分"主要靠法令,所谓"法令不定,以下为上也,此所谓名分之不定也"③。法家的定分、明分,除"分财"、"定赏"、"定罚"之外,还包括官职之"分",所谓"上有法制,下有分职"④;职业之分,所谓"士不得兼官,工不得兼士",以及"制土分民",即区分城、鄙、野、士、农、工、商、良、贱;为"公"为"私"之分,所谓"私义行则乱,公义行则治,故公、私有分"⑤,等等。

(三) 以"法胜民"、"一民使下"

这是"法"的"兴功惧暴"作用的主要表现,即可以统一民众的言论和行为,激励或强迫他们从事耕、战,富国强兵。在君主即国家政权与人民大众的关系上,法家与儒、墨、道等家持有不同的立场。儒家将礼制仁政视为天理与人心的统一体现,君主与民众的利益是一致的。墨家站在平民的立场上,君与民都应该服从代表民意的"天志"。道家很客观,既主张君主"无为",又要求民众"无欲",君民都应该返朴归真,回到"自然"状态。唯独法家,认为君主及其官府与民众之间处于对立关系,主张加强君权即国家政权,削弱与减少民众的力量。最有效的途径是"以法治国",先"弱民"而后"胜民"。从而提出只有通过明确的、严格的法令强制,才能使民众在利诱和刑逼之下为国从事农耕和参加战争。

商鞅指出,农耕的辛苦、打仗的危险,是孝子和忠臣都很难做到的。但"重赏"之下,必有勇夫,"严刑"之前,怯者变勇。君主只要用法令"驱

---

① 《吕氏春秋·慎势》引慎到语:"行者不顾,非不欲兔,分已定矣。分已定,人虽鄙,不争。故治天下及国,在乎定分而已"。
② 《慎子·威德》。
③ 见《商君书·定分》。
④ 《管子·君臣上》。
⑤ 见《韩非子·饰邪》。

以赏",民众便会努力务农;只要"劫以刑",民众就能勇敢作战。这就叫做以"法胜民",而"胜民之本在制民",法令是制服民众的根本手段[1]。非但如此,"法"还能有效地规范民众的言行,使之统一而不混乱。诸如,"法者,齐天下之动","法以齐之";"齐俗之法,能鄙同异是也"[2];"设法度以齐民",以及"法者,上之所以一民使也"[3],等等。韩非进而总结说,"明主"有了法令来统一人们的言行,由于法令的力量强大,所以勇士自惭力薄,大盗自知不敌,"则暴者守愿,邪者反正;大勇愿,巨盗贞,则天下公平,而齐民之情正矣"[4]。

(四) 君尊主重、"独制四海"

这是"法"对君主的重要作用,即能够有力地保障和强化君主的至尊地位和专制权力。法家强调自己是"法术之士"而非"当涂之臣"(掌权重臣),主要是为了给君主治国出谋划策、辅弼效力。他们认为,君主必须将国家的最高权力集中在自己身上,称之为"处势";有了权"势"才能立"法"和用"法"治国。而"法"又能增加"势"的效力和保障"势"不为臣下所篡夺。

商鞅认为,"夫利天下之民者,莫大于治。而治莫康于立君,立君之道,莫广于胜法"[5]。齐法家指出,"令重则君尊,君尊则国安,令轻则君卑,君卑则国危。故安国在乎尊君,尊君在乎行令"[6]。他们都认为国家的治理与安定取决于君主的尊贵,而君主的尊贵又取决于法令赏罚

---

[1] 《商君书·画策》,又见《商君书·慎法》:"使民之所苦者无耕,危者无战;二者,孝子难以为其亲,忠臣难以为其君。今欲驱其众民,与之孝子、忠臣之所难,臣以为非劫以刑而驱以赏莫可。……故吾教令:民之欲利者,非耕不利;避害者,非战不免"。

[2] 《慎子》佚文。

[3] 《管子·任法》。

[4] 见《韩非子·守道》。

[5] 《商君书·开塞》。

[6] 《管子·重令》。

的施行。韩非进一步发挥了商鞅"权制独断于君,则威"的思想,强调指出,只有"法"能保证君主的"专制",并有效防止臣下的"专制",所谓"人主使人臣虽有智能,不得背法而专制"①。他认为,只要君主做到权势不与臣共,"因法数,审赏罚",便能够达到"独制四海之内",不受那些奸巧善辩、阴险浮躁的臣吏所欺骗,从而使"奸邪"之人失去依靠和希望,改邪归正,一心为君主效劳致力②。

以上法家关于"法"的功能和作用的论述,也是他们说明"任法"的重要依据。也就是说,正因为"法"、"令"、"赏罚"能够有效地禁止犯罪、镇压反抗,确立名分、固定财产,统一言行、消除混乱,驾驭臣吏、保障集权专制;所以必须信任法度,"以法治国"。"法"不仅优越于礼、德、"天志",而且"法虽不善,犹愈于无法"③。这种观念,是中国传统法律思想的又一典型表现。

*　　　*　　　*

法家是中国古代的政治家与法律学者的集合体,他们之所以对"法"的概念、性质及其作用进行全面阐发,是为了给当时欲富国强兵、争雄称霸、统一天下的君主提供一套治国理政的方法和理论。他们是一批现实主义者,根本想不到,也不可能预计到两千多年之后,会有人将他们的思想主张与现代法治相联系,被归入古典法治范畴。然而,我们又看到,美国当代学者富勒在《法的道德性》④一书中提出的"法治八原则",即:1.法的普遍性,2.法应公布,3.法不溯及既往,4.法的明确

---

① 《韩非子·明法》。
② 《韩非子·有度》:"因法数,审赏罚,先王之所守要,故法省而不侵。独制四海之内,聪智不得用其诈,险躁不得关其佞,奸邪无所依"。
③ 《慎子·威德》。
④ [美]富勒:《法的道德性》,郑戈译,商务印书馆2005年版。

性,5.法不自相矛盾,6.法不要求做不到的事情,7.法的稳定性,8.官方行动与法的一致性。这些原则,被学界称为与"实质法治"相对应的"形式法治"的主要表现。如果将法家的观点与富勒的观点相对照,便会发现,尽管时代有别,语境相异,但二者的表述竟然惊人的相似!

第三节 "法治"学说:古典法治的理论形态

法家人士在战国时期各领风骚,虽然身处各国主持变法改制或著书立说,但是其主张与思想却相互呼应,趋同一致。即密切联系社会现实,推行"以法治国"的主张,并且以此为中心,叙前因、论后果,谈必要、示重点,逐渐形成了自己的思想体系。尤其韩非、齐法家在总结前人论"法"的基础上,从人性论、历史观、人口论、价值观等方面说明"法治"的必然,从"法"的性质、作用、社会效果等方面论证"法治"的必要,同时具体阐发了推行和实施"法治"的方法,被学界称为"法治"学说。本节仅阐述"法治"学说的主要构成,从中可以探知中国古典法治学说形成时的理论形态。

一、"法治"是国家强盛的有效途径

在小国图存、大国争霸、强国欲统一天下的战国时期,国家怎样才能强盛,君主用什么方法治国理政?是当时各家各派力图解决的主要问题。作为法家的口号和旗帜,"法治"集中地表达了法家们的思想和主张;作为一种治国理政的学说,"法治"是对"以法治国"的理论解说,是关于法、律、令、刑的制定、适用、推行、维护等各方面进行的阐发与论证。同时,它又是法家在与其他学派,尤其是与儒家关于如何治国平天下的争辩过程中形成的。因此,"法治"的内容,有明显的针对性和独特性。

(一) 否定宗法贵族制,确立君臣官僚制

"法治"是针对儒家的"礼治"所维护的宗法制而提出的。我们知道,"礼"是按照血缘宗法关系实行的一整套贵族等级制度及伦理规范,而"法"主要是按照政治权力的从属关系实行的一整套官僚等级制度及命令规则;"礼治"学说以家族宗法法律观为基础,而"法治"学说的核心是君主集权乃至专制的法律观。二者在维护等级制方面是一致的;它们的分歧,主要表现在对分封制度与贵族特权的态度上,即:"礼治"坚持贵族的身份特权,而"法治"主张新兴官僚要与之分权、平权;"礼治"坚持分封世袭制、井田制等,而"法治"主张实行中央集权的君主制度。在这个意义上,可以说"法治"的提出,旨在用新兴阶层的新"法"代替贵族的旧"礼",体现了两种制度(主要是政体)的对立。诸如:

"礼治"强调"国之命在礼"①,而"法治"强调"治之本"是"法"②;"礼治"强调"君臣父子",主张国与家的结合,而"法治"强调"君臣上下"主张国与家相分离,君主直接以法治民;"礼治"强调"世卿世禄"贵族世袭特权,而"法治"强调论功授官爵,奖励耕战;"礼治"强调亲疏有别,"刑不上大夫",而"法治"强调"不别亲疏,不殊贵贱","刑无等级"③;"礼治"强调"礼"的不成文与自我节制,而"法治"强调"法"的成文公布和外部强制,等等。

(二) 反对礼义教化,主张严刑峻法

"法治"又是针对儒家的"德治"所主张的统治方法而提出的。"为政以德"要求以"爱民"之心行"仁政",以礼义原则指导刑罚的适用,甚至主张"民贵君轻";"缘法而治"则从"胜民之本在制民"④出发,对人对

---

① 《论语·先进》。
② 《商君书·定分》:"法令者,民之命也,为治之本也"。
③ 《韩非子·显学》。
④ 《商君书·画策》。

事均"一断于法",依靠赏罚"二柄",突出刑罚的强制和恐吓作用。二者在承认强制与教化是治国的重要手段方面是一致的。但是儒家重视礼义感化和宽惠政策的作用,相对轻视法刑及其强制作用,法家则强调以国家政权及其暴力为后盾的法令的强制作用,认为"服之以法"[1]是最有效的、唯一可行的统治方法,轻视甚至否定了思想教育的作用。在这个意义上,可以说"法治"的提出,表明了新兴官僚们用武力征服和刑罚强制来巩固自己统治的决心,体现了两种统治原则和方法的对立。诸如:

"德治"主张"以德服人",而"法治"主张"以力服人","不务德而务法"[2];"德治"主张政治与教化相贯通,而"法治"主张政治与刑罚相结合;"德治"主张"宽惠"爱民,而"法治"主张"严刑"制民;"德治"主张明德慎罚,以德去刑,而"法治"主张"禁奸止过,莫若重刑"和"以刑去刑"[3];"德治"主张省刑薄税,罪刑相称,而"法治"主张严刑峻法,轻罪重刑;"德治"注重个人道德的感化,而"法治"注重代表"公意"的法令强制,等等。

(三) 反对尊贤任智,维护君权国法

"法治"又是针对儒家的"贤人政治"即"人治"主张而提出的。中国古代的"人治"与"法治"之争,并非个人专横与依法办事、长官意志与法律规定、君主专制与民主政治的对立,而是在君主治国的前提下,"圣贤"(主要指统治者的品行)与"法令"(主要指禁止性法规)哪个起决定作用,治理国家主要依靠榜样效应、教育感化还是法律强制、刑罚制裁的分歧。按照"礼治"的宗法等级原则,级别越高,权力越大,个人的作用便越突出,则必然得出"为政在人"的结论。根据"德治"仁政的要求,

---

[1] 《韩非子·说疑》:"服之以法,是以誉广而名威,民治而国安"。
[2] 《韩非子·显学》。
[3] 《商君书·赏刑》。

道德教化的实施及其效果,都取决于统治者个人的品德及表率作用,即"圣贤"治国。因此,儒家的"礼治"与"德治"必然导致"人治"。法家认为国家的强弱治乱取决于"公法",而不是任何个人的言行和智慧("私行");有了好的法令,一般能力的"中主"或者才能低下的"庸主"也能治理好国家。法家否定"礼治"、批判"德治",也必然反对这种"贤人政治"。他们要求所有的臣民都必须严格执行和服从君主的法令,甚至强调君主也不能凭个人意志乱法坏法。可见,二者的主要分歧在于君主依靠什么来治国,表现为"君德"与"君法"的对立。在这个意义上,可以说,法家是中国古代最重视成文法和法律强制作用的学派;但是,如果以现代民主和现代法治的原则去衡量,法家所谓的"法治",仍然属于人治主义的范畴。诸如:

"人治"强调决定国家命运的是"圣贤"与精英,而"法治"则认为是"法令"制度;"人治"主张君主应注重个人修养,内圣而外王,"克己复礼";"法治"则要求君主"抱法处势"与"任术",治国治吏治民;"人治"强调发挥君主个人的才智能力,做臣民的榜样和表率,而"法治"则斥之为"心治"①、"身治"等"逆乱之道"②,主张"一法而不求智";"人治"主张尊贤使能,提倡仁义忠孝,而"法治"则认为"任贤"会损害君主的权威③,"任智"会破坏法令的贯彻,"仁义"毫无作用,"忠孝"是亡国之道④;"人治"强调个人言行的重要,主张圣君或贤臣临事处断,而"法治"则斥之为"私论"、"私议"主张任"公法","弃私议",用法令代法替一切个人的言论;"人治"主张"法先王",顺"人情",循守祖宗遗制遗训,而"法治"要

---

① 《韩非子·用人》:"释法术而任心治,尧不能治一国"。
② 见《慎子·君人》。
③ 见《慎子》佚文。
④ 见《慎子·知忠》。

求"法与时转"、"治与世宜",一切以现行法制为准则[①],等等。

(四) 君主集权与"唯法为治"

法家的"法治"与儒家的"礼治"着眼于家族宗法关系不同,也与西方古代的"法治"着眼于自然权利和抽象"正义"的个人关系不同,它完全是从政治关系的角度出发进行实证分析的。也就是说,他们将"法"作为建立和维持中央集权的君主制度、处理君与臣、君与民之间的统治关系的准则来对待。

法家将君主作为"以法治国"、"以法治吏"、"以法治民"的主体,与君主相比,官吏和民众是毫无治国权力可言的。因此,"法治"实际上是为君主设计的以"治国"为起点,以"独制"为终结,以"治吏"、"治民"为重点,以"赏罚"为手段的统治方法。无论法家怎样强调"法"的重要,但"法"始终屈居于君主的权威之下,只是保障君主权力的工具和手段。因此,法家的"法治"属于"君主法治"而非"民主法治"。当然,这是就"法治"的本质而言,我们不能期望他们成为民主志士。值得注意的是,法家,尤其是慎到和齐法家,为了确立"法令"的权威,也曾提出抑制专制,防止君主从个人喜好出发"背法行私"的主张。

慎到着重论述了"权(势)"对"法"的有效保障,"法"对"权(势)"的必要制约。他既主张尊君、"贵势",又主张任法、"立公"。由于君主是"法"的制定者和最高执行者,所以只有尊君才能使法令统一,得到贯彻。而尊君则必须贵势,只有使君主"权重位尊",才能做到"令行禁止"。他主张尊君集权,但不赞成个人独裁,要求君主必须按照代表"公义"的法令行事,即"不得背法而专制"。这里的"专制",包括两个方面:一是指"任智"、"行私",即君主依靠个人的聪明才智和爱好来治理国家,其结果是有法而"其乱甚于无法",有君而"其乱甚于无君"。二是指

---

① 见《韩非子·心度》。

"身治",即事必躬亲,直接处理。主张"大君任法而弗躬"①。

在"君"与"法"的关系上。慎到提出了著名的"立公弃私"说,他把代表国家意志和整体利益的"法"称为"公",而将包括君主在内的个人利益与言行称为"私",认为二者如冰炭不同器,水火不相容,"法之功莫大使私不行"。因此,与"公法"相比,作为"私"的君主个人应屈居其下;与国相比,臣民们也应该"为国"而不"为君"②。齐法家指出,"令行于民"的前提是"禁胜于身",只有"置法以自治,立仪以自正"的君主才是"有道之君"。因此,"法令"应该高于君主个人的爱好与见解。"不为君欲变其令,令尊于君"。同时,君主应该带头守法,所谓"主虽不身下为,而守法为之可也"③。商鞅也提出了"治不听君,民不从官",君臣上下都听从律令的"法治"理想,认为"法治"的实现有赖于人人知法、自觉遵行;而知法守法的关键又是君主守法。如果一个国家能够做到"家断"即人们不出家门便能依法判断是非曲直,那就可以成就"王业"统一天下;如果能做到"官断"即由官吏依法裁断,那么国家也会强盛;但若全国只有君主一个人才能处断,而臣、民均不知法,那就必然大乱。这叫做"治则家断","乱则君断,治国贵下断"④。

显然,这种强调国家重于君主个人、法令高于君主言论、君主必须严格守法、以法治己的思想,在中央集权君主制度形成的初期是十分难能可贵的。但是也应看到,法家所谓的"法制"、"禁令"并非君主之外或者与君主并列的行为规范,而是由君主制定的、与君主合为一体的"君法"、"君令"。尽管慎到等人竭力区分"公"与"私"、"国"与"君"、"权"与"法",但始终未能区分开来,而至韩非则将其紧密结合在一起。因此,

---

① 见《慎子》佚文。
② 《慎子·威德》:"法之功,莫大使私不行。……有法而行私,谓之不法"。
③ 《管子》:《法法》、《明法》。
④ 见《商君书·说民》。

在"生法者君也"的大前提下,"公"高于"私"、"令尊于君"的真正含义,并非指法令高于君主,而是"君法"高于"君欲","君令"高于"君言",强调君主必须把个人的意志转变为成文法令的形式而已。

(五)"明主治吏"与"以法为教"、"以吏为师"

法家认为,国家的首要任务并非使人人都成为至诚至善的"君子",亦非实现礼教或"仁义",而是"止争定分"、"禁恶止乱",即维护"君臣上下"的统治秩序。韩非指出,在数量上,臣民人数众多,君主孤身一人,即"下众而上寡";在智能上,臣民计多智广,君主能力有限,即"寡不能胜众";只有依靠法、势、术才能使臣、民"听命于君"①。而与民众相比,官吏对君主利益的影响更为直接、威胁更为严重。因此主张君主集权的法家便将处理君臣关系作为"法治"的重点,强调"明主治吏不治民"②。

他们认为,"君不同于群臣",二者之间存在着天然的等级差别:"君臣不同道",君主拥有支配臣吏的权力,"君操其名,臣效其形",即君主发号施令,臣吏实施执行;臣吏不能把"恩德"归于自己,不准互相吹捧结党,也不准夸夸其谈,不准擅自行动,不准私养武士等③。但是,现实政治中的"大臣"却凭借吹捧与私交求晋升,凭借"背法专制"取权势,凭借"忠良"之名逃刑罚,所以君主必须掌握能够使臣吏服从的办法。法家一致认为,"法"就是君主驾驭官吏的最有效的工具:"人主使人臣虽有智能,不得背法而专制;虽有贤行,不得逾功而先劳;虽有忠信,不得释法而不禁,此之谓明法"④。

---

① 见《韩非子·难三》。
② 《韩非子·外储说右下》:"人主者,守法责成以立功者也,闻有吏虽乱而有独善之民,不闻有乱民而有独治之吏,故明主治吏不治民"。
③ 见《韩非子》:《扬权》、《八奸》。
④ 《韩非子·南面》。

这样,"法治"便具体落实为"以法治吏",包括君主以"法"任官:"用法择人,不自举也","使法量功,不自度也","因能而授官"①。官吏依"法"尽职:"法者,宪令著于官府,赏罚必于民心,赏存乎慎法,而罚加乎奸令者也,此臣之所师也"②。以"法""察奸"、"辩奸"、"知奸"、"止奸";以"法"监督官吏:"臣不得背法而有功","民以法与吏相距,下以法与上从事,故诈伪之人不得欺其主"③;以"法"赏罚及"刑无等级"、"刑过不避大臣"等。

在处理君民关系方面,法家将"法"视为"民心"、"民命"之所系,认为君主一定要以"法"治民,即"治民无常,唯法为治"④。他们认为,所有的人都是为了自己而生存的("皆挟自为心"),"好利恶害"是人的本性,而且这种本性是不可改变的。这样,人与人之间的关系绝不是仁爱忠孝而只能是利害关系,君主只有用利害原则来控制臣、民,使臣、民只能得到"小利",而"大利"尽归君主。他们认为,只有"法治"才是实现这种"君利中心"的最好手段,因而主张以法"禁奸",即用刑罚强制的手段,禁止人们做不利于君主和国家的事情;以法"赏功",即用赏赐爵禄的手段,鼓励人们去做有利于君主和国家的事情,这就叫以"法"治民。诸如:"利出一孔",奖励耕战,即用法令把人民致强致富的道路堵死,只有从事农业和从军打仗才能依法得到利益;"以法为教",即取缔一切不符合法令、不利于耕战的思想言论,用法令统一人们的思想;"刑贫赏富",即用刑罚强迫民众务农,从而使贫者变富,又用爵禄赏赐给富人,使其捐献粮食从而变贫;"赏勇罚怯",即对勇敢作战者以重赏使之更加

---

① 《管子·明法》。
② 《韩非子·饰邪》。
③ 《管子·明法》。
④ 《韩非子·心度》:"故明主之治国也,明赏,则民劝功;严刑,则民亲法。劝功,则公事不犯;亲法,则奸无所萌。故治民者,禁奸于未萌;而用兵者,服战于民心。……故治民无常,唯法为治"。

勇敢,对怯弱施以重刑使之由怯变勇;还有重赏"告奸",重罚"匿奸",实行无过错责任的"连坐"制以及轻罪重刑,等等。

二、"法治"学说的理论基础

为了变革旧"礼",实行新"法",论证"以法治国"的必然和成效,法家继承了老子道家的自然主义,荀况的"天人相分"等思想观念,重新立论,从历史发展、人性欲望、人口经济、价值判断、起源途径等方面进行论述,使之成为建立和实施"法治"的理论基础。

(一)"不法古、不循今"的进化论

法家们通过对历史演进的回顾和古今社会的对比,论证"法治"的现实性和必要性。总的来说,他们认为人类的历史在不断地变化,而社会是逐步发展并非一直倒退的。在《商君书·开塞》篇中,商鞅把社会的演进分成"上、中、下、今"四个阶段:"上世"时,"民只知其母,而不知其父,其道亲亲而爱私",即人们只亲近自己的族人并贪图私利,系指今日所谓母系氏族时期。"中世"出现了争执和抢夺,"故上贤而好仁"即提倡尊重贤者和仁慈,约指今日所谓父系家长时期。及至"下世",已确立"土地、货财"的私有,君主和官府,"贵贵而尊官",系指黄帝之后的时期。到了"今世","强国事兼并,弱国务力守","以王天下者并(摈)刑,力征诸侯者退德",再加上"民巧以伪",正值"乱世",系指春秋战国当时。商鞅总结道,时代不同,统治方法必须随之改变:"上世"行"亲亲"之道,"中世"变成"仁义",到"下世",亲亲与仁义均行不通;"今世"更不能像儒家那样"法古"或"循今","法古则后于时,循今则塞于势"。其结论是:"不法古,不循今";必须"当时而立法,因事而制礼。礼、法以时而定,制令各顺其宜"①。

---

① 《商君书·更法》。

韩非在商鞅历史变化论的基础上,从进化和发展的角度观察人类社会的进程。他也分四个时代进行描述,但以史为据,比商鞅更加充实:在"上古之世",人们"构木为巢"、"钻燧取火",人少而兽多;当时的"王"是有巢氏和燧人氏。到"中古之世","天下大水,而鲧、禹决渎",说的是夏代之前。至"近古之世",先后有夏桀、殷纣的"暴乱",相继出现商汤、武王的"征伐"。而"当今之世",只能凭"力"即国力、武力来取得强大和统一,指战国时期。他分析道,自"上古"到"当今",时代在不断进化,治国的方式也要因时而变:若处于"中古"却仍然"构木"、"钻燧",肯定会受鲧、禹的耻笑;如在"近古"依旧忙于"治水",定会为商汤、周武王耻笑;从而,在"当今"仍称颂"尧、舜、汤、武之道"者,"必为新圣笑矣"!可见,与道家不同,韩非否定今不如昔,认为今胜于古;与儒家有别,韩非激烈抨击在"当今之世",仍然"以德服人"是"守株待兔",恢复周礼是"尘饭涂羹"。其结论也是:"不期修古,不法常可";"法与时转则治,治与世宜则有功"①。

(二)"好利恶害"的人性论

法家认为,治理国家必须准确地把握人的本性,商鞅说:"人生而有好恶,故民可治也"②;齐法家道:"明君顺人心,安情性,而发乎众心之所聚"③;韩非指出:"凡治天下,必因人情"④。他们说的"人心"、"人情",不是一个人或某种人的好恶,而是所有人类的本性;不是天帝或神祇赋予的性格,而是自然具有的本性。他们继承了荀况的性恶论,否定孔、孟的性善说。但荀况直接将人性概括为"恶",所谓"人之性恶,甚善伪也";而法家却用"好、恶"来说明人性。荀况认为人的这种"恶"性是

---

① 见《韩非子》:《五蠹》、《心度》。
② 《商君书·错法》。
③ 《管子·君臣上》。
④ 《韩非子·八经》。

可以改善的,即用礼义法度,"化性起伪",从而论证"礼治"的必要;而法家却认为人的本性既先天又固定,后天无法将其改变,只能因势利导即"顺人心"、"因人情",从而论证"法治"必然。总的来说,他们认为人的本性是好利恶害、趋利避害或就利避害。其表现有三:

一是"自为",即人的一切言行都是为了自己,相当于今语的"自私自利"。慎到指出:"人莫不自为也";商鞅说:"天地设而民生之,……其道亲亲而爱私";韩非举例说,父母与子女,虽为"至亲"但时常互相骂怨,是因为只顾自己而依赖别人;主人善待雇工"非爱庸客",雇工卖力干活"非爱主人",都是为了自己;其结论是:人人"皆挟自为之心"①。

二是"好利"、"欲利"而"恶害"、"去害",即凡对自己有利的便去想、去做、去努力实现;相反,凡有害于己的便厌恶、躲避或消除。商鞅指出:"民之性,饥而求食,劳而求佚,苦则索乐,辱则求荣,此民之情也";人毕其终生,都追名求利:"民生则求利,死则求名";只有进了棺材,才可能终止:"民之欲富贵也,共阖棺而后止"②。齐法家认为:"民之情,莫不欲生而恶死,莫不欲利而恶害";"民利之则来,害之而去。民之从利也,如水之走下";并举例说,为了赚钱获利,商人"夜以继日,千里而不远",渔人不顾"海深万仞,就彼逆流",都说明了"凡人之情,见利莫能弗就,见害莫能勿避";不仅庶人如此,"贵贱之所同有也"③。韩非说得更为深刻:人性一方面表现为"欲利之心",即追求私利,"急利甚也",即拼命索取;另一方面又表现为以"计算之心相待",即斤斤计较、计算利害得失,无论父子、君臣、夫妻、朋友之间都是如此④。

三是"欲富、贵","求乐、佚",即喜好财富多、地位高,贪图享受和清

---

① 见《慎子·因循》、《商君书·开塞》、《韩非子·外储说左上》。
② 见《商君书》:《算地》、《赏刑》。
③ 见《管子》:《明法解》、《禁藏》。
④ 见《韩非子》:《解老》、《难四》、《六反》。

闲,不劳而获,不战而有。商鞅认为:"民之生,度而取长,称而取重,权而索利","羞辱劳苦者,民之所恶也;显荣乐佚者,民之所务也"[1]。齐法家指出:"富贵尊显,民归乐之","凡人之情,得所欲则乐,逢所恶则忧,此贵贱之所同也"[2]。韩非强调:"人莫不欲富贵","夫民之性,恶劳而乐佚";如做马车的"欲人之富贵",卖棺材的"欲人之老死",并非是前者仁慈、后者心坏,也不是他们喜爱劳作,而是均出于利益和富贵之情的驱动[3]。

基于这种人性,法家认为君主只能以"法治"、"赏罚"控制引导,而不能靠仁义礼教去感化人心。所谓"好恶者,赏罚之本也。夫人情好爵禄而恶刑罚,人君设二者以御民之志";论证以"法"赏罚的必然。"立民所欲,以求其功","立民所恶,以禁其邪",说明立"法"设"禁"的必要。总之,"凡治天下,必因人情。人情者有好恶,故赏罚可用;赏罚可用,则禁可立,治道具矣"[4]。

(三)"人众财寡"的人口论

从经济供给的角度论述"法治"的必然和功效,是法家的特点,也是其特长。商鞅最早分析了从事农耕、战争的人数与国力强弱的关系,说明欲"国富兵强",必须重视农、战,以"法"奖励农、战,惩罚误农不战者。他指出,对一个国家来说,"农者寡而游食者众,故其国贫危","游食者"即不从事农耕吃闲饭的人。并举例说,专食庄稼的害虫,虽然"春生秋死",性命不长,但每出现一次虫灾便使"民数年不食"。"今一人耕而百人食之",其祸害比虫灾更大。所以古代的"先王"规定"百人农,一人居

---

[1]《商君书·错法》。
[2]《管子·君臣上》。
[3] 见《韩非子》:《解老》、《心度》、《备内》。
[4]《商君书·错法》、《管子·君臣上》、《韩非子·八经》。

者王；十人农，一人居者强"①。可见，商鞅主张绝大多数人从事农业生产，极少数人从事其他，才能强国，才能统一天下。

明确地从人口经济学的角度论证"法制"产生和作用的，是法家思想的总结者韩非。他认为，在人类社会的最初阶段，"人民少而财有余"，自然界提供的生活资料供大于求，人们相互之间无争无斗，所以不需要君主、官府等国家机构及其法令刑罚制度，是一种"自治"社会。所谓"古者丈夫不耕，草木之实足食也；妇人不织，禽兽之皮足衣也。不事力而养足，人民少而财有余，故民不争。是以厚赏不行，重罚不用，而民自治"。但到后世，人口数量成倍地增加，而财物虽有增多但远赶不上人口剧增的速度，从而发生争执抢夺；"法治"是应"止争定分"的社会需要而产生的。所谓"人有五子不为多，子又有五子，大父未死而有二十五孙。是以人民众而货财寡，事力劳而供养薄，故民争；虽倍赏累罚，而不免于乱"。接着，他分析道，古代的人们轻财仗义，"非仁也，财多也"，现在人们争财夺利，"非鄙也，财寡也"；古人辞让天子位，"非（品质）高也，（权）势薄也"，现在人们争权谋职，"非（品质）下也，权重也"。因此，圣人治国，都是根据人口、供养和财富的多少来决定"为政"的方式，厚赏重罚之"法"由此而生。所谓："故圣人议多少，论薄厚为之政。故罚薄不为慈，诛严不为戾，称俗而行也"②。

（四）"立禁"、"止争"的起源论

为了论证"法"的重要和"法治"的必要，法家在其发展的历史观、需求的人口论的基础上，精辟地阐发了法律形成的原因和过程，提出了与"法权神授"说截然不同的起源论。其中最有代表性的是《商君书》、《管子》和《韩非子》的集中论述。

---

① 见《商君书·错法》。
② 见《韩非子·五蠹》。

商鞅指出，天地形成，人类就产生了，但在"上世"即人类之初，"民知其母而不知其父"，并且朴实厚道（"民朴以厚"），所以"未有君臣上下"的区分与制度。及至"中世"，人口增加，人心险恶，出现混乱，无法正常生治，所谓"民众，而以别、险为务，则民乱"。于是，"圣人列贵贱，制爵位，立名号"，即区别身份等级，从而有了"君、臣、上、下之义"。君主确立之后，一方面，由于"地广、民众、万物多，故分五官而守之"，即设置各级官府官职；另一方面，由于"民众而奸邪生，故立法制，为度量，以禁之"。他认为，"君臣之义，五官之分，法制之禁"①就是这样形成的。

《管子》同样肯定"古者未有君臣、上下之别"，也"未有夫妇、妃匹之合"；当时的人们是"兽处群居，以力相征"，即与野兽为邻为食，主要靠体力、靠争夺谋生存。这样一来，必然导致"智者诈愚，强者凌弱，老幼孤独不得其所"的"大乱"状况。为了制上混乱，"兴利除害"，"智者"借助"众力"，"禁强暴"，"为民兴利除害，正民之德，而民师之"②；所以"君"是"人君"，"法"是"公法"。与商鞅相同，齐法家也将"法禁"视为制止"乱"的产物；与商鞅以"法"禁"奸民"不同，齐法家认为"法"是"为民兴利除害"和"正民之德"的。

韩非从社会演进、心理欲望和经济需求等方面论述国家与法律的起源，不仅更具有理论性，而且与其历史论、人性论和人口论互为一体。他认为"上古之世"有"王"而无礼，无赏亦无罚，因为那时"人民少而财有余"，自然界已提供了人们需求的财物，人们无须争夺，不用"法治"，呈"自治"状态。只是后世因环境和条件的变化，在"自为之心"的作用下，人们才争财、争利、争名，必须有"君主"和"百官"管理，必须有"赏罚之法"引导与强制，这样才有了"国"、"君"和"法"。

---

① 见《商君书·君臣》。
② 《管子·君臣下》。

总之，法家的起源论有三大特征：一是认为在人类之初的一个很长时期中没有法律，后来的法律是为了"止争"即制止社会混乱而产生的；二是在论述"法"的起源时，将其与"君主"、"百官"或"圣人"、"智"者紧密联系在一起；三是将"法"的主要目标与作用定位于"禁"，其主要内容是"赏罚"，突出了法家之"法"的强制、惩罚特征。

（五）"立公弃私"、重"平"求"直"的价值论

在法家看来，"法"的最高价值在于"富国强兵"、一统天下，即满足君主治国的要求。具体表现为"公正"、"平直"、"齐一"、"明分"。"公正"的含义与今语相同，"平直"指平等相待、不偏不倚，"齐一"指统一的标准，"明分"含有确定权利义务之意。赵馥洁将之与西方法学家关于法价值的正义、秩序相比较，认为，"可以说，'公正'、'平直'就是法家所理解的正义，'齐一'、'明分'就是法家所理解的秩序"[①]。这也是法家对法的普遍价值认识的一大贡献。

在古代，人们将整体意愿、国家利益、共同要求称之为"公"，而将与之相对的个人意愿、利益或欲望称为"私"。法家亦持立"公"去"私"观，但其内容有别于儒家的礼、义、忠、孝，其论述相似于道家的自然公正，却剔除了放任自由；并首次将"公"与国家、法律紧密结合，将"私"与违法、乱法联系在一起。换句话说，在法家之前，公、私的概念只具有道德和财产、利益的含义；而经过法家的论述，使之成为一个政治、法律术语。法家认为，首先，公、私二者是同时并存的，又是相互对立的。韩非根据字形字义予以解读：从苍颉所造"公""私"二字的字形看，"自环者，谓之私"，即"厶"的形状是为自己；"背私谓之公"，即公是"厶"与"八"的结合，可见二者的并存对立关系。利益的冲突，决定了二者是不相容

[①] 赵馥洁："论老秦法家的价值体系"，载《法律科学》，2013 年第 4 期。

的:"故不相容立事,不两立也"①。其次,必须明察和区别公、私二者,分别处置。一方面,要始终提防和控制臣吏的私心私行,主要是以"法"去其"私心",兴其"公义"。另一方面,君主也要警惕和控制自己,不让私欲乱公利,关键是"以法治国",令行禁止。所谓"明主之道,必明于公私之分,明法制,去私恩。夫令必行,禁必止,人主之公义也。……私义行则乱,公义行则治;故公私有分"②。第三,应该立"公义",废"私情",保证"公利"的实现。法家认为只有"法"才能体现"公义",只有通过"法治"才能得到和维护"公利"。因此,慎到以"至公大正之制"来定义"法",称"法"为"公法",认为"法之功莫大使私不行"③。韩非更将"废私"作为立法的目的,所谓"夫立法令者,以废私也,法令行而私道废矣"④;而"私"本身就是"乱法"的集中表现。从而强调以"法"去私是"当今"富国强兵的有效途径,即"当今之时,能去私曲、就公法者,民安而国治;能去私行、行公法者,则兵强而敌弱"⑤。

中国古代的平等观念与"天道"观紧密相连。墨子将"兼相爱"视为"天志"最主要的表现,兼爱就是平等的、无差别的爱。老子认为"天道无亲"、"天地不仁",对万物平等看待。法家身居其国,心仪天下,视国家与法制为天下人所共有。作为"国之权衡"和"天下之程式"的"法",对包括君臣上下、庶人百姓的所有的人都应当平等对待,不偏不倚。韩非比喻说,工匠用大锤与砧板,是为了将凸凹部分弄平,用立木等器具是为了将弯曲物件矫直,"圣人之为法也,所以平不夷,矫不直也"⑥。认为"法"本身体现了平等不偏、正直不曲的价值。他还比喻道,对于一

---

① 见《韩非子·五蠹》。
② 《韩非子·饰邪》。
③ 《慎子》佚文。
④ 《韩非子·诡使》。
⑤ 《韩非子·有度》。
⑥ 见《韩非子·外储说右下》。

第十章 法家"法治"：中国古典法治的初级形态

般人说，墨斗线直了木板就不会弯，称准了就能够分出轻重，有了升与斗就分出多少。同样的道理，对于君主来说，"以法治国，举措而已。法不阿贵，绳不挠曲。法之所加，智者弗能辞，勇者弗敢争。……一民之轮，莫如法"①。齐法家将平等、公正执法作为"法治"国家的重要标志："君臣、上下、贵贱皆从法，此之谓大治"。

当然，法家的公平、正义均是站在君主治国的角度发论的，与现代政治、法治的价值目标有很大差距，这是历史局限所致。但应该肯定，法家的公私论与平等观在古代的哲学、政治学和法学思想中独树一帜，深植于古典法治的根基之中，对后代的"天下为公"与平等执法思想产生了不可忽视的重要影响。

第四节 实现"法治"的主要方法

为了推行和实现"法治"学说，管仲、商鞅、申不害等从"变法改制"的实践中提炼，慎到、齐法家们从自己的角度展开论述，韩非又结合现实总结经验、汲取教训，进行了全面的汇集，形成了一整套实施"法治"的方法。主要表现在法与权势、权术的关系，以及"法"的制定、执行、运用赏罚等具体原则。

一、基本原则："法""势""术"三结合

"法"指法令，"势"指权力，"术"指策略和手段。法家看到法律与政权、策略之间的密切联系，认为"法治"的实现必须依靠集中的政治权力和灵活的统治权术，并将此作为君主"法治"的总方针与基本原则。如前所述，前期法家的商鞅重"法"，慎到重"势"，申不害重"术"。后期法

---

① 《韩非子·有度》。

家中,齐法家已提出应将三者结合起来,但未能展开说明。韩非从理论上总结了前期法家各重一端的得失,强调必须"以法为本",集权、用术,使三者密切配合才能真正实现"法治"。

(一) 以"法"为本

法家认为,法令、权势和治术都是君主治国的必要工具:没有权势,君主便徒有虚名,法令或治术亦无从谈起;没有治术,虽有权力和法令,却制止不了"奸臣";没有法令,不能对臣民进行规范、督察和赏罚,会导致篡权和大乱。上节他们关于"法"的作用的论述充分证明了这一点。三者之中,"法"最为重要,处于根本与核心的地位,应该"以法为本",兼用权、术。韩非明确指出,"人主之大物,非法则术也"[1],"抱法处势则治,背法去势则乱"[2]。在阐述法令与权势、与治术的关系时,始终将"法"放在首位,置于权、术之上。因此,法家自称"法术之士","以法治国"、"循法而治"的"法治"学说是法家思想的中心内容。

(二) 法令与权势的结合

权势的重要,首先是慎到提出的。他着眼于历史经验和现实政治,认为统治的建立取决于权力的大小,而不在于品德的高低或智慧与否。所谓"两贵不相事,两贱不相使"[3],"贤人而诎于不肖者,则权轻位卑也;不肖而能服贤者,则权重位尊也"。因此,权势是君主制服臣、民的根本条件,是"令行禁止"的有效保证[4]。齐法家更直言不讳:"凡人君之所以为君者,势也"[5];失去权势,便不成其为君主。能让官吏和百姓

---

[1] 《韩非子·难三》。
[2] 《韩非子·难势》。
[3] 《慎子》佚文。
[4] 见《韩非子·难势》引慎到语。
[5] 《管子·法法》:"凡人君之所以为君者,势也。故人君失势,则臣制之矣。势在下,则君制于臣矣;势在上,则臣制于君矣"。

所服从的只是君主的"威势",并非什么"仁爱"之心[①]。因此,权势是君主威严的来源。韩非总结为"抱法处势",将处理法令与权势关系的方法概括为三:一是有"法"有"势",相互依赖,不能缺此少彼。二是法令要求君臣共守,而"势"只能由君主"独制",即大权独揽,不能与臣下共有共操,这叫做"权制独断于君"。三是将"势"分为"自然之势"和"人设之势",主要以"人设之势"行"法",以法令和治术加强与维护权势[②]。

(三) 法令与治术的结合

"术"论在古代,是关于君臣关系的理论,也是封建社会里统治集团内部权力斗争的思想表现。法家之术,狭义指君主制驭官吏的权术,广义即统治术。首先提出"重术"的是申不害,商鞅与齐法家也主张"任术(数)而不任说"。继承并发展"术治"又将它与"法"结合使用的,是韩非。他们提出了以权术、谋略来加强和实现"法治"的一整套主张,主要表现在三个方面:

一是"无为"之术,即"以法为本"的表现方式。要求君主"抱法处势",主要用法令赏罚来治理国家,事不躬亲,充分发挥臣下的能力,即"君道无为,臣道有为"。慎到指出:"大君任法而弗躬";"君臣之道,臣事事而君无事,君逸乐而臣任劳"[③]。韩非认为:"明君无为于上,群臣竦惧乎下。明君之道,使智者尽其虑,而君因以断事。……有功则君有贤,有过则臣任其罪","臣有其劳,君有其成功"[④]。

二是"循名责实"之术。即以法令的明确规定要求官吏尽职尽责,做到有令必行,令行禁止,名实相符。这是君主选拔、任用和考核、奖惩

---

① 《管子·明法解》:"明主在上位,有必治之势,则群臣不敢为非。是故群臣不敢欺主者,非爱主也,以畏主之威势也;百姓之争用,非以爱主也,以畏主之法令也"。
② 见《韩非子·有度》。
③ 《慎子·民杂》。
④ 《韩非子·主道》。

臣下的方法,法家称之为"参伍"、"参观"或"形名参同";其目的在于考察臣下是否忠于职守,认真执行法令。具体包括:"因能授官":根据每人的执法管理能力来确定所任的官职,并发挥其才能①;各有所司并职责分明:"一人不兼官,一官不兼事","臣不得越官而有功"。加强监督使名实相符:"明主听其言,必责其用;观其行,必求其功"。做到赏功罚罪,赏罚严明:"群臣陈其言,君以其言授其事,事以责其功。功当其事,事当其言,则赏;功不当其事,事不当其言,则诛"②;等等。

三是"潜御群臣"③之术。指不能公开的制驭臣下的"暗术",即阴谋诡计。韩非认为君主与臣吏之间是一种"上下一日百战"的对立关系,利害关系,所以他公开地主张君主应该用阴谋诡计,也因此得到历代帝王的青睐。其"暗术"包括:掩饰真情,深藏不露:"君无见其所欲","大不可量,深不可测","明主之言,隔塞而不通,周密而不见"。故意说反话做错事:"倒言以尝所疑,论反以得阴奸";即"倒言反事"。发布含糊或虚假命令:"疑诏诡使","诡使以绝渎泄","举错以观奸动"。明知故问,设置圈套:"挟知而问","握明以问所暗","泄异以易其虑"④,等等。

二、立法的主要原则

法家认为:"生法者,君也",法令的制定大权应该由君主集中掌握。但同时指出,君主在立法时既"不可不慎"⑤,也不可仅凭"私意"即个人

---

① 《韩非子·定法》:"术者,因能而授官,循名而责实,操生杀之柄,课群臣之能者也。此人主之所执也"。
② 《韩非子》:《用人》、《难一》、《六反》、《主道》。
③ 《韩非子·难三》:"术者,藏之于胸中,以偶众端,而潜御群臣者也"。
④ 见《韩非子》:《主道》、《八经》、《内储说下》。
⑤ 《商君书·壹言》:"凡将立国,制度不可不察也;治法不可不慎也,国务不可不谨也,事本不可不专也"。

爱好行事,应该全面把握世情民意,充分考虑各方关系。从而提出了循天道、因民情、随时变、量可能、务明易、须统一等具有普遍性的立法原则。

（一）循"天道"

法家多"学本黄、老",其"天道"观,出于老子"自然"之天,亦同于荀况"天人相分"之天。他们认为人生于天地之间,与自然界形成一种适应和共处的关系,并称之为天道。如慎到说,"天道,因则大,化则细。……人莫不自为也,化而使之为我,则莫可得而用矣"[1];齐法家指出,"宪律、制度必法道"[2];而韩非强调:"道者,万物之始,是非之纪也。是以明君守始以知万物之源,治纪以知善败之端"[3]。在立法上,循"天道"主要表现为"立公去私"和适应"四时"两个方面：如"行天道,出公理","法天合德,象地无亲,日月之明无私";要求法令应像天地那样公正无私。又如"出号令"必须符合"天地之气,寒暑之和,水土之性,人民鸟兽草木之生物"的要求,"刑德"必须适应"四时"的变化,所谓"四时者,阴阳之大经也;刑德者,四时之合也"[4];"赏罚"必须遵循"天地"之道。

（二）因"民情"

法家所谓的"民情",主要指"好利恶害"、"好赏恶罚"、"好逸恶劳"、"好富恶贫"、"好贵恶贱"之情。商鞅指出:"明君错法而民无邪","人情好爵禄而恶刑罚,人君论二者以御民之志,而立所欲焉"[5]。齐法家认为:"民之情莫不欲生而恶死,莫不欲利而恶害,故上令于生利人则令

---

[1] 《慎子·因循》。
[2] 《管子·法法》。
[3] 《韩非子·主道》。
[4] 《管子》:《明法解》、《七法》、《四时》。
[5] 《商君书·错法》。

行,禁于杀害人则禁止",这叫做"令顺民心"①。可见,法家的"因民情"或"顺民心",并非要求法律体现人民的利益或意志;恰恰相反,在他们眼中,民众与国家、民利与君利、民心与王法是对立的、对抗的。所谓"民弱国强,国强民弱。故有道之国,务在弱民",而"弱民"的最有效的办法就是立"治法","以刑治","用赏罚"②。

(三) 随"时变"

法家一直坚持"当时而立法",法制"随时而变,因俗而动"③,"法与时移,禁与能变"等。其主要倾向有三:一是剔除或废止原法令之中有关亲亲、尊尊以及"任人"、"任私"等礼、义规定,所谓"臣不得以义成荣,不得以家利为功,……民无以私名"④。二是强调法、律、令以农、战为主要的内容,从达到"国富"、"兵强"统一天下的目标。所谓"圣人之立法、化俗,而使民朝夕从于农,……民之喜农而乐战也"⑤。三是以刑罚和赏施为重点,使"法"成为"宪令著于官府,刑罚必于民心,赏存乎慎法,而罚加乎奸令"的规则。

(四) 量"所能"

齐法家明确指出:"明主度量人力之所能为,而后使焉"。只有使人们能够做到的法令才能顺利执行,只有顺利贯彻执行的法令才能达到预期目标。因此,立法应注意"毋强不能",即不要将那些民众做不到的事项作为法令的内容⑥。韩非认为,法令所规定的只能是臣民可以得到的赏施与能够避免的刑罚,这样才能驱使他们竭尽全力地去建功立

---

① 见《管子·形势解》。
② 见《商君书·错法》。
③ 《管子·正世》。
④ 《韩非子》:《心度》、《八经》。
⑤ 《商君书·壹言》。
⑥ 《管子·法法》:"明主度量人力之所能为,而后使焉;故令于人所能为则令行,使于人之所能为则事成"。"毋强不能"。

业和不敢犯法。所谓"明主立可为之赏,设可避之罚","上居明而少怒,下尽忠而少罪"。同时强调,"法"的对象是所有的民众,并非"贤者"、"智者",所以只有贤人或智者才能作到的内容事项,"不可以为法";立法必须做到"计功而行赏,程能而授事,察端而观失,有过者罪,有能者得。故愚者不任事,智者不敢欺"①。

（五）务"明易"

商鞅认为,民众不是"智"者,也不能让其聪明起来,所谓"民愚,则易治"。法令既是为这样的"愚"民制定的,就绝不能深奥或"微妙用意志之言",因此,"圣人立法,必使明白易知"②。韩非更将其具体化为"三易"即"易见",容易使所有的人看见;"易知",容易让所有的人看懂;"易为",容易使人们执行与遵守。这是君主推行"法治"的前提:"三者立而上无私心,则下得循法而治"③。

（六）须"统一"

商鞅主张"壹法",立法权由君主掌握,执法权可"君臣共操";法令旨在进行"农、战",必须"利出一孔",即臣、民只能通过农耕和战斗致富建功。所谓"圣人之为国也,壹赏,壹刑,壹教"。主要表现为:"壹教"即以"法"统一学问知识,"壹赏"即"法"是赏施的唯一标准,"壹刑"即"法"是刑罚的唯一依据,"壹言"即以"法"统一思想言论。齐法家指出,如果君主的法令"不一",那么臣下在执行中就会行"私"而"背法";同时,法令"出又易之","定又移之",其结果必然是无人遵行④。

---

① 见《韩非子》:《用人》、《八说》。
② 见《商君书·定分》。
③ 《韩非子·用人》:"明主之表易见,故约立;其教易知,故言用;其法易为,故令行。三者立而上无私心,则下得循法而治"。
④ 《管子·法法》:"君之置其仪法也不一,则下之背法而立私利者必多矣"。又:"号令已去又易之,礼义已行又止之,度量已制又迁之,刑法已错又移之。如是,则庆赏虽重,民不劝也;杀戮虽繁,民不畏也"。

三、执法的基本要求

法家认为,法律是君主治国、官吏尽职和民众生活的规则,是判断人们言行是非和行赏施罚的标准;而君、臣是否依"法"行事,又是"法治"成功与否的关键。为保证"法治"的实现,他们提出了明法、任法、壹法、从法等主张。

(一) 明法

即要求公布法令,使人人知晓遵行。商鞅在回答秦孝公所问,今天制定了法令,明天就"欲使天下之吏民皆明知而用之,如一而无私,奈何?"的问题时,明确提出了两个办法:一是任命通晓法令的人做各级"法官",专门负责法令的宣示、解释和教育;二是将法令公之于众,不仅立法时作到"明易",而且"行法令,明白易知"。这样一来,"吏、民知法令者,皆问法官,故天下之吏、民无不知法者";"万民皆知所避就,避祸就福,皆以(法)自治也。故明主因(自)治而终治之,故天下大治也"[①]。韩非斥责"儒以文乱,侠以武犯禁","行仁义者,害功",习"文学者,乱法","事智者众,则法败;用力者寡,则国贫;强调"缘法而治"必须"以法为教",即不用过去的文献典籍而以现行的法令为吏、民学习的教材,禁绝先王的言语而以通晓法令的官吏作为学法的老师。所谓"明主之国,无书简之义,以法为教;无先王之语,以吏为师"[②]。这样才能做到人人"明法",而不是明"礼"、"义"或其他。

(二) 任法

即君主治国只能依靠和运用法令刑赏,有"法"必循,执"法"以信。商鞅将礼乐、诗(诗经)书(尚书)、孝悌、贞廉、仁义、羞(怯)战比作伤害

---

① 见《商君书·定分》。
② 《韩非子·五蠹》。

国家的"六虱";韩非视"学者"(儒家)、"言谈者"(纵横家)、"带剑者"(游侠)、"患御者"(逃避兵役的人)和"商工之民"为破坏国家法制的五大蛀虫("五蠹")。坚决反对"任贤"、"任智"、"任私",而主张"任法"。慎到指出,"任贤"的直接后果是"其乱甚于无君";韩非认为,"任智"必然导致"下不听上,不从法";商鞅斥责,"任私议"是在鼓励"奸臣"卖主求荣,污吏鱼肉百姓;齐法家强调:君主"任法而不任智,任数而不任说,任公而不任私,任大道不任小物,然后身佚而天下治",即可以轻松而顺利地富国强兵,统一天下。"任法"还要求将"法"作为衡量和判断臣、民言行的唯一标准,即以"法"察言、观行、任事、考功,凡不符合法令的都不听、不说、不为,叫做"唯法所在",或"以公正论,以法制断"①。

同时,"任法"还要求执法有"信",有令"必"行,即强调法令取信于民和令行禁止,不能只停留或满足于条文规定。商鞅认为"信"是君主治国的三大要素之一,所谓"国之所以治者三:一曰法,二曰信,三曰权",使用时应注意方式的不同:"法者君臣之所共操也,信者君臣之所共立也,权者君之所独制也",又要使三者结合起来。他尤其强调信的重要及其与法的配合,"民信其赏,则事功成;民信其刑,则奸无端"②。齐法家重令,更强调"必":"见必然之政,立必胜之罚",使"民知所必就而知所必去","宪律制度必法道,号令必著明,赏罚必信密,此正民之经也"③。韩非也主张,"赏莫如厚而信","罚莫如刑而必",才能真正起到设立"赏罚之法"的作用④。

(三) 壹法

即法令统一,具体包括统一立法权力、法令内容和解释执行三个方

---

① 见《管子·任法》。
② 《商君书·修权》。
③ 《管子》:《七臣七主》、《法法》。
④ 《韩非子·五蠹》:"是以赏莫如厚而信,使民利之;罚莫如重而必,使民畏之;法莫如一而固,使民知之。"

面：首先，法家反对政出多门，权力分散，要求君主集权，独制独裁。商鞅明确指出："权者，君之所独制也；人主失守则危"；"权制断于君，则威"。同时认为，只有"君尊"了，才能使"令行"，只有君主"秉权而立"，才能实行"垂法而治"①。齐法家则强调，"法政独制于主，而不从臣出"，这叫做"威不两错，政不二门"②。其次，必须保持法令内部和相互之间的统一与协调。韩非说，"法莫如一而固"。这里的"一"，系指其内容的统一，不能"故、新相反，前、后相悖"，更不允许出现礼、仁等与"法"对立的制度或规定并存。这里的"固"，系指法令的稳定，不能频繁立废或者朝令夕改，认为"法禁数易"为亡国之道，而"治大国而数变法，则民苦之"③。商鞅主张"变法"、"更礼"，而韩非强调"定法"、"不易"，反映了从战国初期到后期法家立场的变化。

再次，必须使官吏和民众的思想认识统一到法令上来。商鞅指出，"圣人之治"，表现在能使所有的人"归心于一"；因此力主以"法"集中"民力"而"一民务"，即从事农、战，"事本而禁末"；同时用赏、罚方法，"以法为教"，统一人心④。齐法家也认为，"以法制行之，如天地无私也。是以官无私论，士无私议，民无私说，皆虚其胸以听于上"⑤。韩非更为具体，提出应"禁奸于未萌"，在违"法"行为尚未出现时便要制止其思想、动机，所谓"言、行而不轨于法令者，必禁"，并认为这是最高明、最有效的制止犯罪的方法，所谓"太上禁其心"⑥，从而开启了中国历史上主张以法律方式禁止、惩罚"思想犯罪"之先河。

---

① 《商君书》：《修权》、《壹言》。
② 见《管子·明法解》。
③ 《韩非子》：《定法》、《解老》。
④ 见《商君书·壹言》。
⑤ 《管子·任法》。
⑥ 见《韩非子》：《问辩》、《说疑》。

（四）从法

即主张使法令具有最高的权威，任何人都应该按法令办事和活动。"从法"主要包括君臣共守和刑无等级两个方面。首先，法家认为立法大权应由君主"独制"，即集中掌握；而法令的执行权是"君臣共操"，即依靠各级官僚机构实施。他们看到了"法之不行，自上犯之"的现实与教训，不但要求各级官吏严格守法，否则治以重罪，所谓"守法守职之吏，有不行王法者，罪死不赦，刑及三族"，而且也要求君主"先民服"，即带头依法办事。商鞅告诫君主，"明主慎法制，言不中法者，不听也；行不中法者，不高也；事不中法者，不为也。……此治之至也"①。慎到认为"法"是"至公大定之制"，同样要求君主在制定"公法"之后，"据法倚数以观得失。无法之言，不听于耳；无法之劳，不图于功；无劳之亲，不任于官。官不私亲，法不遗爱，上下无事，唯法所在"②。齐法家主张"令行于民"的前提是"禁胜于身"，即执法者首先要用法令约束自己；只有"置法以自治，立仪以自正"的君主才称得上为"有道之君"。由此，上述商鞅提出"以法为治"，可以"治不听君"；慎到主张"立天子以为天下"，"君任法而弗躬为"；齐法家强调"不为君欲变其令，令尊于君"等，都是为了保证"君主法治"的实现而发论的。

其次，法家认为法令的权威在现实中主要表现为"刑无等级"。商鞅第一个明确提出了这一主张，他说："刑无等级，自卿相将军及大夫庶人，有不从王令、犯国禁、乱上制者，罪死不赦。有功于前，有败于后，不为损刑；有善于前，有过于后，不为亏法。忠臣孝子有过，必以其数断；守法守职之吏有不行王法者，罪死不赦，刑及三族"③。韩非一直强调，"法不阿贵"，"刑过不避大臣，赏善不遗匹夫"，以及"不避尊贵，不就卑

---

① 见《商君书·君臣》。
② 见《慎子·君臣》。
③ 《商君书·赏刑》。

贱"等。表明了法家执法的坚决和适用法律上的平等要求。

法家认为,做到了明法、任法、壹法和从法等方面,就能够达到"法治"的目标。《管子·法法》也正是从严格执法的角度,为"法治"下了个较为完整的定义:"夫生法者,君也;守法者,臣也;法于法者,民也。君、臣、上、下、贵、贱皆从法,此之谓大治"。可见,实现"法治"取决于执法与司法,这是古典法治与现代法治的共同要求。

四、赏罚的主要原则

法家非常重视赏与罚,甚至将其治国之"法"称为"赏罚之法"。认为赏赐,尤其刑罚是"法"实现自己的主要方式,从而提出了"信赏必罚"、"厚赏重罚"、"赏富罚贫"、"赏誉诛非"、"轻罪重罚"等运用赏罚的具体原则。

(一) 信赏必罚

指按照法令的规定,该赏的一定赏,该罚的一定罚,这样才能取信于民。主要包括三个方面:一是坚持"法"定的赏罚,反对君主或大臣以"私心"、"私意"或"私议"赏施与处刑,认为这是"乱法"或"坏法"的典型表现。值得称道的是,齐法家提出了类似于现今的"法律不溯及既往"的赏罚原则,即:"不法法,则事无常;法不法,则令不行";"令未布而民或为之,而赏从之,则是上妄予也;……令未布而罚及之,则是上妄诛也"[①]。二是严格依法兑现赏罚规定,并在数量上符合赏施的标准和刑罚的等级。如商鞅指出:"壹赏,利禄官爵皆出于兵,无有异施也";而"壹刑"就是依法处刑,反对有罪不罚和赦免,所谓"不宥过,不赦刑"[②]。韩非强调"信赏以尽能,必罚以禁邪","赏罚不信,则禁令不行"[③]。三

---

① 《管子·法法》。
② 见《商君书·赏刑》。
③ 《韩非子·外储说右下》。

是赏罚应公正不偏,不分亲疏贵贱,依法令赏罚。商鞅说:"不失疏远,不违亲近";"中程者赏之,毁公者诛之。赏诛之法,不失其议,故民不争"。强调有罪必罚,决不以亲、贵、贤、能、功等抵罪或赦刑;要求不论何人,"亏令者死,益令者死,不行令者死,留令者死,不从令者死。五者死而无赦,唯令是视"①。韩非子强调"刑过不避大臣,赏善不遗匹夫";以及"诚有功,则虽疏、贱必赏;诚有过,则虽近、亲必诛",表明了"法不阿贵"②的立场。

(二) 厚赏重罚

这是法家们的一致主张。商鞅指出,"赏厚而信,刑重而必";即只有"厚"赏施和"重"刑罚才能使臣、民相信并依赖君主的法令。齐法家从人性"欲利避害"出发,认为"赏薄"达不到激励与诱导欲"利"的目的,"禁轻"起不了制止奸邪之人避"害"的作用;相反,"厚赏"与"重禁"能使臣、民竭尽全力为君主效劳。韩非则进而分析说,"赏莫如厚而信,使民利之;罚莫如重而必,使民畏之","厚其爵禄以尽贤能,重其刑罚以禁奸邪"。实行"厚赏",看起来是在"报一人之功",实际上是激励"境内之众",这叫做"非独赏功也,又劝一国"。受"重罚"的虽然是少数"盗贼",由此而"悼惧"不敢违犯法令的却是多数"良民",这叫做"重一奸之罪而止境内之邪"③。颇似现代刑法学中刑罚目的的一般预防论。

(三) 赏功罚罪、赏勇罚怯与赏富罚贫

这是法家赏罚的重点内容。商鞅认为,"赏随功,罚随罪,故论功察罪,不可不审也。"这里所谓的"功",专指"农功"和"军功";所说的"罪",指违反法令不从事农、战的行为。他分析道,对于民众来说,"内事莫苦于农",但"农"是强国之本,应坚决防止"农贫而商富",强本禁

---

① 见《商君书·修权》。
② 《韩非子·有度》。
③ 《韩非子》:《五蠹》、《六反》。

末;"外事莫难于战",而战是强国之道,应使"民见战赏之多而忘死,见不战之辱则苦生"。这就要对农、战"赏则必多,威则必严",全国民众"出战而强,入休而富",方可成就"王"业。为了驱使民众务农,他还主张运用赏罚的手段,将财富集中到君主之国,使富人与"勇民"因此变"贫"或为国战斗,而贫者或"怯民"由农、战致"富"。所谓"怯民使以刑,必勇;勇民使以赏,则死。怯民勇,勇民死,国无敌者强,强者王。贫者使以刑,则富;富者使以赏,则贫。治国能令贫者富,富者贫,则国多力,多力者王"①。

(四) 赏誉诛非

"誉"即荣誉、赞扬,"非"即诽、谴责、羞辱。法家主张法令的赏罚一定要与思想评价、社会名誉和舆论相配合:君主的赏施要与赞誉相一致,受罚者也必然是被谴责的人。这就叫"赏誉同轨,非诛俱行",即实至名归。商鞅反复强调,"刑不善",对于"善民"不用刑罚②。韩非认为,由于臣、民既"重名"又"重赏",所以"赏誉不当则民疑";即名实不符的赏施和赞扬,必然会引起怀疑与不信任。更何况,对受赏的人加以谴责,不能鼓励人们去立功;对受罚的人又加以褒扬,不能有效制止奸邪。其结论是:"明主之道,赏必出于公利,名必在乎为上。赏誉同轨,非诛俱行";"功名所生,必出于官法。……故民无以私名。设法度以齐民,信赏罚以尽民能,明诽誉以劝阻"③。

(五) 少赏多罚与轻罪重罚

这是商、韩"重刑"思想的突出表现,也是法家被后世称为"罚家"的主要原因。商鞅公开宣称:"禁奸止过,莫若重刑"。其"重刑"有二层含义:一是指数量上的"刑多而赏少",顺序上的"先刑而后赏";他原先还

---

① 见《商君书》:《对内》、《去强》。
② 《商君书·画策》。
③ 见《韩非子·八经》。

主张只赏施有功于农、战和"告奸"的人,后来发展到干脆不要赏,只要罚。二是指加重对于轻罪的刑罚,即"重轻罪"。他认为这是达到"以刑去刑"的必由途径,是"上爱民"的表现,即如果对"轻罪"适用"重刑",那么民众就不敢再去犯轻罪,犯轻罪的没有了,重罪便更不会出现,从而用刑罚的手段实现了不用刑罚的目的①。

韩非使"重刑"主张更有理论性,建立了维护"君主法治"的"重刑"学说。要点有三:其一,实行"严刑重罚"符合人的"皆挟自为心"的本性和"好利恶害"的追求;对君主来说,在"乱世"之际,要有效控制臣民,"刑胜于赏","严刑重罚可以治国"。其二,"轻刑不可以止奸",只有"以重(刑)禁轻(罪)",才能达到"奸必止"的效果。其三,认为"轻刑"在"伤民",相反,"重刑"却是"爱民"的,因为民众再也不敢犯法了。这就是"以刑去刑"②。

*　　　　*　　　　*

总之,法家们竭尽全力地为君主集权、统一天下献计献策,其谋略现实而广大,其措施有效而全面。大秦帝国因厉行"法治"而建立,又因"严刑峻法"而灭亡。历史的经验值得总结,历史的教训需要汲取,历史的遗产应予继承。尽管法家的思想主张为历代官方正统所否定,但他们所创立、筑就的古典法治的框架与基础,却是我们今天建设法治中国的重要的历史根基。

---

① 《商君书》:《赏刑》、《开塞》、《壹言》、《画策》、《说民》。
② 《韩非子》:《奸劫弑臣》、《六反》。

第十一章 "礼法合治"：
中国古典法治的常规形态

按史学界的主流观点，秦汉之后，中国进入了长期稳定、间或强盛、后期凝固、晚期衰落的长达两千余年的封建社会。在国家体制上，一直保持着中央集权的君主专制与官僚制度，维持了大中华的统一。王朝的更替，虽未改变政权的性质，但统治集团却不断地总结成功经验，吸取亡败的教训，形成了独具特色的治国方略。从国家运行模式的角度，这种政体无疑属于人治范畴，决定国家命运的是圣人与明君，是贤相与清官，是君子与良民。同时，也应看到，这一时期的很多思想家非常重视法律、制度、规则的作用，认为即使圣贤或明君，单凭个人品行与能力是无法去治国理政的。这种思想、观点、主张及实践与效果，构成了古典法治的内容。

先秦墨家与法家分别从理想法和实在法方面建构出中国古典法治的蓝图与理论框架，墨家的理想构图为统治者排斥，法家的思想学说伴随着秦的灭亡而势衰。汉代儒家又重新举起孔、孟的大旗，沿着荀子的路径，采取阴阳五行、天人感应的论证方式，奉儒学为正宗，将"礼治"与"法治"并为"礼法合治"，将"礼"与"法"合为"礼法"；先用"春秋大义"即礼义原则"决狱"，后经魏晋、隋唐"律学"的阐释和立法、司法的实践，终于成功地使纲常伦理法律化。形成于汉代的正统儒家法律观被系统化为历代官方认可的法律思想与学说，被学界称为封建正统法律思想，成为中华法系的理论基础。如果说，法家的"法治"学说是古典法治的雏形的话,那么,居于主导地位的封建正统法律思想,便是古典法治的常态表现。

第一节 奉"礼法合治"为正统思想

张国华指出,"从先秦时期到'五四'运动以前的中国法律思想史,始终贯穿着这样一条线索:礼治—法治—礼法合治"①。也就是说,从纵向来看,法律思想本身并非静态的"存在",而是动态的"演变"。中国传统法律思想的形成与演变,具体表现为从"礼治"到"法治"再到"礼法合治"这样三种思想形态。从横向来说,这三种思想形态之间,无论形式还是内容方面都有着内在的、紧密的联系。同时,它们又分别在某一历史时期内处于当时法律思想的主导地位,或者成为争论异议的焦点。直到近代,西方法律思想的输入才打破了"礼法合治"的结构,但它仍以巨大的历史惯性发挥着作用。

一、"礼治"的复归

如前所述,礼的含义宽泛,但可以认为,古代中国人最早使用"礼"来表示今天被称作"法律"的行为规范。"为国以礼"的"礼治",就是主张用"礼"来治理国家。作为概念上的"礼",在时间上与"天"、"刑"同时,要早于后来"治人"②或"法治"。因此,"礼治"是古代最早的治国方式。

作为一种思想体系,"礼治"开始于殷商,盛行于西周,衰落于春秋。它建立在土地"王有"的基础之上,是"王权天授"的神权政治和"家国一

---

① 张国华:"中国法律思想史讲座",载《自修大学·法律专业》1985年第3期。
② 《荀子·君道》:"有乱君,无乱国;有治人,无治法"。

体"的宗法制度在意识形态上的反映,是贵族统治集团的道德和法律的统一体。它对于维护殷、周王室贵族的统治和稳定社会秩序,起了重要的历史作用;进入春秋时期后,它又成了社会发展的严重障碍而不断分崩离析。"礼治"旨在维护以天子为中心的血缘宗法等级与贵族共和制度,主张确立"君臣上下"名分与"身正令行",强调治国"一准乎礼",等等。对于中央集权的封建君主来说,离开了"礼治"便无法调整家族宗法伦理关系,从而会失去统治的支柱;离开了"法治"则无法对付民众的反抗和解决内部的对抗性矛盾。因此,当"法治"在实际政治中势衰之后,"礼治"又应运而起,但二者都已无力独立存在,于是便相互结合。汉代儒家的再起与"礼治"的复兴,便是在这种条件下出现的。

复兴后的"礼治"强调"为国以礼",淡化其宗法血缘内容,突出了"礼"的国家制度性与在治国中的重要地位;主张"礼下庶人","刑上大夫",将原先只行于贵族内部的制度与原则扩大适用范围,普及到民间;在内容上通过引"法"入"礼"与纳"仁"入"礼",要求实行"仁政"(爱民善政)与"德治"(得到民众的拥护);主张定"五伦","正名分",将"三纲"(君为臣纲,父为子纲,夫为妻纲)"五常"(仁、义、礼、智、信)作为处理人际关系的准则,并以礼制的方式将其规范化、制度化;主张"尊贤使能"、"唯才是举",突破了"世卿世禄"与"任人唯亲的传统"。而这一切,又是通过"天人感应"、"天人合一"的"天命"与"天理"论,人性"本善"的人性论,"和合融汇"的历史观,"患不均"的财产均衡论等进行论述的。

二、"德治"的重光

皇权在握又具"雄才大略"的汉武帝既不愿意重蹈秦"法治"的覆辙,又不情愿受黄老思想清静无为的限制,以董仲舒为代表的"新儒学"应运而生,将天神自然、王道霸道、礼德政刑、教化刑罚等原先彼此对立的主张糅合在一起,重新倡行"为政以德"的"德治";并以天命和阴阳五行论证皇权和"纲常"的神圣,以礼与法的结合维护等级特权和同罪异罚,以引经注律、经义决狱深入到立法司法领域,推进儒家伦理原则的法律化。通过"罢黜百家",弃用黄老,"德治"这种治国理政的模式被奉上官方正统的宝座,并一直影响到现今。

(一)"德治"之本意,并非道德治国

在本书第一章中已经阐明并提醒读者注意,切勿将古代的"道"与"德"或"道德",与今语的道德划等号。如老子所著《道德经》,无论"道"篇在前还是"德"篇在先,"道"系指规律而"德"是"道"的实际运用。如今没有人误将其视为道德品质的著作。"德"字的本意,东汉的许慎解释为按照大道的行为方式,是动词,无品质、价值之意。《广雅·训诂》指出:"德,得也",即行为效果,亦无思想信仰的含义。西周时期的"以德配天"、"明德慎罚"都是在这意义上使用的。也就是说,能够得到天命的佑护并不靠血缘关系,因为"皇天无亲";也不是因为个人的品或道德的高低,而是其政治是否能得到民心民力的拥戴。"明德"与"慎罚"都是执政、司法的行为,并非道德信条。孔子将"为国以礼"和"为政以德"相提并论,已经将礼是国家的制度,德是执政的方式的意思表达十分清楚。因此,我们今天推行道德治国自有其理由,但不能说这是古人的主张[①]。此其一。

其二,这一误读或误解是怎样造成的呢?主要原因有三:一是古人在论述"礼"、"德"、"道"、"义",以及"天道"、"天命"时并没有现代的区

[①] 刘笑敢认为:"按照现代的词语意义来理解古代传下来的词语、术语似乎是理所当然的,但古语并非现代汉语的意思。比如,空穴来风,我们都知道这是无中生有的意思,但古语的意思是因为有空穴,所以有了风,和现在的意思几乎相反。又如朝三暮四,现在我们用它来表达用心不专、朝秦暮楚的意思,但古文原意是早上给你三个、晚上给你四个和早上四个、晚上三个没有不同,不必像那些猴子一样喜怒为用。一般人不必管古语是什么意思,能正常交流就可以了。但是作为一个严肃认真的学者就不能理所当然地将现代汉语的词义当作古人的思想。见"道家被严重贬低 可为现代中国提供全新精神资源"一文,载澎湃新闻网。

分概念、准确定性的意识;这些术语本身又含义笼统,一词多义,包括了今语的法律、道德、权利、义务等意思在内。需要我们借助于概念分析方法才能正确区分。二是在宋明理学时期,朱熹、二程(程颐、程颢)、张载、王阳明等大儒,吸取了佛、道等思辨方法,剔除了天命神学的牵强附会与粗制滥造,析"心性"讲"天理",强化了儒学之"道"与"礼德"之中的哲理性和品质价值性,使"纲常"与"教化"挂钩,"德治"向价值观念倾斜①,容易使人理解为道德规则。理学的影响力、通俗化,尤其官方的提倡,使这一观念渗透到人们社会生活的各个方面。三是近代以来西方人文、社会科学与自然科学的传入,从传教士的翻译到中国学者的理解,都在尽力将古代用语与现代概念互译互用互解互评,导致了不少望文生义、张冠李戴的现象。如只将"法"、"律"、"令"、"刑"称为法律,却把"礼"、"义"、"天志"等具有法律内容与效力的规则排除在外。同时,又将"道"、"义"、"德"、"礼"等说成品质、信仰、价值意义上的道德,却未觉察这种"偷梁换柱"式的理解,并不符合这些术语的本意②。这样一来,今天将"德治"理解为道德治国似乎不错,但并不符合本意;因为古代"德治"实属政治范畴,并非道德的一部分。

(二)"德治"即为民执政,实行"仁政"

"德治"并非道德治国,它的内容是什么呢?在西周,"德治"要求统治者敬天孝祖,严于律己,勤于政务,善待民众,慎用刑罚。孔、孟对"德治"的继承与改造主要体现在两个方面,一是突出了"德"的政治意义,即宽惠待民和实施仁政;视"德"为君主治国、取得民心民力的主要方

---

① 《朱熹集·答程允夫》:"政者法度也,法度非刑不立,故欲以改道民者,必以刑齐民。德者义理也,义理非礼不行,故欲以德道民者,必以礼齐民,二者之决,而王伯分矣。"

② 如"国学"一词,古今之义差别很大。刘梦溪指出:"历史上关于'国学'一词的记载,其所指确是国立学校。汉晋如是,隋唐亦复如是。而非一门学问。见"论国学之内涵及其施教"一文,载《文史哲》2017年第2期。

法,是立法与司法的指导。二是抬高了"德"的地位与效力,不但是君权、王位的依据与来源,而且其地位优于君主,其效力高于法律,是区分和评判"仁君"与"暴君"的标准,是适用刑罚的主要原则。董仲舒从汉以前实施德、刑的得失利弊出发,总结了儒家的德刑关系论,并给以神学的解说。一方面,"天道之大者在阴阳,阳为德,阳为刑"①;所以"王者从天意",也应该仿效"天道之大",有德有刑。另一方面,应该"奉天法古",摆正二者的地位与关系:其一,任(依靠)德不任刑,所谓"王者承天意以成事,故任德教而不任刑。……为政而任刑,不顺于天"②;其二,以德为主,以刑为辅,所谓"刑者,德之辅;阴者,阳之助也"③;其三,用刑的目的是成德,所谓"庆、赏、罚、刑,异事而同功,皆王者之所以成德也"④。这一理论,一直影响着二千年来的法律实践,并成为正统法律思想的一项重要内容。

因此,不宜将古代的"德治"论等同于现代的道德论,而相当于现在的政治论、法治论。它的宗旨是"民本",政治与法治都应以人民大众的要求与愿望为依归。用今天的话说,类似于"人民对美好生活的向往,就是我们的奋斗目标"的政治理念。它的实质是要求君主行"仁政",这是孟子的重大贡献。他比孔子更注重民心的向背,提出"民贵君轻"⑤论,要求统治者"推恩于民",轻徭薄赋、减省刑罚、扶贫济穷等,使"民有恒产"⑥等,视"仁政"为"德治"的主要表现,而"保民"为"仁政"的实质。他一直强调"以德行仁者王"⑦,当齐宣王问"德何如则可以为王"时,孟

---

① 《春秋繁露·阴阳义》。
② 《汉书·董仲舒传》。
③ 《春秋繁露·天辨在人》。
④ 《春秋繁露·四时之副》。
⑤ 《孟子·尽心下》:"民为贵,社稷次之,君为轻。"
⑥ 见《孟子·梁惠王上》。
⑦ 《孟子·公孙丑上》。

子回答说:"保民而王,莫之能御也"①。在他看来,得民心民力者,才能得天下,因此坚决反对"暴虐"之政②,尤其是滥杀与酷刑。进而,他以是否行"仁政"作衡量"仁君"与"暴君"的标准,将草菅人命、滥施酷刑的君主称为"独夫"或"暴君",主张"独夫可诛"与"暴君放伐"(即可以流放、讨伐)。孟子绝没有想到,他会因此而被后世尊为"亚圣",又会因此而被朱元璋赶出孔庙。一褒一贬,只是评价的变化,并未改变其思想内容。"仁"属今之道德范畴,而"仁政"却是一种执政与行政模式。可以说"德治"与"仁政"是孔、孟的思想主张,但无论如何也不能归之于道德信仰。

(三)"德治"不同于"以德治国"

"以德治国"是在21世纪初提出的与"依法治国"相并列的治国方略。从一开始起,论者就将"依法治国"简称为法治,而将"以德治国"简称为德治,认为:"法治与德治是相互促进的。一方面,加强法治能赋予社会道德规范以权威性,促进社会道德法制化;另一方面,加强德治能有效提高人们的思想政治素质和精神境界,从而在根本上防范和减少违法乱纪现象的滋生。没有德治支持的法治,是没有根基的。在当代中国加强德治是十分必要的"③。以及"法治属于政治建设,属于政治文明;德治属于思想建设,属于精神文明。两者虽属于不同的范畴,但都是管理国家、治理社会的重要手段"④。同时,相当多的论述都以为今语的德治就是儒家的"德治","以德治国"的历史渊源是古代的"为政以德"。为了文字表达简明快捷,这种简称无可挑剔;而从严谨学术的

---

① 见《孟子·惠王上》。
② 《孟子·离娄上》:"桀、纣之失天下也,失其民也;失其民者,失其心也。得天下有道,得其民,斯得天下矣;得其民有道,得其心,斯得民矣;得其心有道,所欲与之聚之,所恶勿施,尔也。""暴其民,甚则身弑国亡,不甚则身危国削"。
③ 见贺善侃文,载《人民日报》2001年4月29日。
④ 见潘琦文,载《光明日报》2001年2月27日。

角度，就有必要进行认真辨析了。

上述已明，一者，古语之"德"非指今之道德，而"德治"实为"仁政"与善政之治，即能得到民众拥戴的政权或执政方式，根本不"属于思想建设"或者精神文明。二者，古之"德治"，也要求在上位者严于律己，成为仁人或君子，即具有"仁义礼智信"与"温良恭俭让"等优秀道德，并以此言传身行，"教化"民众。但这仅是"德"的另一功能的体现，即育人、教民，古人称之为"礼教"或"德教"，与"德治"相区别。三者，董仲舒的"德主刑辅"之"德"仍指德政而非道德。其依据是孔子的"道之以政，齐之以刑，民免而无耻。道之以德，齐之以礼，民有耻且格"。古文"道之以德"的"道"为引导，而不是"道德"之道。后人往往简写为"道德齐礼"，容易产生误读误解。

儒家的确力主"为政以德"，那么它与现今提倡的"以德治国"是否同义呢？法史学家俞荣根在几年前就对此作了精到的分析：

"为政以德"包括两个方面的含义：一是"为政"者要有德；二是实行"德政"。这两者又是互参互证、密不可分的，但后者可以包涵前者。道理很简单：无"德政"方面的政绩，何以说明"为政"者是有德的呢？在儒家的字典中，"德政"就是"仁政"。

"德政"的前提是自身要有德，即自身要端正。孔子说："政者，正也。"为上不正，焉能正人？从这个意义上说，"为政以德"，孔子的本意就是要正"官风"，治"官德"。

有一种说法，认为儒家是讲"德治"，主张"以德治国"的。认为"为政以德"就是"以德治国"。……"依法治国"就是法治，这个"治"字当然是管理、治理、统治的意思。但"德治"、"以德治国"中的"治"是不能理解为用"德"去管理、治理或统治国家的。道德只能律己、治己，不能去律他、律人。"为政"者可以用道德影响人、引导人、教育人，但不能用道德去管理人、去治国理政。如果"以德治国"的"德治"是指用高尚的道德要求自己,引导民众,教育民众,对民施以德政,那就是"为政以德"的本意。

由此看来,"为政以德"与"以德治国"是有区别的。然而,这不是说提出"德治"和"以德治国"没有意义。应当把"以德治国"理解为"为政以德",实行"德政",而不是把它理解为用道德去治国。①

笔者赞同以上观点。如果将"德"释为道德,并要与"依法治国"并提的话,最好将"以德治国"改为"以德育人"。

三、"礼法"的定型

"礼法"是对自汉代起一直到清代晚期古代法律内容的概括。汉以前"礼"与"法"相分,是先后出现的两个独立的术语。"礼"存在于"三代"(夏、商、周),既是思想主张又是基本制度,"礼"外还有"刑"。西周时已成体系,表现在《周礼》《礼仪》和《礼记》之中。"法"形成于春秋战国时期,力图取代"礼"制,并包含了"刑"。战国时荀况最早提出二者的结合,主张既"隆礼"又"重法"②,突出其国家制度方面的统一,有意识地将生活礼节与饮食男女的习俗排除在外,同时将"礼"制提高到类似于今天宪法的地位。

(一) 立法中的"礼、律、典"结构

汉代开启了"儒法合流"的先河,一方面是"汉承秦制",保留了秦王朝所创的中央集权制、郡县制、土地私有制、官僚等级制等国家制度,废弃苛政重赋,削减严刑酷律。另方面又着手复兴礼制,新定《傍章》《章程》《礼仪》等礼典,同时用经义注律、《《春秋》》经义决狱的方式在立法、司法中修订与改革所沿用的刑律。这就是汉宣帝毫不掩饰宣称的:

---

① 见俞荣根:《礼法传统与现代法治》,贵州孔学堂书局,2014年版。
② 《荀子·强国》:"隆礼尊贤而王,重法爱民而霸"。

第十一章 "礼法合治":中国古典法治的常规形态

"汉家自有制度,本王、霸道杂之"①的由来。此后,古代法律一直按照这一模式充实与发展,至唐代形成了彪炳史册、影响周边的中华法系,"礼法"即其核心内容与主要标志。

唐代的法律体系已分为三大块,一是礼制,二是刑律,三是令典。如唐初的《贞观礼》、《贞观律》、《贞观令》;继有《显庆礼》、《永徽律》(《唐律疏议》)、《垂拱格》;后有《开元礼》、《开元六典》(《唐六典》)。礼、律、典并列并行,形成了国家组织法典(礼)、刑事法典(律)、政事法典(典)的法典结构。直至宋、元、明、清,虽个别名称有别,但礼、律、典的基本框架未变。如宋代有太宗《开宝通礼》、神宗《五礼新仪》、《宋刑统》、《条法事类》(令典汇编);明代的《大诰》(朱元璋语录)、《皇明礼制》、《大明律》、《大明会典》;清代更为周全,历朝都进行编修,形成了《大清通礼》、《大清律例》与《大清五朝会典》的庞大法律体系。

值得关注的是,只要翻开从《史记》到《清史》的"二十五史",稍微留心一下,就会发现,其中记载历代法律的篇章,除 13 篇《刑法志》外,还有 16 篇的《礼志》、《礼仪志》或《礼乐志》等。而且,后者的内容篇幅远多于前者。当然,后者不纯讲法律,还包括了今语的道德、宗教、纪律、习俗等方面的内容。但无论如何,仅将"刑法"视为古代的全部法律,与视而不见"礼"中法律的内容,恰恰属于同一类型的误判。尽管古代修史的学者们不懂得现代社会科学,但他们都将"礼、刑、法、典"列为国家制度,历代的人们也是这样理解的。为什么到今天非要人为地将礼、令、典等排除在法律之外,说什么"中国古代只有刑,没有法",或者"中国古代有律有律学有律家,无法无法学无法家"②呢! 只有还原历史的真相,才能真正了解与把握国情。

---

① 见《汉书·元帝纪》。
② 见钱剑夫:"中国封建社会只有律家律学律治而无法家无法学法治说",载《学术月刊》,1979 年第二期。

(二) 司法中的"天理、国法、人情"

这是经初期的经义注律与决狱之后,已被合二为一的"礼法"在法律适用中的典型表现,也成为中华法系的司法特点。"天理"一词,最早见于《庄子》[①],系指物理、事理;将儒家的礼义与天结合在一起的,是董仲舒的"天人感应"论;把"天理"与"人欲"作为一对道德伦理范畴提出的,先是《礼记》[②],后为宋代理学家,天理是理学对礼义的新概括。国法,则是自战国以来人们对法律制度的简称。讲"国",是为了与"家法"、"族规"相区别,强调其国家性、权威性;说"法",旨在明确这种行为规则不同于仁义道德,具有特殊性和制度性。汉代之后,"国法"单独使用时很有权威,一旦与"纲常"相遇,则往往退避三舍,屈居下方。人情,是中国一个特殊的、意义明确而内容复杂、古今通用的概念。荀子将"人情"连用,但未展开阐述[③];宋代理学把人情与天理、国法相提并论,认为人性来于天,存于心,同于理[④];人性的表现有善有恶,善性为"人情",而恶性为"人欲"。因此,人情得以与天理、国法相并列并举。

在一般情况下,天理、国法和人情是一致的,三者都以礼义为宗旨;但三者之间也会发生冲突或者对抗,诸如君意与礼法、亲贵与刑罚、重德与重刑、肉刑的存废、复仇的可否、秋冬行刑得当否、父子能否相隐、赦刑是否可行,等等。发生了这种情况,则对礼义的把握就更显得重要。宋明理学家们总结了处理的两大原则:一是维护天理,适用国法,兼顾人情;将三者统一起来的是"纲常",所谓"三纲五常,天理民彝之大

[①] 《庄子·养生主》:"依乎天理,批大郤,导大窾"。指用刀肢解牛羊时,只有依据其生理结构操作才能奏效。

[②] 《礼记·乐记》:"好恶无节于内,知诱于外,不能反躬,天理灭矣"。

[③] 《荀子·荣辱》:"夫贵为天子,富有天下,是人情之所同好也"。

[④] 朱熹说:"性便是许多道理,得之于天而具于心者"。《朱子语类》卷五十九。程颢说:"性即理也"。《二程全书·遗书》卷二十二。

节,而治道之根本也。故圣人之治,为之教以明之,为之刑以弼之"①。二是依照孔子的"道之以政,齐之以刑,民免而无耻;道之以德,齐之以礼,有耻且格"中的德、礼、政、刑的不同功能和重要性,先本后末,先德、礼而后政、刑,使其相为始终,后者要体现、维护前者。总之是"以礼为本"来处理三者之间的冲突。这项原则,在"礼义"入"律"之前表现为"原情定罪",而不是罪刑法定,即依照行为者的动机是否符合"纲常礼教"来决定罪与非罪以及刑罚的轻重。在律典"一准乎礼"之后,则表现为"明刑弼教",即只要触犯了体现"纲常"的律令,便应实行施刑罚制裁,即使严刑酷刑也行之无误。

自此之后,纲常礼教这一宗法等级制度和原则,一直居于中国古代法律和传统法律观的中心地位,被作为立法、执法和司法的根本依据,被视为传统文化的精髓即国粹。也正因为如此,当清末变法修律、中国法律现代化启动之时,立即引发了"礼教"派与"法理"派的激烈争辩,其结局以"凡我旧律义关伦常诸条,不可率行变革"而告终,其依据是:"刑法之源,本乎礼教","良以三纲五常,阐自唐虞,圣帝明王,兢兢保守,实为数千年相传之国粹,立法之大本"②。宣统元年(1909年)的这道"修律"谕旨,正是古代之礼与中国传统法律关系的最好总结。

四、"礼法合治"的成果:正统法律思想

(一)"礼法合治"的历程

从上述可知,荀况和齐法家是"儒法合流"和"礼法结合"的先行者,汉初黄老学派使"礼"与"法"构成同一思想体系,以董仲舒为代表的新儒学,以天命神学作为礼法结合的依据,提出了"德主刑辅"的基本原

---

① 《朱文公文集》卷十四。
② 见《清末筹备立宪档案资料》。

则,被汉武帝确立为官方正统思想。其思想体系的完备成熟是隋唐时期,主要标志是以"礼"入法(儒家伦理的法律化)的完成。礼已不限于在律令之外指导司法,而且逐渐深入到内部,成为整个法律的重要原则和内容,形成了"一准乎礼"的格局。隋唐之后的礼、律、令、典、格等法律制度中的十恶、八议、官当、依服制定罪、亲属相隐、犯罪存留养亲、子孙不得别籍异财等规定,都是其典型的体现。

因此,在秦汉之后长达两千多年的封建社会中,"礼"、"法"、"政"、"刑"从概念到规定,从形式到内容,从存在方式到相互关系,都经历了一番矛盾、冲突、对立、取代,直到认可、交叉、融汇、结合,最后统一的过程。从国家体制方面看,它们是不同时期的君主集权、官僚等级、宗法伦理等制度的表现,后来又合并在一起。从思想原则方面说,"礼治"既是行为规制又是统治策略,"法治"侧重表现为国家制度。由于"德礼"已经入"法",所以"礼法合治"在实际运用中主要表现为治国方略,也就是说,古代中国的国体、政体长期未变,人们将关注点聚焦在路线、方针和策略方面,以维护君主专制、纲常礼教为中心,以法律强制与道德教化为手段,力图民富国安,太平盛世。如果从古典法治角度审视,则"礼法合治"倡导的以民为本、推行善政、律己正身、亲民教民、任用贤能、惩贪倡廉等,是对"法治"的重要修正和补充。

总之,中国传统法律思想的形成与发展,从"礼治"经"法治"到"礼法合治",形成了一条前后相连的、清晰的发展线索。也可以说,传统法律文化的发展兜了三个大圆圈:一是"礼治"的圆圈,从周公经过孔孟到荀况完成;二是"法治"的圆圈,从李悝经由商鞅、韩非到秦始皇完成;三是"礼法合治"的圆圈,从董仲舒开始经过律学及隋唐思想家到宋明理学完成。这三个圆圈又首尾相连,形成了一个螺旋形上升的曲线,即前一个圆圈的终点往往成为后一个圆圈的起点。如荀况之"礼"被其弟子韩非发展为"法",而秦始皇"别黑白定一尊",以法家统一百家又成为汉武帝"罢黜百家,独尊儒术"以儒家统一百家的前提。这一轨迹说明,中国传统法律文化的发展既是渐进的、分阶段进行的,又是连续的、一直未曾间断;同时还表现出从多元到一元、周期性循环、单向性深化等明显的趋势。

(二) 正统法律思想

封建正统法律思想,或者正统儒学法律思想,是当代学者对于自汉武帝"罢黜百家,独尊儒术"之后,直到清末居于官方正宗地位的法律思想体系的总称①。一般的思想史著述,多用具有代表性的思想家命名思想流派,如孔子、老子、墨子,或儒家、道家、法家等。表示其地位与影响时则用 XX"独霸"(杨鸿烈)、"独尊"(肖公权),或 XX 为"官方正宗"(侯外庐)、"正统地位"(张岂之)②等。法史学界之所以舍弃代表人物或学派之名,统称为正统法律思想,主要在于它历时很长(自汉中期至清末近两千年),影响较大(各朝各代均奉为正统或作为指导思想),重复又多(历代政治家、思想家均有论述,虽重点有别、各有发挥,但大同小异、主旨未改)。其内容与形式均非一朝一代、一人一书所能涵盖包容,所以统而论之。其内容与特征,学者各有见树。最具代表性的是张国华教授作出的概括,认为它的基本内容有二:一是以"三纲"为立法的指导原则,二是引经断狱、引经注律的"律学"一花独放。其特点表现在:宗法思想指导礼法;皇权至上,法自君出;坚持等级特权,主张同罪异罚;重德轻刑,重义轻利等四个方面③。

在笔者看来,尽管难以用某人某说作为正统法律思想的代表,但并

---

① 这一概念,最早是张国华 1982 年主编的《中国法律思想史》统编教材中提出,接着1984 年出版的,由张国华、饶鑫贤主编的《中国法律思想史纲》将"封建正统法律思想的形成和发展"作为专节进行阐述;此后,这一概念为学界普遍所接受而使用。

② 参见杨鸿烈:《中国法律思想史》,肖公权:《中国政治思想史》,侯外庐:《中国思想史简编》,张岂之:《中国思想通史》。

③ 详见张国华:《中国法律思想史新编》,北京大学出版社 1991 年版,第 182—187 页。

非在古代无人对"礼法合治"学说作出总结性的论述或阐发。虽然当时并无"正统思想"的概念,但一些思想家始终站在"励精图治"的立场上,总结前代思想主张,提出解决现实问题的对策,实际上就是对正统思想的阐发。如汉之董仲舒与班固,晋之杜预和张斐,唐之韩愈和柳宗元,宋明之朱熹与丘濬,清代的薛允升与沈家本等,都是正统法律思想在各个阶段的代表人物。现今,如果舍之而不顾,仍用上述方法作归纳式的概括,则容易使人产生以今解古、强加于古人的感觉。当然,若将这些代表人物的观点一一道明,不仅篇幅大,而且重复多。因此,选取其中的集中代表者,遂成为解决这一难题的关键。

(三) 丘濬总结与阐发了正统法律思想

笔者认为,明代的丘濬[①]对于正统法律思想进行了与众不同的、全面而系统的总结,较准确地反映了"礼法合治"学说的主要内容,可以作为其代表。主要理由有三:

其一,中国古代思想的发展之中,有个很有趣的"回光返照"现象,即某一思想体系在其形成、发展的初期,虽然较为粗糙或幼稚,但却具有生气勃勃或积极进取的态势;而一旦进入其后期衰落阶段,虽然气势日衰、形态僵化,但却体系具备,内容全面,更富理论性,正统法律思想亦是如此。同时,在思想和现实,理论与制度之间,也出现了"二律背反":一方面是正统法律思想的系统、成熟和合理化,另一方面是内外交困、冲突升级和统治危机的加剧;一方面在思想上强调立法"为民"、执

[①] 丘濬(1420—1495),字仲深,号琼台,海南琼山人。幼年丧父,家境贫寒,刻苦读书,以聪敏好学闻名乡里。景泰五年(1454年)中进士后,长期在翰林院任职,官至礼部、户部尚书,文渊阁大学士。经历明永乐、宣德、正统、景泰、成化、弘治七朝皇帝,目睹了明代由盛入衰的变化。著述有《大学衍义补》、《世史正纲》,以及《丘文庄公集》等。《大学衍义补》成为后世皇帝的必读书。

法宽平、严惩贪渎、明刑弼教,另一方面在执法司法中又实行着以法残民、重刑酷法、官逼民反、贪赃枉法。在中国封建社会后期,正统思想和现实制度之间的差距不断拉大,从过去的相适应变为相背离。这种现象给了我们一个重要启示:欲知正统思想的来龙去脉,应从前到后,顺藤摸瓜方可;而欲了解其系统内容,尤其"礼法合治"学说的全貌,最好是反过来,从后边直接去"摸瓜"才是。而丘濬正是在明代中期,以理学法律观来总结正统思想的。

其二,明代中期,正是商品经济开始萌发、封建制度渐行衰败、集权专制空前强化、社会矛盾日益激烈的时期。丘濬生于天涯海角的海南岛,成年后广游各地,了解民间疾苦和社会实情;他身处朝廷中枢,亲历了明代自盛入衰的变化,洞悉官场的腐败和司法的黑暗;他"有志用世,于凡古今典章政务,无不留心",又担任要职并且专门为皇帝研讲经典政史,熟悉并精通历代律令制度和法律主张;他推崇孔、孟,笃守程、朱,有深厚的理学造诣,注重阐明律令制度以及立法、司法的原理、原则,循名责实,诠释其义。这一切,既使他成为宋代之后在古代法律思想上卓有建树的学者,又是他得以对正统法律思想进行全面总结阐发的主要条件。

其三,汉代以后的法律思想(包括律学)是作为正统儒学或经学的附庸而存在的,始终未能独立出来。因此,明代之前除《唐律疏议》等少数律学著述之外,很少有系统阐发法律思想与主张的著作。欧阳修、王安石、朱熹等宋代大儒,虽亦重视立法司法,但多因事而发论,或者偏重"性理",均很不系统。丘濬的《大学衍义补》则弥补了这一缺陷。他在这部专供皇帝阅读的、旨在"经世致用"、"有资治国"的巨著中,汇集、整理了前代前人关于"治国平天下"的观点、主张和思想,采取"分门类辑,附以己见"的方法,重新予以编排、阐释和发挥。所谓"此(书)所纂辑者,非臣之私意杜撰。无一而非古先贤、经书、史传之前言往事也,并参以本朝之制，附以一己之得"①。在该书中，他列出"正朝廷"、"明礼乐"、"慎刑宪"等专章专篇，集中论述礼法制度的订立及其实施，言之有据，论之有理，系统地反映了正统法律思想的全貌、"礼法合治"学说的内容。

对于正统思想，丘濬不仅是总结归纳，还有所创新阐发。一方面，在内容观点上，他强调"君以民为天"，臣可"奉君之法，不奉君之意"，国不可"与民争利"，发展私人经济等。另一方面，在分析方法上，他一反律学的引经解律、单纯注释的模式，分门别类地将前代关于法律（包括礼与法）的性质（"总论礼乐之道"、"总论制刑之义"），作用（"正纲纪之常"、"公赏罚之施"），立法（"谨号令之颁"、"定律令之制"），执法（"炳治乱之几先"、"圣神功化之放"），司法（"详听断之法"、"戒滥纵之失"），以及监狱管理（"简典狱之官"、"伸冤抑之情"）②等方面的论述予以归纳，又将这些论述联系起来进行整体考察，在对比分析的基础上，提出自己的见解。在古代的思想家中，像他这样既全面又深入地论述法律问题的，还不多见。因此，丘濬的总结和阐发，反映了封建后期正统法律思想的概貌和宋明理学对法律思想的渗透与影响。

第二节 "礼法合治"的治国理论

丘濬从五大方面对于正统法律思想进行了较为全面的总结，即圣人制法的起源论和"养民"、"安良"的目的说；"德礼政刑，始终相成"的礼法并用说；立法"为民"和"明理"守法论；"民穷犯法"的犯罪论；原情定罪、慎刑恤狱的刑罚论。本节着重从与古典法治直接联系的治国方

---

① 见《大学衍义补·序》。
② 见《大学衍义补·总目》。

略的角度,阐述他对"礼法合治"学说的独到归纳和论述。主要表现在以下几个方面:

一、法律是"天理"的体现

丘濬乃明代大儒,阁老重臣,又任过两朝的尚书与内阁大学士,自是理学大家。他将专供皇帝皇家阅读的著作取名为《大学衍义补》与《朱子学的》,可知对理学信奉与宣扬;然而翻开两书一瞧,又会发现其中很少有空谈心性、玄说太极的言语,主要以"治国平天下"的方略、制度与措施为内容,与程、朱连篇累牍的义理、精气相距甚远。从而反映出这位理学思想家的现实立场。丘濬论礼法,是从其形成说起的。

首先,他引述了传统的"天道"观念,强调法律最早是圣人、贤君秉承"天意"而制定的:"天地生人,而于人之中命一人为君,以为人类主",从而肯定了"君权神授"说。这个"人类主"就是"天子":"天子之事,皆天之事",如"号令之颁,政事之施,教条之节,礼乐制度之具,刑赏征讨之举"等,都是按照"天意"进行的。所谓"非君之自为也,承天意也"①。值得注意的是,丘濬所说的"天",已非董仲舒神学之天,而是宋明理学之天。他进而强调说,礼乐刑罚制度虽出自于圣人、君主,但"非圣人所自为也,因天地自然之理耳"②。这里所说的"礼乐制度"或"刑赏征讨"并不是指具体的条文规定,而是基本原则。他将国家、君主和法制说成"自然之理"的产物,一方面以"天意"提高君主的权威,一方面又借"天意"约束君主,清楚地表明了理学法律观的立场。

其次,丘濬又着眼于社会需求阐述法律的形成。他指出,人类之初并无礼法,只是以"后生齿日滋,种类日多,地狭而田不足以耕,衣食不

---

① 见《世史正纲·序》。
② 《大学衍义补·总论礼乐之道》。

给,于是起而相争相夺,……是以圣王随其时而为之制"。诸如"既分田授井以养之,立学读法以教之,又制为禁令刑罚以治之"。显然,他在这里所运用的是先秦的荀况、法家,以及后世柳宗元等人的观点,旨在论述礼法制度的合理与永恒,并且突出了"禁令刑罚"的强制性与惩罚性。

再次,他具体地表述了"法制"的形成过程。认为"国初民少之际",没有什么礼乐刑罚,表现为"陶唐之前,法制未定",主要靠各自的"道"、"德"维持秩序。后来,经圣王"一道德而同俗",才有了礼法制度,即"自尧始","三代帝王,本乎德以为教,而又制为礼法,命大臣以降于天下,使亿万之众,莫不知所法则而遵行"①。丘濬在这里用是"礼法"一词,可见"礼法合治"之后,至少在明代已通行"礼法"用语,而不像秦汉之前,单称"礼"或"法"。同时,"本乎德以为教"的说法,也证明了"德政"之"德"经过理学的过滤与改造,其含义向着价值与道德方面靠拢。丘濬未进行考察实证,却凭史料推"理"得出了中国古代的礼法制度始于尧、舜、禹"三代"时期的结论,可见其史学功底之深。

当然,丘濬也有误判。如对于"律",即刑法典的形成,他在考证之后指出,"三代未有律之名",在周代是"礼"与"刑",至春秋时期"铸刑鼎"、战国时的"法经",直到西汉才正式以"律"为法制的名称。这个结论当然有误,因为秦律早在战国中期已为史实。我们不能苛求古人,受历史的局限是可以理解的。而丘濬的误判主要是受理学之累的缘故。在其著述之中,虽然也曾引述了法家的部分观点,但很少或几乎没有从正面肯定申、韩、李斯的观点,显示他的正统儒学立场的坚定。然而,这样的结果是,既对商鞅相秦"改法(经)为律"的记载弃而不取,却又看不到现今出土的"云梦秦简"等文物,所以便认为"律"是自西汉开始的。

---

① 见《大学衍义补·家乡之礼》。

平心而论,他能够初步描绘出从习惯到不成文的习惯法,再到成文法的法制形成历程,在古代的学者中已属出类拔萃、十分不易,并相当难能可贵了!

二、"明刑弼教":对法律与道德关系的新概括

德与刑、礼与法的关系是"礼法合治"学说的重点内容,通过丘濬的总结和发挥,尤其以"理学"为依据进行的归纳,使之更为明确和实用。他汇辑了自孔、孟以来,特别是汉儒和宋儒的有关论述,结合明代的实际,从天命观、人性论、民本说、犯罪根源和刑罚适用等方面阐述了礼法互补和"明刑弼教"的必要性。

(一) 道德教化与法律强制两手并用

丘濬集中论述了德、礼、政、刑这四种统治方法之间的关系。在宋代之前,正统思想坚持汉儒所论证的"大德小刑"或"重德轻刑"论,认为"刑"与"法"是不得已时才使用的。丘濬则从"理学"立场出发,认为四者均重要,不宜再分大小或重轻。他指出,应该将孔子的"导之以政,齐之以刑,民免而无耻;导之以德,齐之以礼,有耻且格"与朱熹的"政者,为治之具;刑者,辅治之法;德、礼则所以出治之本,而德,义礼之本也。此其相为始终"[1]这两句话结合起来。并进而分析说:"孔子分政刑、德礼为二,而言其效有浅深;朱熹则合德礼政刑为一,而言其事相为始终。要之,圣贤之言,互相发也"[2]。也就是说,孔子的"一分为二"是为了说明四者的不同功能效果,朱熹的"合二为一"则表明其目的相同,次序相连,认为只有将孔、朱的论述结合起来才能全面地把握德与刑、礼与法的关系。

---

[1] 朱熹:《论语集注·为政》。
[2] 《大学衍义补·总论朝廷之政》。

有鉴于此,丘濬强调对治国理政来说,作为统治方式的"礼治"与"法治",作为基本制度的礼法与刑律,是实现同一目的的不同方式,是同一体系中的不同环节;只有交替使用四种工具,才能有效地维持统治秩序。所谓:"人君以此四者治天下,不徒有出治之本,而又有为治之具;不徒有为治之具,而又有为治之法。本末兼该,始终相成,此所以为王者之道,行之天下万世而无弊"①。这种认识,反映了封建统治经验的成熟和对礼法德刑关系的重新概括。

(二)"纲常"是"礼法"的根本原则

丘濬又通过对礼教与法制的地位和作用的分析,论证了"礼治"的核心原则——"三纲五常"与法政刑罚之间的主、从关系。"理学"之"理"实指"纲常",而"德"是"纲常"外化表现或代名词。所谓:"盖德,其理也。而礼则其理之有节文,而见于事,而可行者也",所以"德又礼之本"。他又指出,"礼者,其大者在纲常,其小者在制度"②,认为"纲常"原则是礼的实质,具体的法政"制度"只是它的现实表现。因此,从小处看,"行此礼乐之道,则有法制禁令;防礼乐之道,则有刑罚宪度"③;从大处说,"礼乐刑政,其致一也。必有礼乐以为刑政之本,而政事之行,刑罚之施,皆本乎于自然之理,以立为当然之制,使民知所避而不敢违"④。在论述礼法起源时,丘濬指出圣人"因天地自然之理"而制法,这里,他又强调立法"本乎自然之理"。联系到"礼者其大者在纲常"之语,可见丘濬的"理",并非一般意义的"道理",更非今语的"真理",而是专指理学的"天理"—"三纲五常"。丘濬强调,"刑言其法,教言其理,一

---

① 《大学衍义补·圣神功化之极》。
② 《大学衍义补·礼仪之节》。
③ 《大学衍义补·总论朝廷之政》。
④ 《大学衍义补·总论制刑之义》。

唯制之以义"①,这个"义"也是"纲常"。

这样一来,包括礼乐刑政、法制禁令在内的各种制度措施,都要以"三纲五常"为核心、为指导、为鉴别与评价标准。符合"纲常"的为"正礼"、"善政"、"良法";违背"纲常"的则属"非礼"、"乱政"、"淫刑"②。通过丘濬的总结性的论述,作为正统思想的"礼法合治"中关于礼义与法令关系的观点便昭然若揭。礼义与法刑是一致的,礼义所赞许的必为法刑所维护,对礼义的违背必受法刑的惩罚;礼义为本,是指导,法刑为末,属体现;礼义原则高于法刑,法刑的适用要服从礼义,当二者发生矛盾时以礼义为准。这种纲常礼义至上的认识,是古代思想家对封建统治经验的总结,属于传统思想中的糟粕。然而,它表明了古典法治的一种思维定式,即现实的礼法制度之上还有一个必须遵从的、体现本质的、居于核心地位的基本原则,它是指导、判断、评价实在法的最高标准。

(三) 从"德主刑辅"到"明刑弼教"

丘濬亦谈"德主刑辅",但同时又对其内容进行了一番改造,显示了"礼治"与"法治",德与刑新的结合:例如,传统观点认为"法令者,所以诛恶,非所以劝善",以及"法能刑人而不能使人廉,能杀人而不能使人仁"③。他却指出"用刑以刑人,将使人不敢为恶而务于为善";从而使过去的德、刑相分走向德、刑相通。又如,传统观点坚持"任德而不任刑",他却借解释《尚书》"祥刑"一语指出,"其为器也固若不祥,而其意至善而大祥所在也",应该既"任德"又"任刑",从而使法、刑具有仁恕、爱民的性质。再如,传统观点主张"以德去刑",而他却强调"立为刑辟,使人知避而不犯,则无犯刑辟者矣,此所谓辟以止辟也",从而加强和提

---

① 《大学衍义补·谨详谳之议》。
② 《大学衍义补·一道德以同俗》。
③ 陆贾:《新语》;桓宽:《盐铁论·申韩》。

高了法、刑的地位与功能。最有意思的是,丘濬精通儒家经典,明知孟轲"徒善不足以为政,徒法不能以自行"中的"法"原指"先王之道",并非法令刑罚,但为了论证"德礼政刑"的并用,故意将此句解释为:"有政刑而无德礼是谓徒法,有德而无政刑是谓徒善"①,以致后人均这样解读孟轲的这句名言。

我们知道,"德主刑辅"是明代之前正统思想处理德刑关系乃至封建司法的指导原则,在朱元璋的《大诰》之后,"明刑弼教"②取代了"德主刑辅"的提法。这一明显变化,是出于明初"刑用重典"和律外用刑的实际需要,而对其进行理论总结和阐发的,是明中期的丘濬。他分析说:"明于五刑,以弼五教,此万古圣人制刑之本也。可见刑之制,非专用之以治人罪,盖恐世之人不能循夫五伦之教,故制刑以辅弼之。使其为子皆孝,为臣皆忠,为兄弟皆友,居上者则必慈,与人者则必信,夫必守义,妇必守礼。有一不然,则入于法,而刑辟之所加也"③。

他将"明刑弼教"视为"制刑之本",主要表现有四:一是将其从一般的用刑原则提升为立法的指导思想,所谓"刑法之制,所以弼教,而教之本在乎天伦"④;二是刑罚的目的不仅为了"惩恶"或制止犯罪,而是使人们"循五伦之教";三是刑罚的运用必须以"五教"为标准,四是通过刑罚的运用达到"无刑"即人人为善,不用刑罚的境界。总之,在宋明"重典治国"、实施严刑与传统的"德主刑辅"思想发生冲突的情况下,经"理学"、朱元璋,尤其丘濬阐发的"明刑弼教"思想,恰好适应了封建社会后期统治者寻找新的法律指导原则的需要。而整个明、清时期的重典重

---

① 均见《大学衍义补·总论制刑之义》。
② 其语出于《尚书·大禹谟》:"明于五刑,以弼五教"。后人归纳为"明刑弼教"。宋代以前,很少使用这一概念;经过朱熹的阐发,如《朱子语类》"殊不知'明于五刑,以弼五教',虽尧舜亦不免。教之不从,刑以督之,惩一人而天下人知所劝戒",它才受到重视。
③ 《大学衍义补·总论制刑之义》。
④ 《大学衍义补·制刑狱之具》。

刑、律外加刑、屈法申情等刑法政策，在很大程度上都是借助于德刑"为民"和"明刑弼教"的理论才得以推行。

三、"养民""安民"，"为民兴利除害"

中国古代的"天命"、"天道"、"天志"，以及"以德配天"、"天人合一"、"天人感应"等观念的本质是"以人为本"，核心是"为民"，目的是为其统治提供合法性。强调君主、国家和礼法制度，均是"上天"为民而设，本是正统思想的一贯主张，丘濬则从立法原则和刑罚目的等方面，进行了论证。

（一）立法"为民"说

从"礼法之制"是为民造福除害的宗旨出发，丘濬在系统总结前代立法的经验及教训的基础上，以《大明律》为据，归纳出了"本天之理，制事之义，为民之利，因时立法，宜时处中"的总原则，强调"立法以便民为本"，并进而提出具体的要求：

一者礼法的制定必须做到"应经合义"，即符合纲常礼教的要求。他说，"经者，礼义所自出，人必违于礼义然后入于刑法。律令者，刑法之所在，议而校定，必礼义、法律两无歉焉。本是以立天下之法"①。在他看来，"礼义"关系到"民命"，乃"民本"，所以必须用礼义指导立法。

二者必须"因时以定制"，做到"随时制宜"，即既保持法律的稳定与连贯性，又能依形势的变化作及时修订。他指出："国家制为刑书，当有一定之制"，不仅能够"施之于一时"，而且应该"为法于百世"②。为此，他重申北宋欧阳修提出的"经常简易"的立法原则，并加以发挥："盖经常，则有所持循而无变易之烦；简易，则易以施为而无纷扰之乱。以此

---

① 《大学衍义补·定律令之制》。
② 《大学衍义补·谨号令之颁》。

立法,则民熟于耳目,而吏不能以为奸"①。同时,他又提醒,应该"随时制宜,补偏弃废",使律令能"随时世而变易","因前人之故典,而开一代之新规"②。他强调说,在"补偏弃废"时不能改变立法的初衷和根本宗旨,所谓"不幸行之久而弊生,期间不能无有窒碍难行之处,则随时为之委曲,就其阙而补之,举其滞而振之,要不失祖宗之法之初意"③。

三者立法时要注意宽严适中,顺"民意",合"民情"。他说,"中也者,在心则不偏不倚,在事者无过不及";"先王立法制刑,莫不用中。中则无过,无不及;可以常用而无弊"④;他强烈谴责设重罪、用酷刑,认为这是"驱民为盗"、残害百姓的典型表现,不符合德政对法律的要求。

四者法律条文应该明确无误,文字要通俗易懂。他主张用"直书其事,显明其义"的方法来制定法令。即直截了当地"书其所犯之罪,所当用之刑;或轻或重,或多或少,或加或减,皆定正名,皆著定数。使读律者不用讲解,用律者不致差误"。他说,律令本来应该是"浅易其语,显明其义,使人易晓",但"今之律文,蒙唐之旧,文以时异",一般人很难看懂,因而提出:"命儒臣之通法意者,为之解释,必使人人易晓,不待思索考究,而自有以得于言意之表"⑤。

(二) 刑罚"为民"论

丘濬指出,一般人们只知道德惠和教化是为了民生,却不了解刑罚与兵戈同样是"为民"而用⑥。由于"为民除害"亦是为了让民众更好地

---

① 《大学衍义补·经制之义》。
② 《大学衍义补·礼仪之节》。
③ 同①。
④ 《大学衍义补·戒滥纵之失》。
⑤ 《大学衍义补·定律令之制》。
⑥ 《大学衍义补·制刑狱之具》:"人见其(圣人)德教之施,恩泽之布,以为生人也;而不知其刑罚之加,兵戈之举,亦所以为生人也"。

生活,所以"礼乐政刑,其致一也。……皆本乎自然之理,使民知所以生"①。他说:"政所以安民生,狱所以治人罪,皆奉天之命,牧养其民","有为生民之梗者,必用刑狱制之",以及"天之立君,君之任官,无非以为民而已"②。将封建政治与法律都说成人民生活之必需。这是所有封建士大夫的观点,丘濬的特色在于他紧扣"民本"思想,具体论述刑罚目的。表现在:

其一,"赏必加于善,刑必施诸恶","有如是之罪,必陷如是之刑",认为刑罚的主要目的是惩治罪恶,其轻重也取决于罪恶行为的大小,显然说的是刑罚的报应目的。其二,他指出,"设为国刑,以专纠夫不恭之人,使之愿悫为上焉"③;即刑罚的适用能够使犯罪者弃恶从善,改过前非,显然指的是刑罚的教育目的。其三,他认为,对小罪处刑可以防止大罪的产生。"惩之于小,所以防其大;惩之于初,所以诫其终。使其知善不在大而皆有所益,恶虽甚小而必有所伤。不以善小而弗为,不以恶小而为之。不至于恶积而不可掩,罪大而不可解",显然指的是刑罚的特殊预防目的。其四,他指出,通过对犯罪者的惩罚可以收到禁止其他人犯罪的效果,即:"除去不善以安夫善,使天下之不善者有所畏而全其命,天下之善者有所恃而安其身"④,显然指的是刑罚的一般预防目的。可见,丘濬关于刑罚的阐述,基本上涉及了现代刑罚目的理论的主要方面。

四、恪守法制

丘濬将儒家的贤人政治、民本思想和法家的严明法制,君臣守法等

---

① 《大学衍义补·总论礼乐之道》。
② 《大学衍义补·总论制刑之义》。
③ 见《大学衍义补·制刑狱之具》。
④ 见《大学衍义补·谨详谳之议》。

主张结合起来,从"天意"和"民心"两方面要求君主与官吏必须遵行自己制定的法律。

(一)"奉君之法而不奉君之意"

他以"天理"为依据,指出所有的法制政令,"皆非君之自为之也,承天意也","王法天刑,不可委曲生意"。实际上是要求君主放弃个人喜怒爱憎,按照正统思想原则办事。诸如:"人君之爵赏刑罚,皆承天意以从事,非我之所得私也","刑者,天讨有罪之具,人君承天意以行刑",等等。

同时,他又强调,"古之帝王,所以同民心,出治道,使天下如一家,中国如一人者,不过举四者措之而已"①。这里的"四者",系指礼、乐、刑、政四种统治方法。可见,丘濬始终将"天理"置于君权之上,希望能用正统思想的价值引导和说教使君主守法。他认为,如果君主的言行违背了法制的原则,臣下可以谏诤,甚至可以抵制;所谓"奉君之法,而不奉君之意","过之当宥者,则承天命以宥之,不当宥者,不宥也;过之当辟者,则奉天命以辟之,不当辟者,君虽辟之,不辟也"。认为严格执法,是司法官吏的天职,不能依君主个人意愿而动摇,"为刑官,执一定之成法,因所犯而定其罪,岂容上之人宽急,而为之轻重哉"②。

(二)"国以民为本","民心刑赏"

丘濬发展了传统的民本思想,不仅从政治角度阐发"民为国本"的重要,而且直接将"民心"、"民情"与执政、施刑处罚相结合,提出"民心之刑赏"的论断。他从经济上分析,由于"国家用度,皆取自民","君之所用,皆民之所供",所以"国以民为本"③。又从政治上分析,"君以民存,亦以民亡","民为邦本,本固邦宁",所以"君以民为天"。君主作为

---

① 均见《大学衍义补·总论制刑之义》。
② 《大学衍义补·简典狱之官》。
③ 《大学衍义补·贡赋之制》。

奉承"天意"的"人类主",必须以"养民"、"安民"为施政宗旨,做到"重民之事"、"宽民之功"、"愍民之穷"、"恤民之患"、"除民之害"①,用德礼法刑保证民众安居乐业。

他认为社会动乱和犯罪产生的原因,一方面在于"民穷而至于犯法",往往是"非迫于不得已,则陷于不自知"的结果;另一方面"民之所以为盗,不在朝廷则在官吏"②,即"官逼民反"。总之,"盗寇之生发,固有民穷而为之者,亦有官吏激发而致之者"。在封建官僚之中,像这样论述犯罪根源的还不多见。由此,他强调,"横敛厚征,治天下之大蠹",尤其以酷刑重法"戕民命"③和徇私枉法,是民众造反的直接导火索;君主的法律刑赏一定要顺"民意",合"民心"。

他反复强调,赏罚必须"公正","公"的标准是"众人之好恶";所谓"人君之赏刑,非一人喜怒之私,乃众人好恶之公"④,"以己心之喜怒,私意之好恶,辄加赏罚于人,则失天讨之公",以及"加罪人以非法之刑,非天讨之公"。对于司法官吏审判案件,君主不应妄加干涉。针对法外刑、律外例及另设新狱等现象,他指出:"天下之法,当出于一;帝王之心,无偏无党。犯于有司,当付有司治之。……国家有常制,自有赏刑之官,原设之狱,罪无大小,皆有所司。又何必别开旁门,使权归与一人,祸及于百姓哉"⑤。

同时,他又不断提醒君主在司法赏刑时一定要注意民心所向和社会舆论,使法令的实施得到民众的认可和拥戴。即"人君之刑赏,非一己之刑赏,乃上天之刑赏;非上天之刑赏,乃民心之刑赏。是故赏一人,

---

① 《大学衍义补·择民之长》。
② 《大学衍义补·戒滥纵之失》。
③ 见《大学衍义补·遏盗之机》。
④ 《大学衍义补·公赏罚之识》。
⑤ 见《大学衍义补·制刑狱之具》。

必众心之所同喜;刑一人,必众心之所同怒"①。由此,他既肯定西汉张释之犯颜直谏,坚持依律断处"犯跸"案是"能守职执法,以道事君者";同时又批评其"方其时,上使人诛之则已"这句话起了"开人主杀人之端"的作用。丘濬指出,既然坚持"法者,天子所当与天下公共之"的原则,那么汉文帝只能将犯跸者"付之有司,以法论之",即使天子也不能"越法而擅诛"②。从"君以民为天",到天子不得"越法",可见丘濬要求君主恪守法制的思想远比前人深刻和彻底。

(三) 慎刑恤狱、"原情定罪"的司法原则

在司法和刑赏运用方面,丘濬通过对儒学经典和前人论述的归纳,提出了较为全面而系统的原则和主张。主要包括:

其一,及时公布法令。他说,必须将已定律令,"明白详悉,颁布天下"。针对"刑之轻重,不可使民知"的观点,他驳斥道:设法置令的本意是"使民易避而难犯",如果不予公布,"律令藏于官",连一般的官吏尚"不能遍知其所有,调晓其所谓",更何况普通的百姓呢!这样"匿其制,晦其言"的做法,使"勋民不知而陷入焉,又从而刑之,则是罔民也"③。"罔民",即欺骗、陷害百姓。

其二,任法与任人相结合。他说,"法者存其大纲,而其出入变化固将付之于人"。这里的"人",指称职的执法、司法官吏。鉴于官吏徇私舞弊、执法犯法和屈从权贵而导致刑狱冤滥、民怨沸腾的教训,丘濬告诫君主:"然典狱之官所以不讫于威、富者,其根本又在于上之人焉";即根源于"上不能率先于身"。因此,他强调"居人上者,立法制,明禁令,必先有诸己,然后为之";尤其君主应"谨身正法"。由此,他提出了选任执法官吏的几项要求:一是要"明义理,备道德,通经学",才具备既"守

---

① 《大学衍义补·谨号令之颁》。
② 《大学衍义补·简典狱之官》。
③ 《大学衍义补·顺天时之令》。

法而又能于法外推情察理";二是有"至公无私之德",才能公正执法,不为权势富贵所动;三是"必用易直仁厚之长者"与"秉性刚直之人",才能防止酷刑残民;四是既能坚持原则又善灵活运用,即"守一定之法,任通变之人"①。

其三,谨慎用刑。他认为,"圣贤之经典,其论刑者千言万语",最重要的是《尚书·舜典》的"钦哉钦哉,惟刑之恤哉"这"九个字",应作为"后世帝王所当准则而体法"的用刑原则。对待审讯、定罪和量刑、行刑,一定要慎重谨敬,不可掉以轻心。丘濬所说的"慎刑"、"恤狱",包括"存哀敬以折狱","治狱必先宽","罪疑从轻","免而不得而后刑之,生而不可得后杀之",以及及时结案和改善监狱条件、待遇等。

其四,原情定罪。丘濬指出,"论罪者必原情。原情二字,实古今谳狱之要道也"②。这里的"情",系指法律所体现的礼义原则,并非现代汉语的"情节"。"原情",即是分析犯罪的动机和心理是否符合纲常礼教。"原情定罪"所强调的是,定罪量刑时不仅要看其行为与结果,还要注重其犯罪的动机。其基本要求是:"言刑者必与礼并","行罚者必主于经义"③;经义和律令具有同等的法律效力。在一般情况下,应该"随其情而权其轻重,于经于律,两无违悖"④;但若出现经义与律令相矛盾的情形,如"法虽有明禁,然原其情与理不悖",便应当"因情以求法",即"制之以义,而不可泥于法"了,这就要求执法官吏必须既通晓经义又精通法律。因此丘濬提出,不仅重臣大员,即使基层官吏也应"通经",所谓"惟明于经训者,乃能用法","吏胥不通经,不可以掌律令"。

---

① 见《大学衍义补·简典狱之官》。
② 见《大学衍义补·谨详谳之义》。
③ 见《大学衍义补·定律令之制》。
④ 见《大学衍义补·明复仇之义》。

其五,禁刑讯,不滥赦。他指出,"假刑以立威,尤不仁之政之大者也"①,"人君之酷刑,皆足以失人心而亡国",所以必须严加禁止。他猛烈抨击当时的"惨刻之刑":"近年以来,乃有酷虐之吏,恣为刑具,如夹棍、脑箍、烙铁之类,名数不一。非独有以违祖宗之法,实有以伤天地之和"②,应该"悉令弃毁"并"痛加禁革。若有于律文讯杖之外,巧意用刑者,坐以违制之律。造之者重罚,用之者除名"③。

对于刑罚的赦免,丘濬认为,这是专对因过失或意外而致罪者采取的一种权宜措施,决不能定为制度,也不是"仁政"的体现。即"当危之时,赦不可无";但"承平之世,赦不可有"。他反对"一遇国家有变革、喜庆之事,则形于王言,颁之天下,不问情之故误,罪之当否,一切施以旷荡之恩"的滥赦;而赞同"蠲逋减税,省刑已责,驰工罢役,宽征招亡,凡宽民惠下之道,因赦而行可也"④。基于这一认识,他批评唐太宗赦免死刑罪犯为"纵囚",是"以己意纵罪人,而又以己意舍之"⑤的破坏法制的行为。

五、开放工商,不"与民争利"

在经济贸易法制思想方面,丘濬的观点颇有新意。他打破了传统的"重农抑商"、厚赋重税的窠臼,以人性自利、财产私有等观念为出发点,在历史上首次提出了减少控制与干涉,"听民自便",用法令鼓励和保护工商经济的主张,反映了当时新出现的资本主义商品经济发展的要求。具体表现在:

---

① 均见《大学衍义补·简典狱之官》。
② 《大学衍义补·总论制刑之义》。
③ 《大学衍义补·戒滥纵之失》。
④ 《大学衍义补·慎眚灾之赦》。
⑤ 《大学衍义补·存钦恤之心》。

（一）君主"为民理财"，不得据为"私有"

丘濬主张法律政令应体现和保障"民利"，即个人的财产与利益。指出："天生五材，民并用之。君特为民理耳，非君所得而私有也"。这显然是针对传统的"普天之下莫非王土"的观念发论的，虽然他只说"民用"，没有明确"民有"，更未提出"民主"，但却否定了君主"私有"，尤其"君特为民理耳"一语，即君主只不过是民众财产的管理者，破天荒地表达了工商市民私有财产的强烈愿望，应该是中国封建社会后期最早出现的启蒙观念。

他进而分析说，使"人人各得其分，人人各遂其愿"，"各有其有"，是"天意"的要求，"天理"的表现，所以君主和国家法制也应该以此为自己的"天职"[①]。他认为，这种职责集中体现为《周易·系辞》的"理财，正辞，禁民为非"一语，并解释说，"理财"就是使"田里"、"树畜"等"各有其存而不相侵夺，各有其用而无有亏欠"，显然是指维护土地财物的私有；"正辞"就是"辨其名实"，"明其等级"，即确立等级所有制度；如果这种等级私有制受到侵犯，就要用法制刑罚以"禁民为非"[②]。具体地说，就是以"为民之利"、"薄税宽役"、"随时以处中"为原则制定"经常可久"[③]的贡赋税役方面的法令，以达到"省力役，薄税敛，平物价，使富者安其富，贫者不至于贫，各安其分，上下得其所"[④]的目的。可见，丘濬不像传统儒家那样向往尧舜的"大同"理想，他非常现实，为挽救封建危机而主张"小康"社会。这一观点，可以说是近代市民阶层要求以法律来维护私有权的思想先声。

---

① 见《大学衍义补·总论理财之道》。
② 《大学衍义补·总论朝廷之政》。
③ 《大学衍义补·贡赋之常》。
④ 《大学衍义补·市籴之令》。

(二) 土地法制,"便民""利民"

在土地、房屋等制度方面,丘濬主张应承认土地私有的现状,法令的制定与实施,都应以"为民之利"和"听民自便"为宗旨,亦属虽未明确提出"自由买卖"但却已有其涵义的启蒙思想。他分析说,自"井田制"废除之后,"田不在官而在民"即已经属于个人所有,现在"卒无可复之理",即再也不宜恢复了。后世各代实行的"限田之议,均田之制,口分世业之法"等,"可以暂而不可以常",即属于临时应对之策而不是能长久实施的制度。针对明中期的实际情况,他结论说:"终莫若听民自便为得也。必不得已创为之制,必也因其已然之俗而立为未然之限,不追咎既往,而惟限其将来"①。即主张以法律肯定现状,确认土地私有和自由买卖,规定私人占有土地面积的总数额,以限制土地兼并;对于以前的占地行为,无论合法与否,一律不予追究,只是对法令颁布之后的土地数量加以限制。显然,这是当时的中小地主和富裕市民要求保有与扩大土地的意愿的反映。

(三)"官不可与民争利"

丘濬还反对国家以法律"与民争利"和抑制私人经济的发展。他指出:"天地生物以养人,君为之禁,使人不得擅其私而公共之可也;乃立官以专之,严法以禁之,尽利以取之",是不符合"立君养民"之"天意"的。由此,他激烈抨击当时的"禁盐"、"榷茶"等法律,主张将"官有"、"官营"改为国家监管之下的私营生产和运销制度。并分析说,"盐之为利,禁之不可也,不禁之亦不可也;要必于可禁不可禁之间,随地立法,因时制宜,必使下不至于伤民,上不至于损官,民用足而国用不亏"。主张要本着"民足国不亏"的原则制定关乎国家收入的重要物资的法令,用发展私营经济的方式增加国家财力,这又是一般的封建士大夫所无

---

① 《大学衍义补·制民之产》。

法企及的。

可贵之处在于，他又进而指出："官不可与民争利，非但卖盐一事也。大抵立法以便民为本，苟民自便，何必官为"[①]！明确反对封建国家垄断经济贸易，不但主张放手让商品经济自己发展，而且还透露出凡是民众能"自便"、自为的事项，国家官府就不应强加干涉的新的思想要求。

在封建社会后期一片宣扬集权垄断、国家专营、重农抑商的声浪之中，丘濬的这些主张独树一帜，以启蒙主义精神，给人以耳目清新之感。然而，由于他将此观点隐藏在阐释经典的方式之中，同时《大学衍义补》又是专供皇帝在内廷阅读的著作，对外的影响有限，所以，丘濬对正统法律思想、对"礼法合治"学说的总结，关于新的、带有启蒙因素思想的发挥，在当时未能发挥应有的作用。尽管如此，有清一代的有为皇帝，将他的主张作为实际治国方略，也曾造就了康（熙）、雍（正）、乾（隆）等"盛世"。当然，影响并不持久，时间亦较短暂，但其思想的启蒙意义是不可磨灭的。

---

① 均见《大学衍义补·山泽之利》。

第十二章 "无为而治"、放权简政：
中国古典法治的策略

"无为而治"是中国古代政治、法律特有的概念。在现代汉语中，"无"是没有、不在之义，"为"指作为、行为、活动，"无为"即没有任何作为，"治"为统治、管理。但它们组合为一个治国理政的专门术语，"无为而治"却不是没有作为地管理国家，而是一种有别于"礼治"、"刑治"、"德治"、"法治"的治国之道。从其在不同阶段的内容与性质看，它类似于现代的民众自治、极端自由主义、无政府主义等概念；并且在开始时表达的是个人的政治诉求，后来成为治国的方略或国策。

作为一种治国策略，它首见于战国时期，只是当时"百家异说"中的一说。秦亡之后，出于特殊的政治需要和社会需要，它以其本身的优势，即撷取各家之长，力主"与民休息"而成为汉初近70年的指导思想，并承上启下，引导助成了"礼法合治"即正统思想的确立。唐初统治集团在新的社会条件下予以改造、充实、运用和发挥，使之大放异彩。对"无为而治"的理论与策略进行归纳和总结的，先是秦代吕不韦的《吕氏春秋》，后为汉代刘安的《淮南子》，再是唐代李世民君臣的《贞观政要》。

值得关注的是，在各种治国之道中，老子之道及"无为而治"出现的时间最早；当后来"礼治"崩溃、"德治"瓦解、"法治"破产、"天治"（墨家"天志"）散失，不得不脱衣换面、改弦更张之时，"无为而治"却始终坚守初心，保持形象，并采纳吸收各家之长壮大自身。虽然未处正统地位，但曾不断占居鳌头、造就盛世并取得良好的社会效果。历史上的"文景之治"、"贞观之治"、"开元之治"等均是这一国策的体现;从我们今天实行的减政放权、有限政府、让市场发挥调配资源的决定作用等改革措施中,也能觉察出其思想的历史影响力。

第一节 "无为而治":治国理政之道

"无为"最先是老子针对礼、刑、仁、法等有为举措提出的治国理念,庄子将之向人格平等、思想自由的方向发挥,而部分稷下学士(齐国稷下学宫集中了各国学人)又将传说中的黄帝言行与《老子》书结合起来,被称为"黄老之学"。在天下大乱、群雄争战、思潮迭起、民生涂炭的春秋战国时期,弱者为了保护自己而提出统治者"无为"的要求,而为君主治国出谋划策的智士认为这是治吏治民的有效方略。到政权已定、制度始成,礼法既合又百废待兴的王朝初期,面对前朝繁礼苛政酷刑所留下的"烂摊子",实施"有为"政治尚不具备条件,"无为而治"又被奉为治世之良方与最好的策略。这就是黄老道家的治国理政之道,在古代走过历史的路径。本节先论"无为而治"的原生态势,即从老子的"清静无为"到庄子的绝对"虚无"。

一、"清静无为":"无为而治"的最初形态

这是老子在其书《老子》(因其包括"道"与"德"两篇,又名《道德经》)中提出的主张。老子是当时著名的"隐士",与孔子同时,但较孔子年长。说其著名,是因为其人其书其言行为各家各派所知所引所论;但因属于"隐士"(隐匿山林的士大夫或旧贵族),所以时人只称其为老子(年老的大师),而不知其真实姓氏。汉初司马迁调查考证后也只能推测估计,也许是春秋末期的老聃,姓李名耳,做过周"守藏室之吏",后辞

官隐居,不知所终。老子是道家的鼻祖①,道家以"道"为学术主旨与思想旗帜,"无为而治"是"自然之道"在社会现实即治国中的反映。

(一)"道"以自然为本质,以"无为"为表现

在老子之前,人们将天命鬼神视为本原与主宰,认为"天道"及其"人道"均源于"上天";而老子却进而将"天"的根源归之于"道",从而赋予自然之道根本来源的地位,既用"道"来解释自然宇宙和人类社会的本体,又用"道"来说明其应该具有的状态,即价值目标。古代思想家论法,常与自己的社会理想相联系。老子的理想是"天下有道"的社会,由此提出了古代最早的自然主义法律观。

老子认为,包括人类社会在内的世界万物,都同出一源并遵守着同一规律。这种规律是客观的、独立的、权威的、永恒的、不以任何人的意志为转移的。他说,"有物混成,先天地生。寂兮廖兮,独立而不改,周行而不殆,可以为天下母。吾不知其名,字之曰道,强为之名曰大"②。万物皆从道产生:"道生一,一生二,二生三,三生万物"。灵魂、精神也自道而得:"天得一以清,地得一以宁,神得一以灵,万物得一以生,侯王得一以为天下正"。同样,人间的礼法仁义等制度与品德要求,都是失去了道的表现,因为最好的品质德操与规则制度都包括在道里,根本不用再定出来。所以才会出现"失道而后德,失德而后仁,失仁而后义,失义而后礼"的反常现象。

那么,道的内容和要求是什么呢?老子用诗一样的文字回答:"故道大,天大,地大,人亦大,域中有四大而人居其一焉。人法地,地法天,

---

① 学界关于道家的创始人有二说:一是春秋时的杨朱,冯友兰的《中国哲学简史》认为"老、庄皆继杨朱之诸";童书业的《先秦七子思想研究》肯定"到了杨朱,才形成了思想体系,创立了一个隐士学派,这就是道家的起源。……道家始祖是杨朱"。而多数学者认为战国时期的隐士老子是道家的创始人。

② 《老子》。以下凡引自《老子》处皆不再注。

天法道,道法自然"。译成现代汉语即,道为大,天为大,地为大,人也为大。宇宙之中有四个伟大,人是其中之一呀！人是以地的法则运行,地是以天的法则运行,天是以道的法则运行,道是以自然为法则运行。可见,在老子看来,虽然道无体无形、无影无踪,闻而无声、视而不见,但却有动有用、有规有律,是人能体察与认知的客观存在。其内涵和本质是"自然",即"道法自然"。现代汉语的自然涵义便出自于老子的"自然",指没有任何人为强迫成分的自然而然,是一种存在状态和运行方式。道是自然的,乃自然之道;"天法道",也是自然的,故称天然;人以外的事物是自然的,故称自然界。自然是道的本质,道是自然的载体,老子据此创建了古代哲学中最早的、脱离了鬼神宗教的"自然之天"。礼义、法令是人为的制度,"人之道"应同一于"道",也应该顺应自然;否则,便应予以绝、弃。老子正是以"道法自然"为标准,来揭露、批判和否定儒家之礼、法家之法以及墨家之天志的。

　　道的外在表现是"无为",所谓"道常无为"。由于道生万物,而万物的形成又表现为"天下之物生于有,有生于无",所以道又是"无"。自然之道,即是清静无为;无为就是顺应自然,不胡作妄为。清静的对立面是智、欲,无为的对立是有为。老子指出,万物中"至柔"的水,从"无"处来又到"无"处去,"驰骋天下之至坚",从而可"知无为之有益";只有"唯道是从","处无为之事,行不言之教",才能成为"圣人"。现实礼义和法令都是因君主的"有为"形成的,违反了自然无为之道,所以有害而无益。所谓"智慧出,有大伪;六亲不和,有孝慈;国家昏乱,有忠臣";"法令滋彰,盗贼多有";"天下多忌讳,而民弥贫";尤其"礼者,忠信之薄,而乱之首"。老子用辩证分析的手术刀,深入地剖析了"礼治"的虚伪和"法治"的无效。

　　(二)"反者道之动","无为"才能治国

　　老子是个哲学家,他认为道体现了自然万物与人类社会运行的一个重要规律,即"反者,道之动"。"动"指变化、活动、运动,即万事万物都在运动、变化之中,没有任何一成不变的事物。"反"指反面、反向、对立方,即事物变化规律是向它的反面转化,对立必然趋于统一,关键是谁有优势。他说,"有无相生,难易相成,长短相形,高下相倾,音声相和,前后相随",无不如此。

对于个人来说,依"反"道而行,就能全生保己。一应保持弱势,"弱者道之用"。因为"强梁者不得其死",而"柔弱者胜刚强";所以"坚强者,死之徒(途),柔弱者,生之徒(途)"。二应谦虚宽容,例如"大方无隅;大器晚成;大音希声;大象无形;道隐无名",都不显耀自身。就像天地一样,"天长地久。天地所以能长且久者,以其不自生(不只顾自己),故能长生"。像流水一样,"水善,利万物而不争,处众人之所恶,故几于道。夫唯不争,故无尤(忧)"。因为只有虚怀若谷,才能像"道"一样不自满,"道者,不欲盈。夫唯不盈,故能蔽而新成。大道泛兮,其可左右。万物恃之以生而不辞,功成而不有。养万物而不为主。"三应知足,"罪莫大于可欲,祸莫大于不知足;咎莫大于欲得,故知足之足,常足"。因为,"持而盈之,不如其已。揣而锐之,不可长保。金玉满堂,莫之能守。富贵而骄,自遗其咎。功遂身退,天之道也"。所以"知足者富,强行者有志";"知足不辱。知止不殆。可以长久"。四应掌握"反者道之动"的规律性,见微知著,化被动为主动,即"其安易持,其未兆易谋。其脆易泮,其微易散。为之於未有,治之於未乱。合抱之木生於毫末。九层之台起於累土。千里之行始於足下。为者败之,执者失之。是以圣人无为故无败,无执故无失。民之从事常於几成而败之。慎终如始则无败事"等等。

对于治理国家来讲,"治大国若烹小鲜",就和烹制小鱼小虾一样,不能急火乱翻,而须温火慢煮。"是以圣人抱一为天下式。不自见故明,不自是故彰,不自伐故有功,不自矜故长。夫唯不争,故天下莫能与之争"。因此,老子坚决反对君主所采取的一切积极、主动的"有为"措施,反对儒、法、墨、兵诸家的自以为是,更反对以礼义法令为治国理政的制度与方法。要求从"自然无为"出发,看到正反两方面之间的转化,提出一种以反为正、以奇为常、返朴归真的"君人南面之术"。真正把握"正复为奇,善复为妖","祸兮福之所倚,福兮祸之所伏","贵以贱为本,高以下为基"。因此,"天下神器,不可为也,为者败之,执者失之"。由于道本身就是无,"道常无名。朴虽小天下莫能臣也。侯王若能守之,万物将自宾道"。所以"处无为之事,行不言之教",体现了"道"的表现和要求,应该成为人们的处世之道和君主的治国之道。

（三）"唯道是从",统治者应"为无为"

统治者怎样运用自然之道治理国家呢?老子提出了"为无为"[①],即约束自己"唯道是从",做到"清静无为",不去强制干涉,让社会自然发展,以达到"无不治"的目的。所谓"爱民治国,能无为乎";"道常无为而无不为,侯王若能守之,万物将自化";"无为而无不治"等。可见,无为之治的理论依据是"道",现实依据是变"乱"为"治"。"为无为"是天道无为和人道有为的结合,实际上并非是毫无作为,而是有所不为。从现代政治和法治角度审视,这种"为无为"旨在要求国家政府减少干涉,不胡非妄为,让民众百姓自己管理自己,即自治。

老子指出:"故圣人云,我无为而民自化。我好静而民自正。我无事而民自富。我无欲而民自朴";并提出"去甚,去奢,去泰"的总原则。"甚"指极端,"奢"指奢侈,"泰"指过分。"三去"即要求统治者们不走极端,不存奢望,不要好大喜功。老子以对立者的身份和批评现实的姿态说明自己的观点,主要有三:一是反对厚敛,主张薄税;认为赋税过重是

[①] 《老子》:"为无为,事无事,味无味。大小多少,报怨以德。图难於其易,为大於其细。天下难事必作於易。天下大事必作於细。是以圣人终不为大,故能成其大。夫轻诺必寡信。多易必多难。是以圣人犹难之,故终无难矣。"

民众饥贫的主要原因,所谓"民之饥者,以其上税之多","民之轻死者,以其上求生生之厚也"。因此强调"损有余而补不足",自己要"知足",才能"爱民"。

二是反对暴政苛刑,主张减少刑罚。认为单凭严厉的行政管制和刑罚强制镇压,并不能有效制止犯罪。相反,法规禁令越繁密,触犯法令的会越多。所谓:"法令滋彰,盗贼多有"。因为若民众连死都不怕的时候,死刑就失去恐吓的作用了。所谓"民不畏死,奈何以死惧之"?三是反对穷兵黩武,主张安居和平。认为动乱、争斗与兵战,均是人民的灾难,还会引发天灾,结果是用兵者自己遭受灭亡。所谓"兵者,不祥之器","大军过后,必有凶年",以及"兵强则灭,木强则折"。只有"以道佐人主,不以兵强天下",才能使民"安其居","不争则无忧","以为和",等。

(四)"返朴归真",实为愚民

对于民众,老子主张采取愚民政策。他直言不讳地宣称:"古之善为道者,非以明民,将以愚之",并认为这才是"爱民治国"之道。不仅使民众思想糊涂、智力低下,政治也不应清正明察,保持昏闷含糊的状态,这叫做水清则无鱼,"其政闷闷,其民淳淳。其政察察,其民缺缺"。愚民的主要方法是使其"无智无欲",消除对于物质与精神的追求,从而失去"有为"的社会条件。因此,"圣人之治,虚其心,实其腹;弱其志,强其骨。常使民无知无欲,使夫智不敢为也"。其总的原则是做到"三绝",即"绝圣弃智"、"绝仁弃义"、"绝巧弃利"。

"绝巧弃利",是经济和生产方面的措施。为了使人"知足"、"不争",防止争财夺利,便应毁弃所有的技巧和便利的工具、器物,"不贵难得之货",不为利欲熏心,保持"见素抱扑,少私寡欲"的心态。

"绝仁弃义",是政治方面的措施。由于当时的"仁义"君子常以"贤能"居官任职,"仁义"成了入仕的跳板和争权夺利的渊薮,所以必须绝弃之。何况,"大道废,有仁义","天之不仁","仁义"本身就是违背自然之"道"的。

"绝圣弃智",是思想文化方面的措施。老子视智慧、智能为动乱之源,所谓"民之难治,以其智多。故以智治国,国之贼;不以智治国,国之福"。只有使民众"无智"、"无欲"又"绝学"即不学习、不接受知识与学术,才能达到安人宁国的状态。

（五）"为无为,则无不治"

那么,君主到底应该怎样实行"无为"之治呢？老子没有明确提出"无为而治"的概念,却提出了"为无为,则无不治"的主张。主要表现在：

强调"唯道是从",不能依靠礼义法令这些人为的制度设施。所谓"生而不有,为而不恃","处无为之事,行不言之教"。尤其国家政权这类"天下神器,不可为也,不可执也"。让民众不受政令的胁迫,能够自然地生活："民莫之令,而自均焉",反映了当时处于弱势地位的下层民众的要求。

主张秘而不宣,不能公布成文的法令。老子认为,道是人们的行为规范,而"大道无形",能明确表现的不是真正的"道"。因此,"国之利器,不可示人";若人人皆知便会被利用或逃避而失效,"民多利器,国家滋昏"。只有看不见的、表面宽松实际有效的"道",才能真正控制人的行为,所谓"天网恢恢,疏而不失"。

主张"利而不害",反对滥施刑杀。从"民不畏死,奈何以死惧之"出发,老子激烈地谴责以"杀人"为政,其结果必然是失去天下："夫乐杀人者,必不得志于天下矣"。相反,"天之道,利而不害",国、君、礼、法均应利人而不害人,必须"以百姓之心为心"。

他所主张的以柔克刚、以弱胜强,静观待变,知盈处虚,居上谦下,见微知著,以曲求直,治于未乱,慎终如始等策略,也都可运用到治国理政之中。

综上所述,老子的"无为而治"虽否定"礼治"但却提倡合乎道的圣贤与上德、上礼,所以仍然受到儒家的尊敬,只不过是敬而远之。虽否定"法治"但限于严刑峻法、杀人为政与武力兼并,所以慎到、韩非等将"无为"用于"君人南面之术",主张君逸臣劳、执法公平与愚民弱民。老子"无为而治"的具体目标,不是儒家的"平天下",也不是墨家、法家的统一大国,而是有君有臣、有法令有军队,但无争斗、无犯罪、无战事的"小国寡民"的理想社会。

"小国寡民。使有什伯之器而不用。使民重死而不远徙。虽有舟舆无所乘之。虽有甲兵无所陈之。使民复结绳而用之。甘其食、美其服、安其居、乐其俗。邻国相望,鸡犬之声相闻。民至老死不相往来"。

二、"逍遥游":"无为"国度的思想自由

这是先秦道家的另一代表人物,战国后期的庄子①的思想和主张。如果说,老子的"无为而治"实质在于"为无为",只是有所不为的话,那么到了庄子,则主张绝对无为,要求去掉一切束缚与限制的个人自由,行动上做不到,那就要求冲破精神枷锁的思想自由。它反映了战国中、后期隐士的处境与情绪。对他们来说,旧的宗法礼义,新的礼法规矩,都意味着束缚、禁锢、不幸与灾难。因此具有摆脱世间一切桎梏而获得自由的强烈愿望。他们势单力薄,无法改变冷酷的现实,因而悲观厌世,只能从精神解脱中寻求慰藉;他们又饱读经书,壮怀激情,自视清高,因而拒绝与当权者合作,便用著书立说的方式,寄思绪于笔端,发牢

---

① 庄子名庄周,著名的隐士,故生卒年月不详,年纪约小于孟轲。宋国蒙地人,曾当过"漆园吏",率徒讲学。后隐居著述。其生活清苦,卖过草鞋,讨饭度日,但苦中作乐,鼓盆而歌,立志"终身不仕"。

骚于文字,形成了与孔、孟、墨、韩,以及老子所迥然不同的风格。

庄周论"无为之道",体现在《庄子》书中。虽然该书并非庄周一人所著,各篇的观点亦不尽一致或有抵牾;但其共同的倾向与自成体系又是明显的,即以"虚无之道"贯穿全书。《庄子》用形象生动的寓言、辛辣的讥讽、尖锐的抨击、浪漫的笔触,挑战儒法,抗议现实,赞美人格平等与精神自由,表达了社会下层对统治者的愤懑;而其悲观厌世、逆来顺受、不分是非的人生观,又显示了弱者的无能与圆滑。在法律观念方面,它使《老子》的内容更为积极,即对礼的虚伪与法的残酷进行了痛快淋漓的揭露;又使《老子》思想更为消极:主张取消包括道德、智慧和法律在内的一切文明,将老子的虚无倾向发展为中国最早的法律虚无主义。主要表现为:

(一) 绝对"无为":否定一切制度规则

庄子突出了"道"的神秘:一方面"自本自根","无所不在","无为无形",另一方面"有情可信","生天生地"像"神鬼"一样。又强调了"道"的虚无:"夫恬淡寂寞,虚无无为,此天地之平而道德之质也",说明道的本体就是什么都没有,就是不存在。同时,"昭昭生于冥冥,有伦生于无形","万物生于无有",道的状态就是"冥冥"、"无形"、"无有"[①]。与老子一样,庄子也认为任其自然是"无为之道"的要求。但老子将"无为"作为方法,主张"为无为";而庄子却视"无为"就是"虚无",从而否定所有的社会文明和治国措施。也就是说,当"道"表现在社会制度层面时,庄子将老子的有所不为推向了毫无作为,即绝对无为。

从绝对的"无为"出发,庄子要求取消一切人为的制度,并以此揭露和批判儒家的仁义、礼乐,法家的法治、赏罚和墨家的兼爱、尚贤。针对

---

① 均见《庄子·大宗师》:"夫道,有情可信,无为无形。可传而不可受,可得而不可见。自本自根,未有天地,自古以固存。神鬼神帝,生天生地。在太极之先而不为高,在六极之下而不为深,先天地生而不为久,长于上古而不为老"。以下凡引《庄子》者仅注篇名。

儒家,他说,"虎狼,仁也";古与今不同,周(代)与鲁(国)有别,将古之周礼施行于今之鲁国,就好像在陆地行船或者让猴子穿上周公的衣冠一样①。嘴里大谈"仁义"的"圣人",实际上正是"窃国"大盗。所谓"为之仁义以娇之,则并与仁义而窃之。何以知甚然邪?彼窃钩者诛,窃国者为诸侯,诸侯之门仁义存焉"②。因此,仁、义、礼、乐是天下大乱的根源③。针对墨家,他认为,"兼爱"是一种很"迂"(腐)的观点,说是"无私",其实正是为了"私"④。尚贤任智使能,造成了朝廷上的阴谋倾轧和民间的巧取豪夺。所谓:"举贤则民相轧,任智则民相盗"。针对法家,他不仅将"礼法度数"视为"治之末",即治国的下策,"赏罚"和"五刑"视为"教之末",即辅助礼教的下策,而且认为法家鼓吹的"大治"或"法治"的本身就是致乱之源。

总之,庄子认为当时的各种人为制度都是不可取的,只有抛弃"圣人"、"法度",甚至一切知识技能,才能消除犯罪,恢复"素朴"之性、"至德之世"。所谓"绝圣弃智,大盗乃止。擿玉毁珠,小盗不起。焚符破玺,而民朴鄙;掊斗折衡,而民不争;殚残天下之圣、法,而民始可以与论议"⑤。

(二) 与"天地并生","万物为一"的平等观

儒家主张"礼有差等"、亲亲与尊尊的宗法等级,法家虽强调"法不阿贵"的执法平等,却肯定立法上的君臣父子夫妇之别;墨子与老子都否定了血缘等级,却认可君臣上下、贤劣智愚。只有庄子站在"我"即个

---

① 《天运》。
② 《胠箧》。
③ 《在宥》:"说明邪,是淫于色也;说聪邪,是淫于声也;说仁邪,是乱于德也;说义邪,是悖于理也;说礼邪,是相于技也,说乐邪,是相于淫也;说圣邪,是相于艺也。……之八者,乃始脔卷伧囊而乱天下也"。
④ 《天道》:"夫兼爱,不亦迂乎!无私焉,乃私也"。
⑤ 见《胠箧》。

第十二章 "无为而治"、放权简政：中国古典法治的策略　　429

人主义立场上，宣称人不分贤愚贵贱，一律平等。并认为这是天地"自然之道"的体现，颇有点西方古代自然法中的"自然权利"的意味。当然，"自然权利"论是较系统的政治与法学思想，而"天地与我并生，而万物与我为一"①只是庄子在自己设计的超时空的虚拟世界的神秘体验，二者不可同日而语。尽管如此，这却是他依据"虚无之道"得出的结论。

庄子认为"道"是无为无形、无始无终的，从而提出了认识论上的相对主义，否定具体事物的存在及其真理性。所谓"物非物"、"是不是"、"然不然"。换句话说，是非、对错、大小、贵贱、富贫、福祸之间既无鸿沟，又没有明确的标准②。

表现在社会制度中，便是中国最早的、较明确的人格平等思想。庄子指出，在人世中，贫富贵贱很明显，人与牛、马也不同；但在自然之道的面前，人与人、人与万物却是平等的。没有天子与臣民之分："与天为徒者，知天子之与己，皆天之所子"③；没有君子小人之别："至德之世，同与禽兽居，族与万物异，恶乎知君子小人哉"④；没有高贵与卑贱的等级："以道观之，物无贵贱"⑤；也没有富裕与贫穷的地位："平为福有余为害者，物莫不然，而财其甚也"⑥。关键是与"道"同体，树立自我意识，"同乎无知，同乎无欲"，达到天下平等。在这种平等的"至德之世"里，礼义法度均无效用：人们"端正而不知以为义，相爱而不知以为仁，实而不知以为忠，当而不知以为信，蠢动而相使不以为赐"⑦。做到"不刻意而高，无仁义而修，无功名而治，无江海而闲，不道引而寿。无不忘

---

① 《齐物论》。
② 见《齐物论》。
③ 《人世间》。
④ 《马蹄》。
⑤ 《秋水》。
⑥ 《盗跖》。
⑦ 《天地》。

也,无不有也,淡然无极而众美从之"①。

如果说荀况是历史上等级思想理论的首位奠基者的话,庄周便是我国明确提出平等思想的第一人。庄子的人格平等观,代表了古代下层民众的思想要求,具有明显的中国特点。它不是当时社会现实的正面反映,而是在批判现实的基础上形成的;它不具有社会正义或法律地位等内容,而是以"无知无欲"、"无形无为"的自然状态为依据的;它并不主张这种"平等"能得到国家的确认或凭借法律保障来实现,而仅仅局限于主观想象与个人感受。但是,在庄子那里,这种人格的平等却与他认为至高无上的万物本原一道密切联系在一起,成为高于现实制度和人定法的思想原则。到了后世,这一观念,往往为在官场受挫或仕途不济的知识分子所推崇,或者为农民起义领袖们关注并发扬。

(三) 特立独行的精神自由

"自然之道"在思想意识方面还表现为独立的意志和强烈的自我意识。庄子的身体虽受到社会的排斥与制度的掌控,但他的思想却常自由驰骋,无边无际。用后世道教方士的话来话,叫做"灵魂出窍",周游世界之后又能复归肉体。其实,从哲学上看,他是用虚无主义否定了现实的世界,又借助相对主义抛弃了物质价值,从而提出人应该追求自我的精神价值,即思想自由。

庄子理想中的社会是"至德之世",理想中的完人称"至人"。至人与道合一,"独立而不改,周行而不殆";具有"独志",即视功名利禄为粪土,遇礼义法刑必绝弃,否定权威,反抗传统;能够"独有"、"独行",既能做到内心坚定而又善于神志傲游。所谓:"至人……,外天地,遗万物,而神未尝有所困也。通乎道,合乎德,退仁义,摈礼乐,至人之心有所定矣",以及"明乎物物之非物也,岂独治天下百姓而已哉。出入六合,游

---

① 《刻意》。

乎九州,独往独来,是谓独有";庄子常称其为"天放"或"逍遥游"①。

这种独立驰骋的思想意识形态,即今语的精神自由。庄子指出,这种"自由"不受现实物质条件的限制:"不食五谷,吸风饮露,乘云气,御飞龙,而游乎四海之外,其神凝,使物不疵疠而年谷熟。……孰肯以物为事"②;也不受任何外力的伤害:"火弗能热,水弗能溺,寒暑弗能害,禽兽弗能贼"③,几乎与神一样:"至人神矣!大泽焚而不能热,河汉冱而不能寒,疾雷破山、飘风振海而不能惊,……死生无变于己而况利害之端乎"④!这种"自由"是内心的即精神的境界:"游心于物之初","游心于无穷","归精神乎无始"⑤;没有行为的痕迹与结果:"行而无迹,事而无传"⑥,"不知说生,不知恶死";在人格和精神上要冲破一切人为的桎梏:"不知义之所适,不知礼之所将"⑦,"不谴是非,与世俗处";在状态上与天地万物同体,与自然之道合一:"天地与我并生,而万物与我为一","独与天地精神往来,而不傲倪于万物"⑧。

庄子又提出了达到这种绝对的精神自由的途径与方式,主要有三:一是"齐物",将自己融入自然之中,与道合一,与物同化;方法是"坐忘",忘掉一切,如"忘己"、"忘亲"、"忘生死"、"忘礼义"、"忘绳墨"、"忘贤能"、"忘天下"。也就是说,对包括自己、社会在内的一切现实采取回避和不承认态度。二是"无为",即不"求名"、不为"利"、不执"赏罚"、不持"礼义法度"、"不尚贤",保持"恬淡寂寞,虚无无为"⑨的心态,做到

---

① 见《在宥》。
② 《逍遥游》。
③ 《秋水》。
④ 《齐物论》。
⑤ 《则阳》。
⑥ 《天地》。
⑦ 《山木》。
⑧ 《齐物论》、《天下》。
⑨ 《知北游》。

"至人无为,大圣不作"。也就是说,对于物质利益、精神享受、权力利害采取鄙视和摈弃的态度。三是"安时顺处",即表面上顺从,实际上超脱,逆来顺受,任其自然。庄子将这种方法称为"内直而外曲",即内心保持"虚无"与"自我",外表可委曲求全,"呼我牛也为牛,呼我马也为马";甚至可以执"人臣之礼"①,虚委应付现实。也就是说,对于现实的制度以至压迫采取见风使舵、阳奉阴违,随遇而安的态度。

可见庄子的"自由"只是一种得"道"的神秘体验,一种"独往独来"、任意驰骋的自我精神境界。它在否定封建礼教和封建法制的思想束缚方面有着积极意义,并能够在一定程度上减轻现实造成的精神痛苦。但是,亦应看到,它所主张的"自由"是虚幻的、无法实现的;同时其绝对性和独立性又容易成为追求思想自由与法律自由的障碍。

三、黄老学派对"无为而治"的理论建树

老子的"无为而治",预设了两个发展倾向,即保全个人和要求当权者"清静少事",有所不为。庄子沿着保己全生的方向主张绝对"无为",反对一切制度设施;而黄老学派与开明的统治集团则将有所不为推演成以礼法治国、简政放权、严于律己、宽以待民的治国策略。这样一来,老、庄对礼、法制度的批判,却成了黄老学派综合礼与法,取其所长、避其所短的依据,促成了正统思想的形成与"礼法合治"的实现。而汉初、唐初对"无为而治"的总结与推行,进而表现了它作为基本国策所发挥出的稳定社会、繁荣经济、清廉政治、严肃法纪、和睦邻国等显著功能。

"黄老学"之"黄",指传说中的黄帝(轩辕),"老"指春秋末的老子。他们奉黄帝为祖,尊老子为宗旨,以阐发"黄、老之言"为内容,故后人称其为"黄老之学"。据现今多数学者的看法,它由战国末的《黄帝帛书》

---

① 见《天道》。

开其端,经吕不韦的《吕氏春秋》奠其基,汉初陆贾的《新语》明其义,最后为汉武帝时刘安的《淮南子》总其成。与老子之道相同的是,它仍以"无为而治"作为思想核心。二者的主要区别在于,黄老将老子的自然哲学发展为统治术和治国方策,即在老子之道的统率下,将法家的法与刑、儒家的礼与义、墨家的尚贤使能、刑名的循名求实、兵家的军事谋略等有选择地综合在一起。因此,后世又将黄老思想归于"杂家"。实际上,它"杂"而不乱,主要是道、法结合,阐发执本秉要、君逸臣劳、以法治国的道理和权术。因此,慎到、申不害、韩非等法家人物均"学本黄老",它也得到力图变"乱"为"治"的统治者们的关注和垂青。

(一)《黄帝帛书》与《吕氏春秋》

《黄帝帛书》是1973年长沙马王堆汉墓出土的《经法》、《十六经》、《称》和《道原》四篇古佚书的抄本,抄写在《老子》帛书之前,作者不详,学界认为是战国末期黄老思想的一部经典。在法律观念上,帛书的主要特点是以道为统率,调合儒法,主张统一。例如,帛书认为"道"是自然万物的普遍规律,掌握了"无为之道","能上明于天之反,而中达君臣之半,密察于万物之所终始"[1]。强调物极必反,中和平衡:"极而反,胜而衰,天地之道也";"应化之道,平衡而止;轻重不称,是谓失道"[2]。主张言必诺,行必果,诚信公正:"诺者,言之符也;已者,言之绝也。已诺不信,则智大惑矣"!"唯执道者能虚静公正"[3]。又如,帛书一再强调法、令的重要作用。《经法》说,"道生法。法者,引得失以绳,而明曲直者殴(也)。故执道者,生法而弗敢犯,法立而弗敢废"。主张行公法破私情:"法度者,正之至也。而以法度治者,不可乱也";"精公无私而赏罚信,所以治也"。强调用法要谨慎,合于民心:"王公慎令,民之所繇";

---

[1] 《经法·道法》。
[2] 《经法·四度》。
[3] 《经法·名理》。

"是非有分,以法断之。虚静谨听,以法为符";以及"号令合于民心,则民听令;兼爱无私,则民亲上"。再如,帛书肯定儒家仁义、德政、主惠臣忠和先德后刑,但必须符合"无为"、"无欲"之道并与法度相结合。关于仁义爱民,《十六经》托黄帝之言:"吾畏天,爱地,亲民";并解释说,"所谓为义者,伐乱禁暴,起贤废不宵","义者,众之所(愿)死也"。关于实行德政,《经法》指出:"俗者顺民心,德者爱勉之","执道者"施政的步骤是,"一年从其俗,二年用其德,三年而民有得,四年而发号令,(五年而以刑正,六年而)民畏敬,七年而可以正"。关于德刑关系,《十六经》说,"天德皇皇,非刑不行;缪缪天刑,非德不必倾;德刑相养,顺逆若成";"先德后刑以养生"。《经法》坚决反对滥刑和妄杀无罪,所谓"三不辜":"一曰妄杀贤,二曰杀服民,三曰刑无罪"。

《吕氏春秋》是秦相吕不韦在秦国行将统一六国之时(约前239年)主持编著的一部巨著。司马迁说它"备天地万物古今之事"[①]。它超越门派之别,欲采诸家之长,反映了当时思想趋于统一的要求和容纳不同主张的博大胸怀,但又体现了黄老思想以道为主、杂糅各家的明显特征。它坚持"无为而治"之道,旨在为统一后的君主提供一套治国方略。因此不限于老子道家,而对各家各派均有评说取舍。书中常常孔墨并称,强调"同异之分,贵贱之别,长少之义"是决定治与乱的纲纪,并且用大量篇幅论述法、令的重要和因时变法的必然。如《慎势》篇强调尊君、集权但反对专断独制;《君守》篇专论"君道",执法用术多赏少罚,主张"治国无法则乱,守法而弗变则悖,悖、乱而不可以持国"。但它始终将法、令、刑放在道、德、义之下,不同意韩非与李斯的君主独制、轻罪重罚和严刑峻法。它对墨家的天志、鬼神视而不见,却对兼爱交利持肯定的

---

① 《史记·吕不韦列传》:"吕不韦乃使其客人人著所闻,集论以为八览、六论、十二纪,二十余万言。以为备天地万物古今之事。延诸侯游士宾客,有能增、损一字者,予千金"。

态度,其中《听言》《用民》《适威》《爱类》等篇将爱民、利民作为"道"的表现,要求君主"以民为务,忧民利,除民害"。而《当染》《知士》《审己》《谨听》《义赏》数篇专讲尚贤、察贤、用贤,并将君主无为而贤臣有为说成"无为之道"的主旨。它极为推崇墨家的"一同天下之义",要求"君子之自行也,动必缘义,行必诚义"①。

《吕氏春秋》认为君主"无为而治"的关键有三:一是"法天地","因而不为","因者无敌"②;"因"即因循、顺应自然,因势利导,让贤臣奋发"有为"。所谓"古之王者,其所为少,其所因多。因者,君术也;为者,臣道也",以及"有道之主,因而不为。……督名审实,官使自司"③。提出了"无为而治"的"因循""利导"原则。二是"执要",要即民心民力。强调政令举措均以顺应民心、为民兴利除害为中心,不以"烦教""多威"、"苛刑"扰民残民。所谓:"为民纪纲者何也?欲也,恶也。何欲何恶?欲荣利,恶辱害。辱害所以为罚,充也;荣利所以为赏,实也。赏罚皆有充实,则民无不用矣"④。肯定了"欲利恶害"是人的本性要求。三是强调君主不能仅为一己之私,而应以国家、天下的利益为重;更不能将天下视为私产,天下是属于天下之人的。所谓:"昔先王之治天下也,必先公,公则天下平矣"。从得民心和用民力出发,它提出了中国历史上最早的、具有民主因素的观点:"天下,非一人之天下也,天下之天下也"⑤!这一观点成为后世进步思想家尤其变法者和革命志士们的理论依据。

(二)《淮南子》对"无为而治"的总结

黄老思想在西汉初期得到空前发展,形成完备的思想体系,并居于

---

① 见《吕氏春秋·高义》。
② 《吕氏春秋·贵因》。
③ 《吕氏春秋·知度》。
④ 《吕氏春秋·用民》。
⑤ 《吕氏春秋·贵公》。

官方主导地位。尊奉并推行黄老思想主张的代表人物有高祖刘邦、惠帝刘盈、高后吕雉、文帝刘桓和景帝刘启等君主,以及肖何、曹参、陈平、汲黯等佐臣多人。对黄老思想沿着重儒的方向进行深入阐发的,是贾谊的《新书》和陆贾的《新语》;而对其进行系统全面总结的,则是刘安主持编著的《淮南子》。它反映了秦汉时期思想统一的趋势,具有综合性和过渡性的特征。如果说,先秦的黄帝帛书只是"调和"诸家,秦时的《吕氏春秋》博采众长、撷取多于创新的话;那么,汉初黄老,尤其《淮南子》则注重分析论证,力图使原先不同甚至对立的思想因素形成一个统一的学说。其主要特征表现在三个方面:

首先,汉初黄老以道家思想作为依据和表现形式,但已经剔除了老、庄道学的消极颓废和对礼义法刑的彻底否定。它在"无为而无不为"的宗旨下,将"为无为"发展成有所不为和因势利导,将"无不为"发展成顺应自然和民心的"大有作为"。这样一来,它既讲"执道",又讲礼义法术;既尚"无为",又崇"礼法合治";既主张"治道贵清静",又强调君臣分职,"循理而举事"。这种"无为而治",恰好适应了汉初"黎民得离战国之苦,君臣俱欲休息乎无为"①的要求;同时,黄老思想谈天说地论人,包容性很强,便于统治者根据实际需要增添新的内容,所以备受汉初君臣的推崇而成为主导思想。

其次,将儒家的礼治、仁义与法家思想结合,是汉初黄老的创新之举。他们从强秦速亡的教训中认识到"攻守之势异"、"取与守不同术",即夺取政权与巩固政权应采取不同的方式和策略。法家的"法治"虽然对耕战、统一集权有效,但却激发了内部的冲突和民众的反抗;相反,儒家的"礼治"要求的"大一统"、纲常伦理、德主刑辅等,既利于中央集权,又能缓解社会矛盾。因此,他们着力提倡儒法结合,文武并用,礼刑兼

---

① 《史记·吕太后本纪》。

施,即用儒家的"礼治"对法家的"法治"进行改造,主张礼法合治。但同时又认为儒学"博而寡要,劳而少功"①,当时也没有兴儒的条件,所以仅是有选择地采纳其基本主张,逐步抬高纲常的地位,却没有奉儒经为典宪或者尊儒学为正宗。

再次,虽然汉初黄老是直接针对法家学说的实弊提出的,但并未完全否定法家思想。一方面,在坚持"汉承秦制"的同时,强调"法令明具","遵而勿失",以及君臣分职、天子与百姓共守法令等法家主张;另一方面,又激烈批判严刑峻法与"专任刑罚",反对君主坏法,这又是与法家"法治"的明显不同。应该看到,汉初黄老保留并阐明了法家关于统一、集权和上下等级的"法治"主张,摈弃的是强制民众、强化镇压的法制措施。自此之后,尽管统治者们仍然实施严刑峻法,但都得打着"仁义"的旗号或者披上"德治"的外衣,再也不敢明目张胆地宣扬其合理、合法了! 可见,正是汉初黄老在中国法律思想史上对于重刑主义进行了一次胜利的讨伐。

汉初黄老的这些主张,开始散见于汉初君臣的对话之中,后为汉武帝时期的淮南王刘安招集宾客进行梳理、补充与发挥,编著成《淮南子》(又名《淮南鸿烈》)一书,对实行近 70 年之久,成效巨大的黄老思想进行体系的归纳和理论的总结。由此,"无为而治"从一般的政策主张成为一个融合儒、法、道等各家的治国方略,成为倡行顺时因势、尊主安民、约法省禁、君臣守法、促民自治、与化推移等主张的学说体系。总的来看,它主要是对以往立法、执法、司法的理论总结和概括,是对成功经验的回顾,而不是进行新的开拓。正因为如此,成熟的黄老学说无法与粗糙的"君权神授"理论相抗衡。当《淮南子》成书不久,汉武帝便采纳董仲舒的建议,确立了新的儒家思想的正统地位。它所总结的黄老思

---

① 见司马谈:《论六家要旨》。

想,只是作为历史资料流传下来,直到唐代初期及后世有明确的社会需求和政治条件时,才重新发挥作用。

(三)《贞观政要》与"无为而治"国策的实施

《贞观政要》记载了唐太宗君臣有关施政的言行,为唐代学者吴兢[①]所编著。与旧、新《唐书》及《资治通鉴》等相比,记述更较为详细。该书虽未将李世民君臣的思想归之于儒家仰或道家,但其中屡屡出现的自然之道、无为而治、恪守礼法,以及民为国本、德政仁义等内容,印证了唐初统治集团沿用"礼法合治"的正统思想,又倡行儒、道、佛"三教合流",推行"无为"治国策略的综合性特征,是大唐帝国实行古典法治的思想记录。

道教自东汉兴起至唐代为盛,佛教从东汉时传入后南北朝时盛行,至隋代形同国教,唐代时"三教合流"。从法律思想的角度,实际上是给已完成礼法统一的"礼法合治"思想增加思辨理论和补充新的策略。自此之后,"无为而治"虽然仍旧穿着道家的长袍,即形式上还属于道家的术语范畴,但其内容自汉代始已经综合了各家,而至唐代更成为正统思想认可的治国方略。再加上李世民为了增强其合法性与政治魅力,直接指认先秦的老子就是李耳,而陇西李氏是老子的直系后裔。"三教合流",在唐前期,道居首位,其次才是儒、释。实际上是利用宗教的理性思辨,进一步强化"纲常"的权威和礼法的作用;在治国理政的实践中,"无为而治"的国策真正发挥了减少干涉、政治清明的作用。

唐初统治集团针对隋亡于炀帝暴政、唐朝始立、民心思定、百废待兴的社会形势,提出并推行旨在拨乱反正、重民求治、与民休息、重农兴商、发展经济、睦邻友邦的大政方针,并将以偃武修文、崇德尚礼、约法

[①] 吴兢(670—749),汴州浚仪(今河南开封)人。武则天时入史馆修国史,后任水部郎中。玄宗时为谏议大夫,修文馆学士并兼修国史,又曾任州刺史。他在史馆任职30余年,以叙事简练、奋笔直书见称。《贞观政要》成书于玄宗时期。

第十二章 "无为而治"、放权简政：中国古典法治的策略　439

省禁、执法宽平、严格律己、任用贤能、广开言路、禁贪惩腐等为内容的"无为而治"，作为治国理政的基本策略。一方面制定颁行国家基本制度，如《贞观礼》、《贞观律》、《贞观令》等；另方面君臣励精图治，实行德政，以身作则，勤政廉政，严于治吏，宽以待民。不但造就了贞观、开元的封建盛世，而且为中国古代开创了一个政治清明、君主开明、官吏清正、法制简明、社会文明的大唐"法治"胜景。

本书上卷中已阐明，法治应指现代民主法治，秦代"法治"与罗马"法治"在不打引号时宜称古典法治，以免彼此混淆。大秦帝国只存在了14个年头，确立了君主国家与集权政体，其他方面距"法治"甚远；说其为古典法治，主要指思想、主张与学说，绘制了君主治国的"法治"蓝图。汉代的"文景之治"，已有古典法治国家之形态，但政局不稳、法制不全、周边不宁，"法治"尚未进入常态。唯独大唐帝国，尤其"贞观之治"与"开元之治"，堪称中国古代、世界七世纪时的古典法治国家。

当时强调以礼法治国，并颁布实施了《唐礼》、《唐律》、《唐令》、《唐志》(如《氏族志》)、《唐典》(先称格、式等)基本制度法规；主张"民为国本"，并实行"均田"兴农、商工富民、轻徭薄赋、赈灾济贫等政策措施，百姓安居乐业，以致路不拾遗，夜不闭户；主张任用贤能，遵礼守法，并实行科举考试制度，重注《五经》，设立国学，招收培养各国学子；强调勤政廉政，反贪惩腐，并建立由上而下、多层次的监察纠举体制，皇帝亲自督察大臣与重大事项，门下省专职监察，各部门负责内部，御史与巡按负责巡察纠举；主张民族平等，和睦邻国，并实行和平外交、"和亲"往来，从而"中国既安，四夷自服"。大唐声名远播，以致旅居海外的华人被称为唐人。我们今天实施的"一带一路"发展战略所说的陆、海"丝绸之路"，便是唐代成就的沟通亚、欧的交通贸易通道。总之，大唐帝国的鼎盛时期，思想理论和国家运行均体现了古典法治，足可与古罗马的共和时期相并论。

第二节　古典法治的治国策略

国家必须依照法律运行,国家机构与人员应依法行为与活动,司法独立并具有最终判断力,是法治的三大标志。古典法治也具备这些特征,只不过因缺欠民主、人权等,因而与现代法治有别。古典法治也表现在国体政体、执政行政方式、经济模式与社会文化各个方面。西方古代多注重政权体制,讨论君主制、共和制、独裁制的优劣与选择,着眼于人性、道德、权利、正义与法律的关系。中国秦汉之后,却在中央集权君主制度的固定前提下,为了国家"大治"与"天下太平",只关注统治方法尤其施政方式问题,"礼治"、"德治"、"法治"、"无为而治"均属于此。由于国体与政体既定无需探讨,"礼法合治"亦成定局,所以对"无为"抑或"有为"的选择,便更加作为治国理政的策略来看待。汉初的《淮南子》与唐初的《贞观政要》从思想上总结、表达了"无为而治"的治国策略。

一、"无为"新解:"循道而治",励精图治

汉初刘安与唐初君臣均坚持"道"和"无为而治",又进行了新的解说与发挥。如老子断言"道生物",刘安说成"物有道";老子认为"道法自然",刘安发挥成"因其自然而推之"[①],将无所作为变成了积极有为。老子要求当权者个人"清静无为",而李世民君臣主张"治道贵清静,与民自定"、"帝王为政,皆志尚清静,以百姓之心为心"[②];个人的自律自省变成了爱民的治国理政之道。老、庄以"道"否定仁义礼法,甚至所有人为的制度规则,倡行消极"无为";而他们坚持"礼法合治",强调"德礼

---

① 《淮南子·诠言训》。
② 见《贞观政要·政体》。

为政教之本,刑罚为政教之用"①。并且将纲常入律,按照"十恶"、"八议"②定罪;实行教化领先,褒奖忠、孝、义、信的臣民等。

(一) 汉初"约法省禁"对"无为而治"的翻新

司马迁指出,汉代初期,"黎民得离战国之苦,君臣俱欲休息乎无为"。这里的"休息",指让民众休养生息,务农经商;而"无为"则是要求当权者减少干涉,包括轻徭薄赋、约法省禁、止兵休战等。如班固所说:"萧(何)、曹(参)为相,填以无为,从民之欲,而不扰乱"③。陆贾将这种政策称之为实质是"有为"的"无为":"道莫大于无为,行莫大于谨敬。……故无为者,乃有为者也"④。刘安说得更为直白,强调"无为"并非无所作为,亦非有所不为,而应是"循道而为",只要符合"道",还可大有作为。

他说,"君道者,非所以为也,所以无为也"。并且从"反者,道之动"的辩证转化论出发,指出表面上的"漠然无为"实际为了"无不为",看起来"澹然无治"而实际目的是"无不治"。因此,"无为而无不为,无治而无不治",是"无为而治"的本意所在。然后对老子的"道法自然"作出新解:"所谓无为者,不为物先也;所谓无不为者,因物之所为。所谓无治者,不易自然也;所谓无不治者,因物之相然也"⑤。"不为物先"指不先入为主,后发制人;"因物所为"指因势利导,循规而为;"自然""物然"均指客观规律。可见,刘安所说的"无为",实际上是指遵循事物本身的条件和规律,主张顺应事理的有为,反对违背事理的胡作妄为。他还强调要"因其自然而推之",即主动地认识和利用规律,因势利导;只要不违

---

① 《唐律疏议·序》。
② 见《唐律疏议·名例》:"十恶"重罪为谋反、谋大逆、谋叛、恶逆、不道、大不敬、不孝、不睦、不义、内乱。经"八议"可减轻刑罚,即议亲、议故、议贤、议能、议功、议贵、议勤、议宾。
③ 《汉书·刑法志》。
④ 《新语·无为》。
⑤ 见《淮南子·原道训》。

背"物然",任何积极进取,乃至大有作为之举均可称之为"无为"。

将这种"无为"运用到实际之中,要求做到"无私",即不以私情临物,不以私意处事,不谋取私利;"无欲",即不贪权、贪利、贪美色、贪名誉[①];"无执",即据而不有,循物而不抱成见,所谓"无为制有为","不易自然"等。表现在治国方面,就是讲求执本秉要、省事轻刑、减少干涉、民安国强的"无为而治"。刘安在《淮南子·诠言训》中列出了其中的要目:

"为治之本,务在安民。安民之本,在于足用。足用之本,在于勿夺时。勿夺时之本,在于省事。省事之本,在于节欲。节欲之本,在于反性。反性之本,在于去载。去载则虚,虚则平。平者,道之素也;虚者,道之舍也"。

(二) 唐初放权简政对"无为而治"的发挥

如果说,刘安论"无为"显示了从君主个人修养扩展到治国之道的话,那么,唐初君臣则倒了过来,完全是从如何"安人宁国"的"理国之道"[②]出发来要求自己实行"无为而治"的。李世民强调:"有道则人推而为主,无道则人弃而不用","安人宁国,惟在于君。君无为则人乐,君多欲则人苦";"为政之道,贵在无为"[③]。

身为君主,首先要克制个人"私欲":"伤其身者不在外物,皆由嗜欲以成其祸。若纵嗜滋味,玩悦声色,所欲既多,所损亦大,既妨政事,又扰生民。且复出一非理之言,万姓为之解体,怨讟既作,离叛亦兴。朕每思此,不敢纵逸"[④]。其次是做到君逸臣劳,如魏征上疏建言:"文武

---

① 《淮南子·齐俗训》:"何谓无为?智者不以位为事,勇者不以位为暴,仁者不以位为患"。
② 见唐玄宗(李隆基)《御注道德真经》:"顺天之时,顺地之性,因人之心。是则群臣辐凑,贤与不肖各尽其用,君得所以制臣,臣得所以事君,此理国无为之道也。"
③ 见《贞观政要》:《政体》、《务农》、《安边》。
④ 《贞观政要·仁义》。

并用,垂拱而治。何必劳神苦思,代百司之职役,亏无为之大道哉?"。这里的"文"指礼义教化,"武"指法令刑罚,要求君逸臣劳,即君主只抓定制用人,具体政务由臣下负责。第三,治国应执本秉要,抓大放小。"本"是以人为本,民为国本,即"民水君舟"之喻;"要"是坚持礼法制度与"无为"国策,如贞观元年李世民与王珪的对答:"观百姓渐知廉耻,官民奉法,盗贼日稀,故知人无常俗,但政有治乱耳。是以为国之道,必须抚之以仁义,示之以威信,因人之心,去其苛刻,不作异端,自然安静。公等宜共行斯事也"①。

第四,理政应谨慎小心,简政放权,李世民以小心翼翼看护大病将愈的重症病人为例,指出:"治国亦然,天下稍安,尤须兢慎,若便骄逸,必至丧败";他又将治国比作种树:"惟欲清净,使天下无事。遂得徭役不兴,年穀丰稔,百姓安乐。夫治国犹如栽树,本根不摇,则枝叶茂荣。君能清净,百姓何得不安乐乎"②?第五,任用能够深明"无为之道"的贤能守法之人,各司其职,各负其责。李世民说:"致治之本,惟在於审。量才授职,务省官员";魏征回答:"今欲求人,必须审访其行。若知其善,然后用之。乱世惟求其才,不顾其行。太平之时,必须才行俱兼,始可任用";并进而强调:"各有职分,得行其道",应从实际行为与效果来看其是否有真才实学,即:"贵则观其所举,富则观其所养,居则观其所好,习则观其所言,穷则观其所不受,贱则观其所不为",总之要"因其材以取之,审其能以任之,用其所长,掩其所短";百官"各当其任,则无为而治矣"③。可见,这里的"无为而治"已彻底改变了无所作为的原貌,变成了唐初坚持礼法治国、施行"德治"善政、实现安人宁国、君臣励精图治的基本国策。

---

① 《贞观政要·君道》。
② 《贞观政要·政体》。
③ 均见《贞观政要·择官》。

二、礼法结合,德刑并举

汉初既承袭秦代之"法制",又复兴儒家之"礼义",因此《淮南子》力主"礼"与"法"的结合。时至唐初,实施已久的"礼法合治"已成为指导思想,所面临的是如何吸取秦、汉、晋、隋等亡于严刑酷法、横征暴敛、劳民伤众的教训,改变统治策略的问题,所以将重点放在德礼方面,要求"法"贵公正、执法宽平。

(一)"以道统法",礼法结合

后世之所以称黄老学派为杂家,就是因为它撷取各家,糅在一起。汉初君臣、刘安都是这样。虽重视法令制度,但不像法家那样,将法律刑罚放在首位而鄙薄其他;相反,他们在论法之时,总是与道,与仁义礼德联系在一起。也就是说,自然之道,仁义之礼与赏罚之法,对君主治国来说一个都不能少,皆不可偏废;三者之间的关系,是以道指导礼、法的制定与执行,同时礼义是法政的基本原则。

刘安指出,"圣人论教施政也,必察其始终;悬法立仪,必原其本末"。"论教"要用礼义,"施政"要靠法刑,那么它们是怎样产生的呢?依照老子的失道始有德、失德才有礼、失礼之后才有法的论断,刘安也仿照荀子与法家,将历史分为上、中、末三大时期,认为"上世体道而不德","中世守德而弗坏",而到"末世,绳绳乎唯恐失仁义",需要"悬法立仪"①。虽然末世有了礼、法,但仍要用道来统率。他说,"先王之制法也,因民之所好而为之节文"。诸如:"因其好色而制婚姻之礼,故男女有别。因其喜音而正雅颂之声,故风俗不流。因其宁家室、乐妻子教之以顺,故父子有亲。因其喜朋友而教之以悌,故长幼有序。……此皆人之所有于性,而圣人之所匠成也"。但仅有礼义还不够,"人之性有仁义

---

① 《淮南子》:《谬称训》《本经训》。

之资,非圣人为之法度而教导之,则不可使乡方";君主"治国家,理境内",必须"行仁义,布德惠,立正法,塞邪隧"。体现仁义的礼制与体现公正的法令,是君主治国理政的两大手段与工具。

因此,刘安的"无为而治"之法,既不同于法家的"唯法而治",也有别于先秦儒家的"为国以礼"或正统儒学的"礼法合治"。法与礼只是道在治国之中的表现,所谓"法制礼义者,治人之具也,而非所以为治也"。只有符合"道"、体现"道"的礼、法才是最正当、最适用的制度与统治方法。他分析说:"有道以统之,法虽少,足以化矣;无道以行之,法虽众,足以乱矣"①。认为道是礼、法的核心,后者只是道的表现。那么,仁义和法度之间又是怎样的关系呢?刘安的回答也十分明确:"治之所以为本者,仁义也;所以为末者,法度也。凡人之所以事生者,本也;其所以事死者,末也。本、末一体也;其两爱之,一性也。先本后末,谓之君子;以末害本,谓之小人。……所在先后而已"②。即强调治国应以仁义为本,法度为末;仁义在先而法度在后;仁义是法度的前提。

(二) 德礼为本,法刑为用

这是唐初"无为而治"国策之中礼法、德刑的关系原则。由于汉中期之后,纲常已被纳入各类法律之中,《唐律》的主要特征便是"一准于礼"③。同时,又为了吸取前朝败亡的教训并纠正隋炀帝的暴政酷刑,所以李世民君臣以及韩愈、柳宗元、白居易等更强调仁义德教在惠民宽政方面的作用。长孙无忌主持编著的《唐律疏议》中的"德礼为政教之本,刑罚为政教之用",成为后世处理德礼、政教与刑律关系的圭臬。

史载,贞观初年,李世民专门召集近臣研究国策,即实行"王道"(仁政)还是"霸道"(刑治)。多数人主张在隋亡大乱之后,应严肃政治、加

---

① 均见《淮南子·泰族训》。
② 《淮南子·氾论训》。
③ 《四库全书提要》:"唐律一准于礼,得古今之平"。

强管制,而魏征力主宽惠待民、礼义教化。李世民斟酌再三,采纳了魏征的意见,即"为国之道,必须抚之以仁义,示之以威信,因人之心,去其苛刻,不作异端,自然安静"。六年之后,他总结说,"贞观初,人皆异论,云当今必不可行帝道、王道,惟魏征劝我。既从其言,不过数载,遂得华夏安宁,远戎宾服"①。给事中张玄素上疏建言"惟当弘俭约,薄赋敛,慎终始,可以永固。方今承百王之末,属凋弊之馀,必欲节以礼制,陛下宜以身为先"②。魏征反复谏言:"惠下以仁,正身以义,则其政不严而理,其教不肃而成矣。然则仁义,理之本也;刑罚,理之末也";"民知罪之无私,故甘心而不怨;臣下见言无忤,故尽力以效忠";"圣帝明王,皆敦德化而薄威刑也。德者,所以循己也,威者,所以治人也";"专尚仁义,当慎刑恤典"等③。

  宽惠待民,放权简政,取得了显著的社会效果。按照《贞观政要》作者吴兢的说法,在贞观初年,"霜旱为灾,米谷踊贵,突厥侵扰,州县骚然":从京城到河东、河南、陇右一带地区,饥荒更为严重,甚至到了要一匹好丝才能够买上一斗米的境地。但由于太宗君臣忧心百姓,提倡节俭,实行惠民之政,百姓虽然流离失所、生活贫苦,却无一埋怨,安分守己。到了贞观三年,关中丰收,百姓纷纷返回家乡,无一逃散。加上太宗"从谏如流,雅好儒术,孜孜求士,务在择官,改革旧弊,兴复制度,每因一事,触类为善",从而社会稳定,百姓安宁。太宗非常痛恨贪官污吏,凡是徇私舞弊、贪污受贿者均受到制裁,无一逃脱。"在京流外有犯赃者,皆遣执奏,随其所犯,置以重法,由是官吏多自清谨"。无论王公贵族、豪富商贾,都不敢作奸犯科,侵扰百姓。出门旅游或经商,很少遇到窃贼强盗。监狱牢房常常空置,"马牛布野"丢不了,"外户不闭"无贼

---

① 见《贞观政要·政体》。
② 《贞观政要·纳谏》。
③ 见《贞观政要·公平》。

偷。而且连年丰收，一斗米才三四文钱。外出远行也不用背着粮食，沿途均可买到。在泰山周围的乡村赶路，行人经过这里，都会受到热情的款待，出发时还有东西赠送。所谓"山东村落，行客经过者，必厚加供待，或发时有赠遗。此皆古昔未有也"①!

三、"安民立政"，以法为先

汉初之时，礼与法尚未融合统一，所以刘安主张在"道"的统率之下将二者结合起来，两手并用，都要过硬。而到唐初，则完全将礼法制度视为治国的根本规则，以法施政、用人与处罚。在大政方针上"一准于礼"，在赏功罚罪时"一断于法"。

刘安认为，"道"是治国的最高原则，"法"是治国的重要工具。礼法制度不但是"道散"、"德失"之后历史变化的必然产物，而且在现实社会中又起着维护君权、实现"安民"和开发"民利"等重要的作用。他反复强调："立政者不能废法而治"②，"无法不可以为治"③。在他看来，在"大道废，仁义生"的现世，要建立和维持"各任其职"、"各得其宜"的秩序，就必须"立君臣之义而成国"，否则，人们会失去统领自相残杀，以致无法生存。他指出，"所为立君者，以禁暴讨乱也"；君主"治国家，理境内"，应该"行仁义，布德惠，立正法，塞邪隧"，使"群臣亲附，百姓和辑，上下一心，君臣同力"④。其中，"立正法"是"人君南面之术"的核心。因为思想或品行属认识问题，还能允许人们各持己见，尚可以没有统一的准则；"治国则不然，言事者必究于法，而为行者必治于官"，即法律关系着国家与民众的实际利益，是绝不容许混乱和差错的。他比喻说，群

---

① 见《贞观政要·政体》。
② 《淮南子·氾论训》。
③ 《淮南子·泰族训》。
④ 《淮南子·兵略训》。

臣与百姓如同拉车的骏马,而君好比乘车的主人,法令就像是系马的笼头与缰绳,如果没有笼头与缰绳,马匹就会不听从驾驶而伤害主人。所谓"法律度量者,人主之所以执下;释之而不用,是犹无辔衔而驰也,群臣百姓,反弄其上"。因此,"君主失准绳则废","所谓亡国,非无君也,无法也"①。没有法律便会亡国!这就是刘安对君主的告诫。

唐代是古典法治的典型时期,《唐礼》、《唐律》、《唐令》(包括诏)、《唐典》(唐初称格、式)一直为后世所效仿,确立了中华法系的结构体系。而这一切,均是唐初李世民君臣所创立、制定与实施的。正因为如此,记载其言论活动的《贞观政要》一书,被后人誉为"唐太宗文皇帝之嘉言善行、良法美政"②。李世民即位之初不但亲自主持礼律的制定,还专门让长孙无忌负责《唐律疏议》的编纂,同时根实际情况修订礼法的规定,制定新的司法程序和刑事政策。如贞观元年,他发现大理寺(唐代最高审判机构)的官员为了追求政绩,"核理一狱,必求深刻",即复核审理刑案件时,过于严苛,会使死刑增加。因而提出,"死者不可再生,用法务在宽简"。为了避免冤、假、错案的发生,他颁布诏令:"自今以后,大辟罪皆令中书、门下四品以上及尚书九卿议之"。从而创设了重大案件的"九卿议刑"制度。史载,到贞观四年,全国被判处死刑的人只有29个,成为千古美谈。又如,贞观五年,相州人李好德因"言涉妖妄",被太宗下令治罪。大理寺丞张蕴古了解实情,汇报说此人精神有问题,一直疯疯癫癫,依唐律的规定不算犯罪,太宗同意依法从宽处理。不料张蕴古将此消息告诉了李好德,并与疯子在一起戏耍,并遭御史弹劾。太宗闻知大怒,立即下令将张蕴古在东市斩首。但事后又察觉若按刑律规定与死刑复核程序,张蕴古罪不致死。为了防止君主或高官

---

① 《淮南子·主术训》。
② 见(元)戈直《贞观政要·序》。

感情处事,盛怒杀人,遂下诏规定了死刑执行的"五复奏"程序,即要复审、奏报五次①。其具体要求是,京城的死刑案件,在两天之内要报奏五次方可执行;而外地各州府仍按"三复奏",在审、复奏中发现有冤情或可宽宥者,立即纠正或从轻处理。

难能可贵的在于,李世民强调:"法者,非朕一人之法,乃天下之法"②。他以此要求群臣,也规诫自己。他常教育子女遵礼守法,指出,虽然"父之爱子,人之常情",但父爱不能抵触国法,"若不遵诲诱,忘弃礼法,必自致刑戮,父虽爱之,将如之何"③!魏征亦认为,"法,国之权衡也,时之准绳也。权衡所以定轻重,准绳所以正曲直",是治国的重器。并不断向太宗建言:"若赏不遗疏远,罚不阿亲贵,以公平为规矩,以仁义为准绳,考事以正其名,循名以求其实,则邪正莫隐,善恶自分"。指出:立法的目的,不是为了制裁百姓的短处和错误的,而是用来防范邪恶、补救祸患、约束邪恶从而使其纳入正道的④。因此,治国理政,必须做到"志存公道,人有所犯,一一於法"。他说,这样一来,凡是违法乱纪者都得到法律制裁,即使断案有所出入,也及时予以纠正。百姓知道朝廷依法惩罚并非出于私心,才能心悦诚服;臣下看到自己直言进谏并非犯上,于是也更加尽职尽忠⑤。正是唐初君臣对法律的这种认识与实际贯彻,造就了"贞观之治"的古典法治的形成。

四、立法利民,符合实际

在立法方面,刘安反对"循旧"、"法古",主张"法与时变"、"各因其

---

① 见《贞观政要·刑法》。
② 《贞观政要·公平》。
③ 《贞观政要·教戒太子诸王》。
④ 《贞观政要·公平》:"凡立法者,非以司民短而诛过误也,乃以防奸恶而救祸患,检淫邪而内正道"。
⑤ 均见②书。

宜"。这一观点,大有先秦法家之遗风,其中的论述亦是商、韩观点的复述。这不仅与黄老之学讲求的"遵而勿失"相异趣,而且是直接针对正统儒学"奉天法古"的宗旨提出的。而唐初李世民君臣主要是针对隋末的法令烦酷,力图宽民惠众而提出"法必公正"与"法贵简约",反映了不同时代的特征和不同社情的要求。

恢复和效法"先王"的礼乐制度,是董仲舒的主张。对此,刘安给予明确的批判,他说:"圣人制礼乐,而不制于礼乐。治国有常,而利民为本;政教有经,而令行为上。苟利于民,不必法古;苟周于事,不必循旧";从而表明了他的立法"利民"而不是"为君"的鲜明立场。认为"法与时变,礼与俗化;衣服器械,各便其用;法度制令,各因其宜"是规律性的现象,社会的发展与世情的改变不允许再恢复古时的制度,礼与法的内容都应该适应现实的需要。即"神农、伏羲不施赏罚而民不非,然而立政者不能废法而治民;舜执干戚而服有苗,然而征伐者不能释甲兵而制强暴。由是观之,法度者,所以论民俗而节缓急也;器械者,因时变而制宜适也"。

尤其可贵的是,刘安反对以政治倾向与学派归属定优劣,强调以内容与效果是否"利民"为取舍。汉儒鼓吹恢复"三代之礼",刘安驳斥说:"殷变夏,周变殷,春秋变周,三代之礼不同,何古之从"?非仅三代,"尧舜禹汤,法籍殊类",自古以来的"七十余圣,法度不同",很难套用。他指出,最有效的方法,是效法其"道",而不是照搬其"事";并非死守其"成法",而是运用其"应时而变"。所谓"大人作而弟子循,知法治所由生,则应时而变;不知法治之源,虽循古,终乱今"①。刘安在论道时,强调"与化推移"的"无为而治";而一旦落实到治国理政的方略,"无为而治"便具体化为"法治",可见受法家的影响之深。因此,他主张治国立

---

① 均见《淮南子・氾论训》。

法制礼,兼取各家之长,不同意汉武帝"罢黜百家,独尊儒术"。认为儒家推崇的周礼,仅是周朝一世的制度,周天子一君的规则,就好像夏天的单衣到冬天不能御寒一样,并不是万能的。所以即使"法古",也不能仅限于儒家学说。所谓:"今以一世之度,欲以耦化应时,譬犹冬被葛而夏被裘",会令人齿笑;"今握一君之法籍,以非传代之俗,譬犹由胶柱而调瑟也。……故制礼义,行至德,而不拘于儒、墨"。总之,"世异则事变,时移则俗易。故圣人论世而立法,随时而举事。……是故不法其已成之法,而法其所以为法。所以为法者,与化推移者也",可以视为刘安立法的总原则①。

五、执法公正无私,司法"一断于律"

汉初与唐初都很重视守法、执法与司法,为防止"法之不行,自上犯之",甚至要求"以法禁君"。而汉文帝与唐太宗也带头以法治己,并支持司法官员严格依律断狱。刘安认为"无法不可以为治",没有法律会亡国;有了法律而不实施运用也会导致亡国。即"所谓亡国,非无君也,无法也。变法者,非无法也。有法而不用,与无法等"②。魏征屡次上疏,针对狱官酷吏"法无定科"、"任情量刑"的现象,提出依律定罪,"慎刑慎典",不得任意轻重等主张。

(一) 以法"禁君","使无擅断"

这是刘安最为突出、最具进步性的思想,也是"无为而治"国策的闪光亮点。他从与汉朝廷对抗的立场出发,在黄老思想要求君主守法的基础上,又向前迈进了一步,明确反对独裁擅断,提出了在君主集权体制下很罕见的法制高于君主和以法禁君的法律主张。他对民众、官府、

---

① 见《淮南子·齐俗训》。
② 《淮南子·主术训》。

君主与礼法的关系进行分析,从原理上说明"禁君"是礼法本身具有的功能:"古之置有司也,所以禁民,使不得自恣也;其立君也,所以剬(制)有司,使无专行也;法籍礼义者,所以禁君,使无擅断也"①。也就是说,百姓犯罪,由官吏惩办;官员枉法,由君主制裁;约束和禁止君主"擅断"的,既不是抽象的"天命",也不是祖宗或鬼神,而是"法籍礼义"!我们知道,先秦墨家虽然提出"天志"之法高于君主,但其"上同于天子"又抬高了君主的地位。法家虽反对君主以"私"坏法,但同时又主张君主"独制",依然使法权屈居于君权之下。因此,刘安的这一论述,是迄今能看到的古代著述中明确主张"以法禁君"的最早表述。它的意义不仅在于将法权置于君权之上,而且把防止专制独裁作为要求君主守法的重点内容。

在肯定法制高于君主个人意愿的前提下,刘安进而提出了约束君主守法的理由和主张:其一,礼法是国家制度,国家高于君主,违背法令就是损害国家。即:"明主之赏罚,非以为己也,以为国也。适于己而无功于国者,不施赏焉;逆于己而便于国者,不加罚焉"。其二,礼法是规矩准绳,守法与否是衡量君主是否"身正"的标准。即:"人主之立法,先自为检式仪表,故令行天下。……禁胜于身,则令行于民矣"②。其三,君主应起表率作用,只有自己做到"无私"、"无好",才能使臣民服从,法施令行。即:"人主好仁,无功者赏,有罪者释;好刑,则有功者废,无罪者诛。及无好者,诛而无怨,施而不德,放准循绳,身无与事"③。

(二) 赏罚公正,执法无私

刘安认为,由于法律本身是公正的,所以执法者必须精心诚意、公正无私地依法办事,才能取得真正的功效。他说:"赏善罚暴者,政令

---

① 《淮南子·主术训》。
② 见《淮南子·缪称训》。
③ 同①书。

也;其所以能行者,精诚也"①。要做到"精诚"执法,就必须使执法者精通法理,即"法者,天下之度量,而人主之准绳"②;从而态度坚定,即"审用法,诛必辜","平而不阿,明而不苟"③。他尤其重视执法的"平"、"公"、"正"。所谓"公",即"立公去私",不能以个人爱好干扰破坏"公"法;所谓"平",即赏罚得当,不枉不纵;所谓"正",即不论亲疏贵贱,一断以法。他说:"执法施令,……衡之于左右,无私轻重,故可以为平;绳之于内外,无私曲直,故可以为正;人主之于用法,无私好憎,故可以为命。……是故公道通而私道塞矣"④。

唐初坚持"法贵简而能禁,罚贵轻而必行"的司法原则,强调"志存公道,人有所犯,一一于法"。其关键是公正执法,一断于律,连皇帝也不能法外用情。据两《唐史》和《贞观政要》所载,李世民尽力做到了这一点。有三个著名的案例:其一,贞观元年,吏部尚书长孙无忌奉诏进宫,未解下佩刀,走出阁门之后,才被监门校尉发现。带刀剑入宫依律该判死罪。尚书右仆射封德彝认为,监门校尉失察,其罪当死;长孙失误,判刑两年,罚铜二十斤。太宗听从了他的建议。大理少卿戴胄据律反驳,两人均为失误,应同样对待。不因为身份贵贱不同而一死一罚。如果皇上要其将功折罪,从轻处理,作为司法机构我无话可说。但要大理寺这般处理,则没有法律依据。太宗明确回答:"法者,非朕一人之法,乃天下之法,何得以无忌国之亲戚,便欲挠法耶"?最后免了校尉的死罪,将二人都从轻处理。体现了"法贵宽平"的原则。

其二,在进行科举开考前,太宗下诏,令所有有过伪造冒充涂改资历行为的人自首可从轻发落,否则判罪至死。大理寺丞戴胄将查出的

---

① 《淮南子·氾论训》。
② 《淮南子·主术训》。
③ 《淮南子·时则训》。
④ 同①书。

诈伪者向太宗报告,认为依法应判处流刑。太宗很不满意,说,我早先已发出敕令,不自首者死。如今你又据律判决,这不是向天下表示朝廷没有信用吗!戴胄据法以争:"陛下若立即将他们处死,做臣下的我也没办法制止。但皇上既然已经交付大理寺办理,那我就不能违反法律规定"。太宗质问道:"你只顾及自己守法,却让我失信于天下吗?"戴胄义正辞严:"法者,国家所以布大信于天下,言者,当时喜怒之所发耳。陛下发一朝之忿,而许杀之,既知不可,而置之以法,此乃忍小忿而存大信,臣窃为陛下惜之"。将皇帝敕令视为一时激愤的言语,认其效力远远比不上专门制定的法律。同时将执法与依律处断称为大信,以法取信于民远比一个敕令重要。这种难能可贵的认识与胆识只在汉、唐初期的直谏之臣身上显现,而也只有汉文帝、唐太宗这样从谏如流、纳谏似渴的开明君主才能接受。太宗听后,承认自己的失误,检讨说,我在执法方面有失,卿能够当面纠正,我今后还有什么担忧呢[1]!

其三,贞观九年,岷州都督高甑生,"获罪徙边"即被流放到边疆。高是李世民登基之前的有功之臣,后来很得器重。这时有不少人为他求情免罪。李世民明确回答,对高的功劳,确实不应忘记。但"理国守法,事须画一,今若赦之,使开侥幸之路";同时,从起兵灭隋到平定周边,有很多的功臣将领,如果高甑生得以免罪,那么谁能不存侥幸之想呢!有功之人都会依仗功劳,犯法作乱。所以未予赦免[2]。

---

[1] 详见《贞观政要·公正》。
[2] 见《贞观政要·刑法》。

第十三章　民主法治的启蒙与引入

历史向前发展,社会不断进步。中国封建社会虽然具有超稳定的结构①,经过周期性的危机与复苏,延续了两千多年;但在克服危机与修补体制的过程中,君主集权和人治方式越来越显露出固有的弊端,"民本"思想的提升会导致民主的觉醒,人治的僵化与腐败会催生法治的启蒙。17世纪中叶以后,即明清之际的剧烈变动使之成为现实,市民阶层与激进士大夫、乡绅结成反对封建专制的联盟,努力思索、寻找新的国家途径与社会出路。从而形成了一种带有民主、法治因素的激烈批判君主专制的思潮,出现了一批眼光敏锐、见识卓越的早期启蒙思想家。

19世纪末,西风东来,西法东渐,唤醒了沉睡已久的东方雄狮。西方列强的先进、侵略与霸道,使泱泱大国深受屈辱,深感落后,于是引进西学,兴办洋务(工商业)。东邻小国日本经"维西方之新"而壮大,在"甲午海战"中一举取胜,更使有识之士认识到"救亡图存"、"变法维新"的必要与紧迫。于是,改君主集权为君主立宪,变朝廷、王法为国会、宪法,彰宣"天赋人权"、"三权分立",要求"法治"与"人治"并用等,成为一时之风尚,形成了为时不久但轰轰烈烈的戊戌变法运动。

---

① 详见金观涛、刘青锋:《兴盛与危机》,法律出版社2011年版。

第一节 "天下之法":中国的启蒙思想

启蒙,原指开导、入门,思想史学者将最早具有反封建、除迷信、倡民主、求法治内容的思想称为"启蒙思想"或"启蒙主义",认为它启迪、开拓了现代的民主和法治的形成。西方的启蒙思想最早出现在17世纪末的英国,18世纪在欧洲大陆形成波澜壮阔的思想启蒙运动。学界公认,中国在同一时期,即明末清初的大变革时期也出现了以"天下为主"、"天下之法"为代表的启蒙思想,并且具有鲜明的中国特色。主要表现在:

第一,古代中国是一个封闭型的大国。虽然自汉代之后,通西域、探东瀛、往印度、征南越,"丝绸之路"可达欧洲与阿拉伯地区,但除佛教、天主教之外,其它思想的影响甚微。因此,"天下之法"学说是在中国封建社会后期君主专制的弊端已充分暴露、统治危机日益加剧、资本主义工商业初步形成、市民阶层开始觉醒的社会条件下形成的。其思想内容或表达方式,没有直接或很少受到外来的思想学说的影响。

第二,启蒙思想家们生活在商品经济相对发达的江浙湘鄂地区,因此对新的经济趋势与政治要求深有体会。其本人均学识渊博,身为当时大儒,因此得以继承、总结和创发中国传统思想中的民贵君轻、以民为本、平等博爱、天下为公、天下大同等民主性精华内容。然而,由于他们只会运用其熟悉的、纯儒学的术语和思维方式来表达对新制度的设计和新社会的憧憬,所以使其新的思想和主张淹没在对经典史籍的阐释以及"托古改制"的创发之中,若不执意搜寻和发掘,往往很难察觉和留意。

第三,与其他的正统儒家学者不同,他们身历亡国之痛和异族残杀之难,所以不尚空谈或粉饰太平,而敢于非圣谴君,努力明道救世,务实求新。与西方的启蒙思想家专门从事著述有别,他们并非仅闭门研习民主、法治理论,探寻真理,为新社会鸣锣开道,以著作成名致功;同时身体力行,或率家丁抗清,或拒不参与朝廷,其目的仍然是挽救封建统治的危机,只不过其思想和主张已具有民主、私权等启蒙因素。

第四,西方的启蒙思想与当时的工业革命和市民运动同步,成为建立商品市场经济和人权、宪政、法治的现实思想基础;而中国早期的启蒙思想,在形成之时便遭到统治者的"禁绝"和封锁,未能发挥其应有的社会作用。直到200多年后的"戊戌变法"时才广为人知,并成为变法改良的思想武器;而18世纪形成新的启蒙思想,是一批"睁眼看西方"的学者从国外引入的,与早期启蒙思想并无直接联系。中西启蒙思想的这种不同遭遇,很是发人深省。

一、反封建的志士,新思想的启蒙

自宋明以来,尤其明代中期之后,一方面,社会矛盾进一步加剧,以专制皇权和等级特权为特征的封建制度的弊端丛生;另一方面,随着江南私营手工业、商业发展和矿业的兴起,原先的土地国有及人身依附被打破,新的工商市民要求冲出"纲常"等级的藩篱。这种新需求和统治危机交织在一起,要求人们从思想理论方面加以认识和说明;而社会的动荡,起义的暴发,特别是明王朝的灭亡,更促使人们对君主制度进行思想反省。

这样一来,正统思想面临着两种挑战:一是扬长避短,力图强化对纲常的维护和对民众的控制,挽救统治危机;二是适应新的商品经济和工商市民的要求,作出反省和变更。前者以对正统思想进行总结发挥并改革的丘濬、张居正等人为代表,后者的典型代表是提出的启蒙法律思想的黄宗羲、王夫之、顾炎武、唐甄等人。

黄宗羲(1610—1695),浙江余姚人。其父黄尊素,是明代反对宦官专权的"东林党"中的著名人物,因弹劾魏忠贤而被害致死。青年黄宗羲加入"复社",积极地呼吁、制止宦官的专权和飞扬跋扈;中年时又组织"世忠营",进行抗清的武装活动;晚年抗清失败,隐居在家。清廷数次派员请他任官,他坚守民族气节,拒不仕清,专事讲学与著述。临死之前,他嘱托后人:"敛以时服,一被一褥,安放石床;不用棺椁,不作佛事,凡鼓吹、巫觋、铭旌、纸幡纸钱,一概不用"[①],表现了一代宗师的高风亮节和蔑弃纲常礼教的无畏精神。他精通古代学术,在儒学、史学、天文、数理等方面造诣深厚,著作等身。《明儒学案》,被誉为第一部体系完备的中国哲学史专著;他在52岁(1662年)完成的《明夷待访录》一书中,集中地阐发了民主启蒙的政治和法律思想。书成之后,即被定为"禁毁"之书,直到百年之后的嘉庆年间,始有刻本问世;而至19世纪末"戊戌变法"运动时,才得以大量发行。

王夫之(1619—1692),湖南衡阳人。因晚年隐居于其故乡石船山,人称船山先生。他14岁中秀才,24岁中举人,家学渊源,功底深厚。他青年时亦仿效"东林",组织"匡社",以求反对宦官、"匡扶社稷"。中年时清兵南下,他在两湖奔走呼号,"抗清扶明",并发动"衡山起义",失败后一度投奔"南明"临时朝廷。晚年四处逃亡,生活困苦,后隐居石船山,立志"不能以事功救天下,即以学术救万世",遂专务授徒讲学,著书立说。其著述达百余种之巨,集中论法的有《读通鉴论》、《读四书大全说》、《宋论》及《黄书》、《噩梦》等。在早期的启蒙学者之中,如果说黄宗羲在理论观点方面的建树最大,那么对于法律问题论述最多、涉及面最广也最为深入的则是王夫之。由于他的思想主张为清廷所不容,所以其著述亦被列入禁书,湮没了一百多年以后才得以刊行。

顾炎武(1613—1682),江苏昆山人。他原名顾绛,在清兵攻陷南京

---

① 见《黄黎洲先生年谱》。

之后,为匡复明室,又仰慕文天祥的门生王炎武的事迹,遂更名炎武。他出身江东望族的书香门第,青年时参加"复社",立志革除弊政。清兵南下,他投笔从戎,以"反清复明";失败之后,母丧弟亡,便"改容作商贾"并化名蒋山佣,只身北上,串联抗清志士,广交同仁朋友,研讨救国方策。康熙时征召"博学鸿儒",建立"明史馆",屡次找他,均遭拒绝。他严辞表示,"若必相逼,则以身殉之矣",可见气节之坚。他一生著述丰富,被后人与黄、王并称为"清初三大师"。其代表作《日知录》是历时30多年而撰就的,自称"平生之志与业皆在其中"①,并与黄宗羲的《明夷待访录》见解相同,也是反映他思想主张的主要文献。

唐甄(1630—1704),原名大陶,四川达州人。幼年随其父在江苏吴江生活,明亡后逃避迁居江西、河北等地,后还居吴江,饱经战乱之苦。27岁中举人,曾在山西长子县担任过十个月的知县,因顶撞上司被革职,又身历官场之黑暗。离职之后,一直过着颠沛流离、衣食不足的生活;心怀大志而身不遇时,因此愤世嫉俗。晚年亦穷困潦倒,依靠授徒著文维持生计。他用了三年的时间,写成《潜书》99篇,认定"帝王皆贼",力倡"万民皆平",是启蒙思想家中"非君"最坚决、态度最激烈的一个。

二、反对"一人"君主,主张"天下为主"

"天下为主""天下之法"是明清之际的思想家提出的一个新的概念和学说,而"天下",却是历代皆用、含义明确的概念。在古代文献中,"天下"有两层意思:一指地域与方位,如"溥天之下,莫非王土","修身齐家治国平天下";另指天下之人,即民众、百姓,如"天下为公","天下归仁","天下熙熙,皆为利来","大赦天下"。在启蒙思想家的笔下,"天

---

① 《亭林文集・与友人论门人书》。

下",指普天之下所有的人。从与君主即"一人"、"一家"相对应的角度,主要指民众与百姓;因此,"天下为主",直译成现代汉语,就是全体民众为国家的主人,即民主。可见,虽然古今用语差异很大,但这一主张,已涉及国家主体问题。

(一)"天下为主,君为客"

主与客,在古代时有固定的含义:"主"指主人,是权力与财产的所有人和支配者,如君主、族主、家主等。"客"当与"主"相对应使用时,并非指今语的"客人"或"宾客",而是家奴、仆役的泛称。黄宗羲一反君为"天下之主"、"人类主"的传统观念,经过论证,明确提出"以天下为主,君为客",要求将几千年的"君主"制颠倒过来,实行"民主",称得上是石破天惊、惊世骇俗之语。它的思想意义,不仅在于否定"纲常",更表现在立足于中国本土,提出了一种新的国体,成为近代民主思想的初级形态。

黄宗羲发挥了先秦墨子、管仲,以及《吕氏春秋》、《淮南子》等的观点,从人性和国家法律起源角度说明"天下为主",所谓:"有生之初,人各自私也,人各自利也。天下有公利而莫或兴之,天下有公害而莫或除之"。这样便需要君、臣及官府来为民兴利除害,以实现民众的自私自利。他指出,古代的圣贤们就是这样的,虽然以"君"相称,但实际上是民之"客"而非其"主":"古之以天下为主,君为客,凡君之所毕世而经营者,为天下也"。相反,"后之为人君者则不然,以为天下之利害之权皆出于我;我以天下之利尽归于己,以天下之害尽归于人,亦无不可。使天下之人不敢自私,不敢自利,以我之大私为天下之大公"[①],因此是应予否定的。

顾炎武则从古文字义考释入手,指出"君"字自始便无"主人"之意,

---

① 见《明夷待访录·原君》。

而是"上下之通称",即凡是居下位的均可称上位者为"君",如子女称父母,媳妇称公婆,学生称老师,大夫称诸侯,诸侯称天子等。只是到了后世的集权"独治"时,才成为"天子"的代名词,但因此而违背了立"君"之意。从而,他认为"天下"是天下人的,必须经由"天子"让天下人实际作主,掌握天下大权,而绝不能归君主一人。这叫做"以天下之权寄天下之人",所谓:"天子者,执天下之大权者也。其执大权奈何?以天下之权,寄天下之人,而权乃之天子"①。具体方法是将"天下之大权"分解到"公卿大夫至于百里之宰",即从中央机构到城乡基层单位,使所有官吏,"莫不分天子之权以各治其事"②,从而变君主专制的"独治"为"众治"政体。将"众治"译成今语,即是"民治"。

(二) 从反对暴君,到否定君主专制

中国古代的思想家们,无论主张"尊君"还是"无君",都反对暴君乱政或君主个人的恣意横行。如孟轲将之称为"独夫",视为"民贼";墨翟称之为"暴王",主张对其"诛之";就连鼓吹"尊君"、"独擅"的法家,也反对弃"公法"而任"私行"的"逆乱之君"。历代的王朝更替,凡用武力推翻前朝者,也都是打着讨伐暴君、救民于水火的旗号。然而,只要稍加分析便能看到,这些批判所针对的均是君主个人;尤其在经典或史籍之中,不是列举某一皇帝的具体言行,便是用历史上的夏桀、商纣、秦始皇、隋炀帝说事。同时,他们谴责暴君的目的,旨在肯定"圣君贤臣",期待"明主"降临。在清代之前,只有老庄道家、魏晋玄学,尤其晋代鲍敬言提倡"无为"乃至"无君无臣",但其针对的主要对象依然是"无道之君",同时未能从制度或法律层面进行说明。启蒙思想家们,则将批判的矛头,指向了近两千年的君主集权专制政体和制度。

---

① 见《日知录·君》。
② 见《日知录·宗令》。

首先，黄宗羲激烈抨击君主对人民的剥夺和残害。他以千年来的史实为据，指出君主制是天下混乱、民不聊生的根本原因。他认为，无论上台之前还是登基之后，君主一直在祸害人民。为了居于君位，他们兴兵征战，"屠毒天下之肝脑，离散天下之子女"，不仅无动于衷，反以为是"为子孙创业"；一旦登上君主宝座，更是变本加厉地敲剥人民，满足"一人之淫乐"，以为这是他私有"产业之花息"。他愤怒地指出，这样的君主，只配称为"独夫"，视为"寇仇"。其结论是："为天下之大害者，君而已矣"①。唐甄尖锐地指出，"天子之尊，非天帝大神也，皆人也"②，将君主拉下了"天神"之位。并分析说，强盗"杀一人而取其匹布斗粟"，人们称之为"贼"；君主为了争夺国家权力，或者"入城而屠其城"，或者"杀天下人而尽有其布粟"，不是更大的"贼"吗？由于所有的君主，都是"有天下者而无故杀人"，并一直"屠杀二千余年，不可究止"，所以，他得出结论："自秦汉以来，凡为帝王者，皆贼也"③。这个"国贼"，就是秦代以后的中央集权的君主制度。

其次，启蒙思想家对君主集权的独断与专横进行了激烈的批判。黄宗羲指出，君主集大权于一身，颠倒了君民之间应有的客、主关系，不仅使天下百姓深受其害，而且也给其本身及家族带来灭顶之灾。他分析说，君主即位之后，"视天下为莫大产业，传之子孙，受享无穷"，如果其继位者"果能保得其产业，传之无穷"，还算值得；但实际情况是，君主将天下"以产业视之"，天下所有的人也会这样对待，"一人之智力，不能胜天下欲得之者之众；远者数世，近者及身，其血肉之崩溃在其子孙矣"④！这是黄宗羲对中国历史王朝更迭、帝王争权的深刻总结。他又

---

① 见《明夷待访录·原君》。
② 《潜书·抑尊》。
③ 见《潜书·室语》。
④ 《明夷待访录·原君》。

强调,君主集权必然导致"臣为君设"、"任人唯私",并易使"宰相六部,为奄臣奉行之员",即成为"奄臣之祸"①的根源。

王夫之指出,"以天子统乎天下,则天下乱",因为"万方统于一人,利病定于一言,臣、民之上达难"②,其结果是力不从心,国破身亦亡,这既是对君主集权的鞭笞,又是对明亡教训的总结。顾炎武认为,国家大权,"尽归于上,一兵之籍,一财之源,一地之守,皆人主自为之也。欲专大利而无受其大害,遂废人而用法,废官而用吏,禁防纤悉,特与古异"③,必然依靠实施严刑酷法、贪官污吏来鱼肉、镇压百姓,"民乌得而不穷,国乌得而不弱"④!唐甄认为君主专制的弊端有三:一是使自己置于父、兄之上,"不和于家,乱之本也";二是"贱视"其臣其民,使奸佞宠,"贤人退,治道远";三是自以为是,使"臣日益疏,智日益蔽",赏恶罚善,"海内怨叛,寇及寝门"⑤。并由此强调,君主因专权施暴而被推翻身死,罪不在他人,而是自己"不君其君",叫做"非人弑之,自弑之也"⑥。

三、反对"一家之法",主张"天下之法"

黄宗羲在《明夷待访录·原法》篇中斥责封建法律是"一家之法而非天下之法",将表示全体人民的"天下"与代表君主一姓的"一家"相对立,同时从法律的本质和利益代表角度立论,在古代法律思想中可谓鹤立鸡群,达到了新的高度。如果说"民主"一词的本质要求乃在于使人民成为国家主权所有者的话,那么黄宗羲便是我国封建社会里最有资

---

① 《明夷待访录·奄臣上》。
② 见《尚书引义》卷五。
③ 《日知录·法制》。
④ 《亭林文集·郡县论一》。
⑤ 见《潜书·抑尊》。
⑥ 《潜书·远谏》。

格称为"民主思想家"的人;民主的实现,必须依靠法治,即将全体人民的利益以法律形式固定下来,并赋予最高效力。在这个意义上,他的"天下之法",也是中国最早将"法"与民主联系在一起的思想,从而弥足珍贵。

(一) 立"天下之法",为民兴利除害

黄宗羲从"天下为主"出发,论述了"天下之法"的要求,描绘出一幅新型"法治"的蓝图。首先,他从起源的角度,指出国家君主、制度、法律,都是为了兴"公利"使"天下受其利",除"公害"使"天下释其害",从而使人人可以"各私其私"、"各利其利"①而产生的,因此为天下兴除害是设置法律的目的,也是"天下之法"的主要内容。

其次,他用"托古改制"的方法,借称颂"三代"提出自己的主张。他阐发道,"三代之法"就是兴"天下之利"除"天下之害"的,所谓"三代之法藏天下于天下也,山泽之利不必其尽取,刑赏之权不疑其旁落;贵不在朝廷也,贱不在草莽也"。认为人们不仅在经济资源(山泽之利)、执法司法(刑赏之权)方面是平等的,而且不论职务、职业在政治上也是平等的。法律所要体现和维护的,是人们的生存、生活、教育和社会各方面的利益,诸如"知天下之不可无养也,为之授田以耕之;知天下之不可无衣也,为之授地以桑麻之;知天下之无教也,为之学校以兴之。为之婚姻之礼以防其淫,为之卒乘之赋以防其乱"②,等等。

再次,他具体阐述了"天下之法"的要求:主张废除几千年来的土地"王有"即国有制,"授田于民"即实行平均地权的私有制;主张用减轻赋税即"重定天下之赋,必有以下下为则"③的办法,以保证民利;主张"凡邑之生童皆裹粮从学",实行普及教育;主张改变"重农抑商"的传统政

---

① 见《明夷待访录·原君》。
② 见《明夷待访录·原法》。
③ 《明夷待访录·田制一》。

策,实行"工商皆本",以保障市民的经济利益,所谓"工固圣王之所欲来,商又使其愿出于途者,盖皆本也"①。还主张国兵民养:"天下之兵当取之于国,而天下为兵之养当取之户",使各地方镇"其钱粮兵马,内足自立,外足捍患"②,即兵源来自民间,兵权属于地方。可见,黄宗羲的"天下之法",并非局限于刑事法律,它包括了整个国家制度。他在经济、行政和教育方面的具体主张,足令封建卫道士们目瞪口呆。

王夫之从理论角度论述法律"循天下之大公"。宋明理学的"存天理,灭人欲",成为至理箴言;而王夫之却将"人欲"即民众对利益的要求说成法律应予体现的"大公",即"人欲之大公,即天理之至正"③。并分析道,"圣人有欲,其欲即天之理;天无欲,其强即人之欲。学者有理有欲,理尽,则合人之欲;欲推,则合天之理。于此可见人欲之各得,即天理之大同。""治民有道,此道也",他指出,应该将"此道",即体现和保障各种民意、民利的共同需求,"制为成宪,子孙守之,臣民奉之"④。具体表现在:主张均平"天下之产":"王者能臣天下之人,不能擅天下之士","公天下而私存,因天下用而用天下"。主张以"安民"为根本:"国以民为本,有民而后有国可为","天下安之"⑤。主张以保证"利民"为原则:"国之利不宜计也,必计利民。利民,非一切之法所可据为典要,唯其时而已"。主张各民族独立自主,和睦友邻,所谓"天有殊气,地有殊理,人有殊质,物有殊产。各生其所生,养其所养,君长其君长,部落其部落,彼无我侵,我无彼虞;各安其纪而不相渎耳"⑥。

---

① 《明夷待访录·财计三》。
② 《明夷待访录·方镇》。
③ 《四书训义》卷三。
④ 见《读四书大全说》卷四。
⑤ 见《读通鉴论》卷十四。
⑥ 《宋论》。

(二) 君主的"一家之法"属于"非法之法"

黄宗羲考察了秦汉以来的政治、法律制度的沿革,从两方面进行揭露和批判:一方面,他认为历代法令虽然其形式有别,但都是君主用来维护自己"一家"、"一姓"之私利的,毫无"为天下之心",反使天下人民深受其害,根本不配称作"法"。所谓"后之人主,既得天下,唯恐其祚命之不长也,子孙之不能保有也,思患于未然以为之法。然则其所以为法者,一家之法,而非天下之法也。是故秦变封建为郡县,以郡县得私于我也;汉建庶孽,以其可以藩屏于我也;宋解方镇之兵,以方镇之不利于我也。此其法何曾有一毫为天下之心哉!而亦可谓之法乎"?另一方面,他又指出,"后世之法"中所规定的,只是君主及其家人的特权和民众百姓的义务,为了维护一家私利,镇压民众反抗,又造成法"密"刑"残",这些"一家之法"只能称为"非法之法"。所谓"后世之法,藏天下于筐箧者也。利不欲其遗于下,福必欲其敛于上。用一人焉则疑其自私,而又用一人以制其私;行一事焉则虑其可欺,而又设一事以防其欺。……故其法不得不密。法愈密而天下之乱即生于法之中,所谓非法之法也"①。

黄宗羲进而揭示了这种"非法之法"的危害:一是导致上述的法令烦密、机构臃肿;二是造成有法不依,立法者坏法,所谓"夫非法之法,前王不胜其利领之私以创之,后王或不胜其利欲之私以坏之。坏之者固足以害天下,其创之者亦未始非害天下者也"。三是压制贤才,排斥精英,限制"能治之人",所谓"自非法之法古梏桎天下人之手足,即有能治之人,终不能胜其牵挽嫌疑之顾盼,有所设施,亦就其分之所得,安于苟简,而不能有度外之功名"②。四是造成基层的胥吏狱卒"创为文网以

---

① 见《明夷待访录·原法》。
② 同上。

济其私",欺压百姓,这是由于君主带头"行大私",从而上行下效的必然结果。

王夫之则强调,"天下有定理而无定法",其"定理"是指"安民","必循天下之公";"无定法"是说法律的具体内容与形式应"因时"、"随世"变化,"不可执也"①。从而,他将为"公"还是为"私"来作为衡量标准:法律若只为"一姓之兴亡,私也";相反,若为"生民之生死,公也"。并尖锐指出,秦汉以来的封建法制只为君主的"一姓之私"效劳,致使"天下分崩离析",因此"势在必革"。他分析说,虽然君主口口声声说其法律体现着"天下之义",但实际上是"一人之义",属于为"私";即使其法律适合于当时,那也只能称之为"一时之义",仍属于为"私";只有体现了"天下之大公"的法律,才真正是"古今之通义",才符合"定理"。所谓"有一人之正义,有一时之大义,有古今之通义。轻重之衡,公私之辨,三者不可不察。以一人之义,视一时之大义,而一人之义私矣;以一时之义,视古今之通义,而一时之义私矣。公者重,私者轻矣;权衡之所自定也"②。他的结论是:"不以一时之君臣,废古今夷夏之通义",封建法律违背了古今通义;"不以一人疑天下,不以天下私一人"③,而封建法律恰恰属于后者,因此是应予割弃的。

四、"议政"、"分权"与"分治"

(一)"学校议政":大儒名士参与大政决策

这是黄宗羲提出的国家决策方式。他认为"学校"不仅是"养士"即培养官员的场所,同时也应成为产生"治天下之具"的地方,即反映民意、决定国策、监督执政行政的机构。所谓:"学校,所以养士也;然古之

---

① 《读通鉴论》卷六。
② 《读通鉴论》卷十七、卷十四。
③ 《读通鉴论》卷二十二。

圣王,其意不在此也。必使治天下之具,皆出于学校,然后设学校之意始备"。由于宋、明之后,无论官方的太学、国子监或者民间的私塾,常常成为生员、士大夫议论朝政的中心,而黄宗羲青年时曾为"复社"骨干,所以他主张将学校作为表达民众意愿并参与政治的机构,主张学校参与法律的制定,并监督其执行。

黄宗羲指出,君主个人的看法不一定是正确的,即"天子之所是未必是,天子之所非未必非";有了"学校"这种具有商议、监督性质的机构,"天子亦遂不敢自为非是,而公其非是于学校"。由此,他提出应该由"名儒"学者担任各学校的"学官",尤其京师"太学祭酒"要"推择当世大儒,其重与宰相等,或宰相退处为之"。每月的初一,君主应亲临太学,听取宰相、大臣及学者的"谏议";逢"祭酒南面讲学,天子亦就弟子之列;政有缺失,祭酒直言无讳"①。地方学校的学官,也有评议、监督、弹劾官吏的权力。显然,黄宗羲所设计的"学校",实际已具有当代国家的议会的某些职能。

(二) 由名儒任相,与君主"分权"

启蒙思想家认为,君主集立法、执法、行政、军事诸大权于一身,是"一家之法"的主要弊端;因而"天下之法"必须限制君主的权力。他们视"官"为"分身之君",只是职责不同,并无身份差别。从而提出两个方案,一是恢复宰相制,二是地方分治。

黄宗羲提出,应该由"名儒"、"大儒"担任宰相,并有职有权,"每日便殿议政,……宰相以白天子,同议可否,天子批红。天子不能尽,则宰相批之,下六部施行";这是在最高决策上与君主分权。宰相还统领"政事堂","列五房于政事堂之后,一曰吏房,二曰枢机房,三曰兵房,四曰户房,五曰刑礼房;分曹以主众务,此其例也。四方上书言利弊者及待

---

① 见《明夷待访录·学校》。

诏之人皆集房,凡事无不得达"①。这种建制,颇有现代责任内阁的意味。

王夫之分析说,"宰相无权,则天下无纲;天下无纲而不乱者,未知或有";"宰相之权,则天子之权,挈大纲以振天下,易矣"。他强调,宰相不仅可与君主分权,必要时还可"循理"与君主争权:"君、相可以造命。……天固无喜怒,惟循理以畏天,则命在己矣"②。

唐甄指出,由于"人君之患,莫大于自尊",所以必须抑制君主的"自尊",使宰相的职权与君主相当:"相者,君之贰也,宗庙所凭,社稷所赖,不可以轻为进退也","古之为国者,得一贤相,必隆师、保之礼,重宰、衡之权。自宫中至于外朝,惟其所裁;自邦国至于边陲,惟其所措。馋者诛之,毁者罪之"。他反复强调,宰相不能虚设,必须有实权:"盖大权不在,不可以有为也"③。

(三) **地方自立,与中央"分治"**

黄宗羲认为分封诸侯建立邦国,实行郡县之制等都是强化君权之举,不符合"天下为主"和"天下之法"的要求。他设计出一种"方镇"式的地方分治体制,一有独立的行政权力:"一切政教张弛,不以中制";二有自主的财政权力:"田赋商税,听其征收";三有完全的人事权力:"属下官员亦听其自行辟召,然后名闻";四有直接的军事指挥权力:"统帅专一,独任其咎,则思虑自周,战守自固"④。这种体制,颇似现代的联邦制政体。

王夫之也竭力主张"分治",主要指中央与地方的分级管理,互相不再统率。他说,"上统之则乱,分统之则治";"以天子统乎天下,则天下

---

① 见《明夷待访录·置相》。
② 《读通鉴论》卷二十六、卷二十四。
③ 见《潜书·任相》。
④ 见《明夷待访录·方镇》。

乱"。应该实行分级管理：天子管理天下，朝廷政务由宰相及众臣分职负责，"州牧刺史统其州"，"郡守统其郡"，"县令统其县"；要严格确定各级的行政权限，一级管理一级，不能跨级行令。所谓"天子之令不行于郡，州牧刺史之令不行于县，郡守之令不行于民，此之谓一统"。相反，如果上下权限不明，界限不清，或者"上侵焉下移，则大乱之道也"；即"天子之令行于郡而郡乱，州牧刺史之令行于县、郡守之令行于民而民乱。强者玩焉，弱者震悼失守而困以死"①。

顾炎武指出，"封建"，即封邦建国的弊端是使诸侯专权；而"郡县"制的失误，在于君主专擅。由此，他提出了一个既结合二者的优点又可弥补其缺失的方案："寓封建之意于郡县之中"②，以实行地方分治，即在郡县制的基础上给予"封建"制的独立与自主：既使郡守县令有职有权并可世袭，自主决定地方事务，中央不加干涉，所谓"尊令、长之秩，而予之以生财治人之权，罢监司之任，设世官之奖，行辟属之法"，又严格考核，以是否"利民"为标准赏功罚过，并使其与当地民众共命运，所谓"令、长有得罪于民者，小则流，大者杀；其称职者，既家其县，则除其本籍。夫使天下之为县令者，不得迁又不得归，其身与县终，而子孙世世处焉"③。

五、"治法"与"治人"相结合

"治人"与"治法"是中国古代关于人与法在治理国家作用问题上的两大范畴；"治人"系优秀的统治者，一般指圣君、明主；"治法"指能使"民富国强"的好的法律。正统思想坚持荀况的"有治人无治法"观点，强调"圣贤治国"；启蒙思想家则意识到"治法"的重要，从"天下为主"出

---

① 见《读通鉴论》卷二十六。
② 《亭林文集·郡县论一》。
③ 同上，《郡县论二》。

发,将实现"君为客",以及民族救亡即"卫类"、"保群"的希望寄托于"治法"即"天下之法"之上。其中,黄宗羲明确提出了"治法"优于"治人",王夫之等则在立法为"民"、为"公"的基础上,相对重视"人"即立法者、司法者的作用。

(一)"治法"优于"治人"

这是黄宗羲对于古代关于"治人"与"治法"关系的新的概括。他认为,如果从为民众"兴利除害"的角度进行比较,则"法"的作用要大于"人"的作用,因此更应该重视"治法"的制定和执行。他的"治法",专指体现"天下为主,君为客"并与"一家之法"相对立的"天下之法"。认为有了这样的"治法",然后君主、宰相、公卿、士大夫直到庶民百姓"皆从法",即严格地奉行遵守法律,便能达到天下大治。

由此,他一反传统的"人治"论,明确指出:"论者谓有治人无治法,吾以谓有治法而后有治人",并分析说,"天下之治乱","系于法之存亡";例如"三代之法,藏天下于天下者也。……在后世,方议其法之疏,而天下之人不见上之可欲,不见下之可恶,法愈疏而乱愈不";相反,"后世之法,藏天下于筐箧者也,……法愈密而天下之乱愈生于法之中"。这是因为,"后世之法"为"非法之法,桎梏天下人之手足,即有能治之人,终不能胜其牵挽嫌疑之顾盼";而有了"治法",则不但能够充分发挥"能治之人"的才智与能力,为天下谋利,而且能够限制约束那班贪婪残忍的人,使其不得危乱天下。所谓"使先王之法而在,莫不有法外之意存乎其间,其人是也,则可以无不行之意;其人非也,亦不至深刻罗纲,反害天下。故曰:有治法而后有治人"[①]。

可见,黄宗羲的"治法"论,不仅要求君臣上下遵守法律,更重要的是强调法律的目的在于为"天下之人"和法律的平等。正因为"天下之

---

① 见《明夷待访录·原法》。

法"平等地体现与对待所有的人,所以每个人都应当恪守法制,包括君主在内的任何人都没有凌驾于法律之上的特权。显然,这一思想,已经超出了讨论法律作用的范围,深入到法律本质的领域,具有近现代"法治"理论的某些特征。

(二) 将"任法"与"任人"结合起来

这是王夫之的主张。以明代亡国为鉴,王夫之总结了历代兴亡的经验教训,指出秦汉以后,在治国方面有三大弊端:一是"治道之裂,坏于无法",即缺乏一套能够真正体现"天下之公"的法律制度。二是"任人而废法"与"任法而不任人",致使奸佞小人得逞,祸乱天下。三是执法不当,宽严失度,以而放纵贪官污吏,残害黎民百姓。为消除上述弊端,他认为"有定理而无定法",因此,要想有好的法律必须先有通晓"定理"之人,将"任法"与"任人"结合起来。具体表现有三:

其一,"择人而授于法"。王夫之认为,"法"要靠"人"来制定和推行,而"人"需要以"法"为准则,二者缺一不可。只"任法而不任人",一方面会导致贪官污吏借法营私舞弊,"意为轻重,贿为出入";另一方面则易造成法密刑滥,由于"法之立也有限,而人之犯也无方;以有限之法,尽无方之慝,是诚有所不能矣。于是律外有例,例外有奏准之令",使民众无所措手足。相反,只"任人而废法,则下以合离为毁誉,上以好恶为取舍","私意"便会泛滥,天下就会混乱。因此,应该既"任人"又"任法",即"择人而授于法,使之遵焉;非立法以课人,必使与科条应"①。他所说的"择人",系指选择深明"天下之公"的"宽仁"之人出任司法官员;所谓"授法",则指要求其严格依法办事,否则予以惩罚。这样,"人"与"法"的结合又表现在法条严明和司法宽仁的统一,所谓"法严而任宽仁之吏,则民重犯法,而多所矜全;法宽而任鸷击之吏,则民轻

---

① 见《读通鉴论》卷四。

犯法，而无辜者卒罹而不可活。……严之于法而无可移，则民知怀刑；宽之以其人而不相尚以杀，则民无滥死"①。

其二，"严以治吏""宽以养民"。王夫之批评传统的"宽猛相济"执法原则，是矫枉过正，从一个极端走向另一个极端，不利于法的执行和作用的发挥。他说，"宽以济猛，猛以济宽"一语，出自《左传》，"疑非夫子之言"，因为"宽则国敝而祸缓，猛则国竞而祸急"，孔子大概不会说出这种"残贼天下"的错话的。所谓"夫严犹可也，未闻猛之可以无伤者。相时而为宽猛，则矫枉过正，行之不利，而伤物者多矣"。因此，他提出不能再实施宽猛相济，而只能推行宽严结合："严者，治吏之经也；宽者，养民之纬也；并行不悖，而非以时为进退者也"。并反复强调"严以治吏，宽以养民，无择于时而并行焉"②。显然，王夫之所提倡的宽与严相结合，实际上已超出了执法原则的范围，而达到了治国方策的高度。其"宽"主要用于"养民"，而其"严"又主要用于"治吏"，目的明确，方式得当。因此他强调必须以此作为"经纬"即指导性的原则，同时二者之间并非是根据形势交替使用的关系，而是"并行不悖"的。

其三，法简刑轻，及时结案。王夫之认为，"政莫善于简"，"简者，宽仁之本也"。"宽以养民"的法律应该做到："法贵简而能禁，刑贵轻而能必"，即要求立法简明扼要得到有效贯彻，执法处刑不求酷烈而赏罚得当。他将前人的各种执法主张加以比较，认为"宽"与"简"是"解民于倒悬"的重要司法原则："夫曰宽，曰不忍，曰哀矜，皆帝王用法之精意；然疑于纵弛藏奸而不可专用。以要言之，唯简其至矣乎"！他还强调，法简刑轻应从君主做起："抑唯上不惮其详，而后下可简也"③，即只有君主担心法网密酷残害百姓，下面的官吏才能做到执法宽简。同时，他从

---

① 见《读通鉴论》卷十。
② 见《读通鉴论》卷八。
③ 见《读通鉴论》卷二十四。

为"天下之公"和"宽以养民"出发,严厉谴责酷刑的惨烈与不当:"夫刑极于死而止矣,……枭之、磔之、缳之,于死者又何恤焉,徒以逞其扼腕啮龈之忿而怖人已耳"①。他一反传统旧说,对《易经》中的"明慎用刑不留狱"予以新解,强调此句中的"不留狱"较"明慎"更为重要。认为不"明慎",只会造成"失出、失入之弊";但若一味讲求"明慎",却会导致"留狱"即长期关押,不得结案。而"一章之狱,连逮证佐数百人,小者数十人";"复驱之千里之劳,延之岁月之久,迫之追呼之忧,困之旅食之难",对百姓的危害要比前者大得多。由此,他感叹说:"法密而天下受其荼毒,明慎而不知止,不如其不明而不慎也"②。

总之,启蒙思想家对君主专制进行了痛快淋漓地揭露与批判,喊出了时代的最强音,触及民主国体、分权政体与国家依法运行等法治国家的基本问题,应该说已超出古典法治学说的范围,攀上了古代思想认识的新高峰。然而,由于他们言必称"三代",事必捧大儒,穿着周公的衣冠表演着理想的活剧,掩盖了思想光辉。但即便如此,仍为专制君主所不容。其人其事其远见卓识,直到 200 年后才为人所知所传所推崇。虽历史如此,实发人深省。

第二节　戊戌变法:西方法治的引入与实践

1840 年鸦片战争之后,按约定俗成的说法,中国进入了近代时期,即半封建半殖民地社会。这是就社会性质而言的。如果从法治的视角审视,则是古典法治向现代法治的过渡时期,表现为中国传统的与西方传入的法律观念、法律制度从接触、碰撞、冲突,到结合、融汇的全过程。

---

① 《读通鉴论》卷十九。
② 见《读通鉴论》卷七。

到清代末期,延续数千年的中央集权的君主专制与封建正统思想已难以维持,将告终结;而来自西方的民主、法治、宪政、议会等开始在中华大地上落脚,方兴未艾。

前述发自本土、遭受封杀的早期启蒙思想始得面世,而成熟且成功的西方学说与法律法治发挥了现实的力量。洋务派、改革派、改良派、革命派,乃至保皇保守派,都在学西方、必改制的前提下拿出了自己的方案并先后付诸实施,作出中国走向现代和法治国家的有益探索,历史也分别作出了结论。其中,维新志士力主改良,发动了一场旨在更新观念、救亡图存的"戊戌变法"运动,拉开中国现代法治的序幕,开始了封建法律现代化的进程。

一、西学输中、西法东渐

这里说的西学,指西方国家的文化与思想学说,尤其是社会科学与自然科学。而西法,则指其法律制度,尤其是英、法、美、德及日本等国的法律。古代虽有佛教传入、丝绸之路往来,但多为零星、分散、规模不大的宗教文化与贸易交往。近代最开始西学东输的是来各国的传教士,具有代表性的西法东渐,是美国传教士丁韪良(1827—1916)翻译成中文的《万国公法》(1864年刊行),还有美国传教士林乐知1868年在上海创办的《教会新报》(后改名《万国公报》)。其中都有欧美国家的政体、政党、立法、行政、司法的介绍。

(一)"师夷长技",解说西学

毛泽东指出:"自从1840年鸦片战争失败那时起,先进的中国人,经过千辛万苦,向西方国家寻找真理"[①]。学界亦认为,力行"变法""更图"林则徐、魏源、龚自珍等改革派代表是"最先开眼看世界"的人士。

---

① 《毛泽东选集》第四卷,第1358页。

主要指的是他们著书立说,介绍西方的思想与制度,以求中国"自强"。如林则徐亲自主持并组织翻译班子,将外国书刊中有关中国的内容翻译成《华事夷言》,还将英商主办的《广州周报》译成《澳门新闻报》;又组织翻译了英国人慕瑞的《世界地理大全》,编为《四洲志》;尤其是编译了瑞士法学家、外交家滑达尔所著、通行欧美的《国际法》部分章节,让闭关锁国的大清王朝了解外部世界的规则。黄遵宪的《日本国志》,详细阐述了日本的"明治维新"与国情。郑观应的《盛言危言》一书专列"西学"篇,对西洋的思想制度进行阐发。影响最大的应数魏源所著,系统介绍各国地理、政治、经济、法律、科技与文化的《海国图志》一书,长达一百余卷,其目的就在于"师夷之长技以制夷"①。

洋务派以奕䜣、曾国藩、李鸿章、张之洞、左宗棠等朝廷大员、封疆大吏为代表,主张兴办工业、扩大外贸、发展经济、兴国强兵。他们主办矿山、钢铁、交通、教育、海军等,旨在"师夷之长技以造船制炮"。他们也组织专门班子,翻译介绍了西方国家大量的关于工、农、商贸,以及科学技术、政治外交等方面的著述。并延请英国、德国、日本等专家担任各类顾问、主管、教习等高级职务,直接引进国外管理制度与经验技艺。同时还派员赴各国考察学习,公费资助多批生员到英、美、日、德等国留学。虽然他们坚持"纲常礼教","中学为体,西学为用","采西法以补中法之不足",但这些活动与举措,使西学、西法,尤其是工业技术在中国落地扎根,迈入了现代化之路。

改良派在传播西学方面最为突出,贡献最大。康有为虽号称"托古改制",将新的思想体制说成"三代"之制,但仍在多次给"清帝上书"以及"请定立宪开国会折"、"进呈日本明治变政考序"中,直书西方的法治理论、观点和日本的做法。严复毕业于英国皇家海军学院,曾任北洋水

---

① 《魏源集·海国图志叙》:"为以夷攻夷而作,为师夷长技以制夷而作"。

师学堂总办、俄文馆总办、译书局总办等职,是京师大学堂更名为北京大学后的首任校长。作为戊戌变法的一个领军人物,他不但发表有《论世变之亟》、《原强》、《辟韩》、《救亡决论》等时文;而且创办《国闻报》和《国闻汇编》,协助梁启超的《时务报》,大力宣传"变法"。他翻译出版的《天演论》(赫胥黎《进化论》)、《原富》(亚当·斯密《国富论》)、《群学肄言》(斯宾塞《社会学原理》)、《群己权界论》(穆勒《论自由》)、《穆勒名学》(《逻辑学》)、《法意》(孟德斯鸠《论法的精神》)等,不仅成为当时维新志士的理论指导,而且启蒙了中国好几代人,至今仍屡屡再版。康有为将这位思想、军事、教育、翻译大家,誉为"精通西学第一人"。

戊戌变法的另一个领军人物梁启超(1873—1929),因其学贯中西、文笔犀利与充满激情而在引入、阐释、宣传与推行西学方面独领风骚。只要列出他的相关著述的题目,便可知晓这位学术大师、思想大家在这方面的卓越建树。诸如:《各国宪法异同论》、《论立法权》、《宪法之三大精神》、《法学大家孟德斯鸠之学说》、《政治学大家伯伦知理之学说》、《乐利主义泰斗边沁之学说》、《立宪政体与政治道德》、《责任内阁释义》、《开明专制论》、《资政院章程质疑》、《中国国会制度私议》、《国际联盟评论》[1]等。在这些著作和文论中,他将西方政治学与法学的精华内容用通俗易懂的中文进行阐释,并结合中国的实际予以发挥,纵横捭阖,谈古论今,促使民主、法治与宪法、宪政等成一时之尚,并通过主办的《时务报》广而告之,迅速占领了思想与舆论的主流高地。他所使用的法治主义、人治主义、礼治主义、国家主义、家族主义、放任主义等学术概念,不胫而走,也成了士子学人的常用词语。梁启超的名字,遍传各地,甚至"上自通都大邑,下至僻壤穷陬,无不知有新会梁氏者"[2]。

---

[1] 参见《梁启超论宪法》,商务印书馆 2012 年版。
[2] 胡思敬:《戊戌履霜录》卷四。

有趣的是,清廷五大臣奉旨出洋"考察各国政治",逛了九个月回国后,连宪政、国会的意思都弄不清楚,只好请梁启超代笔起草《考察报告》交差,而当时他仍是被通缉的"钦犯"。

(二) 放眼世界,西法中译

虽然西洋法律开始传入中国的时间较早,何勤华认为是 1832 年美国传教士米怜的《大英国人事略说》与 1833 年普鲁士传教士郭实腊创办的《东西洋考每月统纪传》①;而有的说始于明万历(1573—1620)年间的意大利传教士利玛窦。但是,为清末朝野所重视,并为当今所乐道的西法东渐,却应是 1840 年鸦片战争之后,清廷割地赔款、列强霸占中土,洋人享有领事裁判权而不得不据西法以修定中律的时期。也就是说,西方的民主、法治、宪政、法律是伴随着战舰枪炮"打"入中国的。人们在领略了西学与中学的巨大反差之后,现在又体察到西法与中法的明显不同。反对者出于愤恨而抵制,赞同者基于救亡而接受,当权者因为无奈而被迫吸纳,明智者持不卑不亢、择善而用的态度。

西法东渐,大致通过五条途径:一是各国传教士的主动介绍与宣讲;二是上述的一批睁眼看世界的志士仁人力求救亡图强,组织专人收集、翻译的国外法律或规定,零散而不完整。三是总理衙门下属的京师同文馆(性质如同现今的翻译学院)、(上海)江南制造局的翻译馆等,聘请外国学者或专家为教习,美国人丁韪良任总教习,前后翻译成书的有《万国公法》、《公法会通》、《公法便览》、《法国律例》、《新加坡律例》、《各国交涉变法论》、《列国岁计政要》、《美国宪法纂释》、《英俄印度交涉书》、《法律医学》、《陆地战例新选》等国外法律。

四是大批留学日本的学者学士们翻译并在国内的商务印书馆(1897 年成立)、广智书局(1898 年)、译书汇编社出版的"日译西法"书

---

① 详见何勤华:《中国法学史》第三卷,法律出版社 2006 年版,第 9 页。

籍,如《英美法》、《各国国民公私法考》、《现行法制大意》、《社会行政法论》、《德国法泛论》、《法理学纲要》、《警察学》等。五是修律大臣沈家本主持的翻译活动。他指出,修旧律、定新法,应"首重翻译",因为"欲明西法之宗旨,必研究西人之学,尤必编译西人之书"。按沈家本的说法,仅从日文翻译过来交付出版的就分为25类,计有"宪法、民法、刑法、裁判法、诉讼法、商法,以及官制、官规、地方制度并警察、财政、军事、矿业、森林之法"等[①]。而田涛、李珠还根据《中国法律图书总目》与《国家图书馆馆藏书目》等的统计,自1864至1910年的中文法律书籍(其中大数是翻译的各国法律或相关论著)就有国际法(57种)、外国法典法律(82种)、宪法政治(107种)、法学理论(63种)、各部门法(105种)、其他(14种)六大类共408种[②]。真可谓是洋学洋书、洋法洋律的洋洋大观!

二、厉行"变法",倡言"法治"

清末的变法与修律,是特殊国情的特殊之举。一方面,封建专制步入穷途末路,民主革命渐现夺目曙光;另方面,西方列强得寸进尺,继续扩张,而满清王朝朝不保夕,屈膝退让。抗御侵略,救亡图存,保国保种,已成为朝野上下的共同心声。甲午海战,泱泱大国败于东隅小国,宣告了"洋务运动"即效仿西方"船坚炮利"的失败,也成为变法修律的直接动因。然而,戊戌变法,仅是"百日维新";"修定法律",尚不满10年。比较前代的变法改制,它们历时更短,并以迅速失败而告终。耐人寻味的是,变法志士所主张的"君主立宪"及其定宪法、开国会、设议院、办新学等措施,仅隔二年,却被慈禧作为"预备立宪"推出,但已无法阻

[①] 见《寄簃文存·新译法规大全序》。又见商务印书馆编译所补译:《新译日本法规大全》第一卷,何勤华等点校,商务印书馆2007年版。

[②] 详见田涛、李珠还:"清末翻译外国法学书籍述评",载《中外法学》2000年第3期。

止清王朝的覆灭。而尚未公布的各种法律草案和文稿,均成为民国初期制定法律的蓝本,修律的骨干成员,后来亦多为民国的法律栋梁。由此可见,变法修律在思想理论和人才培训方面的作用远远大于"变法"和"修律"的实际结果。而与前代或后来的重大改革运动相比,不能不说其声势之大,可称空前;其时间之短,史上罕有;其结局之悲,令人惋叹;其影响之烈,惊世骇俗。

(一) 改良运动:市民与君主的联盟

从法制演变的角度,中国自古及今,有三次大规模的、意义深刻的变革:一是春秋战国的从"礼制"到"法制",学界称之为从奴隶制法到封建制法的变革;二是清末民初的变法修律,学界认为是从封建法到现代法的变革;三是现今即21世纪初期,学界喻为从法制国家到法治国家的变革。当然,在长达二千年左右的封建时期中,也有多次影响深远的"变法"活动,名著史册。

中国传统思想中有一对相反相成的范畴,即"变"与"不变","易"与"不易","化"与"则";前者可以概括为"变化",如"化而裁之谓之变,推而行之谓之通";天象地形,"变化见矣"[①];"千变万化,未始有极"[②]。后者可概括为"常则",如"知常曰明"[③];"天不变其常,地不易其则"[④];"天地之化","莫不有常"[⑤]等。从古到今,改革者们总是引述并发挥上述的"变易"论说明变法的必要,而反对者们无不坚持祖宗"常道"、"常则"不可变的立场,从而形成了中国政治法律思想园区中的一套独特景观。

一般认为,改变旧制度、建立新国家有两种方式,一是和平的、自上

---

① 《周易·系辞》。
② 《新书·服鸟赋》。
③ 《老子》。
④ 《管子·形势解》。
⑤ 程颢语,见《二程语录》卷十五。

而下的变革,即改良,又叫和平过渡;一是武装暴力的形式,推翻旧政权、实行新体制,即革命,又叫武装斗争。在中国,古代王朝的更替,近现代民国与新中国的建立,均采取了革命方式,因此我们认为武装斗争、革命战争是民主革命的"法宝"之一。而在政权稳定之后,为了革除旧弊、实行"变法"或"新政",则多采取改良的方式。自战国到清末,著名的便有商鞅变法、汉文帝废肉刑、王莽改制、北魏孝文帝变法、唐永贞革新、王安石变法、张居正改革,以及"戊戌变法"与"修律"等重大影响的变法改制活动。我们今天为了实现现代化,建设社会主义法治国家而进行的"全面改革",从方式上看也属于改良性质。

若从发动者和主持者角度进行比较,历代"变法改制"多是君主直接出面,任用支持宰相或者重臣,自上而下地推行新政。他们从当时的社会现实状况出发,目的非常明确:改良国家制度和统治方法。上述三次大的变革也都是为了"强国富民"而设计、创立新的政体和制度;而封建时期的改制则是针对土地兼并、经济凋敝和流民动乱等具体问题,提出解决和挽救统治危机的新方案。其结果,能够作出改变的只是制度的表现形式或具体措施,一般很少变动其政体实质。所以,古代的"变法改制"思想,基本上属于变形式而不变实质、变适用而不变本体的改良主义。

只有早期启蒙思想和戊戌变法属于反封建专制性质的改良,而黄宗羲等的思想主张也是在清末才真正发挥社会效应的。戊戌变法的主持者与推行者在构成上与历次变法相比有了明显改变,即形成了市民精英与开明君主的联盟。具体地说,主要表现在三个方面:

一者,从发动途径来看,如果说过去的变法改制是自上而下进行的话,那么,戊戌变法运动却始自于民间,发起于社会,是自下而上的获得朝野共识、成为潮流的。如康、梁、严复等维新领军人物家处广东、湖南,远离京师,亦有海外经历。他们先是著述授徒,讲习新知西学,为时人所注目。如康有为在广州的"万木草堂",一改八股之风,就被张之洞的幕僚视为诸葛亮潜居的"茅庐"①。自1894年起,他们上京会试,游学沪港,抨击时弊,志在维新。次年甲午战争的失败与清廷的屈辱退让,使在京的千百举子们悲愤难忍,爱国救亡之慷慨,一触即发。梁启超说他"满腔都是血泪,无处著悲歌"②!于是,有了康有为先联合湖、广,后联名18省在京会试的1200多名举子的"上清帝书",史称"公车上书"。有了专门宣传变法维新的刊物《中外纪闻》,每天都将100多份送各官府与王公大臣;后来又有《时务报》、《湘报》、《知新报》、《国闻报》、《蜀学报》等,大造舆论。有了康有为发起的"强学会",连张之洞、刘坤一等总督大员都纷纷捐款,李鸿章也欲捐资却被拒绝;后来各地的粤学会、湘学会、关学会、蜀学会,以及知耻学会等维新团体如雨后春笋般涌出,有了组织机构。这样一来,几年时间内,维新人士在各地奔走呼号,变法思潮在全国蔚然成风,形成了自下而上的倒逼态势。

二者,从人物构成来看,虽然朝野形成了一定程度的共识,一些清廷重臣与封疆大吏也同情或偏向维新,如李鸿章、翁同龢、沈曾植、张之洞、王文韶等,但核心与领军人物均起自民间,即平民知识分子。如"公车上书"的发起者、"变法维新"的思想领袖和核心人物康有为(1858—1927年),是广东南海人,其父早逝,跟随做过基层教谕(相当于县中学校长)的祖父长大。虽才学不错,但屡试不中,完全靠自己钻研今文经学,独树一帜。虽然在1895年中了进士,授工部主事,但他主张变法的理论著述,即被梁启超喻为"思想大飓风"的《新学伪经考》、"火山大喷发"的《孔子改制考》以及"地球大地震"的《大同书》都是在此之前撰就并流传于社会的。

---

① 梁启超的《万木草堂回忆》中引张之洞幕僚梁鼎芬之诗:"九流混混谁真派,万木森森一草堂。但有群伦尊北海,更无三顾起南阳。"载《文史资料》第二十五辑。
② 见《梁任公先生年谱·光绪二十年》。

梁启超,广东新会人,祖上无官务农,其父是乡村的私塾先生,所以属典型的平民百姓。他得益于父母的教诲,11岁便"进学",即考中秀才,到广州学海堂读书。16岁参加乡试中举,神童加举人,使他名声大噪。次年赴京会试未中,回粤后便一心投奔康有为门下,走上改良变法的不归之路。他积极参与"变法维新"的发起、组织和宣传,并担任《中外纪闻》、《时务报》主笔,是维新运动的组织者、思想家和宣传家。失败后流亡日本;1912年回国后曾短期担任民国的司法部长、司法总长和财政部长等职,之后隐退著书立说。这位最早向国人系统介绍西方法律和法学的思想大师,著述等身,在法理学、法史学、宪法学和行政法学诸方面造诣深厚,是中国古典法治与现代法治相衔接的重要人物。

严复(1853—1921年),福建福州人,出身于乡村的中医世家,可见亦非官宦子弟。他古文功底甚厚,但14岁丧父,既未继承医术,又放弃了乡试科举。为谋生路,进入福州的船政学堂(相于现今的航海技校)学习驾驶技术,毕后到舰船上实习两年。24岁被公费派往英国学习海军技术,两年后毕业回国先在福州母校、后任此洋水师学堂附属的驾驶学堂的教习。后才逐步提升为水师学堂总办,但不久便辞职不干了。严复在翻译西学西法方面的成就,前述已明。他了解西方,也熟悉洋务派的作为与北洋水师的实情,深知中国的落后挨打不在于枪炮船舰,而是思想与制度。因此,在戊戌变法前后,他还发表了不少文论,如《原强》、《救亡决论》等,影响很大。光绪曾专门诏见商讨变法事项,梁启超说他"于中学西学皆为我国第一流人物"。

其他维新精英,如谭嗣同(1865—1898年),湖南浏阳人。虽然从小在官衙长大,但19岁便离家出走,游历东西边陲、大江南北,设馆讲学,志在维新。后积极投入变法活动,创办《湘报》、《湘学报》,1898年变法期间,被光绪提拔为四品军机章京,参与新政。失败后,拒不逃亡,愿为"变法"而流血;遭袁世凯出卖,33岁慷慨就义。与谭同时处死的

"戊戌六君子",康广仁是康有为的胞弟,林旭是参与上书的举子,变法中才受赏"四品"待遇,在军机处当参谋,曾把光绪"密诏"秘交康有为,遇害时仅24岁。杨深秀、杨锐、刘光第也都是参加科举,考中进士后才到京师任官,因直接参与百日维新,不幸遇难。

三者,戊戌变法的实行,有赖于光绪皇帝,爱新觉罗·载湉(1871—1908)。1875年,他在4岁时颇有戏剧性地过继给刚"驾崩"的同治帝而登上皇帝宝座,但也从这时起使慈禧名正言顺地开始"垂帘听政"。1887年,16岁的光绪按规矩应"亲政"了,慈禧也办了还政于帝的仪式,但接着又以"训政"的名义继续主政,并将内侄女许配光绪为皇后,以便于持续当权。帝、(太)后之间的矛盾由此展开,而朝中所谓"后党"与"帝党"的冲突也越来越大。青年光绪急欲改变丧权辱国、积贫积弱的现状,在师傅翁同龢等人的影响下接受了西学与维新思想;又从驻外公使黄遵宪、张荫恒等处得知英美、尤其日本经维新而强盛的实情,觉察到只有革除弊端、任用新人,"变法维新"才能实行新政。但受制于太后,朝中保守势力强大,因此有心无力。而康、梁等维新志士,虽名声远播,但位卑言轻,认为只有依靠光绪才能实行维新。他们所向往的政体,恰恰是仿效英、日等国的"君主立宪"。这样一来,一方急欲得主持并推行变法的领军人与骨干,进行改良;一方希望得到"尚方宝剑",实现改良,即"君主立宪"的构想。因此,一旦时机成熟,条件具备,平民与君主就会结成"变法维新"的改良社会的联盟。

(二)君主立宪,变法图强

以康、梁为代表的维新志士们,放眼世界,挽救中华,壮怀激烈,慷慨陈词,上致清帝,下吁民众,试图像日本一样,通过"变法"而"维新",即变"君主"为"民主",变"专制"为"宪政",变"朝廷"为"国会",实行"君主立宪";从而形成了富有改良色彩的思想学说。主要表现:

其一,若要富强,必行"变法"。为论证"变法",康有为写了三部理论著作,1891年刊行的《新学伪经考》立足于"破",即冲破传统礼教,鼓吹思想解放,认为汉代以后的儒经属伪造,不能再"奉伪经为圣法",必须恢复"三代"之制;1897年刊行的《孔子改制考》,着重于"立",即提出变法的历史根据,认为孔子是"托古改制"的首发者,应像他一样致力于改制和维新活动;1902年出版《大同书》,寄托于理想,即阐发人类社会发展的趋势,论证变法的必然;成为维新运动的思想理论基础。他认为,"法久则弊","无百年不变之法"。孔子礼、易、诗、书、乐、春秋"六经"中的"微言大义",都是为了"托古改制";《春秋公羊传》的"三世"说,集中体现了这一思想。

"三世"说将社会演进概括为三大阶段,即由"据乱世",到"升平世",再到"太平世";康有为则以西方的进化论和发展观予以附会和新释,认为"乱世"即君主专制时代,"升平"即"小康社会"是君主立宪时代,而"太平"即"大同世界"是民主共和时代。这三个时代是"循序而行"即依次推进、前后连接的;既"不能错等"即次序颠倒,也"不能飞跃"即间隔跳越①。他强调:"孔子所谓升平之世也,万无一跃超飞之理。凡君主专制、立宪、民主三法,必当一一循序行之;若紊其序,则必大乱"②,从而将宪政、国会、民权、法制等"维新"思想披上古代的盛装,说成孔子的预言,既用之论证变法的合理,又用来作为反对采取革命方式的依据。

梁启超自称:"启超之学,实无一字不出于南海"③。他从法理学角度发挥康的"公羊三世说",认为历代的"神圣教主,明君贤相","其最大事业,则为民定律法而已"。孔子就是最神圣的"教主",在《春秋》中提出了"治据乱世之律法"、"治升平世之律法"和"治太平世之律法",揭示

---

① 见《孔子改制考》。
② 《康有为政论集·答南北美洲华人侨论中国可行立宪不可行革命书》。
③ 《饮冰室合集·汪康年师友书札》。

了"法之当变,变而日进"的规律。并进而分析说,这种变法和法律演进思想,在中国未能实现,导致"事理日变,而法律一成不易",甚至"视法律如无物",从而使中国陷入"亡国亡种"的困境;相反,西方自古希腊、罗马以来,"治法家之学者,继轨并作,赓续不衰",近世法学更加昌明,"以十数布衣,主持天下之是非。使数十、百暴主,戢戢受绳墨",而"群臣上下,权限划然",促"使世界渐进于文明大同之域"①。认为走西方之路,以变法求维新致图强,是继承和发扬孔子的"改制"与"定律法"的具体表现。可见,维新派为了论证变法,真是煞费苦心;他们不惜曲解历史,在将西方制度及思想涂上中国古代色彩的同时,又给中国古代思想塞进西方现代的内容。

其二,君主立宪,"维新中国"。这是"变法"的核心内容,改良的具体目标。维新志士一致认为君主专制已经过时,必须废除。谭嗣同阐发了清初黄宗羲的"天下之主"观念,认为专制君主视天下为"囊中之私产",是"惨祸烈毒"的"民贼",要求"冲决君主之网罗","废君统,倡民主"②。严复认为君主专制"百无一可",君主以一人之身"而兼刑、宪、政三权",这样的君是"无法之君",国属"无法之国",其法令完全是为自己的,因此,"虽有法亦适成专制而已"③。

但是他们并不像黄宗羲、唐甄那样否定君主制度,而只是反对君主专制,拥戴开明皇帝,实行君主立宪。严复既了解西方西学西法,又熟知中国国情,在维新派中最为冷静而有理性。在他看来,康过于急功近利而理想化或说大话,梁富有激情、能写会道但太夸张,认为"变法"应立足现实,循序渐进,对西方制度不宜照搬,而适应中国的实情与"民

---

① 见 1898 年 2 月 15 日出版的《湘报》梁启超的"论中国宜讲求法律之学"一文。该文应是迄今所见的首篇倡导中国法学研究的文章。
② 见《仁学》。
③ 《严复集·〈法意〉按语》第 4 册。

性"。国情是几千年的君主制不能马上废除,民性是忠孝节义的传统无法割裂,所以"东西二化,绝然悬殊,人心风俗,不可卒变";在变法改制的实践之中,一要牢记:"世间一切法,举皆有弊",包括时下所效仿的西方制度,绝非十全十美。这叫做"制无美恶,期于适时。变无迟速,要在当可"。他从实用与现实主义的立场出发,认为"破坏"一个旧制度不难,"号召"宣扬一种新制度也不难,难的是面对历经几千的"古法古俗","何者当革"又"何者当因"①!他的结论是:必须保留君主,实行立宪政体。因为中国需要的是像拿破仑、克伦威尔那样的强势君主,而不是林肯、华盛顿那样的民主领袖。

康有为强调:"现万国之势,能变则强,不变则亡;全变则强,小变仍亡",而"变法者,须自制度、法律先为改定",即"全在定典章宪法"。根据国家政体由"专制"到"立宪"再到"民主共和"依次而进的"公羊三世"说,他认为只宜也只能实行"君主立宪"制度,即以英国为楷模,尊君主、设议院、立宪法、开国会、行三权分立,制定民法、商法、诉讼法、国际公法等"各种新法",并"宜有专司,采定各律以率从"②。他说,"国会者,君与民共议一国之政法也;……吾国行专制政体,一君与大臣数人共治其国,安得不弱"? 主张"立宪以同受其治,有国会合共议,有司法保护其民,有责任政府以推行其政",以及"以国会立法,以法官司法,以政府行政"③。

梁启超发表了大量文论,阐明"非变法万无可以图存"和只有"早变"、"自变"方能"保国、保种、保教"的必要性,认为按照社会演进从"多君为政"到"一君为政",再到"民为政"的规律,"一君"制适用于"升平世"的中国。他分析说,"世界之政体有三种,一曰君主专制政体,二曰

---

① 见《严复集·宪法大义》,《〈民约〉平议》第 2 册。
② 见《康有为政论集·请定立宪法开国会折》。
③ 《康有为政论集·上清帝第六书》。

君主立宪政体,三曰民主立宪政体。今日全地球号称强国者十数,除俄罗斯为君主专制政体,美利坚、法兰西为民主立宪政体外,其余各国则皆君主立宪政体也。……君主立宪者,政体之最良者也;地球各国既行之而有效,而按之中国历古之风俗与今日之时势,又采之而无弊者也"①。为此,他上书清帝倡言变法,主笔办报宣传维新,主持成立"法律学会";同时又撰写《各国宪法异同论》、《宪法之三大精神》、《国民浅训》等著述向国人系统介绍西方宪政,进行民主法治启蒙;发表《中国法理学发达史论》、《中国国会制度私议》及《新中国建设问题》等研究成果,等等。既体现了这位法学大师"未尝一日不观书,未尝一日不命笔"的治学精神,又显示了这位民运领袖"历行变法"、"维新中国"的远大抱负。

戊戌变法,要变的是已实行了两千多年的君主专制制度和纲常礼教,欲行的是模仿西方的君主立宪、三权分立与民主法治;不但触动了封建皇权的根基,而且涉及社会的各个方面,自然会遭受强大的阻力与致命的打击。俗话说,"秀才造反,三年不成"。维新举子们不想"造反",只图"救国",并抬出光绪为大旗,就这样也抵挡不住如泰山压顶的保守顽固势力。从1898年6月11日光绪"诏定国是"上谕发布始,到9月21日慈禧宣布再次"垂帘听政",光绪被囚止,整个才103天,轰轰烈烈的"变法"运动就这样戛然而止,历史上昙花一现的"百日维新"宣告结束,一系列革旧布新的政令成为废纸。改良主义为什么在大英帝国与日本能取得成功,而在旧中国只能以失败告终?怎样才能使一个既有优秀的历史传统,又背着沉重的历史包袱的大国富强起来,进入现代,走向法治?值得反省,应予深思。

---

① 《饮冰室合集·立宪法议》。

三、中西合璧的法治方式

按照维新志士们的初衷,"变法"旨在实现法治,应以"定制度"为先,包括立宪法、开国会、兴民权、定官制、修旧律、办学校、练新军、建商会等各种制度措施。接着就要付诸实施,实现改良的目标。康有为甚至为光绪开出了一个"三年而宏规成,五年而条理备,八年而成效举,十年而霸业定矣"①的变法愿景。历史给他们开了一个大玩笑:真正想实行"立宪"的被囚被杀被迫逃亡,而真正视"立宪"为仇敌者却高举起"预备立宪"的大旗招摇过市。历史又逼着他们违心而动:坚持改良的成了革命的绊脚石,但还在为已成泡影的"君主立宪"的法治建言;而假"立宪"者却不得不同意修旧律立新法,导致了法制改革的弄假成真。前者是维新领袖、保皇骨干、民国军师与大员、学术大师梁启超,继续为法治的实施出谋划策;后者为主持修律、被誉为中国法律现代化之父的法律专家沈家本,近古稀之年仍在为改造旧律和制订新法而呕心沥血。

(一) 治国靠法,行法靠人

梁启超自晚清至民国,时而维新时而保皇,时而反对辛亥革命时而颂扬国民革命,时而拥袁时而讨袁,时而捧军阀时而骂军阀,时而批蒋时而赞蒋,政治立场一直随着政治的改变而改变。用他自己的话来讲,是"保守性与进取性常交战于胸中,随感情而发,所执往往前后相矛盾",并且坦然承认这是自己"生性之弱点"②。但终其一生(1928年56岁因病逝世),这位政治家和思想家有二点始终坚持未变,一是改良主义,一是反共的立场。后者其实是前者的延伸,他一直反对革命,只是后来看到国民党得势、蒋介石掌权才转变了态度。

---

① 《康有为政论集》。
② 见《饮冰室合集·清代学术概论》。

从改良的立场出发,他认为在中国实行民主法治不能采取武装革命、推翻大清的方式,也不宜抛弃传统全盘西化,走洋人之路。因此,他反封建而不反君主,倡宪政而不彰民权,既抨击废纲常礼教又颂扬孔孟之道,既援引孟德斯鸠与边沁,又推崇管子法家与王安石变法。从国体、政体,到立法、司法,都取中庸之道,中西合璧。

例如,国家主权归君主还是民众,即主权在君还是主权在民?梁启超认为从理论上看二者都各有优劣。如果实行君主制,即政权由君掌握,那么国家就取决于这个君主的好坏,"遇尧、舜则治,遇桀、纣则乱";如果实行民主制,即政权由民掌握,同样的道理:国家仍会"遇好善之民则治,遇好暴之民则乱"。究竟应持何种国体呢?他的改良之方是既不实行君主主义,也不实行民主主义,而是实行国家主义,即"国权与民权调和"。这里的"调和",有协调、分工、结合之意。非但国体如是,政体方面也实行"立法权与行政权调和","中央权与地方权调和"[①]。在《宪政浅说》一文中,他把国体分为多君为政、一君为政、民为政三类,而政体也有君主专制、君主立宪与民主立宪三种。认为世界各国的国体一看便知,而政体形式多种多样。根据中国的情况,传统的君主专制必须废除,西方的民主宪政还不合适,按中西合璧的改良之方,最好的是君主立宪。

法治的实施也应该这样,一方面,"万国比邻,物竞逾剧,非于内部有整齐严肃之治,万不能壹其力以对外。法治主义,为今日救时唯一之主义"。非法治不能救亡图强,所以要"变法维新"。另一方面,"治道无古今中外,一而已。以智治愚,以贤治不肖,则其世治,反之,则其世

[①] 见《梁启超法学论文集·宪法之三大精神》,中国政法大学出版社 2000 年版。另见《梁启超论宪法》,商务印书馆 2012 年版。

乱"①;"从来国家之兴衰,世运之隆替,皆由少数人笕其枢耳"②。(笕,掌握。枢,枢纽,关键。)两者内容不同,都很重要。他解释说,"古代人民,其崇拜英雄之念特甚,谓一切幸福,惟英雄为能我赐;一切祸害,惟英雄为能我捍",这叫做人治主义。而"其所以能大有造于国家者,非仅恃英雄圣贤自身之力,而更赖有法以盾其也",这叫做法治主义③。这两大主义各有优劣。

他还将法治、人治、放任主义这些西学传入之后的新名词,用来阐述中国古代的思想和学说,以证明中西合璧的正确、法与人结合的必要,在《中国法理学发达史论》中,他说儒家是礼治和人治主义,墨家是法治主义和人治主义,道家是放任主义,法家是法治主义。历史证明了单纯的法治主义不能长久,必须与人治主义相结合。他很赞成孟子说的"徒善不足以为政,徒法不足以自行"。认为良法既要靠贤者制定,又要靠能者执行,"虽有良法,不得人而用之,亦属无效"。由此,虽然他很推崇管子的礼法结合与"法治主义",但也毫不留情地批评其"以法治国,则举措而已"是法家主张中"最大之流毒"。他认为孔子的"为政在人",人存政举人亡政息之论,是"天下之通义";而荀子的"法不能独立,类不能自行,得其人则存,失其人则亡",至今还很有价值。因此,治国靠法,行法靠人,实施法治必须将二者结合起来。

(二) 改制实践:参酌中西,修订法律

这是清末民初的法律大家、中国法律现代化的启动者沈家本(1840—1913)在"修律"活动中通过与"礼教派"的辩论,所归纳总结的改封建法制为现代法律的指导原则。

虽然以慈禧太后为首的顽固派在逃奔西安后不得不发布"变法"诏

---

① 《饮冰室合集·多数政治之试验》。
② 《饮冰室合集·到京第一次演说》。
③ 见《饮冰室合集·中国法理学发达史论》。

书,任命沈家本、伍廷芳主持"修律",并确定了"参酌各国法律""务期中外通行"的总要求,但其骨子里在于坚持"纲常礼教"这一"万古不易之常经"①。精通儒学又熟悉西法的沈家本,既无法违背太后"旨"意,又力图变革旧律,于是提出并坚持自己的修律原则,即"折衷各国大同之良规,兼采近世最新之学说,而仍不戾乎我国历世相沿之礼教民情"②。据《沈家本年谱》作者李贵连的研究,沈家本提出这一原则,其本意在于"为中国建造一个现代法治的制度框架,希望中国能因法治而强盛"③。主要表现在三个方面:

首先,中外法律可互补,中西法治能会通。我们知道,西方主要国家已实现工业化,并实行"民主"制和"法治国"模式,而中国当时仍然实行君主专制制度。中西法律和法观念,本质不同,冲突明显,结合甚难。沈家本却知难而进,认为二者不仅可以互补,而且能够会通。例如,他指出,"今者法治之说,洋溢乎四表,方兴未艾";而"吾国旧学,自成法系;精微之处,仁至义尽。新学要旨,已在包涵之中"。因此,"旧有旧之是,新有新之是;究其真是,何旧何新"? 表明了他不分新旧,凡"是"皆取的思想。再如,他认为:一方面,"近今泰西政事,纯以法治;三权分立,互相维持;其学说之嬗衍,推明法理,专而能精"④,所以成为强国。另一方面,西法的大要主旨,中律亦有其义,如"罪疑有赦"、区分"非眚、惟终"、以律断罪,尤其《唐律》为"古今律之得中者",其中的审判原则"今东西各国并行之,而中国则废而不用"⑤。因此,中西法律,不仅有同有异,而且"异同参半",能够会通。由此,他的结论是:"方今中国,屡

---

① 见《大清德宗景皇帝实录》卷四八六、四九五。
② 《大清光绪新法令》第20册。又见上海商务印书馆编译所编纂:《大清新法令》第四卷,何勤华等点校,商务印书馆2010年版。
③ 见李贵连:《法治是什么》,广西师范大学出版社2013年版,第122页。
④ 见《寄簃文存·法学名著序》。
⑤ 见《汉律摭遗》卷六。

经变故,百事艰难。有志之士,当讨究治道之源,旁考各国制度,观其会通,庶几采撷精华,稍有补于当世"①;既不墨守旧律,又不照搬西法,应该采取"我法之不善者当去之,当去不去,是之为悖;彼法之善当取之,当取不取,是之谓愚"②的态度,"贵融会而贯通之。保守经常,革除弊俗,旧不俱废,新亦当参。但期推行尽利,正未可持门户之见也"③。这种观点,在今天看来不免肤浅或牵强附会,但请君设身处地地想一下,假如你是修律大臣,面对上下左右的礼教派与"中体西用"的尚方宝剑,不抬出"中西异同参半"的挡箭牌,怎么能引入西法与法治?!

其次,倡明"法理",讲求"法学"。何谓"善"法,何谓"弊俗"? 或者说,以什么作为标准来兼采旧新、取西补中呢? 沈家本认为,应以"法理"为准,以"法学"为据。他指出:"律者,民命之所系也,其用甚重而其义至精也。根极于天理民彝,称量于人情世故;非穷理无以察情伪之端,非清心无以祛意见之妄",并从中、西两方面论证"明法理"的重要:从中法来看,"古人立法原有至理","法律为专门之学",有法律而不明法理,法不能实施,国家必乱弱。从西法来讲,自孟德斯鸠"发明法理,立说著书,风行于世",至今"精研政法者,复朋兴辈作",从而"得以改革其政治,保安其人民";尤其日本,"研究西人之学,弃其糟粕,而撷其英华,率全国之精神,胥贯注于法律之内,故国势日张"。因此,在修订法律之中,一定要注重"法理",取长补短,会通中西:"新学往往从旧学推演而出,事变愈多,法理愈密,然大要总不外情理二字。无论旧学新学,不能舍情理而别为法也","法之修也,不可不审,不可不明。而欲法之审,法之明,不可不穷其理"④。

---

① 《寄簃文存·政法类典序》。
② 《寄簃文存·裁判访问录序》。
③ 《寄簃文存·法学名著序》。
④ 《寄簃文存·法学通论讲义序》。

他又指出,欲明"法理",必兴"法学",所谓"而欲穷其理,舍讲学又奚由哉"! 为此,他撰文专论"法学盛衰说",阐发中国古代法学的沿革盛衰,论证法律与政治的依存关系。其结论是:"法学之盛衰,与政之治忽,实息息相通"。汉唐盛世,法学亦盛;元明之后,法学日衰,关键在于执政者不重视;如果"天下之士,群知讨论,将人人有法学之思想,一法立而天下共守之,而世局随法学为转移",并表达了"法学之盛"①的良好祝愿。

为了纠正"法律之学,世皆懵暗,自古已非,积习相仍,于今为甚"的时弊,使变法修律顺利进行,他身体力行,著文宣讲"法理"、"法学";同时延请一批留学才俊入法律修订馆任职,翻译西方的主要法律;主持创办京师法律学堂并亲订章程,担任管理法律学堂事务大臣,培养近代中国首批法律专业人才;创立"北京法学会"并担任会长,发行《法学会杂志》,推动法学研究,等等。

第三,取西补中,修旧律定新法。在主持修律的十年中之后,沈家本坚持"法律救亡"观点,反复强调为抵御外侮,废除"领事裁判权",使中国处于平等地位,必须也只能通过变法修律的道理。例如,采西法之长,补中法之不足。他说:"以中国法律与各国参互考证,各国法律之精义,固不能出中律之范围。……综而论之,中重而西轻者为多。盖西国从前刑法,较中国尤为残酷;近百数十年来,经律学家几经讨论,逐渐改为从轻,政治日臻美善。故中国之重法,西人每訾为不仁"②。这是他修订《大清律例》,改重为轻,废刑讯、止酷刑的主要依据。

又如,他将西方法学中的人权、平等以及三权相分、司法独立等思想原则,掺入中国传统的"仁政"和"民本"思想之中,予以提倡推行。他

---

① 《寄簃文存·法学盛衰说》。
② 《寄簃文存·删除律例内重法折》。

指出,"因民以为治,无古今中外,一也","立法以典民,必视乎民以为法,而后可以保民"①。如"西国司法独立,无论何人皆不能干涉裁判之事",与中国"古法相同","宋之提点刑狱,元之廉访司,俱专掌刑狱",而周代的《周官》均"分职而理,此为行政官与司法官各有攸司"②。又如制定民法和诉讼法,"司法要义,本匪一端;而保护私权,实关重要。东西各国法制虽殊,然于人民私权秩序维护至周,既有民律以立其基,更有民事诉讼律以达其用。是以专断之弊绝,而明允之效彰。中国民刑不分,由来已久;刑事诉讼虽无专书,然其规程,尚互见于刑律"③。

再如,肯定和推行平等、人权等思想。他认为:"现在欧美各国,均无买卖人口之事,系用尊重人格之主义,其法实可采取"④,在《大清现行刑律》中议禁止买卖人口专条。针对满、汉异法的"满汉罪名畸轻畸重,及办法殊异"的规定,他以"时易世移"为由,主张删除,"一体办理"即同等对待;针对"良贱之分"和"奴婢"的规定,他主张"革除旧习",强调"买卖奴婢,实始于秦",这是"不知奴亦人也,岂容任意残害?生命固宜重,人格尤宜尊。正未可因仍故习,等人类于畜产也"⑤,并在修律中予以落实。

总之,20世纪初期的中国法律制度,正是沈家本等改革志士运用其"发明法理"、"兼采旧新"、"参用西法"和"会通中西"的思想与原则,与现代法治并轨,走上了现代国家法制之路。

---

① 《寄簃文存·裁判访问录序》。
② 《寄簃文存·调查日本裁判监狱报告书序》。
③ 上海商务印书馆编译所编纂:《大清新法令》第四卷,何勤华等点校,商务印书馆2010年版。
④ 《寄簃文存·禁革买卖人口变旧通例议》。
⑤ 《寄簃文存·删除奴婢律例议》。

第十四章　民主法治的中西糅合

　　立足于历史与现实,撷取西学西制西法,是近代以来中国法治走过的足迹。早期改革派与洋务派人士,变法维新志士与修律专家,主张改良主义,以求君主立宪。太平天国起义与民主革命斗士,主张以武装斗争方式推翻清王朝,建立新国家。维新志士未能如愿,而且失败得很快很惨。洪秀全领导的起义也惨遭镇压。民主革命志士们在总结经验、吸取教训的基础上,以武装革命为中心,宣传革命思想理论、组织革命政党、进行革命战争,终于取得胜利。按毛泽东的观点,这个革命还属于旧民主主义性质,仅推翻了封建王朝这座大山,还有帝国主义与官僚资本主义两座大山压在中国人民头上。孙中山(1866—1925)也看到这点,所以留下遗愿:"革命尚未成功,同志仍需努力"!

　　辛亥革命胜利之后,要建立一个什么样的国家？孙中山的回答是既不能恢复传统,也不可照搬西方,而是将二者糅合起来。即从中国的国情出发,有选择地撷取西方制度,建设中国式的法治国家。他的"三民主义"理论与"五权宪法"学说均由此而形成,体现浓烈的中国特色。笔者用"糅合"而未用融合、结合,旨在强调中国法治初始时期的思想特点,虽理论形成,学说建立,但还显得粗犷,简单,有待进一步细化、成熟。

第一节　推翻帝制建民国：走向法治的探索

在中国，从君主到民主，从君权到民权，从王朝帝国到民国，实践中是通过革命实现的。作为社会科学术语，"革命"往往在两个涵义上使用：一是指革新，即方式上的重大变革，如工业革命、科技革命，是哲学意义上的革命。二是指推翻政权的武装斗争，如市民革命、法国大革命、无产阶级革命等，是政治革命。"革命法制"属于后者，系指在推翻现政权和建立新政权的过程中的法律制度及其思想。

汉语中的"革命"，其义最早见于《尚书》的"革殷受命"，意即周朝改变和取代了殷商的统治，接受了天命，但尚未连用成词。作为一个专有名词，它始于经孔子编定的《易传·革卦》，即："天地革而四时成。汤、武革命，顺乎天而应乎人。革之时大矣哉"！指的是"天命"（即今"政权"）变革，王朝易姓。由于商汤伐夏桀、武王伐商纣，都使用武力即战争的方式，所以中文的"革命"与英文的 Reform 或 Revolution 仅指变革、革新不同，自始具有武装、暴力的内容[①]。

马克思主义对"革命"的定义具有典型性。列宁说："一切革命的根本问题是国家政权问题"[②]。毛泽东指出："革命的中心任务和最高形式是武装夺取政权，是战争解决问题"[③]，"革命是暴动，是一个阶级推翻另一个阶级的暴烈的行动"，并明确指出："中国人民是不能忍受黑暗势力的统治的。他们每次都用革命的手段达到推翻和改造这种统治的

[①] 精通中西政治的梁启超首先看到了这个区别。他在 1902 年 12 月出版的《新民丛报》上发表"释革"一文，指出日本人将 Reform"译之曰革命。革命二字，非确译也"。认为英文的革命指一切事物的变化与革新，而中文的革命仅是政治中"王朝易姓"。见张丹、王忍之主编：《辛亥革命前十年间时论选集》第一卷，三联书店 1960 年版，第 242 页。

[②]《列宁选集·论两个政权》。

[③]《毛泽东选集·战争和战略问题》。

目的"①。

中国历史上的革命,主要是历代起义,其思想与主张多表现为醒目的口号。其中,较具理论性并初步形成学说的,应数清代后期的太平天国和辛亥革命。从天王洪秀全发布的诏、旨看,所谓"天国"实行的仍是王制与封建官僚等级制度,在土地、财产与家庭等方面带有空想社会主义的倾向。辛亥革命,当时称为"平民革命"或"国民革命",按我们习惯的说法,已是现代的资产阶级民主革命。它要求反帝反封,民族独立,建立民国,保障民权,进行法治宪政的实验与探索。

革命运动需要革命理论为指导。孙中山的思想与学说,是当时盛行、现今公认的指导民主革命的革命理论。我们将中国民主革命分成两个阶段,领导旧民主主义革命的是孙中山,领导新民主主义革命与社会主义革命的是毛泽东。将这两位伟大的政治家、革命家和思想家作一简要比较,能够觉察到西方传入的民主、法治在中国不同革命时期的不同遭遇。

孙中山糅合中西思想理论,是民主革命的先行者。毛泽东将马克思列宁主义用于中国,是社会主义革命的领导者(毛认为新民主主义革命是社会主义革命的一部分)。他们的革命思想都有明显的理想性和阶段性:孙中山想建立一个不同于英美、有中国特色的民主政体,可谓"民国理想";分为军政、训政、宪政三个时期。毛泽东则要在一个农业和农民的国家实现无产阶级的全面专政,即"专政理想";分为过渡时期、建设时期、文化大革命以及无产阶级专政下继续革命等阶段。孙中山的"民国"不易实现,很快就被蒋介石弄成一党独裁的"党国"。而毛泽东的"专政"很难坚持,"文革"的结束促使了它的淡出。他们的思想学说涵盖政治、经济、法律、道德、教育、文化等各个方面,孙中山自己以

---

① 《毛泽东选集·中国革命和中国共产党》。

"三民主义"相标榜,而毛泽东将"无产阶级专政下继续革命理论"视为自己的主要建树。

一般来说,革命家的思想总是以政治,即革命斗争为中心。"革命"是推翻旧政权、现法制的暴动,投身于激烈革命活动中的革命家们无暇关注、也不会集中论述法律问题。孙中山和毛泽东在这点上有共同性:孙在回答"所治者究为何种学问"时,明确答道:"余所治者,乃革命之学问也。凡一切学术,有可以助余革命之知识及能力者,余皆用以为研究之原料,而组成余之革命学"①。毛泽东著有"雄文五卷"(《毛泽东选集》共5卷),却罕有法律或法学专论;开始还重视法律的作用,但后来便毫不掩饰地宣称:"我是和尚打伞,无法无天"了。当然,革命就是造现行制度的反,所有的革命家在革命运动中都会对法律持这样的激烈态度,更何况毛泽东是最彻底的革命家。

在对待包括法律法学在内的东西方文化的宏观态度上,孙中山与毛泽东也惊人的相似,即主张不分中、西,择其善而用之。如孙中山强调"取欧美之民主以为模范,同时仍取数千年旧有文化而融贯之"②;毛泽东指出"应该大量吸收外国的进步文化,作为自己文化食粮的原料。……外国的古代文化,例如各资本主义国家启蒙时代的文化,凡属我们今天用得着的东西,都应该吸收"③。他们的思想理论都吸收了中国传统思想与西方革命思想的相关内容:孙中山是中国古代的仁义、民本思想和西方的民主宪政思想;毛泽东是中国古代的法家、农民起义思想和西方的马克思列宁主义(还有人将毛晚年称为"线装书治国")。同时,他们都反对教条式的死搬硬套,要求在继承传统、学习西方时区分精华与糟粕,一定要从中国的国情出发,与革命实际相结合。

---

① 《孙中山全集》第5卷,第55页。
② 《孙中山全集·在欧洲的演说》。
③ 《毛泽东选集·新民主主义论》。

然而，他们的法律观点与法律思想却显露出十分鲜明的个人特色和不同的政治立场。孙中山将法律尤其"宪法"作为民国的根基，而毛泽东仅视法律为巩固专政的工具与政策手段的补充。孙中山非常重视法律，视之为"共和之根本"[①]，并在下野后的七八年中，从革命的需要出发，集中研究宪政问题，著有《民权初步》、《民权主义》、《五权宪法》、《地方政府》及《地方自治实行法》等宪法著作，从而形成了他的"五权宪法"学说；而毛泽东在解放后政务，尤其党务繁忙，突出政治。后来年事日高，所以讲话、批示较多，著作很少。1957年的《关于正确处理两类不同性质的矛盾问题》，将民主与专政结合起来，称为"人民民主专政"，将法律视为国家机器的一部分与实行专政的工具。实践之中，经济上一直用革命运动的方法进行建设，政治中将路线与政策视为"生命"[②]，而法律只被用来作为阶级斗争的武器。到晚年在他亲自发动的"文化大革命"中，把原先称为"根本大法"的宪法和为数不多的法律束之高阁而形同废纸，甚至干脆"砸烂公检法"，实行"群众专政"，实际上是法律虚无主义的还魂。历史如实地反映了这两位革命家、政治家、思想家对待法律、法治的鲜明态度。

一、孙中山对中西法学的糅合

孙中山立足于中国民主革命的实际需要，既不因循中国传统，亦不盲从外国新说；而是运用批判分析、选择吸纳、取长补短、糅合连接加理想设计的方法，力图建立一种符合中国国情和时代要求的宪法理论与宪政体制。他以西方的民主法治思想与制度、包括马列主义作为直接

[①] "共和之根本在法律，而法律之命脉在国会"。见《孙中山全集·通告各国驻华公使书》。

[②] "政策和策略是党的生命，各级领导同志务必充分注意，万万不可粗心大意。"见《毛泽东选集·关于情况的通报》。

和主要的依据,而以中国传统制度与思想中的民主性精华作为取舍因素和重要补充;从而形成了独树一帜、富有中国特色的"三民主义"思想和"五权宪法"学说。

(一) 对西方思想的选择与撷取

早在青年时期,孙中山便在美国的教会学校和香港书院接受西方民主思想的教育和熏陶,投身"革命"之后,他在初期提出的口号就是"取法于人",即效法西方国家,尤其推崇美国的总统制与联邦制政体,认为"有文宪法,是美国最好";即实行"三权分立"、政党制和的代议制度。指出,"中国革命之目的,系欲建立共和政府,效法美国。除此之外,无论何项政体,皆不宜于中国"①。在宋教仁被刺杀和反袁的"二次革命"失败后,他认识到"专制国专靠皇帝",而"共和国则专恃民力";于是又撰文介绍始自瑞士而为美国最新采纳的"地方自治"制度,主张抛弃代议制的"间接民权",实行"全国之直接民权",即由"国民大会"直接行使四大民权②。

同样,在革命初期,他奋力宣传来自西方的人权和自由平等观念,认为"革命者乃神圣之事业,天赋人权而最美之名辞也"③;"凡属国人咸属平等";甚至直言不讳地表明:美国"林肯所主张之民有、民治、民享,就是兄弟所主张的民族主义、民权主义和民生主义"④。到后期,他看到"自由有好的不好的两方面,不是神圣的东西",逐渐"反对自己所提倡之平等、自由之义"⑤,主张限制个人,服从集体。如赞扬美国总统威尔逊"民治民权,拥护功高,有史以来,未之前闻"⑥;称赞列宁"是一

---

① 《孙中山全集·在巴黎的谈话》。
② 见《孙中山全集·三民主义》。
③ 《孙中山全集·在旧金山丽蝉戏院的演说》。
④ 《孙中山全集·民生主义》。
⑤ 《孙中山全集·民权主义》。
⑥ 《孙中山全集·中国革命史》。

个革命中之圣人,是一个革命中最好的模范",并在"十月革命"胜利的影响之下,改提倡"个人自由"为社会集体主义的"民治",要求个人服从集体和"公理",实行"以党治国",即"党治本来是人治,不是法治"①。可见,孙中山宪政学说的思想元素,主要来自西方;其前后的重大转变,亦是接受西方和国外思想影响的结果。

(二) 对中国传统思想的摈弃与继承

孙中山自称:"余之谋中国革命,其所持主义,有因袭吾国固有之思想者,有规抚欧洲之学说事迹者,有吾所独见而创获者"②;将对"固有之思想"即中国传统思想的继承放在首位。若翻阅长达数百万字的《孙中山全集》,也会发现,其中虽引述了西方学者的论著,但篇幅不大;而关于我国古代的思想或制度,尤其儒家经典,却屡屡引用,反复解说。他在回答共产国际代表马林的提问,自述革命的思想基础时,明确指出:"中国有一个道统,自尧舜禹汤文武周公孔子,相继不绝。我的思想基础,就是这个道统;我的革命,就是继承这个正统思想,来发扬光大的"③。由此可见,"五权宪法"学说与传统思想之间的渊源关系。也许正因为如此,毛泽东在谈到继承优秀文化遗产时指出:"从孔夫子到孙中山,我们应当给以总结,承继这一份珍贵的遗产"④。

例如"三民主义"、"中华民国"的概念。他指出:"诸君知中华民国之意乎?何以不曰中华共和国?此'民'字之意义,为仆研究十年而得之者";"'民为邦本,本固邦宁',……是三大主义皆本于此"⑤。又说,

---

① 《孙中山全集·在国民党成立大会上的演说》。
② 《孙中山全集·中国革命史》。
③ 见罗家伦主编《国父年谱》,中国国民党党史委员会 1994 年出版。
④ "今天的中国是历史的中国的一个发展;我们是马克思主义的历史主义者,我们不应当割断历史。从孔夫子到孙中山,我们应当给以总结,承继这一份珍贵的遗产。这对于指导当前的伟大的运动,是有重要的帮助的"。见《毛泽东选集·中国共产党在民族战争中的地位》。
⑤ 《孙中山全集·在上海粤籍议员欢迎会上的讲演》。

"余之民族主义,特就先民所遗留考,发挥而光大之,且改良其缺点";"孔子说'大道之行也,天下为公',便是主张民权的大同世界";"我今天不学外国直接来讲社会主义,要拿'民生'这个中国古名词来替代社会主义","较之用'社会'或'共产'等名词更为适当、切实而且明确";"中国几千年,以便老早实行这项主义了"①。因此,他将"三民主义,吾党所宗,以建民国,以建大同"作为国民党的纲领,完全是传统范畴的翻新。

又如,他认为"宪法"概念本来就是古人所用的术语,更是中国的历史与国情的表现,即:"宪法者,为一国民族历史风俗习惯所必需之法";"适于民情国史,适于数千年之国与民,即一国千古不变之宪法。吾不过增益中国数千年未所能,欧美所不能者,为吾国独有之宪法"。关于"五权宪法",他明确指出:"中国从前实行君权、考试权和监察权的分立,有了几千年。外国实行立法权、司法权和行政权的分立,有了一百多年。不过外国近年来实行这种三权分立,还是不大完全。中国从前实行那种三权分之,更是有很大的流弊。我们现在要集合中外之精华,防止一切的流弊,便是要采用外国的行政权、立法权、司法权,加入中国的考试权和监察权,连成一个很好的完璧,造成一个五权分立的政府"②。并进而强调说"余游欧美,究其政治、法律之得失,如选举之弊,决不可无以救之。而在中国,相传考试之制、纠察义制,实有其精义,足以济欧美政治、法律之穷。故主张以考试、监察二权与立法、司法、行政三权并立,合为五权宪法"③。

再如,关于在《建国大纲》中提出的宪政建设三阶段中的"训政",他特别强强调说,"训政二字,我须解释":"现在我们仍不单是用革命去扫除

---

① 见《孙中山全集·中国革命史》。
② 见《孙中山全集·与刘成禹的谈话》。
③ 《孙中山全集·中国革命史》。

那恶劣政治,还要用革命的手段去建设,所以叫'训政'";"我这个'训'字,就是从《〈尚书〉》《伊训》上'训'字得来的";由于"中国奴隶制已经实行了数千年之久,所以民国虽然有了九年,一般人民还不晓得自己去站那主人的地位。我们现在没有别法,只好用些强迫的手段,迫着他来做主人,教他练习练习。这就是我用'训政'的意思"①。

总之,孙中山在领导民主革命的过程中,仍然运用了历代改革家的"托古改制"方式,但他不仅是形式上的利用,而是由衷地从古典选择汲取传统思想的精华。在法律思想方面,他所重点阐发的是"公法"、民本和"大同"思想,平均、养民、教民和德主刑辅、人与法兼用思想等;而对于纲常、君权、专制、重刑等思想,则采取了批判与摒弃的态度。对于传统法律观念,是以革命需要为标准进行取舍的。

二、民治、法治与宪政

这是孙中山将西方的民主、法治、自治与中国的"民为邦本"、"天下为公"、"以法治国"揉合之后的创造性发挥。民治脱胎于林肯的"民有,民治,民享",但林肯指的是政府的性质,而孙中山将它扩展为国家,即由人民来治理国家,是民权主义的政治表现。人民怎么去治理国家呢?那就要靠法治,以法治国,主要是宪法之治,制宪行宪是孙中山法治思想核心内容。他认为虽然有了好的办法,但敌人强大,主人即人民的能力太差,又是一盘散沙,有待于"训练"与组织,所以革命时期只适于"党治",这个"党",专指他领导下的国民党。"党治"思想,留待下节分析。

(一) 彰民权,行民治

这是民权主义的"法治"表现。民权主义是"三民主义"的核心。自古以来,正统思想一直在论证和宣扬"君权"的神圣、"皇权"的至上;农

---

① 《孙中山全集·在上海中国国民党本部会议上的演说》。

民起义虽然反对皇帝和暴政,但仍以取得"君权"、登基"帝位"为目标。孙中山在中国历史上第一次提出并实践了"推翻帝制,建立民国"的纲领。"民国"即人民国家而非君主帝国,主权在民不在君,国家"为民所有,为民所治,为民所享"①。

孙中山的民权主义包括三个方面的要求:

一是"平民革命",建立民主国家。他指出,"民权主义,就是政治革命的根本";"推倒满洲政府,从驱除满人那一面说,是民族革命;从颠覆君主政府那一面说,是政治革命"。而为了取得"民权"、建立"民国"进行的"政治革命",就是民主革命,由人民当家作主。由此,他强调:"今者由平民革命,建立民国政府,凡我国民皆平等,皆有参政权,大总统由国民共举,议会由国民共举之议员构成之,制定中华民国宪法,人人共守之。敢有帝制之为者,天下共击之"②。

二是人民享有平等、自由、参政的权利。在革命初期,他认为"民权主义,即人人平等,同为一族,绝不能以少数人压迫多数人;人人有天赋之人权,不能以君主而奴隶臣民";"总统、官吏皆国民之公仆"。因此,在国家治理中,应该改"官治"为"民治"。到后期即1924年,他明确指出:"民权主义,于间接民权之外,复行直接民权";"近世各国所谓民权制度,往往为资产阶级所专有,适成为压迫平民之工具。若国民党之民权主义,则为一般平民所共有,……与所谓'天赋人权'者殊料,而唯求所以适合于现在中国革命之需要";"详言之,则凡真正反对帝国主义之个人及团体,均得享有一切自由及权利。而凡卖国罔民以效忠于帝国主义及军阀者,无论其为团体或个人,皆不得享有此等自由及权利"③。

三是以俄为师,建立"人民独裁"政体。这是孙中山晚年在认识到

---

① 《孙中山全集·三民主义》。
② 《孙中山全集·同盟会宣言》。
③ 《孙中山全集·欲改造新国家当实行三民主义》。

西方的政党制、代议制的局限性之后,又从新生的苏维埃制度得到启发,重新解释"民权主义"所得出的结论。他说,"我们所主张的民权,是和欧美的民权不同";"各国到了代议政体,就算是止境",但"近来俄国新发明一种政体。这种政体,不是代议政体,是'人民独裁'政体。……当然比较代议政体改良得多"①。

由于民治关系到国体与政体,关系到革命的方式和阶段,所以孙中山又研究并提出了一系列新的理论与学说,如关于国民革命和建论过程的"革命程序"论,关于民意表达和实现的"全民政治"论与"以党治国"论,关于"主权"与"治权"的"权能区分"论,以及关于国家政体的"五权宪法"论等。

(二) 倡法治,行宪政

在20世纪中国所有的革命家、政治家之中,孙中山最重视法律,倡行法治;甚至称其为法学家或宪法学家,也实至名归。他认为法律是"国家命脉",立国根基,法治是民主民治的法宝。指出:"国于天地,必有与立。民主政治赖以维系不败者,其根本存于法律,而机枢在于国会。必全国有共同遵守之大法,斯政治之举措有常轨;必国会能自由行施其职权,斯法律之效力能永固。所谓民治,所谓法治,其大本要旨在此"②。

"法者,治之具"是传统法律观对法的定位,绝大多数的政治家不仅视法律为工具、手段或武器,而且始终认为政权、权力是国家之"体",即主体、核心与本质,而法律、经济、道德等是"用",即为之服务的方式、方法或形式。孙中山明确指出:"法律者,治之体也。权势者,治之用也"③,即国家政权的归属应由法律确定,国家权力的行使必须依法进行。他借用"体用关系"这一典型的古老命题,揭示出现代法治的真谛;

---

① 《孙中山全集·在广东省署宴会上的演说》。
② 《孙中山全集·辞大元师职临行通电》。
③ 《孙中山全集·驳保皇书》。

也将被颠倒了几千年的法与权的关系重新颠倒过来。

孙中山认为,开国会,定宪法,是民国成立后的第一要务。在制宪法还是选总统的先后顺序上,孙中山表示了坚持民主法治而反对"人治"的立场,指出:"制定宪法,尤宜较选举总统为先。必使先有宪法而后有总统,切不可先有总统而后有宪法。盖有宪法不患无总统,而有总统而恐终无宪法"。并进而举例说明:民国初期,"先选总统,其结果袁当选,而宪法、国会随之而毁";因此,"先定宪法,后选总统,则中华民国之基既巩固,虽有野心者不敢冒违宪之名";果有此人,"吾人亦可以拥护宪法,起而问罪"[①]。

他向往宪法之治,全身心地致力于制宪行宪。为了宪治宪政,宁可辞去大元帅之职,让出大总统之位。他反复强调:"宪法者,国家之构成法,亦即人民权利之保障书也"[②];"国家宪法良,则国强;完法不良,则国弱。强弱之点,尽在宪法"[③],因此宪法"为立国之大本","我们要有良好的宪法,才能够建立一个真正的共和国"[④];并且将他最为得意的独创理论"五权宪法",与三民主义并列为国民革命的基本纲领,号召国民党"以三民主义为宗旨,五权宪法为目的,合拢这两条来做革命"[⑤]。

第二节 "五权宪法"学说

"五权宪法"学说,在孙中山的整个思想体系之中有着重要的地位。他自己也将五权宪法与三民主义相并列,认为三民主义是革命的基本宗旨,五权宪法是革命的具体目标。从形成过程看,"三民主义"是将民

---

① 《孙中山全集·在上海答记者问》。
② 《孙中山全集·中华民国宪法史前编序》。
③ 《孙中山全集·宴请国会及省议员时的演说》。
④ 《孙中山全集·五权宪法》。
⑤ 《孙中山全集·在上海中国国民党本部会议上的演说》。

主主义运用到近代中国实际的突出表现,而"五权宪法"却是关于政体结构,尤其法治国家的一种构思与设计。从性质上说,"三民主义"的主要倾向是革命,推翻封建制度、争取民族独立,即反封反帝,属革命理论;而"五权宪法"的主要宗旨是建设,建立民国、实行共和,以宪治国,是革命成功后的建设纲领。

作为一项革命纲领,"五权宪法"既是"建立民国"的框架结构,又是践行民主法治的具体表现,然而又因具有太多的理想色彩而难以实施。作为一种宪法理论,"五权宪法"以"三民主义"为指导,既是对西方"三权分立"政体的增补与发挥,又是对中国传统法律的继承与改造,具有鲜明的中国特色。在近代以来的民主革命、甚至整个革命的进程中,一直存在着照搬西方或"全盘西化"和从中国国情出发、与中国实际相结合这两种不同思想倾向的分歧。孙中山坚持和实行后者,"五权宪法"学说便是他糅汇中西、继承创新的理论成果。

一、"权能分治":人民掌权、精英行政、政党治国

为了论证"五权宪法",即人民掌握国家主权,而由政府管理国家,孙中山对政治进行新的界定与分析。他别出心裁地将国家权力区分为"政权"和"治权",合起来即"政治权力"。认为:"政,是众人之事,集合众人之事的大力量,便叫作政权,政权就可以说是民权。治,是管理众人之事,集合管理众人之事的大力量,便叫作治权,治权就可以说是政府权。所以政治之中,包含有两个力量,一个是政权,一个是治权。这两个力量,一个是管理政府的力量,一个是政府自身的力量"。也就是说,人民掌握了"政权"即实现了民主;"民治"就是管理政府。治国理政的具体职权叫做"治权",属于政府自身;政府由精英组成,所以有"能",称"万能政府"。

通过对当时各国政治得失的总结,他认为,实行民主法治的国家,

还需要解决两大问题:"第一说是人民怕不能管理的万能政府,第二说是为人民谋幸福的万能政府"。怎么去解决呢?他说从传统制度得到了启发,并结合当时的社会实际指出,最好的方式是用制度把权("政权")与能("治权")二者分开,由两个主体行使:"权与能不分开,人民对政府的态度,总是不能改善"。应该把政权"完全交到人民手内,要人民有完全的政权,可以直接去管理国事";把治权"完全交到政府的机关之内,要政府有很大的力量,治理全国的事务"。孙中山自诩道,这种"权能分治"理论,"以前欧美的学者都没有发明过",是"世界上学理中第一次的发明"①。其主要内容是:

(一) 人民掌握"四权",实行"直接民权"

孙中山指出,在西方的三权分立体制下,"国民只得选举之权而已",即由议员、议会代替人民行使国家管理权。这种代议制属于"间接民权"。他要在中国实行"直接民权",即用宪法形式赋予人民自治和管理全国事务的四项立法与人事大权,控制政府的组成与行为活动;而具体的管理事务则由"万能政府"去负责。他说,"五权宪法如一部大机器,而直接民权又是机器的掣扣"②;即用人民的"四权"去制约政府的"五权","这九个权,彼此保持平衡,民权问题才算是真解决";"中国能够实行这种政权和治权,便可以破天荒地在地球上造一个新世界"。通过对各国宪政的考察和比较,他发现瑞士宪法规定,人民除选举权之外,还享有创制和复决法律的权力;而美国西北地区的宪法还规定了罢免政府要员的权力。由此认为:"人民有了这四个权,才算是充分的民权;能够实行这四个权,才算是彻底的直接民权。……间接民权就是代议政体,用代议士去管理政府,人民不能直接去管理政府。要人民能够

---

① 见《孙中山全集·民权主义》。
② 见《孙中山全集·在广东省教育会的演说》。

直接管理政府,便要人民能够直接实行这四个民权,才叫作全民政治"①。

选举权包括两个方面:一是全国分县自治,人民直接选举县级政府负责官员;二是直接选举代表("代议士")参加"国民大会",组成国家的最高权力机关。罢免权是指人民有权罢免县级官员和通区国大代表罢免国家领导人。选举权和罢免权属于"治人",即人民对政府的人事管理,即"对于政府之中的一切官吏,一面可以放出去,又一面可以调回来,来去都可以从人民的自由"。"有了治人,还要有治法"②,即用创制权和复决权管理法律的制定和废止。创制权是指,"人民要做一种事业,要有公意可以创制一种法律,或者是立法院立了一种法律,人民觉得不方便,也要有公意可以废除。这个创法废法的权便是创制权"。复决权也有两个方面,一是修订法律的权力,二是通过法律的权力,即"立法院若是立了好法律,在立法院中的大多数议员通不过,人民可以用公意赞成来通过"③。

(二) 行政有职有权,建立"万能政府"

孙中山认为,虽然国家由"人民作主",但人民却没有管理国家的能力。他说,人民大众"当然不能都是先知先觉的人,多数的人也不是后知后觉的人,大多数都是不知不觉的人";这些不知不觉的人,"聪明才力是更次的,凡事虽有人指教他,他也不能知"。因此,必须"把国家的大事,付托给有本领的人","利用有本领的人去管理政府"。

为了说明这种"有权无能"的主人利用"有能无权"的人办事的道理,他多次以诸葛亮为例进行类比:"比如诸葛亮是很有才学的,是很能干的";"阿斗是很庸愚的,没有一点能干"。可见"诸葛亮是有能没有权

---

① 《孙中山全集·民权主义》。
② 同上。
③ 见《孙中山全集·五权宪法》。

的,阿斗是有权没有能的。阿斗虽然没有能,但是把什么政事都付托到诸葛亮去作;诸葛亮很有能,所以在西蜀能够成立很好的政府"。他认为中国"四万万人,都是像阿斗",而"先知先觉的人"则像诸葛亮,应该由这些"有本领、忠心为国家作事"的"专门家",组成"万能政府"。

孙中山强调,"政权"不应限制"治权",而应该充分发挥"专门家"管理国家事务的"万能"作用。即:"国民是主人,就是有权的人;政府是专门家,就是有能的人。由于这个理由,所以民国的政府官吏,不管他们是大总统、是内阁总理、是各部总长,我们都可以把他们当作车夫。只要他们是有本领、忠心为国家做事,我们就应该把国家的大权付托于他们,不限制他们的行动,事事由他们自由去做";"如果不然,事事都是要自己去做,或者是请了专门家,一举一动,都牵制他们,不许他们自由行动,国家还是难望进步"[①]。

(三) 革命时期宜行"党治"

三民主义,是一整套民主革命的思想体系;五权宪法,是建立在"权能分治"论上的法治政府框架。一旦付诸实践,立即感到阻力重重,深陷困境而举步维艰。"临时约法"制约不了袁世凯称帝与张勋复辟,真民主未行,假共和屡现;孙中山两次组织军政府,亲任大元帅,但两次护法战争未能战胜北洋政府,接着又是军阀混战,党争不断。这种状况使孙中山痛心疾首,深恶痛绝:"去一满洲之专制,转生出无数强盗之专制,其为毒之烈,较前尤甚";深感"民国之建设事业,实不容一刻视为缓图者也"! 于是,他暂时退出政治旋涡,思考应对之策,著就《建国方略》一书,于1919年发表。认为建设民主法治国家应分期有序进行,"革命程序"是先军政、后训政、再宪政。在前两个时期内,应当"以党治国"[②],

---

① 见《孙中山全集·民权主义》。
② 《孙中山全集·在广州国民党恳亲大会的演说》。

即实行"党治"方式。

本来,孙中山虽然也肯定政党制是民主制度的一个环节,但认为必须实行多党制:"文明各国不能仅有一个政党,若仅有一个政党,仍是专制政体"[①]。而在历经打击、痛定思痛之后,他认为要走向民主法治,贯彻《建国方略》,在军政和宪政时期,还依靠革命党来教育、训导、带领人民,战胜反动军阀,转入宪政。他比喻说:"民国之主人者,实等于初生之婴儿耳;革命党人者,即产此婴儿之母也。即产之矣,则当保养之,教育之,方尽革命之责也。此革命方略之所以有训政时期者,为保养、教育此主人于成年,而后还之政也"[②]。有鉴于此,"要改造国家,非有很大力量的政党,是做不成功的;非有很正确共同的目标,不能够改造得好的。我从前见得中国太纷乱,民智太幼稚,国民没有正确的政治思想,所以便主张以党治国"[③]。

孙中山主张"党治",但又担心产生领袖独裁或个人专制,因此一再强调:"所谓以党治国","是要本党的主义实行,全国人民都遵守本党的主义,中国然后才可以治"。并反复申明:"简而言之,以党治国并不是用本党的党员治国,是用本党的主义治国。诸君要辨别得很清楚"。要求"以党治国"只在"训政"时期内实行;一旦六年结束,便"还政于民",实行"宪政"[④]。孙中山没有料到,他的担心却在后来成了现实:蒋介石借口"训政",一直训到1946年。又利用"党治",鼓吹"一个国家,一个政党,一个领袖"的三合一,集大权为一身,变民国为"党国","党治"为"人治",领袖为独裁。孙中山更没有料到,他的民主愿景和法治探索,却会因他的"党治"而误入歧途,走向绝境。

---

① 《孙中山全集·在国民党成立大会上的演说》。
② 《孙中山全集·建国方略》。
③ 《孙中山全集·国民党"一大"开幕词》。
④ 《孙中山全集·在广州中国国民党恳亲大会上的演说》。

二、革命"三时期"与"五权分立"论

孙中山是一位激情满怀、理想主义的革命家,很想迅速带领中国"顺应世界潮流",成为现代国家。如 1915 年他在比利时充满自信地说:"几年内我们将实现我们梦寐以求的理想,因为届时我们所有的行会都是社会主义的了。那时,当你们还在为实现你们的计划而努力的时候,我们将已生活在最纯正的集体主义制度之中了"①。他又是一位高瞻远瞩、务实力行的政治家,了解国情,深知让一个有数千年封建传统的农业大国转而实行民主法治,并非易事,绝不可能"毕其功于一役"。他认识到,"国犹人也,人之初生,不能一日而举步,而国之初造,岂能一时而突飞"②? 路要一步一步走,革命应分阶段进行。

但时不我待,必须"后来者居上"。认为"日本学欧美不过几十年便成为世界列强之一","中国人的聪明力不亚于日本,我们此后去学欧美,比较日本还要容易",能够更快一些。要多长时间呢? 他在 1924 年指出,大概十年左右。即:"在十年之内,就可以把外国的政治、经济和人口增长的种种压迫和种种祸害都一齐消灭","十年之后,虽然不能超过外国,一定可以和他们并驾齐驱"③。为此,孙中山制定了分三步走的"革命程序",作为建立"五权政府",实行"五权宪法"的前提。

(一) 军政、训政、宪政"三时期"

早在同盟会时期制定的《革命方略》中,孙中山已将"国民革命"分为"军法之治"、"约法之治"、"宪法之治"三个阶段:第一阶段约三年,第二阶段约六年,然后进入"宪法之治"④。辛亥革命之后,他又曾以"破

---

① 《孙中山全集·访问国际社会党执行局的谈话报道》。
② 《孙中山全集·民权初步》。
③ 《孙中山全集·三民主义》。
④ 见《孙中山全集·中国同盟会革命方略》。

坏"时期、"过渡"时期和"建设完成"时期来说明三个阶段。在《建国方略》和《国民政府建国大纲》中,正式形成了从"军政"到"训政"再到"宪政"的"革命程序"三时期论。他在晚年回顾说:"文有见于此,故于辛亥革命以前,一方面提倡三民主义,一方面规定实行主义之方法与步骤。分革命建设为军政、训政、宪政三时期;期于循序渐进,以完成革命之工作"①。

军政时期的主要任务是建立革命政府,用武装斗争即战争的方式击退敌人的反扑,扫除革命的阻力,并使革命的道理深入人心。即:"一面要用兵力,扫除国内之障碍;一面宣传主义,以开化全国之人心而促进国家的统一"。他强调,"不经军政时代,则反革命之势力无由扫荡,而革命之主义亦无由宣传于群众"。

训政时期是他重点阐发的内容。他指出:"予之定名中华民国者,盖欲于革命之际,在破坏时则行军政,在建设时则行训政。所谓训政者,即训练清朝之遗民,而成为民国之主人翁,以行此直接民权也。有训政为过渡时期,则人民无程度不足之忧也"②,"训政二字,我须解释。本来政治主权是在人民,我们怎好包揽去作呢?……这种办法,事实上不得不然。试看民国成立了九年,一般人民还是不懂共和的真趣,所以迫得我们再要革命。现在我不单是用革命去扫除那些恶劣政治,还要用革命手段去建设,所以叫作'训政'。……以五千年来被压作奴隶的人民,一旦抬他作起皇帝,定然是不会作的。所以我们革命党人应该来教训他,如伊尹训太甲一样"③。他强调:"不经训政时代,则大多数之人民久经束缚,虽骤被解放,初不了知其活动之方式,非墨守其放弃责任之故习,即为人利用陷于反革命而不自知"。并分析说,"前者之大

---

① 《孙中山全集·制定(建国大纲)宣言》。
② 《孙中山全集·三民主义》。
③ 《孙中山全集·在上海中国国民党本部会议上的演说》。

病,在革命之破坏不能了彻;后者之大病,在革命之建设不能进行",从而造成《临时约法》的无效,"不知症结所在,非由于《临时约法》之未善,乃由于未经军政、训政两时期,而即入于宪政"①。在训政时期,应该"以党治国",即实行国民党一党的"党治";到宪政时期,再由党"还政"于人民,才实现宪政"民治"。

(二)"五权分立"论

按照分权原则设置国家权力是现代国家通行的政体形式,西方国家多采取"三权分立"的结构,即将立法权、行政权和司法权分别由三个国家机关独立行使,以制约和平衡,避免权力的过度集中,防止权力的扩张或滥用。

孙中山指出,"有文宪法是美国最好,无文宪法是英国最好",但"英是不能学的,美是不必学的"。原因在于:英国虽有"三权分立"原则,但"界限还没有清楚",实际上"不是三权分立,实在是一权政治"。美国的"三权界限更分得清楚",但其"纠察权归议员掌握,往往擅用此权,挟制行政机关,使它不得不俯首听命,因此常常成为议员专制";其他"流弊也很不少"②。所以,中国的宪法体制,应"有别于欧美各国",即"宪法者,为中国民族、历史、风俗、习惯所必须之法。三权为欧美所需要,故三权风行欧美;五权为中国所需要,故独有于中国"③。

他又看到,"美国哥伦比亚之希斯洛,主张加以弹劾权,而为四权分立",另一美国学者巴直氏也赞扬"中国的弹劾权是自由与政府间的一种最良善的调和方法"④。尤其中国传统的考试制度"最为平允","无论贫民贵族,一经考试合格,即可作官";同时,"像满清的御史,唐朝的

---

① 《孙中山全集·制定(建国大纲)宣言》。
② 《孙中山全集·三民主义与中国前途》。
③ 《孙中山全集·与刘成禹的谈话》。
④ 《孙中山全集·五权宪法》。

谏议大夫,都是很好的监察制度"。因此,"将外国的规制和本国原有的规制,融合起来,较为完善","中华民国的宪法要创一种新主义,叫作五权分立"①。

孙中山强调,"集合中外的精华,防止一切流弊,便要采用外国的行政权、立法权、司法权,加入中国的考试权和监察权,连成一个很好的完璧,造成一个五权分立的政府"②。其具体设计是:"以五院制为中央政府:一曰行政院,二曰立法院,三曰司法院,四曰考试院,五曰监察院。宪法制定之后,由各县人民投票选举总统以组织行政院,选举代议士以组织立法院。其余三院之院长,由总统得立法院之同意而委任之;但不对总统、立法院负责,而五院皆对国民大会负责。各院人员失职,则国民大会自行弹劾、罢黜之。国民大会职权,专司宪法之修改,及制裁公仆之失职。国民大会及五院职员,与夫全国大小官吏,其资格全由考试院定之。此五权宪法也"③。

孙中山认为,"五权分立"的政府,是"世界上最完全最良善的政府","五权宪法"的学说,是"各国至今所未有的政治学说",它建立了一种"破天荒的政体",不仅"为各国制度上所未有,便是学说上也不多见"④。他这样说并不过分,别说在 20 世纪初,即使一百年后的今天,在世界上也没有同类的政体结构。他乐观地认为"五权宪法"能在中华大地上扎根结果,却没料到尚未开花即遭摧折!

正因为它属于"破天荒的"创举,所以它在当时饱受反动派的诬蔑攻击,亦经同志战友的质询怀疑,遭遇旁观者的冷嘲热讽,在推行与实践中更阻力重重,陷入困境或误入歧途。但是,现实中的挫折与失败,

---

① 《孙中山全集·三民主义与中国前途》。
② 《孙中山全集·民权主义》。
③ 《孙中山全集·建国方略》。
④ 同②。

掩饰不住思想的价值和精神的光辉。孙中山肩负人民的意愿,寻求救国救民、强国富民的中国道路,顺应世界潮流,学习西方的民主法治,发掘中国的优秀传统,以三民主义为理论基础,形成了"五权宪法"学说。尽管这一学说具有浓厚的理想性和空想成分,但其对法治国家的天才设计和鲜明的中国特色,极大地充实与丰富了中国的法治思想,表现了20世纪初期中国思想家在宪政理论和法律思想方面所达到的水平和取得的成就。

参 考 文 献

一、著作

司马迁:《史记》

班固:《汉书》

长孙无忌:《唐律疏议》

刘昫、张昭远:《唐书》

司马光:《资治通鉴》

张廷玉:《明史》

赵尔巽等:《清史稿》

《马克思恩格斯全集》

《列宁全集》

《毛泽东选集》

《邓小平文选》

故宫博物院明清档案部:《清末筹备立宪档案资料》,中华书局1979年版

上海商务印书馆编译所编纂:《大清新法令》(1901—1911,点校本),何勤华等点校,商务印书馆2010年版

南洋公学译书院初译、上海商务印书馆编译所补译校订:《新译日本法规大全》,何勤华等点校,商务印书馆2008年版

沈家本:《历代刑法考》上、下,商务印书馆2010年版

沈家本:《寄簃文存》,商务印书馆2010年版

《梁启超论宪法》,商务印书馆2012年版

翦伯赞:《中国史纲》,商务印书馆2010年版
侯外庐:《中国思想史纲要》,中国青年出版社1982年版
张岂之:《中国思想史》,西北大学出版社1993年版
冯友兰:《中国哲学史新编》,人民出版社2007年版
张岱年:《张岱年文集》,清华大学出版社2007年版
陈顾远:《中国文化与中国法系》,中国政法大学出版社2006年版
陈顾远:《中国法制史概要》,商务印书馆2011年版
张国华:《中国法律思想史新编》,北京大学出版社1991年版
李光灿、张国华主编:《中国法律思想通史》,山西人民出版社1994年版
张国华、饶鑫贤主编:《中国法律思想史纲》,甘肃人民出版社1984年版
徐大同主编:《西方政治思想史》,天津人民出版社1985年版
于浩成、段秋关、倪健民:《中外法学原著选读》,群众出版社1986年版
段秋关:《新编中国法律思想史纲》,中国政法大学出版社2008年版
段秋关:《〈淮南子〉与刘安的法律思想》,群众出版社1986年版
段秋关主编:《中国法制史》(全国自考教材),北京大学出版社2005年版
宋昌斌、段秋关等:《依法行政的理论与实践》,中国法制出版社2007年版
何勤华:《中国法学史纲》,商务印书馆2013年版
罗荣渠:《现代化新论》,商务印书馆出版2009年版
张丹、王忍之主编:《辛亥革命前十年间时论选集》,三联书店1960年版
楼邦彦:《各国地方政治制度法兰西篇》(民国比较法文丛),商务印书馆2012年版
陈国华译:《大宪章》,商务印书馆2016年版
何勤华等:《大陆法系》上、下,商务印书馆2015年版
《法国民法典》,李浩培等译,商务印书馆1979年版
《西方伦理学名著选辑》,周辅成编译,商务印书馆1987年版
《西方哲学原著选读》,北京大学哲学系外国哲学史教研室编译,商务印书馆1982年版
[希]柏拉图《理想国》,郭斌、张竹明译,商务印书馆1986年版
[希]柏拉图:《政治家》,原江译,云南人民出版社2004年版

［希］亚里士多德:《政治学》,吴寿彭译,商务印书馆1993年版

［意］《阿奎那政治著作选》,马清槐译,商务印书馆1963年版

［意］但丁:《论世界帝国》,朱虹译,商务印书馆1985年版

［英］洛克:《政府论》,叶启芳、翟菊农译,商务印书馆1983年版

［法］卢梭:《社会契约论》,何兆武译.商务印书馆1963年版

［法］卢梭:《论人类不平等的起源和基础》,李常山译,商务印书馆1997年版

［法］孟德斯鸠:《论法的精神》,张雁琛译,商务印书馆1961年版

［意］贝卡利亚:《论犯罪与刑罚》,黄风译,北京大学出版社,2008年版

［英］丹宁:《法律的正当程序》,李克强等译,法律出版社2011年版

《爱因斯坦文集》,许良英等译,商务印书馆2009年版

［美］伯尔曼著:《法律与宗教》,梁治平译,三联书店1991年版

［美］富勒:《法律的道德性》,郑戈译,商务印书馆2005年版

［意］马基雅维里:《君主论》,潘汉典译,商务印书馆1985年版

［德］普芬道夫:《人和公民的自然法义务》,鞠成伟译,商务印书馆2009年版

［德］茨威格特、克茨:《比较法总论》,潘汉典等译,贵州人民出版社1992年版

［美］伯纳德·施瓦茨:《美国法律史》,王军等译,中国政法大学出版社1989年版

［日］西田太一郎:《中国刑法史研究》,段秋关译,北京大学出版社1985年版

［法］托克维尔:《旧制度与大革命》,冯棠译,商务印书馆1992年版

［法］托克维尔:《论美国的民主》,董果良译,商务印书馆2002年版

［美］罗尔斯:《作为公平的正义——正义新论》,姚大志译,三联书店2002年版

《联邦党人文集》,程逢如等译,商务印书馆1980年版

［法］勒内·达维德:《当代主要的法律体系》,漆竹生译,上海译文出版社1984年版

［美］埃尔曼:《比较法律文化》,贺卫方、高鸿钧译,三联书店出版社1990年版

［苏］维辛斯基:《国家与法的理论问题》,法律出版社1955年版

［美］弗朗西斯·福山:《政治秩序的起源》,毛俊杰译,广西师范大学出版社2012年版

［美］布迪、莫里斯:《中华帝国的法律》,朱勇译,江苏人民出版社1995年版

〔美〕费正清:《美国与中国》,商务印书馆1966年版

〔美〕费正清、赖肖尔:《中国:传统与变革》,陈仲丹等译,江苏人民出版社1992年版

〔法〕谢和耐:《中国文化与基督教的冲撞》,于硕等译,辽宁人民出版社1989年版

〔英〕凯伦·阿姆斯特朗:《轴心时代:人类伟大宗教传统的开端》,孙艳燕、白彦兵译,海南出版社于2010年版

〔美〕金勇义:《中国与西方的法律观念》,陈国平等译,辽宁人民出版社1989年版

《不列颠百科全书》15版第12卷

陈纪安:《别怕,我不教科书:最生动的12堂美国法律课》,法律出版社,2009年版

林榕年、叶秋华主编,《外国法制史》,中国人民大学出版社2003年版

何勤华主编,《英国法律发达史》,法律出版社1999年版

由嵘主编:《外国法制史》,北京大学出版社1992年版

杨祖功、顾俊礼:《西方政治制度比较》,世界知识出版社1992年版

张千帆:《法国与德国宪政》,法律出版社2011年版

刘志琴编:《文化危机与展望》,中国青年出版社1989年版

李梅:《权利与正义:康德政治哲学研究》,社会科学文献出版社2000年版

《党的建设辞典》,中共中央党校出版社2009年版

刘军宁:《共和、民主、宪政》,三联书店1998年版

瞿同祖:《中国法律与中国社会》,中华书局1981年版

龚祥瑞:《西方国家司法制度》,北京大学出版社1993年版

《建国以来毛泽东文稿》,中央文献出版社1996年版

王力:《龙虫并雕斋文集·逻辑和语言》,中华书局2015年版

金观涛、刘青锋:《兴盛与危机》,法律出版社2011年版

孙国华:《马克思主义法理学》,群众出版社1996年版

杨永华、段秋关等:《中国共产党廉政法制史研究》,人民出版社2005年版

《一九四八年以来政策汇编》,中共中央华北局1949年印

倪正茂等:《中华法苑四千年》,群众出版社1987年版

倪正茂主编:《批判与重建:中国法律史研究反拨》,法律出版社2002年版

杨一凡:《明大诰研究》,江苏人民出版社1988年版
杨一凡、刘笃才:《历代例考》,社会科学文献出版社2012年版
俞荣根:《儒家法思想通论》,广西人民出版社1988年版
俞荣根:《礼法传统与中华法系》,中国民主法制出版社2016年版
李贵连:《法治是什么》,广西师范大学出版社2013年版
李贵连:《近代中国法制与法学》,北京大学出版社2002年版
严存生:《法治的观念与体制》,商务印书馆2013年出版
严存生:《西方法哲学问题史研究》,中国法制出版社2013年出版
陈金钊:《法治与法律方法》,山东人民出版社2003年
夏勇:《法治源流》,社会科学文献出版社2004年版
王健:《西法东渐》,中国政法大学出版社2001年版
王健:《沟通两个世界的法律意义》,中国政法大学出版社2001年版
季卫东:《法治秩序的建构》,中国政法大学出版社1999年版
刘作翔:《法律文化理论》,商务印书馆2013年第7刷
葛洪义:《法律与理性》,法律出版社2001年版
杨宗科:《法律的成立》,陕西人民出版社2000年版
高鸿钧主编:《法治论衡》,清华大学出版社2003年版
乔丛启:《孙中山法律思想体系研究》,法律出版社1992年版
高道蕴、高鸿钧编:《美国学者论中国法律传统》,中国政法大学出版社1994年版
孙皓晖:《中国原生文明启示录》,上海人民出版社2012年版
高其才等:《司法公正观念源流》,人民法院出版社2003年版
北京大学法学院人权研究中心:《司法公正与人权保障》,中国法制出版社2001年版
王利明:《司法改革研究》,法律出版社2000年版
孙笑侠:《法律对行政的控制》,山东人民出版社1999年版

二、论文

袁曙宏、赵永伟:"西方国家依法行政比较研究",《中国法学》2000年第5期

许振洲:"法国的地方分权改革",载《欧洲研究》1995年第1期
孙国华、曾斌:"评维辛斯基关于法的定义",载《法学家》1996年第1期
张恒山:"论正义和法律正义",载《法制与社会发展》2002年第1期
黄玉顺:"中国正义论纲要"《四川大学学报》2009年第5期
李步云、张秋航:"保障人权的重大意义"《法学杂志》2013年第3期
李贵连:"话说权利",载《北大法律评论》1998年第1卷
夏勇:"法治是什么",《中国社会科学》1999年4期
史华兹:"论中国的法律观",《中外法学》1991年第3期
段秋关:"试论秦汉之际法律思想的变化",《法学研究》1980年第5期
段秋关:"中国古代法律与法律观略论",《中国社会科学》1989年第5期
段秋关:"墨子自然法思想探析",《中国社会科学 未定稿》1984年第4期
段秋关:"丘濬法律思想述评"上、下,《西北政法学院学报》1984年第4期、1985年第1期
段秋关:"传统法律观念的现实存在和影响",《西北政法学法学报》1989年第4期
段秋关:"简议法律文化",《政治与法律》1990年第1期
段秋关:"中国古代'法治'辨析",《人文杂志》1990年第5期
[日]浅井敦:"比较法学和日本的中国法研究",段秋关译,《西北政法学院学报》1991年第1期
段秋关:"论中国古代的法律与法律观念",《中国社会科学》(英文版)1991年第1期
段秋关:"中国传统法律文化的形成与演变",《西北政法学院学报》1991年第4期
段秋关:"传统法律观念的演变与更新",载《儒学与法律文化》复旦大学出版社1992年版
段秋关:"何为中国传统法制中的'例'",《华东政法大学学报》2010年第5期
孙皓晖、段秋关:"中国法治的历史根基",《西北大学学报》2015年第4期
段秋关:"现代法治与古典法治",《西北大学学报》2016年第4期
赵馥洁:"论先秦法家的价值体系",载《法律科学》2013年第4期

附录　思想家人名著述简表

管子(约前723—前645),名管仲,法家先驱,《管子》

子产(约前？—前522),春秋时郑国执政,法家先驱

老子(约前571—前471),又名老聃,道家创始人,《老子》(《道德经》)

左丘明(前566—前451),史学家,《左氏春秋》

孔子(前551—前479),名孔丘,儒家创始人,《论语》

邓析(前545—前501),郑国大夫,法家先驱,《邓析子》

墨子(约前480—前390),名墨翟,墨家创始人,《墨子》

李悝(约前455—约前395),法家先驱,《法经》

商鞅(前395—前338),名公孙鞅,法家代表,《商君书》

慎到,生卒年不详,约与商鞅同时,法家代表,《慎子》

孟子(前372—前289),名孟轲,儒家代表,《孟子》

荀子(前313—前238),名荀况,儒家代表,《荀子》

庄子,生卒年不详,约小于孟子,道家代表,《庄子》(又名《南华经》)

吕不韦(前292—前235),黄老道家代表,《吕氏春秋》

韩非(前280—前233),法家代表,《韩非子》

刘恒(前203—前157),汉文帝,推行黄老"无为而治",成就"文景之治"

陆贾(约前240—前170),黄老道家代表,《新语》

桓宽,生卒年不详,汉宣帝时任庐江太守丞,《盐铁论》

刘安(前179—前122),封为淮南王。汉初黄老学派代表,《淮南子》

董仲舒(前179—前104),西汉儒家代表,《春秋繁露》

司马迁(前145年—？),西汉史学家、文学家,《史记》

班固(32—92),汉史学家、文学家,《前汉书》

李世民(598—649),唐太宗,以"无为而治"治国,成就了"贞观之治"

魏征(580—643),唐初政治家,封为郑国公,推行"无为而治",简政放权

长孙无忌(594—659),唐初政治家,封为赵国公,《唐律疏议》

吴兢(670—749),武则天与唐玄宗时期主持编修国史,《贞观政要》

程颢(1032—1085)、程颐(1033—1107),兄弟二人,宋代理学代表,《二程集》

朱熹(1130—1200),宋代理学代表,《朱子大全》

朱元璋(1328—1398),明太祖,《大诰》

丘濬(1420—1495),明中期政治家,《大学衍义补》

黄宗羲(1610—1695),明末清初启蒙思想代表,《明夷待访录》

王夫之(1619—1692),同上,著有《读通鉴论》

顾炎武(1613—1682),同上,《日知录》

唐甄(1630—1704),同上,《潜书》

爱新觉罗·载湉(1871—1908),光绪皇帝,"戊戌变法"代表

康有为(1858—1927年),清末"戊戌变法"代表,《康有为政论集》

梁启超(1873—1929年),同上,《饮冰室合集》

严复(1853—1921年),同上,《严复集》

谭嗣同(1865—1898年),同上,《仁学》

沈家本(1840—1913),清末修律大臣,《历代刑法考》、《寄簃文存》、《日南随笔》

孙中山(1866—1925),近代政治家、思想家,《孙中山全集》